本书为山东大学出版基金资助项目

地方立法学

汪全胜　黄兰松　主编

山东大学出版社
SHANDONG UNIVERSITY PRESS
·济南·

图书在版编目(CIP)数据

地方立法学 / 汪全胜，黄兰松主编. -- 济南 ：山东大学出版社，2025. 5. -- ISBN 978-7-5607-8784-8

Ⅰ. D927

中国国家版本馆 CIP 数据核字第 2025WX9626 号

责任编辑　刘晓燕

封面设计　王秋忆

地方立法学

DIFANG LIFAXUE

出版发行　山东大学出版社

社　　址　山东省济南市山大南路 20 号

邮政编码　250100

发行热线　(0531)88363008

经　　销　新华书店

印　　刷　济南乾丰云印刷科技有限公司

规　　格　720 毫米×1000 毫米　1/16

　　　　　20.25 印张　400 千字

版　　次　2025 年 5 月第 1 版

印　　次　2025 年 5 月第 1 次印刷

定　　价　68.00 元

目　录

第一章　地方立法概述

第一节　立法的概念与特征

立法作为法律存在和发展的起点，是实现国家意志、调整社会关系、解决公共问题的重要方式。它不仅涉及法律规范的制定，更体现了法治精神的内涵和社会文明的进步。在复杂多变的社会环境下，立法活动必须兼顾稳定性与前瞻性，确保法律的连续性与时代性。深入理解立法的概念与特征，对于推进法治建设和完善法律体系具有重要意义。

一、立法的概念界定

"立法"一词在中国很早就出现了，在《邓析子·转辞》中就有"立法而行私，是私与法争，其乱也甚于无法"的记载，在《商君书》中有"当时而立法，因事而制礼""立法明分""观俗立法，则治"，一些其他史料中也多有记载。在中国古代文献中，"立"主要是"制订、制定"，"法"则是指"法律、法令"，"立法"则表示"制定法律"，也可作两种意义上的理解：一是指制定法律、法令的活动；二是指制定出来的法律、法令。

"立法"的英文词为"legislation"。《牛津法律大辞典》对"legislation"一词的解释是：指通过具有特别法律制度赋予的有效地公布法律的权力和权威的人或机构的意志制定或修改法律的过程。"legislation"这一词亦指在立法过程中所产生的结果，即所制定的法律本身。在这一意义上，相当于制定法。《美国大百科全书》对"legislation"这一词条的解释是："立法是指包括政府各部门所用的规范社会行为的法的规则。一般说，这一术语尤指代议机关所制定的法以及制定法的过程。"从其在英语文献中的解释来看，"立法"一词基本上包括两种含义：一是法律的制定(legislation, enacting of law。动词为“legislate”，意即“to enact laws，to make law”)；二是制定的法律(law enacted)，如“刑事立法”一词，既可指制定刑事方面法律的活动，也可指某些刑事方面的具体法律。

周旺生教授对西方学者关于“立法”一词的界说作了以下总结：第一，过程、结果两义说。认为立法既指制定或改变法的一个过程，又指在立法过程中产生的结果即制定的法本身。第二，活动性质、活动结果两义说。认为立法是制定和变动法的规范，因而有别于司法和行政的活动，同时又是这种活动的结果，而这种结果又与司法决定不同。[①]

要正确理解“立法”的概念，就要弄清楚两个问题：其一，从立法活动的结果来看，立法活动同哪些规范性文件相联系？其二，立法活动包括哪些行为？第一个问题主要涉及立法活动的性质，即只有同“法”相关的活动，才是立法活动，从而排斥了那些虽产生规范性文件，但并非“法”文件的活动的立法性质，这是对立法概念之“法”的解释。第二个问题主要涉及立法活动的范围，即在回答了第一个问题的基础上说明哪些活动才是立法活动。回答这个问题，就是对“立法”概念之“立”作出解释。

根据《立法法》的规定，我们所讲的“法”的具体形式包括：全国人民代表大会及其常务委员会制定的法律；国务院制定的行政法规；国务院各部、委、局、直属机构制定的部门规章；省、自治区、直辖市人民代表大会及其常务委员会以及设区的市的人民代表大会及其常务委员会制定的地方性法规；省、自治区、直辖市人民政府以及较大的市的人民政府制定的政府规章；民族自治地方(自治区、自治州、自治县)人民代表大会制定的自治条例和单行条例；特别行政区立法机关制定的特别行政区条例。因此，“立法”的“法”具体表现形式有：宪法、法律、行政法规、部门规章、地方性法规、地方政府规章、自治条例和单行条例、特别行政区条例。涉及这些规范性文件的活动才是“法”的活动。涉及其他一些规范性文件，例如政府机关制定的“其他规范性文件”的活动，就不是立法活动。法之不存，焉谈立法？另外，要注意一点，“法律”一词在我国有两种用法：一是指全国人民代表大会及其常务委员会制定的规范性文件，即狭义法律；二是指包括宪法、法律、行政法规、部门规章、地方性法规、地方政府规章、自治条例和单行条例、特别行政区条例等在内的规范性文件，这被称为广义法律，在这里，我们指的是广义法律。

立法行为包括哪些活动？周旺生教授认为，“从立法的方式看，有制定法、

---

① 参见周旺生主编：《立法学》，法律出版社 2000 年版，第 72 页。

认可法、修改法、补充法和废止法之分”[①]，即立法行为有法的制定、认可、修改、补充和废止等。国内外许多学者多持此论。[②] 所谓法的制定是指有权立法的主体直接创制新的、有普遍约束力的法律规范，这是立法最基本、最直观的方式，我国各级各类立法机关制定新法的活动都是此类行为。所谓法的认可，是指有权机关通过一定的法定方式承认并赋予某些行为规范以法律上的效力，如对习惯、判例、国际公约、法理、政策等进行法律效力的肯定，使之成为司法、执法的规范依据。1990 年 4 月 4 日第七届全国人民代表大会第三次会议通过的《中华人民共和国香港特别行政区基本法》第 8 条规定：“香港原有法律，即普通法、衡平法、条例、附属立法和习惯法，除同本法相抵触或经香港特别行政区的立法机关作出修改者外，予以保留。”这就是法的认可。所谓法的补充既可指在已公布的法律规范之外另行作出补充规定，比如全国人大常委会对 1997 年刑法所作的补充规定；也可指在原来的法律中增加一些新的内容，使之更加完善。法律的修改是将法律中有些不适合社会实际的内容加以改变后继续适用，通常我国立法机关对法律的修改与补充是同时进行的，比如我国 1988 年、1993 年、1999 年、2004 年、2018 年五次对宪法的修改即是如此，既包含修改的内容，也包括补充的内容。法的废止则是指某些法律已完成其历史使命或已不适合社会的需要，有权机关通过一定程序加以废除的活动。总之，立法的行为方式既包括法的制定，也包括对部分习惯、政策等赋予法律上的效力，还包括对不完善的法律的补充，对过时的不合时宜的法律的修改，以及对不能再继续适用的法律加以废除的活动。

综合以上两种分析，“立法”一词可作出如下界定：立法是享有立法权的国家机关，依据法定的职权和程序，制定、认可、补充、修改和废止法律的活动。

除了“立法”这个词比较常见外，还有一些相关的词语也可见于立法学中，如“法的创制”“法的制定”“法的制订”“法的拟定”。这些概念有着紧密的联系。在我国法理学教科书中，多将“法的创制”“法的制定”与“立法”等同意义上使用，如认为：“国家创制法律规范的活动，即通常意义上所说的立法，称为法的制定。”[③]“社会主义法的制定，也称社会主义的立法，它是指社会主义国家创制法律规范的活动。”[④]也有将法的创制看作法的制定的一个方面，如“所谓法的制

① 周旺生：《立法论》，北京大学出版社 1994 年版，第 57 页。

② 参见[美]博登海默：《法理学：法律哲学与法律方法》，邓正来译，中国政法大学出版社 1999 年版，第 415～420页；侯淑雯：《立法制度与技术原理》，中国工商出版社 2003 年版，第 23 页。

③ 孙国华主编：《法学基础理论》，法律出版社 1982 年版，第 239 页。

④ 唐静权等：《法学基础理论》，南开大学出版社 1984 年版，第 288 页。

定，就是指法定的国家机关，依照法定的职权和程序，创制、认可、修改或废止法律和规范性法律文件的活动；是掌握国家政权的阶级把自己的意志上升为国家意志的活动”[①]。我们认为，“法的创制”与“法的制定”可以同义使用，另外，对二者的使用，可分作二义，即广义与狭义。广义的“法的创制”“法的制定”就是“立法”的同义语。但如果将法的创制、法的制定作为立法的一种行为方式的话，即将“法的制定”“法的创制”理解为有权立法的主体直接创制新的、有普遍约束力的法律规范的话，则立法包含了法的制定或法的创制行为。“至于法的‘制订’，在过去一般是在使用或者表示制定非基本法律、非法律文件，诸如制订条例、章程、纲要、规划、计划等文件时使用；而‘拟定’或者‘拟订’一词主要表示制作未经批准前的法律或者非法律文件，它在多数情况下是可以变动的，诸如拟订法律草案、规划之类的文件等。”[②]周旺生教授认为应保留使用“法的制订”与“法的拟订”这两个词，并且举例对这两个概念进行分析：“从时空上说，都是指立法或法的制定过程中的阶段性活动，都是整个立法或法的制定活动的组成部分。但‘制订’包括‘拟订’和对有关方面所‘拟订’的法案加以审议、修改、抉择和认可等诸方面的活动。‘拟订’可以视为‘制订’的一个阶段或一个组成部分。”“‘制订’偏重决策，‘拟订’偏重操作。”[③]根据这种分析，“法的制订”与“法的制定”基本上同义，不须再作区分，而“法的拟订”可为立法、法的创制、法的制定(订)的一个组成阶段或一个组成部分。

二、立法的基本特征

立法是享有立法权的国家机关，依据法定的职权和程序，制定、认可、补充、修改和废止法律的活动。立法活动具有如下特征：

(一)立法主体的法定性

立法主体的法定性是说法定的国家机关才能代表国家行使立法权力，不是任何其他国家机关都可以进行立法活动。这些法定的国家机关就是有权的立法主体。在任何一个政权中，哪个机关或哪些机关是有权进行立法活动的主体，在不同的历史时期、不同的国家都是不同的。但在任何社会、任何国家，立法权的主体总是限定的，只能属于特定的主体。立法主体之所以要特定化、法定化，根本的原因在于，立法是一种神圣的活动，是国家权力行使的重要表现。

---

① 沈宗灵主编:《法理学》，北京大学出版社 2001 年版，第 247 页。

② 沈宗灵主编:《法理学》，北京大学出版社 2001 年版，第 247～248 页。

③ 周旺生:《立法论》，北京大学出版社 1994 年版，第 73～74 页。

它关乎国家的稳定、社会的进步，甚至政权的存亡。

在我国，根据《宪法》和《立法法》的规定，享有立法权的主体有：全国人民代表大会，全国人民代表大会常务委员会，国务院，国务院各部、委、局、直属机构，省、自治区、直辖市以及较大的市的人民代表大会及其常务委员会，省、自治区、直辖市以及较大的市的人民政府，民族自治地方（包括自治区、自治州、自治县）的人民代表大会，特别行政区立法机关。

（二）立法职权的法定性

立法职权的法定性有以下方面的内容和要求。

第一，立法主体的立法权是由法律、法规明确规定的。例如，全国人民代表大会基本法律的立法权，全国人民代表大会常委会除基本法律以外法律的立法权，国务院行政法规的立法权，国务院部、委、局及直属机构部门规章的立法权，省、自治区、直辖市以及设区的市人民代表大会及其常委会地方性法规的立法权，省、自治区、直辖市人民政府及设区的市人民政府地方政府规章的立法权，民族自治地方人民代表大会自治条例及单行条例的立法权，特别行政区立法机关的特别行政区条例等的立法权。

第二，立法职权的范围是由法律、法规明确规定的。例如，在我国《立法法》中对国家立法权的专有事项作出了明确规定，也就是说，一些事项只能由法律即全国人民代表大会及其常务委员会作出规定，其他任何主体除了某些事项的授权以外，不得作出规定。

第三，立法职权行使的程序是由法律、法规明确规定的。《立法法》对法律的制定程序作了严格的规定，《立法法》《行政法规制定程序条例》对行政法规的制定程序作了严格规定；《立法法》《规章制定程序条例》则对行政规章的制定程序作出了规定，其他立法主体在行使立法权时，其程序都有相关的法律依据。

第四，立法职权行使的后果是由法律、法规明确规定的。不同立法主体在行使立法职权时产生的是不同等级效力的规范性法文件。全国人民代表大会制定的是基本法律，全国人民代表大会常务委员会制定的是法律，国务院制定的只能是行政法规等，在法律适用时，遵循“上位法优于下位法”“新法优于旧法”“特别法优于一般法”等原则。

第五，被授权主体的授权立法权必须有法律、法规的根据并依据法律、法规或授权法的规定行使。被授权主体的授权立法须有授权主体授权决定的具体授权，授权决定应当明确授权的目的、范围。被授权机关应当严格按照授权目的和范围行使该项权力，被授权机关不得将该项权力转授给其他机关。

（三）立法程序的法定性

立法是依据一定程序所进行的活动。所谓立法程序“是有关具有特定效力的规范性文件形成、变更及废止等过程的形式、步骤的顺序和期限的法律规范的总称”①。立法程序的法定性有以下方面的具体要求。

其一，立法基本程序的遵从。立法程序的内容在不同时代、不同国情下往往有较大区别。从现代立法实践来看，各国立法所遵循的具体程序多有不同，但一般都不能不经过法案的提出、审议、通过和公布等基本程序。立法基本程序的遵从是立法的最低要求。在我国现阶段中，不论是中央立法还是地方立法，不论是权力机关的立法还是行政机关的立法，基本程序都不能违背。根据《立法法》等有关法律，我国立法规划的制定程序、法案的起草程序、法案进入立法会议的议程、立法的审议程序、立法的表决通过以及公布程序等都有着具体的规定，每一个环节都有具体程序可以遵循。

其二，立法的必要程序的遵从。这里的“必要程序”是指就某一项法律事项而言必须要遵守的一项程序，是除了立法基本程序外依立法性质所决定的程序，比如立法听证程序。《立法法》相对于其他有关立法的法律、法规规定来看，有一个重大的创新或突破，那就是立法听证程序的设计。《立法法》第 39 条和第 74 条规定了全国人民代表大会常务委员会以及国务院在立法时，可以采取讨论会、座谈会以及听证会的方式听取有关专家、学者以及其他人员的意见。立法听证程序是立法主体在立法活动中，进行有关涉及公民、法人或其他组织的权益的立法时，给予利害关系人发表意见的机会，由立法主体听取意见的程序。在一些法律案中，特别是法律、法规明确规定必须举行听证的事项，立法主体在进行此事项立法时，必须适用听证程序，否则会产生因程序不正当而无效的后果。

其三，立法程序期限的遵守。立法是讲求时机的，科学的立法既不应该超前，也不应滞后，应该适时而立法。立法的时机是有期限的，一部法案从起草到公布整个程序是要花费一定的时间的。因此，立法要遵守法律、法规关于程序期限的规定。我国《立法法》在立法程序的运行过程中也对程序期限作了规定，比如，全国人大常委会决定提请全国人民代表大会审议的法律案，应当在会议举行的一个月前将法律草案发给代表；列入常务委员会会议议程的法律案，除特殊情况外，应当在会议举行的 7 日内将法律草案发给常务委员会组成人员；列入常务委员会会议审议的法律案，因各方面对制定该法律的必要性、可行性

① 马怀德主编：《中国立法体制、程序与监督》，中国法制出版社 1999 年版，第 151～152 页。

等重大问题存在较大意见分歧搁置审议满两年的,或者因暂不付表决经过两年没有再次列入常务委员会会议议程审议的,由委员长会议向常务委员会报告,该法律案终止审议。

第二节 我国地方立法的地位、特征与作用

地方立法是我国立法体系的重要组成部分,其凸显了我国立法体系的多元性和层次性,它既要与国家法律相协调,又要体现地方特色,满足地方的实际需要,能够紧密结合本地区的实际情况,针对具体问题作出规范。

一、我国地方立法的概念及特征

地方立法是指特定的地方国家机关,依据法定的职权和程序,制定、修改和废止适用于本区域或本地方的规范性法文件的活动。地方立法是相对于中央立法而言的立法,是国家整个立法的重要组成部分。我国目前的地方立法是由一般地方立法、民族自治地方立法、经济特区立法和特别行政区立法所构成。作为一种立法,地方立法首先具有各种立法都具有的共同特征,同时它又具有自身的特征,这些特征主要是:

1.地方性

地方立法具有地方性是我国地方立法最基本的特征,这一特征主要表现在:(1)地方立法的主体只能是特定的地方国家机关。依据我国《宪法》及《立法法》的规定,地方立法的主体只有下列地方国家机关:省、自治区、直辖市、较大的市的人民代表大会及其常务委员会;省、自治区、直辖市、较大的市的人民政府;民族自治地方的人民代表大会;香港特别行政区、澳门特别行政区的立法会。除此之外,其他任何机关都不是地方立法的主体。(2)地方立法的任务主要是解决地方问题,解决中央立法不能解决或不便解决的问题。如近些年各地都在为是否禁放烟花爆竹而展开讨论,有些城市认为燃放烟花爆竹不应当受到限制,有些城市在民意的基础上通过立法禁放烟花爆竹,这类事项就不必要也不便由国家统一立法。(3)地方立法是根据地方的具体情况和实际需要制定的,其内容具有鲜明的地方特色。(4)地方立法所制定的规范性法文件的效力仅限于本区域或本地方,超出本区域或本地方则没有约束力。

2.从属性

我国地方立法是从属于中央立法的,这种从属性主要表现在:(1)地方立法

一般以中央立法主体制定的宪法、法律、行政法规为依据，或者不与中央立法主体制定的宪法、法律、行政法规相抵触，否则无效。对此我国《立法法》第 98 条明确规定：宪法具有最高的法律效力，一切法律、行政法规、地方性法规、自治条例和单行条例、规章都不得同宪法相抵触。(2)地方立法一般都负有执行和补充中央立法主体制定的法律和行政法规的职责。如我国《立法法》第 82 条第 2 款规定："除本法第十一条规定的事项外，其他事项国家尚未制定法律或者行政法规的，省、自治区、直辖市和设区的市、自治州根据本地方的具体情况和实际需要，可以先制定地方性法规。"(3)在效力等级上，地方立法主体所制定的规范性法文件一般低于中央立法主体所制定的法律和行政法规。如我国《立法法》第 99 条明确规定："法律的效力高于行政法规、地方性法规、规章。行政法规的效力高于地方性法规、规章。"

3.相对独立性

我国地方立法虽然从属于中央立法，但又相对独立于中央立法，具有相对独立性，主要表现在：(1)地方立法主体一般只要不与宪法、法律和行政法规相抵触，就可以根据本区域、本地方的具体情况和实际需要自主地制定适用于本区域、本地方的规范性法文件。(2)地方立法除了执行和补充中央立法主体所制定的法律和行政法规外，更主要的立法任务是制定解决地方问题的规范性法文件。(3)在坚持法治统一的前提下，地方立法可以根据本地方的具体情况与实际需要，在法的形式、体系等方面形成自己的风格和特色。

4.试验性和先行性

我国正处于改革开放时期，会遇到许多新问题，由于条件、时机不成熟，中央往往不宜也不便进行统一立法，而地方立法就充当起"试验田"，就国家尚未立法的事项先行立法，为今后国家统一立法积累经验、创造条件。我国许多地方立法在先行立法方面都有一定的成就。以广东省为例，广东省一直走在改革开放的最前列，其地方性立法数量为全国最多，而属于先行性、试验性、自主性的立法超过总数的一半，在全国率先改革和确立了劳动用工、社会保障、土地使用、企业管理、知识产权、行政审批以及公民权益保护等一系列制度。

5.多样性

我国是统一的单一制国家，坚持国家法制的统一是法治建设的一项原则，但为调动地方的主动性和积极性，加快地方法治建设的步伐，使地方更好地依法管理地方事务，我国《宪法》和《立法法》赋予了众多地方国家机关以立法权，使地方立法呈多样性的特点。地方立法的多样性具体表现在：从形式上说，有一般地方立法，还有民族自治地方立法、特别行政区立法、经济特区立法等特殊地方立法，既有授权立法也有职权立法；从类别上说，既有国家权力机关及其常设机关的立法，也有行政机关的立法；从层次上说，有省、自治区、直辖市和设区的市的立法的多层次立法。

二、我国地方立法的地位

衡量一国地方立法的地位，其直接标志是该国宪法、法律对这一地位的直接或间接的规定，以及实际上地方立法所发挥的作用。就我国现行地方立法而言，无论是从宪法和法律的规定，还是实际上所发挥的作用，都表明我国地方立法在法律上和事实上具有重要的、不可或缺的地位。

（一）地方立法在法律上的地位

我国《宪法》和《立法法》明确规定：全国人民代表大会和全国人民代表大会常务委员会行使国家立法权；国务院根据宪法和法律制定行政法规；省、自治区、直辖市、较大的市（省、自治区人民政府所在地的市，经济特区所在地的市和经国务院批准的较大的市）的人民代表大会及其常务委员会，根据本行政区域的具体情况和实际需要，在不同宪法、法律、行政法规相抵触的前提下，可以制定地方性法规；这些地方的人民政府可以根据法律、行政法规和本省、自治区、直辖市的地方性法规制定规章；民族自治地方的人民代表大会有权依照当地民族的政治、经济和文化的特点，制定自治条例和单行条例。从这些规定可以看出，我国现行立法体制是国家立法权由全国人民代表大会及其常委会行使、中央和地方实行一定程度分权的立法体制；这些规定也表明，中央立法在整个立法体制中处于主导地位，地方享有一定的立法权，在法律地位上，虽然地方立法从属于中央立法，地位低于中央立法，但地方立法与中央立法一样都是国家立法体制的重要组成部分。

（二）地方立法在事实上的地位

我国是一个幅员辽阔、民族和人口众多的大国，各地方各民族的政治、经济和文化的发展极不平衡，这种情况决定了在我国不能单靠中央立法，还必须有地方立法；在维护国家法治统一的前提下，必须有适度的分权。“所有的国家不管规模大小，都必须分成若干行政区，以在其中处理一些纯属与国家有关的事务。”[①]正是基于此，我国在地方立法中断几十年后的1979年首先以地方组织法的形式重新赋予地方以立法权，确立了地方立法在国家立法体制中的地位，1982年又以宪法的形式予以确认，2000年的《立法法》以及其后2015年的修订

---

① [美]古德诺：《政治与行政》，王元译，华夏出版社1987年版，第27页。

都以专门法的形式规范了地方立法。地方立法的内容涉及地方经济、教育、科学、文化、卫生、资源和环境保护、民政等各个方面。事实证明，地方立法在执行和补充中央立法，管理地方事务，促进地方乃至国家的政治、经济、文化和其他各项事业的发展方面，发挥着积极的、重大的作用，具有不可或缺的地位。

三、我国地方立法的作用

我国地方立法有不同类别、不同层次之分，这些不同类别、不同层次的地方立法都有与自己的类别和层次相应的特殊作用，同时又具有共同的作用，这些共同作用主要有：

（一）保证宪法、法律和行政法规在本行政区域的有效实施

由于我国宪法、法律、行政法规调整的内容均是带有全局性和整体性的关系或事项，且在全国范围适用，因此，规定得往往比较原则，而各地又有自己的具体情况和实际需要，要使宪法、法律和行政法规在本行政区域内得以有效实施，就要求地方立法因地制宜将其具体化。地方立法保证宪法、法律和行政法规在本行政区域内的实施，主要采取制定实施细则的办法。这些实施细则有些是根据法律、行政法规的授权制定的，有些则是根据实际需要自行制定的，它们的共同特征是有较强的针对性和可行性，便于操作。

（二）解决本地方特殊的事务

很多地方都有一些特殊的事务，它们或是纯属地方性的事务或是具有地方特色的事务，中央不可能也不应当专门立法作出统一规定。例如，各地特有的江河湖泊的管理，自然保护区、风景游览胜地和名胜古迹的管理和保护，城市环境的保护，少数民族地区的特殊需要和特殊情况以及其他地方特有的事务，这些都需由地方立法根据本地的实际情况加以解决。近 30 年来，我国各地都利用自己所享有的立法权，制定了一大批解决本地方特殊事务的法规或规章，这些法规或规章具有很强的针对性，在实际工作中发挥了重要的作用，地方立法的自主性也在此得以充分的体现。

（三）弥补中央立法之不足并为中央立法提供经验

中央立法和地方立法有各自的立法范围，但由于条件不成熟等原因，有些问题中央立法暂时不能解决或不便解决，而地方又迫切需要，这样就需要地方立法主体对这些问题（除专属立法事项外）先行立法，从而弥补中央立法的不足，同时也为中央立法提供经验，为今后中央立法做好准备。我国地方立法在先行立法方面有许多实例，以经济特区立法为例，经济特区是中国改革开放的试验区和发展对外经贸关系的窗口，早在 20 世纪 80 年代全国人大及其常委会

就开始授予经济特区授权立法权，其目的之一是通过授权使经济特区立法主体在授权范围内，就全国人大或人大常委会尚不宜制定为法律的事项先行立法在特区实施，进而为全国人大及其常委会制定更成熟、更稳定、适用于全国的法律积累经验、准备条件。而我国经济特区自有授权立法权以来，在这方面也已取得了不少的成就。如深圳市从 1993 年开始就先后制定并实施了股份有限公司条例、有限责任公司条例、合伙条例、国有独资公司条例、商事条例、企业破产条例等，这些条例为 1993 年国家制定《公司法》提供了立法经验；1995 年出台的律师条例，在律师体制、律师行业管理，尤其是率先规定律师提前介入案件等方面，为 1995 年的《律师法》出台和 1997 年《刑事诉讼法》的修订都提供了有益的经验。

第三节　我国地方立法的发展

地方立法的发展历程是与国家的政治、经济和社会发展密切相关的。回顾我国地方立法的历史，可以发现它从起初的雏形到现在的成熟体系，经历了一系列的演变和提升。在这个过程中，地方立法不断适应国家治理体系的变革，反映出法治建设深入人心的时代要求。新中国成立以来，伴随着我国政治、经济、社会和文化的发展，我国地方立法也经历了一个发展的过程，大体可分为三个阶段。

一、地方立法的初建阶段

这一阶段是从 1949 年 12 月大行政区政府组织通则的施行到 1954 年宪法的颁布。

在这个阶段，人民代表大会制度还没有建立，立法权由人民政府行使，中央与地方政府均有立法权。地方立法则更呈现出多层次的状态，县、民族自治乡等也享有一定的立法权。根据 1949 年 12 月政务院通过的《大行政区人民政府组织通则》及 1950 年 1 月政务院通过的省、市、县人民政府组织通则的规定，在一般地方，各大行政区人民政府委员会有权拟定与地方政务有关的暂行法令条例，报政务院批准或备案；省人民政府委员会有权拟定与省政务有关的暂行法令条例，报主管大行政区人民政府转请中央人民政府政务院批准或备案；市人民政府委员会有权拟定与市政务有关的暂行法令条例，报上级政府批准施行；县人民政府委员会有权拟定与县政务有关的单行法规送请省政府批准或备案。

在民族自治地方，各民族自治区自治机关在中央政府和上级人民政府法令所规定的范围内，依其自治权限，制定本自治区单行法规，层报上级人民政府核准，凡经各级地方政府核准的各民族自治区单行法规，均须层报中央人民政府政务院备案。在这种分散立法的格局下，当时从中央到地方的立法速度相当之快，出现了新中国第一次立法高潮。虽无全面的详细统计数字，但从浙江、内蒙古以及上海的立法情况却可见一斑。浙江省从 1950 年至 1953 年，共制定暂行法令条例和单行法规 653 件，年均立法 163 件；内蒙古从 1950 年至 1954 年，制定各种条例和规范性文件 368 件，年均立法 73.5 件；上海从 1950 年到 1954 年 9 月，制定暂行法令条例和单行法规 799 件，年均立法 159 件。[①] 在这个阶段，我国法治建设虽处于开创阶段，不甚完善，但地方立法仍发挥了重要作用。

新中国成立初期，我国之所以赋予众多的主体以地方立法权，形成分散立法的格局，其原因主要有：一是 1949 年 2 月中共中央发布了《废除国民党六法全书与确立解放区的司法原则的指示》，同年 4 月华北人民政府颁发了《废除国民党六法全书及一切反动的法律的训令》，1949 年 9 月全国人民政治协商会议通过的《中国人民政治协商会议共同纲领》又明确规定：废除国民党反动政府一切压迫人民的法律、法令和司法制度，制定保护人民的法律、法令，建立人民司法制度。根据上述精神，新中国成立后，立即在全国范围内废除了国民党政府的法律和司法制度，在这种情况下，制定新的法律和法规便时不我待，而此时若仅由中央立法，显然无法满足当时革命与建设的需要，赋予众多的主体以地方立法权也就成为必要。二是当时新老解放区的情况差别很大，为使新老解放区能因地制宜地实行各项改革，建立民主政权，恢复和发展国民经济，有必要赋予省级以及县级人民政府立法权。

二、地方立法的受挫阶段

该阶段始于 1954 年宪法的颁布，终于 1979 年《地方各级人民代表大会和地方各级人民政府组织法》（以下简称《地方组织法》）的生效。

这一阶段，国家立法权集中在中央，地方立法几乎不存在。1954 年 9 月一届全国人大一次会议通过了新中国第一部宪法。这部宪法的特点之一就是在立法体制方面作了重大改变，即将立法权集中在全国人大，明确规定："全国人民代表大会是行使国家立法权的唯一机关。"根据 1954 年宪法，在地方，只有民族自治地方的自治机关有权制定自治条例和单行条例，并须报请全国人大常委

---

① 参见吴大英等：《中国社会主义立法问题》，群众出版社 1984 年版，第 36、241 页。

会批准。这种情况一直延续到1979年《地方组织法》生效。

法律上所确立的高度集权的立法体制，虽然强有力地保证了中央对中国立法的统一领导，但也在相当程度上影响了地方积极性的发挥，阻碍了我国法制的全面发展。而因一系列极左路线及“要人治，不要法治”思想的影响，从1957年反右斗争扩大化至1976年“文化大革命”结束。在长达20年的时间里，我国的立法全面跌入低谷。全国人大作为享有国家立法权的唯一机关，除通过了1975年宪法外，竟未制定一部法律，享有法令制定权和单行法规制定权的全国人大常委会自行通过的《条例》《办法》也为数甚少。在地方，仅有的地方立法——民族自治地方的立法实际上也形同虚设，没有发挥作用。

三、地方立法重建与完善阶段

这一阶段从1979年《地方组织法》的生效到现在。

1979年《地方组织法》是新中国第一个赋予地方以立法权的基本法。该法规定，省、自治区、直辖市的人民代表大会根据本行政区域的具体情况和实际需要，在和国家宪法、法律、政策、法令、政令不抵触的前提下，可以制定和颁布地方性法规，并报全国人民代表大会常务委员会和国务院备案。1982年宪法又以国家根本大法的形式，确认了省、直辖市的人大及其常委会行使制定地方性法规的职权，并重新确认民族自治地方制定自治条例和单行条例的职权。1982年宪法公布施行后仅6天，五届全国人大五次会议对1979年《地方组织法》进行修改，补充规定：省、自治区的人民政府所在地的市和经国务院批准的较大的市的人民代表大会常务委员会，可以拟订本市需要的地方性法规草案，提请省、自治区的人民代表大会常务委员会审议制定，并报全国人民代表大会常务委员会和国务院备案；省、自治区、直辖市以及省、自治区的人民政府所在地的市和经国务院批准的较大的市的人民政府，还可以根据法律和国务院的行政法规，制定规章。1986年12月六届全国人大常委会第十八次会议再次修改了《地方组织法》，补充规定省、自治区人民政府所在地的市和经国务院批准的较大市的人大有权制定地方性法规，报省、自治区人大常委会批准后施行；并将1982年《地方组织法》的上述有关补充规定作出修改，即规定省、自治区人民政府所在地的市和经国务院批准的较大市的人大常委会也有权制定地方性法规，报省、自治区人大常委会批准后施行，而不是仅有权拟订地方性法规草案报请省、自治区人大常委会审议制定。至此，形成了我国一般地方立法、民族自治地方立法的新格局。

与此同时，从1981年至1996年，全国人大或人大常委会以决议或决定形式先后授予广东省、福建省、海南省人大及其常委会，深圳市、厦门市、珠海市、汕头市人大及其常委会和市人民政府授权立法权，由此因授权而形成的地方立法也逐渐发展起来。

自1979年至2000年，我国地方立法经历了重建到逐步完善的过程，地方立法在地方政治、经济、文化、法制和其他建设事业发展中发挥着越来越重要的作用。“经过二十年来的实践，地方立法已经积累了一套比较成熟的做法和经验，探索出了一套比较科学可行的立法技术。此外，各地都健全了立法工作机构，培养了一批掌握法学理论知识，熟悉国情、省情，具有较高水平的立法工作人员。”[①]但由于地方保护主义和本位主义思想的影响，加之我国法律对地方立法权限规定不明确，立法监督不力等原因，地方立法中越权立法、重复立法、与上位法相抵触或矛盾等现象也时有发生。这些问题在一定程度上损害了国家法制的统一和尊严。

为了更加有效地规范立法活动，健全国家的立法制度，2000年3月在总结我国20多年来的立法经验、检讨我国立法中存在的问题的基础上，第九届全国人民代表大会第三次会议通过了新中国第一部全面规范立法的基本法——《立法法》。《立法法》中关于地方立法的新规定主要有：第一，在地方立法主体方面，增加了经济特区所在地的市的人民代表大会及其常务委员会，以及经济特区所在地的市的人民政府，前者可以制定地方性法规，后者可以制定地方政府规章。第二，在立法权限方面，明确规定了全国人民代表大会及其常务委员会的专属立法权限，以划定中央立法与地方立法的权限；规定了可以制定为地方性法规的事项及可以制定为地方政府规章的事项；明确经济特区法规根据授权对法律、行政法规、地方性法规可以作出变通规定。第三，在立法程序方面，原则性地规定了地方性法规和规章的制定程序；规定地方性法规草案由负责统一审议机构提出审议结果的报告和草案修改稿。《立法法》的公布实施是我国立法的重要里程碑，地方立法也因此掀开了新的篇章。近年来，我国地方立法的质量有了明显提升，立法的民主化与科学化的程度越来越高，地方立法的各项制度建设也逐渐走向完善。

第四节　我国地方立法的构成及其权限范围

我国地方立法由多类别、多层次的立法所构成。从类别上说，目前是由一

① 乔晓阳主编：《立法法讲话》，中国民主法制出版社2000年版，第234页。

般地方立法与民族自治地方立法、经济特区授权立法和特别行政区立法等特别地方立法所构成。这些不同类别的地方立法内部，又多有层次的区别。

一、一般地方立法

一般地方立法是相对于民族自治地方立法、经济特区授权立法和特别行政区立法这些特殊的地方立法而言的一种地方立法。一般地方立法除了具有地方立法的共同特征外，还有其自身的特殊性：一是一般地方立法的主体仅限于《宪法》、《地方组织法》及《立法法》所规定的特定的地方政权机关；二是一般地方立法的权限范围是由《宪法》、《地方组织法》及《立法法》直接或间接规定的；三是一般地方立法的法的形式表现为地方性法规和地方政府规章。

在《立法法》公布实施之前，从类别上说，我国一般地方立法由一般地方的法定国家权力机关及其常设机关的立法和法定的行政机关的立法所构成。从层次上说，由省、自治区、直辖市、省和自治区人民政府所在地的市、经国务院批准的较大市的立法所构成。我国一般地方立法的这种构成经历了一个发展过程。在新中国成立初期，由于人民代表大会制度还没有建立，立法权由人民政府行使，中央与地方政府均有立法权。一般地方立法由大行政区、省、市、县人民政府的立法构成。1954 年宪法颁布后，立法权集中在中央，一般地方均没有立法权。1979 年《地方组织法》和 1982 年宪法对中国立法体制进行了重大的改革，又经过两次《地方组织法》的修改，最终确立了《立法法》公布实施之前我国一般地方立法的构成。《立法法》在确认我国宪法和《地方组织法》所规定的我国一般地方立法的构成的同时，又增加了一个新的构成，即规定经济特区所在地的市的人大及其常委会和人民政府也有一般地方立法权。从现实的角度来说，《立法法》增加的这一新构成是非常重要的。首先，它满足了经济特区所在地的市作为一般地方行政区的立法需求。经济特区所在地的市有经济特区与非经济特区之分，按我国有关授权法的规定，经济特区授权立法主体仅享有授权立法权而不享有职权立法权。授权立法与职权立法是两种不同性质的立法，授权立法是根据授权法的规定，在授权范围内立法，仅适用于经济特区。随着经济特区的大力发展，这种立法体制已满足不了经济特区所在市的需求，赋予经济特区所在市以职权立法权也就势在必行。其次，它改变了过去经济特区授权立法与一般地方立法混同的现象。过去我国经济特区的立法主要是授权立法，依据授权法的规定，经济特区授权立法主体所制定的法规或规章仅适用于经济特区。但我国经济特区授权立法主体所制定的法规或规章往往标以某某市的法规或规章，不仅适用于经济特区还适用于经济特区所在地的市的非经济特区。《立法法》赋予经济特区所在地的市一般地方立法权之后，这种混同的现象得以改变。

一般地方立法的权限范围主要涉及三个方面的问题：一是一般地方立法能立哪种形式的法；二是一般地方立法可以就哪些事项立法或不能就哪些事项立法；三是一般地方立法与中央立法以及一般地方立法不同类别、不同层次立法之间的界限。

对于我国一般地方立法的权限范围，在能立什么形式的法这一问题上，我国宪法和《地方组织法》的规定是明确的。但对于我国一般地方立法可以就哪些事项立法或不能就哪些事项立法，我国宪法和《地方组织法》的规定则较为模糊。由于我国宪法对一般地方立法的立法权限范围只作了原则性的规定，因此，在《立法法》实施前，一般地方立法主体在立法中基本是根据宪法和《地方组织法》关于一般地方权力机关和行政机关的职权范围来推定其立法权限范围，确定其具体的立法事项的。这种推定使一般地方立法主体在立法中往往突破上位法的规定，越权立法的现象时有发生。《立法法》在总结经验的基础上，对一般地方立法的权限划分采用了新的方法，即以列举的方式明确规定了只能制定为法律的事项，以及宽泛地规定可以制定为行政法规的事项后对地方性法规、地方政府规章的立法事项作出必要的原则规定。应当说，《立法法》的这些规定较之以往已有相当大的改进。首先，它明确划定了全国人大及其常委会的专属立法事项；其次，它对一般地方立法的权限范围作了规定。但是，由于宪法和《地方组织法》对“地方性事务”和“行政区域的具体行政管理事项”未作出具体规定，因而《立法法》对于地方性法规和地方政府规章的立法事项所作的规定仍是粗线条的。

应当说，由于《立法法》对全国人大及其常委会专有立法事项作出了较为明确的规定，因此一般地方立法与全国人大及其常委会立法权限之间的界限问题已基本解决。但《立法法》对于地方性法规与部门规章以及一般地方立法内部不同类别、不同层次立法之间的界限划分问题依旧未能解决。首先，就地方性法规与部门规章来说，它们的立法事项中均有执行法律和行政法规，虽然《立法法》对此作了限制性规定，如地方性法规是根据本行政区域的实际情况规定有关执行法律和行政法规的事项，部门规章是在本部门的权限范围内制定有关执行法律和行政法规的规章，但是这些限制性的规定并不能严格划分各自的权界。其次，一般地方立法由不同类别、不同层次的立法所构成，它们有着不同的性质和效力等级，但《立法法》对其立法权限范围只作了统一的规定，因此其权限划分是相对模糊和困难的。

二、民族自治地方立法

民族自治地方立法是我国地方立法的一种特殊立法形式，它是指民族自治机关根据宪法和法律的规定制定民族自治条例和单行条例的活动。民族自治地方立法与一般地方立法相比有以下几个特征：第一，立法主体不同。民族自治地方立法的主体只能是《宪法》和《民族区域自治法》所确定的自治机关。现行民族自治地方立法的主体只有自治区、自治州和自治县的人民代表大会，其他任何机关都无权进行民族自治地方的立法。第二，立法权限范围不同。民族自治地方的立法权是属于民族自治地方自治机关的自治权的范畴，其立法权限范围大于一般地方立法主体制定地方性法规的权限。地方性法规是在法律规定的权限范围内，根据本行政区域的具体情况和实际需要，在不同宪法、法律、行政法规相抵触的前提下制定的，其不能变通法律和行政法规。民族自治地方立法只要不违背法律或者行政法规的基本原则，则可以依照当地民族的特点，对法律和行政法规的规定作出变通规定（但不得对《宪法》和《民族区域自治法》的规定以及其他有关法律、行政法规专门就民族自治地方所作的规定作出变通规定）。第三，法的形式不同。民族自治地方立法的法的形式是自治条例和单行条例，这是目前民族自治地方立法专有的法的形式。自治条例是指自治区、自治州、自治县的人大制定的有关本地区实行民族区域自治的基本制度的规范性文件，它的内容涉及民族自治地方政治、经济、文化和社会生活等各个方面，是各民族自治地方实行民族区域自治的基本法规。单行条例是指由自治区、自治州、自治县的人大根据本民族自治地方的特点，针对某一方面的具体问题而制定的规范性法文件。一般地方立法的形式则表现为地方性法规和地方政府规章。第四，制定程序不同。在一般地方立法中，省、自治区、直辖市的人民代表大会及其常务委员会制定的地方性法规，报全国人民代表大会常务委员会和国务院备案；设区的市、自治州的人民代表大会及其常务委员会制定的地方性法规，由省、自治区的人民代表大会常务委员会报全国人民代表大会常务委员会和国务院备案。制定自治条例和单行条例均需报上级人大常委会批准，其中自治区的自治条例和单行条例报全国人民代表大会常务委员会批准后生效，自治州、自治县的自治条例和单行条例报省、自治区、直辖市的人民代表大会常务委员会批准后生效。

我国是一个统一的多民族的国家。新中国成立后，在各少数民族聚居的地方实行区域自治，设立自治机关，行使自治权，一直是国家解决民族问题，实行各民族平等、团结和共同繁荣的一项基本政策。最早赋予民族自治地方自治机关立法权的是1952年的《民族区域自治实施纲要》,依其规定,各民族自治区自治机关都有权制定单行法规。当时的民族自治区有大有小,其行政地位有相当于区一级的、州一级的、县一级的,还有相当于乡一级的,所以实际上当时制定单行法规的有相当于后来乡一级的自治地方。将制定单行法规的权力下放到相当于乡一级的自治区,这在当时主要是为了实行权利平等,既然都是民族自治区,不管人口多少,地广地狭,都应享有制定单行法规的权利。1954年宪法改变了乡一级的少数民族聚居区也是自治地方的制度,将民族自治地方分为自治区、自治州、自治县三级,规定它们可以制定自治条例和单行条例,这种结构相沿至今。

在民族自治地方,作为地方权力机关的自治区、自治州政府所在地的市同一般地方权力机关一样,有权制定地方性法规,其立法权限范围同于上述一般地方权力机关的立法权限范围。作为自治机关的自治区、自治州和自治县的人大则有权制定自治条例和单行条例,其立法的权限范围是以《宪法》和《民族区域自治法》所规定的自治机关的自治权为依据的。

立法变通权是我国宪法和法律赋予民族自治地方立法的一项特殊的权力。在《立法法》公布前,由于法律规定不明确,实践中人们对于立法变通权的权限范围一直存在不同的看法,加之制度上的不健全,影响了立法变通权合法有效的行使。《立法法》根据《宪法》和《民族区域自治法》的规定,总结实践经验,在明确规定自治条例和单行条例可以对法律、行政法规的规定进行变通的同时,对不能变通的事项也作了限定。依照《立法法》第85条第2款的规定,自治条例和单行条例不能作变通规定的事项包括:(1)自治条例和单行条例不得对法律和行政法规的基本原则作出变通规定。一部法律或行政法规的基本原则是这部法律或行政法规的灵魂和核心,无论是政策性原则还是公理性原则,它们往往是以"基本原则"的法律语言在该部法律或行政法规中表现出来且其基本精神贯穿于整部法律或行政法规之中,因此,享有立法变通权的民族自治地方的立法主体对法律和行政法规的基本原则是不能作出变通性规定的,否则将毁坏法律和行政法规的根基,进而导致对整部法律和行政法规的否定。比如,虽然我国民族自治地方可以对《民法典》婚姻家庭编的部分内容作出变通性规定,但是对于"婚姻自由""一夫一妻""男女平等"基本原则不能变通。(2)自治条例和单行条例不得对《宪法》和《民族区域自治法》作出变通规定。《宪法》是国家的根本法,它规定了国家的根本制度、根本任务、国体、政体、公民的基本权利和义务等根本性问题,具有最高的法律效力。全国各族人民、一切国家机关和武装力量、政党和各社会团体、各企业事业组织,都必须以《宪法》为根本的活动准则，《宪法》的各项规定都必须得到全面的遵守和执行。因此，《宪法》的规定是不能变通的。《民族区域自治法》是实施宪法规定的民族区域自治制度的基本法律，属于宪法性的法律文件，它全面系统地规定了民族自治地方的建立和自治机关的组成、自治机关的自治权、民族自治地方的人民法院和人民检察院、民族自治地方内的民族关系、上级国家机关的职责等民族区域自治的根本性问题，须得到全面的遵守和执行。(3)自治条例和单行条例不得对其他有关法律、行政法规专门就民族自治地方所作的规定作出变通规定。如果法律、行政法规中已就民族自治地方的特殊情况作出了专门的规定，则自治条例和单行条例就不能再对此作出变通规定，因为在这些专门规定中，全国大大及其常委会、国务院已经充分考虑民族自治地方的特点和实际情况。例如，我国《全国人民代表大会和地方各级人民代表大会选举法》(以下简称《选举法》)第四章专章规定了"各少数民族的选举"，说明制定机关已充分考虑到少数民族选举的特殊情况，因此民族自治条例和单行条例不能对此再行变通。

三、经济特区授权立法

经济特区立法是我国实行对外开放政策的产物，其始于 20 世纪 80 年代末。1988 年 4 月七届全国人大一次会议通过的《关于建立海南经济特区的决议》授予海南省人大及其常委会有权制定法规，在海南经济特区实施，揭开了经济特区授权立法的序幕。1992 年 7 月、1994 年 3 月和 1996 年 4 月全国人大常委会和全国人大又先后作出了《关于授权深圳市人民代表大会及其常务委员会和深圳市人民政府分别制定法规和规章在深圳经济特区实施的决定》《关于授权厦门市人民代表大会及其常务委员会和厦门市人民政府分别制定法规和规章在厦门经济特区实施的决定》《关于授权汕头市和珠海市人民代表大会及其常务委员会、人民政府分别制定法规和规章在各自的经济特区实施的决定》，授予深圳经济特区、厦门经济特区、汕头经济特区、珠海经济特区授权立法权。2000 年公布实施的《立法法》对经济特区的授权立法又作出了新的规定，即"经济特区所在地的省、市的人民代表大会及其常务委员会根据全国人民代表大会的授权决定，制定法规，在经济特区范围内实施"。依此规定，经济特区授权立法权仅来源于全国人民代表大会，而此前经济特区授权立法权除了来源于全国人民代表大会外，还来源于全国人大常委会；经济特区授权立法的主体仅为经济特区所在地的省、市的人大及其常委会，而此前经济特区授权立法的主体还包括经济特区所在地的市的人民政府。

授予经济特区授权立法权的主要目的是：第一，使经济特区需要调整的社会关系得到及时、有效的调整。经济特区是中国自实行对外开放政策以来，为发展对外贸易，特别是吸引外资、引进技术而实行某些特殊政策的地区。随着改革开放的深入开展，经济特区需要法律调整的社会关系越来越多，而全国人民代表大会由于其立法任务繁重，无法满足经济特区日益增多的立法要求，因此只有将立法权授予经济特区，才能使经济特区需要调整的社会关系得到及时有效的调整。第二，为全国人民代表大会及其常务委员会的立法积累经验、准备条件。由于条件尚不成熟，全国人民代表大会及其常务委员会对有些事项还无法制定为法律，而经济特区行使授权立法权就这些事项先行立法在特区实施，可以为全国人民代表大会及其常务委员会制定更成熟、更稳定、适用于全国的法律积累经验、准备条件。第三，保证法律、法规的贯彻实施。为了保证法律和法规具有较大的稳定性、包容性和适应性，许多法律和法规往往只规定一般原则和主要条款，缺乏具体、明确的规定，对于经济特区这样的特殊地区，授权立法权的行使有利于保证法律和法规的贯彻实施。

无论是授权决定还是《立法法》，对于我国经济特区授权立法的权限范围都是仅作了一个概括性的规定，因此，对经济特区授权立法的权限范围在实践中一直有不同的认识。要解决这个问题，首先必须界定经济特区授权立法的性质与地位。从我国经济特区授权立法的实践看，授权立法主体在授权范围内所行使的立法权原本都是属于全国人大或全国人大常委会的立法权，由于社会发展的需要，全国人大或全国人大常委会才将原本属于自己的立法权授予经济特区授权立法主体。因此，经济特区授权立法主体所享有的立法权从性质上说是归属于全国人大或全国人大常委会的。但是由于授权行为的发生，原本属于全国人大或全国人大常委会的立法权已转移为经济特区授权立法主体的立法权，在授权的有效期内，经济特区授权立法主体不是以全国人大或全国人大常委会的名义进行立法，而是以自己的名义进行立法。所以，经济特区授权立法的性质应定位为地方立法的性质，而非全国人大或全国人大常委会立法的性质。但作为地方立法，经济特区授权立法又是一种特殊的地方立法，它不同于一般地方立法。就立法的权限范围来说，经济特区授权立法主体的立法权限大于一般地方立法。所谓“大于一般地方立法”，关键在于经济特区授权立法主体享有授权机关——全国人民代表大会或常务委员会所享有的部分立法权，除全国人大及其常委会专有立法事项外，经济特区授权立法主体可以在全国人大或常委会的立法权限范围内进行立法。

《立法法》第 84 条规定：“经济特区所在地的省、市的人民代表大会及其常务委员会根据全国人民代表大会的授权决定，制定法规，在经济特区范围内实施。”据此，我国经济特区授权立法主体与民族自治地方一样也有立法变通权。《立法法》在规定民族自治地方人民代表大会立法变通权的同时对该变通权作了相应的限制性的规定，但对经济特区授权立法主体的立法变通权没有作出限制性的规定。尽管如此，同为变通权，其原理是一样的。经济特区授权立法主体行使立法变通权同样不得违背法律或者行政法规的基本原则，不得对宪法、法律专门就经济特区立法所作的规定作出变通规定。此外，经济特区享有立法变通权的主体在行使权力时还应当牢记宪法、法律规定和授予其行使变通权的目的所在，并将之作为作出立法变通规定的指向。我国法律授予经济特区人民代表大会及其常务委员会立法变通权主要是基于经济特区经济发展之需要。经济特区是我国改革开放的试验区和发展对外经贸关系的窗口。由于法律和行政法规具有全国范围内的普遍适用性，有些规定对于经济特区发展来说相对滞后，因此国家允许经济特区先行先试，发挥“试验区”和“窗口”的作用。因此，经济特区人民代表大会及其常务委员会在制定适用于经济特区的法规时，其重点应是对法律、行政法规和地方性法规中不适应经济特区经济发展需要的规定作出变通规定。

有一种观点认为，经济特区要在制度创新上走在前列，经济特区授权立法就应涉足政治体制方面的问题。应当说，经济特区授权立法的重点是经济立法，在经济立法方面利用自身的优势开拓创新。虽然经济特区授权立法必然会涉及某些行政管理及行政体制改革的问题，但是我们必须注意到，中国经济特区并不是政治特区，经济特区不能就政治改革进行立法。举凡与经济体制改革、扩大开放有关的一些政治制度方面的事项，经济特区授权立法必须十分慎重，不得突破上位法的规定。

四、特别行政区立法

特别行政区是我国宪法规定的一种特别形式的地方行政区域，特别行政区立法也是我国的地方立法，但属于特殊的地方立法，目前由我国恢复行使主权后的香港地区和澳门地区的立法所构成。

根据宪法以及《香港特别行政区基本法》和《澳门特别行政区基本法》，我国已分别于 1997 年 7 月 1 日和 1999 年 12 月 20 日恢复了对香港和澳门行使主权，并设立了香港特别行政区和澳门特别行政区。依据《香港特别行政区基本法》和《澳门特别行政区基本法》的规定，这两个特别行政区实行高度自治，享有行政管理权、立法权、独立的司法权和终审权。香港特别行政区立法会和澳门特别行政区立法会是香港特别行政区和澳门特别行政区的立法机关。与其他地方立法相比，这两个特别行政区的立法主要有以下几个特征：第一，立法主体不同。香港特别行政区和澳门特别行政区的立法机关为立法会，是专门设立的由议员组成的立法机关，非权力机关或行政机关。特别行政区立法没有层次之分，立法会是唯一的立法机关。第二，立法权的来源不同。香港特别行政区和澳门特别行政区的立法权均来源于全国人民代表大会以特别行政区基本法形式所作的专门授权。第三，立法权限范围不同。《香港特别行政区基本法》和《澳门特别行政区基本法》都明确规定，立法会行使制定、修改和废除法律的职权，澳门特别行政区立法会还有暂停实施法律的职权。第四，法的形式不同。香港特别行政区和澳门特别行政区立法的法的形式都表现为法律。

对于香港特别行政区和澳门特别行政区立法会的立法权限，《香港特别行政区基本法》和《澳门特别行政区基本法》均在规定立法会职权条文中明确规定立法会有权"根据本法规定并依照法定程序制定、修改和废除法律"，另外均在其他条文中明确规定，"应自行立法禁止任何叛国、分裂国家、煽动叛乱、颠覆中央人民政府及窃取国家机密的行为，禁止外国的政治性组织或团体在香港（澳门）特别行政区进行政治活动，禁止香港（澳门）特别行政区的政治性组织或团体与外国的政治性组织或团体建立联系"。

依据《香港特别行政区基本法》和《澳门特别行政区基本法》的规定，香港特别行政区和澳门特别行政区均享有高度的自治权，这种自治权反映在立法权限上，便是香港特别行政区和澳门特别行政区只要不违反基本法的规定，就可以就特别行政区自治范围内的一切地方事务自行制定、修改和废除法律。由于香港特别行政区和澳门特别行政区的立法权是由全国人民代表大会特别授予的，所以《香港特别行政区基本法》和《澳门特别行政区基本法》都明确规定"特别行政区立法机关制定的任何法律，均不得同本法相抵触"。为了保障和监督香港特别行政区和澳门特别行政区在行使立法权时不超越中央的授权并符合基本法的规定，《香港特别行政区基本法》和《澳门特别行政区基本法》都对特别行政区的立法权进行了一定的限制。具体规定为：第一，特别行政区的立法机关制定的法律须报全国人民代表大会常务委员会备案。第二，全国人民代表大会常务委员会在征询其所属的特别行政区基本法委员会后，如认为特别行政区立法机关制定的任何法律不符合基本法关于中央管理的事务及中央和特别行政区的关系的条款，可将有关法律发回，但不作修改。经全国人民代表大会常务委员会发回的法律立即失效。该法律的失效，除特别行政区的法律另有规定外，无溯及力。

第五节 地方立法的效力

地方立法的形式有地方性法规、自治条例和单行条例、经济特区法规、地方政府规章以及我国香港、澳门特别行政区的法律等，虽然地方立法适用的空间范围是在地方特定的行政区域中，但也会存在时间效力、事项效力上的冲突，这就需要考察地方立法的效力及其在我国整个法律位阶中的地位。

一、地方立法在我国法律位阶中的地位

法律位阶是指法规范性文件在整个国家法律渊源体系中的效力位置与等级。在法的位阶中处于不同或相同的位置和等级，其效力也是不同或相同的。据此，可以分为上位法、下位法和同位法。上位法是指相对于其他规范性文件，在法的位阶中处于较高效力位置和等级的规范性文件。下位法是指相对于其他规范性文件，在法的位阶中处于较低效力位置和等级的规范性文件。同位法是指在法的位阶中处于同一效力位置和等级的规范性文件。

根据我国《立法法》第五章的规定，我国现行法律规范性文件效力等级如下：第一，宪法具有最高的法律效力，一切法律、行政法规、地方性法规、自治条例和单行条例、规章都不得同宪法相抵触。第二，法律的效力高于行政法规、地方性法规、规章。第三，行政法规的效力高于地方性法规、规章。第四，地方性法规的效力高于本级和下级地方政府规章。第五，省、自治区的人民政府制定的规章的效力高于本行政区域内的设区的市、自治州的人民政府制定的规章。第六，自治条例和单行条例依法对法律、行政法规、地方性法规作变通规定的，在本自治地方适用自治条例和单行条例的规定。第七，经济特区法规根据授权对法律、行政法规、地方性法规作变通规定的，在本经济特区适用经济特区法规的规定。第八，部门规章之间、部门规章与地方政府规章之间具有同等效力，在各自的权限范围内施行。

从空间效力范围来看，地方立法适用的空间效力范围存在于该地方立法主体管辖的行政区域内，如省、自治区、直辖市人民代表大会及其常委会制定的地方性法规以及省、自治区、直辖市人民政府制定的地方政府规章适用于该省、自治区、直辖市管辖的行政区域范围，自治条例和单行条例在本自治地方适用，经济特区法规在本经济特区范围适用。

二、地方性法规与部门规章的效力等级

从学理上来说，二者的性质是完全不同的，部门规章属于中央行政立法的范畴，在全国范围内具有效力。地方性法规只在所辖区域内具有效力，属于地方立法的范畴。但是，地方性法规是由地方国家权力机关制定的，不同于行政立法。因此，二者很难绝对地说谁的效力高，正因如此，《立法法》中没有直接确定二者之间的效力高低。但是，国务院有关部门已经制定并还将制定大量的部门规章，这些部门规章都需要地方贯彻实施，在地方立法中如何对部门规章的规定进行取舍，发生冲突如何适用等，都是必须回答的问题。有学者认为，地方性法规的效力等级高于部门规章，“一是从制定主体看，地方性法规是由地方国家权力机关制定的，代表的是一个地区全体人民的共同意志和利益；部门规章是政府的部门制定的，民意性、代表性、权威性都不及地方国家权力机关。二是从立法权限看，地方性法规具有权利义务创制权，部门规章只有执行权，不能设定权利义务关系，权限不一样。三是从司法适用看，《行政诉讼法》规定，行政诉讼适用法律、法规，参照规章。地方性法规是司法机关审理案件必须遵循的依据，司法机关不能对地方性法规进行审查，而对规章司法机关只是参照，参照时可以进行适当的合法性审查。因此，地方性法规与部门规章的效力等级不是一样的”①。

《立法法》第 106 条第 1 款第 2 项规定了二者之间的冲突解决机制。依据该规定，地方性法规与部门规章之间对同一事项的规定不一致，不能确定如何适用时，由国务院提出意见，国务院认为应当适用地方性法规的，应当决定在该地方适用地方性法规的规定；认为应当适用部门规章的，应当提请全国人民代表大会常务委员会裁决。

三、地方性法规与自治条例和单行条例的效力等级

在我国，民族自治地方是指自治区、自治州、自治县。根据宪法和《立法法》，民族自治地方的人民代表大会有权依照当地民族的政治、经济和文化的特点，制定自治条例和单行条例。自治区的自治条例和单行条例报全国人民代表大会常务委员会批准后生效，自治州、自治县的自治条例和单行条例报省或者自治区、直辖市的人民代表大会常务委员会批准后生效。可见，自治区、自治州的人民代表大会及其常务委员会可以制定地方性法规，自治区、自治州、自治县

① 吕振霖主编：《不断增强根本政治制度的生机与活力——2016 年江苏省人大工作理论研究论文集》，中国民主法制出版社 2016 年版，第 30～31 页。

的人民代表大会可以制定自治条例和单行条例。也就是说,民族自治地方的自治县不能制定地方性法规。

民族自治地方自治条例,是指民族自治地方的人民代表大会在不与《宪法》《民族区域自治法》及有关的组织法相抵触的前提下,依法依照当地的经济、政治和文化特点,按照法定程序制定的报经全国人民代表大会常务委员会或上级人民代表大会批准实施的自治条例。单行条例,是指民族自治地方的人民代表大会依照当地民族的政治、经济和文化特点,制定的调整本民族自治地方某方面事务的法律规范性文件。自治条例和单行条例的共同点是:第一,制定的主体相同。它们都是由民族自治地方的人民代表大会制定。第二,制定的依据相同。二者都是依据当地民族的政治、经济和文化的特点而制定的。第三,批准生效的程序相同。自治区的自治条例和单行条例都是报全国人大常委会批准后生效,自治州、自治县的自治条例和单行条例都是报省、自治区、直辖市的人大常委会批准后生效。第四,效力范围相同。它们都是在自治权管理的范围内有效。二者的区别主要是条例的内容所涉及的范围不同。自治条例是一个民族自治地方基本的法律规范性文件,其内容涉及实行区域自治的各项根本问题,规定民族自治地方的社会制度,根据民族自治地方的特点,具体地贯彻执行宪法、法律;单行条例只涉及民族自治地方的某一方面的事项,其内容并不带有根本性和全面性。

关于民族自治地方自治条例和单行条例与一般地方性法规的关系问题,涉及对自治条例和单行条例的性质的理解。

韩大元指出,对自治条例和单行条例的性质,学术界主要有两种观点:一种观点认为自治条例和单行条例是一种地方性法规;另一种观点认为,自治条例、单行条例与省、直辖市的地方性法规在立法依据、制定机关和批准机关等方面存在很大的区别,不能简单地把自治条例归结在地方性法规的体系之内。自治条例和单行条例在中国法律形式中,既属于地方性法规的范围,又不同于一般地方性法规。作为地方性法规,自治条例和单行条例的效力低于宪法、法律和行政法规,但作为特殊的地方性法规,其效力等级与国务院的行政法规和省、直辖市地方性法规效力又不适宜作级别和层次上的区分,应作类的区分。自治条例具有综合性、自主性、分权性、协调性、区域性以及基础性、原则性、灵活性等特点,这些特点从不同角度反映了自治条例的性质与具体运行过程。从自治条例的制定原则和具体运行过程看,不能简单地把自治条例理解为一般性的地方性法规,有必要把它理解为特殊性质的地方性法规,并以其特殊性为基础,确定法律体系中不同规范之间的效力等级。[1]

四、省级地方性法规与设区的市地方性法规的效力等级

在我国，立法权分别由中央、省级和设区的市三级行使，除了民族区域自治立法外，在地方，省级和设区的市人大及其常委会都可以制定地方性法规。“一元三级”立法体制是我国立法体制的一个显著特色。

关于省级和设区的市人大及其常委会的立法权限，宪法和《地方组织法》作了原则性规定，《立法法》的规定则相对具体。《立法法》第 80 条规定：“省、自治区、直辖市的人民代表大会及其常务委员会根据本行政区域的具体情况和实际需要，在不同宪法、法律、行政法规相抵触的前提下，可以制定地方性法规。”“设区的市的人民代表大会及其常务委员会根据本市的具体情况和实际需要，在不同宪法、法律、行政法规和本省、自治区的地方性法规相抵触的前提下，可以对城乡建设与管理、环境保护、历史文化保护等方面的事项制定地方性法规，法律对设区的市制定地方性法规的事项另有规定的，从其规定。设区的市的地方性法规须报省、自治区的人民代表大会常务委员会批准后施行。”《立法法》第 82 条对哪些事项可以制定地方性法规作出了明确规定，包括执行性事项、地方事务性事项、先行性事项三个方面。

根据上述规定，省级人大及其常委会和设区的市人大及其常委会在地方性法规的制定依据(根据本地区具体情况和实际需要)、制定原则(不同上位法相抵触)、制定范围(执行性、地方事务性、先行性三个方面)上是完全一样的，所不同的是立法事项的范围。设区的市人大及其常委会可以对城乡建设与管理、环境保护、历史文化保护等方面的事项制定地方性法规，而省级人大及其常委会的立法事项则不受这三方面的事项范围的限制。

对于省级地方性法规与设区的市地方性法规的效力等级，学界存在以下两种观点。

一种观点认为省级地方性法规效力等级高于设区的市地方性法规，原因在于：第一，省级地方性法规由省级人大及其常委会制定，设区的市地方性法规由设区的市人大及其常委会制定，按照制定主体的行政层级关系，省级地方性法规的效力当然高于设区的市地方性法规。第二，设区的市地方性法规制定后须报省级人大常委会批准才能施行，批准过程中通常都将省级地方性法规作为对

---

[1] 参见金炳镐主编：《中国民族理论研究二十年：1978.12—1998.12》，中央民族大学出版社 2000 年版，第 356 页。

设区的市地方性法规进行合法性审查的依据。第三，《立法法》规定设区的市地方性法规不能与本省、自治区的地方性法规相抵触，“不抵触”的规定说明省级地方性法规是设区的市地方性法规的制定依据，二者本不应发生冲突。[①]

另一种观点认为，设区的市地方性法规与省级地方性法规具有同等效力，原因在于：“设区的市地方性法规是经省级人大常委会批准的，也就是说设区的市级人大及其常委会并不具有完整立法权，设区的市地方性法规的部分立法权事实上由省级人大常委会行使，因此其效力自然应当与省级地方性法规相同。”[②]“省与设区的市地方性法规同为地方性法规这一法律渊源，理应处于同一位阶，《立法法》未再对二者位阶关系另行规定，应是由于已无必要而非有所疏漏。因此，《立法法》虽未对省与设区的市地方性法规之间的位阶关系作明确规定，但二者并不存在法律位阶上的适用先后问题，在适用时应将二者作为同位阶的法律规范对待。”[③]

本书赞成第一种观点，认为省级地方性法规的效力等级高于设区的市地方性法规。

五、部门规章与地方政府规章效力等级

《立法法》第 102 条规定，部门规章与地方政府规章之间具有同等效力，在各自的权限范围内施行。

但是，由于地方政府规章本身又可以分为省、自治区、直辖市人民政府规章和设区的市人民政府规章，根据《立法法》第 100 条第 2 款的规定，省、自治区的人民政府制定的规章的效力高于本行政区域内的设区的市、自治州的人民政府制定的规章。由此，将上述第 102 条与第 100 条关联起来，产生的问题是部门规章究竟和哪种类型的地方政府规章在效力上等同？对此，《立法法》没有明确规定，但提出了冲突解决机制，即“部门规章与地方政府规章之间对同一事项的规定不一致时，由国务院裁决”。

结合我国行政机关的层级，建议将部门规章与省级人民政府制定的规章视为具有同等效力。当部门规章与设区的市人民政府规章发生冲突或不一致时，明确适用部门规章；当部门规章与省级人民政府规章发生冲突或不一致时，可交由

① 参见丁祖年：《试论省级人大常委会对较大市地方性法规的批准权》，《法学评论》1990 年第 6 期。

② 全国人大常委会法制工作委员会国家法室编著：《中华人民共和国立法法释义》，法律出版社 2015 年版，第 233 页。

③ 曲立力、刘美：《省与设区的市地方性法规不一致的选择适用思路——宋某诉青岛市市北区房屋征收安置管理中心行政裁决案》，《山东法官培训学院学报》2020 年第 2 期。

它们的共同上级主体即国务院来裁决。在《立法法》修订时,建议对此作出明确。

六、设区的市地方性法规与省级政府规章的效力等级

我国《立法法》没有明确规定设区的市地方性法规与省级政府规章的效力等级。对此,现有研究主要有以下三种观点。

第一种观点认为,设区的市地方性法规效力等级低于省级政府规章。首先,从行政级别上看。法所反映人民利益的层次和范围不同,决定其效力等级不同。国家机关代表全国人民的利益,不同国家机关代表不同层次和范围的人民利益,法的效力等级与其制定机关的地位是一致的①,效力等级更高表明其制定者的地位更高②。设区的市人大及其常委会一般属于地厅级,省、自治区政府则属于省部级。为了方便地方行政管理的统一,防止设区的市通过制定地方性法规排斥省级政府规章在本行政区域的实施,一般的地方立法,其效力等级应以地方立法主体的行政级别来划分,市一级的法规和规章的效力层次低于省一级。③ 其次,由于省、自治区制定的地方性法规的效力低于国务院制定的行政法规,由此可以推导出设区的市制定的地方性法规效力低于省级政府规章。④ 最后,规范之间的效力等级实质上是层级性监督和合法性控制⑤,《立法法》第81条第2款规定,省级人大常委会要对报批的设区的市地方性法规进行合法性审查,重点审查与省级政府规章是否存在抵触。如果设区的市地方性法规的法律效力等级高于省级政府规章,便没有进行审查的必要性,因此,前者和后者之间存在一种下位法与上位法的合法性监督关系。⑥

第二种观点认为,设区的市地方性法规与省级政府规章同位阶。首先,上位法与下位法发生冲突直接适用上位法优于下位法的原则,只有当两者的效力等级相同时才由共同的上级机关进行裁决。⑦ 依据《立法法》第81条第3款的规定,当设区的市地方性法规同本省、自治区的政府规章存在抵触的情形时,需要作出处理决定。有学者认为"处理决定"视为两者冲突时共同上级机关裁决

---

① 参见杨忠文、杨兆岩:《法的效力等级辨析》,《求是学刊》2003年第6期。

② 参见[美]弗里德曼:《法律制度》,李琼英、林欣译,中国政法大学出版社1994年版,第46页。

③ 参见宋玉波:《论地方立法的层次构成与效力体系》,《现代法学》2000年第5期。

④ 参见武增主编:《中华人民共和国立法法解读》,中国法制出版社2015年版,第267页。

⑤ 参见顾建亚:《法律位阶划分标准探新》,《浙江大学学报(人文社会科学版)》2006年第6期。

⑥ 参见张强、梅扬:《论法律位阶的概念及其划分标准:兼议〈立法法〉第87—91条的修正》,《东华大学学报(社会科学版)》2015年第4期。

⑦ 参见胡建淼:《法律规范之间抵触标准研究》,《中国法学》2016年第3期。

的规则，故省级政府规章与设区的市地方性法规属于效力等级相等。[①] 其次，设区的市人大及其常委会与省、自治区人民政府之间不存在直接的管辖与被管辖关系，所制定的规范可以根据具体情况相互优先，推定它们是同位法。[②] 最后，不同规范之间的效力等级可以通过权力的等级性、事项的包容性和权力的同质性三个要件加以界定，其中“权力同质性”是两法进行效力等级比较的前提，即评估不同法律规范的等级，以其制定机关的权力属于同一性质为前提，如国务院、国务院各部委、地方政府所享有的权力同为行政权，全国人大及其常委会与地方各级人大及其常委会的权力同为立法权。当两部法律规范制定权呈现异质性时，不存在位阶高低之分，而是属于法律之下同等的规范性法律文件，故设区的市地方性法规与省级政府规章效力等级相同。[③]

第三种观点认为，设区的市地方性法规效力高于省级政府规章。首先，批准的立法视为批准机关的立法。《立法法》第 81 条第 2 款规定，设区的市地方性法规须报请省级人大常委会批准后实施。2018 年《宪法修正案》颁布之前，学者们认为，宪法并没有赋予设区的市人大及其常委会制定地方性法规的权力，在实践中，省级人大常委会审批时，往往会对制定机关制定的法律文件进行实质性的修改、补充，掺入批准机关的意志。[④] 因此，《立法法》中规定设区的市人大及其常委会具有制定本行政区域内地方性法规的立法权，属于省级立法权的延伸，省级人大常委会“批准升级”[⑤]，经批准发布的法律规范应当属于批准机关的法律规范。[⑥] 例如，杨忠文教授认为，原则上法律规范的效力等级与其制定机关的地位是一致的，但是，经批准的立法，属于一种特殊立法类型，该立法类型将规范的制定权与批准权分属不同法律地位的国家机关。规范的制定机关处于从属地位，其享有的制定权实质上为草案的拟定权，批准机关才是赋予规范效力的机关，因此，规范的效力等级取决于批准的性质，遂导致效力等级升级。[⑦] 莫纪宏教授认为，地方性法规因为需要省级人大常委会批准后生效，故在法律

① 参见刘克希：《较大的市制定地方性法规应经批准——兼论贯彻立法法第 63 条》，《法学天地》2001 年第 1 期。

② 参见顾建亚：《法律位阶划分标准探新》，《浙江大学学报（人文社会科学版）》2006 年第 6 期。

③ 参见胡玉鸿：《试论法律位阶划分的标准——兼及行政法规与地方性法规之间的位阶问题》，《中国法学》2004 年第 3 期。

④ 参见李岳德：《法律文件效力等级座谈会综述》，《中国法学》1992 年第 4 期。

⑤ 参见阮荣祥、赵恺主编：《地方立法的理论与实践》，社会科学文献出版社 2011 年版，第 93 页。

⑥ 参见武增主编：《中华人民共和国立法法解读》，中国法制出版社 2015 年版，第 267 页。

⑦ 参见杨忠文：《行政诉讼中法律适用的两个问题》，《求是学刊》1993 年第 3 期。

效力上都等同于省级地方性法规。[①] 其次，地方性法规优先于规章适用。例如，蔡定剑教授认为，人民法院在审理行政案件时，以法律、法规作为审判依据，参照规章，说明地方性法规在法院可以得到优先适用，因此当地方性法规与规章冲突时，应当适用地方性法规。[②]

法律规范之间的效力等级，应当在法律中予以明确规定。对此，建议在《立法法》第100条中新增设一款，用于规定设区的市地方性法规与省级规章的效力等级关系，弥补立法空白。

---

① 参见莫纪宏：《自治条例和单行条例合宪性审查的法理及分层》，《甘肃社会科学》2019年第2期。

② 参见蔡定剑：《法律冲突及其解决的途径》，《中国法学》1999年第3期。

第二章 地方立法的指导思想与基本原则

第一节 我国立法总的指导思想

立法指导思想是立法工作的灵魂，它直接影响立法的方向和质量，是立法活动得以顺利进行的理论基础和行动准则。对于地方立法而言，科学的指导思想更是确保地方性法规与国家法律、政策相衔接，体现地方特色和实际需要的重要基础。

一、立法指导思想的界定

思想是行动的先导，理论是实践的指南。任何立法都是一种有意识、有目的的活动，必须在一定的思想指导下进行。所谓立法的指导思想，就是立法的理论根据，是统治阶级的法律意识特别是其立法观的集中体现。立法指导思想需要回答和解决两方面的问题：一是要用什么样的理论来指导立法；二是要立什么样的法。这两个问题是紧密联系的：前者是根本前提，直接影响或决定着后者；后者是前者的具体反映，也是前者的实际结果。两者相辅相成，全面体现了立法指导思想的基本要求和目的所在。

立法指导思想与立法基本原则是具有不同含义的两个概念。立法指导思想是立法基本原则的依据。立法基本原则是立法应遵循的准则，是立法指导思想的具体体现。如中国奴隶制社会，立法是在神权和宗法思想指导下进行的。以神权和宗法思想为依据，奴隶制立法坚持了“王权神授”“代天行罚”和“亲亲”“尊尊”的基本原则。中国封建专制社会是以占统治地位的儒家思想为治理国家的理论基础，同时它也是立法的指导思想。以儒家思想为依据，封建制立法则坚持以家族为本位、皇权至上、等级森严和德主刑辅的基本原则。

立法指导思想受制于一定的社会生活条件，并随着社会关系的发展变化而变化。如马克思主义在中国的发展，经历了毛泽东思想、邓小平理论、“三个代表”重要思想、科学发展观以及习近平新时代中国特色社会主义思想。

二、当代中国总的立法指导思想

当代中国总的立法指导思想，仍然是马克思主义，主要是马克思主义的世界观、方法论和马克思主义立法观。这是由我国立法的性质、马克思主义的特点和我国历史经验所决定的。

在立法中坚持遵循马克思主义的辩证唯物主义、历史唯物主义等基本的理念、观点，把握其系统的世界观、方法论以及认识论。马克思主义关于立法的基本观点，是我国立法的根本遵循。

（一）立法的阶级本质

马克思主义认为，法律是阶级社会的产物，是社会发展到一定历史阶段的成果。立法是体现在经济上居于主导地位、政治上掌握了国家政权的统治阶级意志的活动。这个观点深刻地揭示了法的本质属性，是划分马克思主义立法观与非马克思主义立法观的原则界限。

（二）立法应以社会为基础

马克思主义的历史唯物论认为，社会的发展是社会内部基本矛盾运动的结果，即生产力决定生产关系，经济基础决定上层建筑；生产关系必须反映生产力的性质和水平，上层建筑必须反映经济基础的性质和要求。法律是上层建筑的重要组成部分，因此，法虽然是掌权阶级根本意志的体现，但立法者不能随心所欲或恣意妄为。立法要受到客观存在的社会物质生活条件及其发展规律的制约，尤其是社会生产方式、经济条件的制约。

（三）立法与上层建筑其他因素相互作用并反作用于物质生活条件

马克思主义立法观强调立法必须以社会为基础的同时，也认为经济关系不是决定立法唯一的因素。认为立法除了根本上受制于社会物质生活条件之外，同时还要受到上层建筑中其他因素的影响，如政治、哲学、宗教、艺术、文学等。立法者不仅要强调立法与社会物质生活条件的内在联系，同时还应把立法放到上层建筑的整个系统中加以考查，即要充分看到国家上层建筑诸因素对立法的重要影响，正确利用这些影响和作用来改善立法工作，促进立法的发展。

（四）立法要遵循法律自身发展规律

立法受制于社会物质生活条件和上层建筑诸因素，但这是就立法与社会经济、政治、文化等的关系而言，即立法与外部的关系。此外，立法还有其内部发展、运作的客观规律性,还应遵循自身发展的规律。这个规律的基本内容是:第一,法律要与一定社会或社会发展一定阶段的经济关系及其发展趋势相适应;第二,通过建立“内部和谐一致”的法律体系,消除法律自身的“内在矛盾”;法律内部和谐一致的客观基础是社会经济状况,只有以此为基础来建立完善的法律体系,才能使立法适应经济发展的需求。

(五)立法要正确看待国外经验和历史经验

“古为今用,洋为中用”是马克思主义科学立法观之一,也是历史唯物主义在立法中的具体运用。每个时代的法律都是历史发展整个链条中的一个环节,各个链条之间互相衔接、不可分割,具有历史的承继关系。法律是人类共同的文化遗产,一切具有科学性、合理性、进步性的,对社会主义民主与法治建设有利的法律文化,我们都应大胆地借鉴和吸收。

三、现阶段我国的立法指导思想——习近平新时代中国特色社会主义思想

以习近平同志为核心的党中央坚持以马克思列宁主义、毛泽东思想、邓小平理论、“三个代表”重要思想、科学发展观为指导,坚持解放思想、实事求是、与时俱进、求真务实,坚持辩证唯物主义和历史唯物主义,紧密结合新的时代条件和实践要求,以全新的视野深化对共产党执政规律、社会主义建设规律、人类社会发展规律的认识,进行艰辛的理论探索,取得了重大理论创新成果,创立了习近平新时代中国特色社会主义思想。

习近平新时代中国特色社会主义思想,是对马克思列宁主义、毛泽东思想、邓小平理论、“三个代表”重要思想、科学发展观的继承和发展,是马克思主义中国化最新成果,是党和人民实践经验和集体智慧的结晶,是中国特色社会主义理论体系的重要组成部分,是全党全国人民为实现中华民族伟大复兴而奋斗的行动指南,必须长期坚持并不断发展。

2017 年 10 月 24 日,中国共产党第十九次全国代表大会通过了关于《中国共产党章程(修正案)》的决议,将习近平新时代中国特色社会主义思想写入党章,确立为党的指导思想。2018 年 3 月 11 日,习近平新时代中国特色社会主义思想载入宪法,在党内外、全国上下形成了广泛的高度认同。

(一)习近平新时代中国特色社会主义思想是马克思主义中国化的最新成果

以毛泽东同志为代表的第一代中国共产党人把马克思主义普遍原理与中国革命实践相结合,产生了马克思主义中国化的第一次历史性飞跃成果——毛泽东思想,回答了中国为什么要革命、怎样革命的问题。在毛泽东思想指引下,

我们找到了正确的革命道路，建立了中华人民共和国，使中华民族站起来了。以邓小平同志为核心的第二代中国共产党人，把马克思主义普遍原理与中国改革、建设实践相结合，产生了马克思主义中国化的第二次历史性飞跃成果——邓小平理论。邓小平理论回答了什么是社会主义、怎样建设社会主义的问题。此后又在实践中产生了“三个代表”重要思想、科学发展观，分别回答了建设什么样的党、怎样建设党和实现什么样的发展、怎样发展等问题。习近平新时代中国特色社会主义思想坚持辩证唯物主义和历史唯物主义，坚持马克思主义的根本立场、基本原理和价值导向，紧密结合新的时代背景和实践要求，以全新的视野深化对共产党执政规律、社会主义建设规律、人类社会发展规律的认识，系统回答了新时代坚持和发展什么样的中国特色社会主义、怎样坚持和发展中国特色社会主义这一重大时代课题，开辟了马克思主义中国化新境界、中国特色社会主义新境界。在习近平新时代中国特色社会主义思想指引下，中华民族必将迎来从“站起来”“富起来”到“强起来”的伟大飞跃，实现中华民族伟大复兴的中国梦。

（二）习近平新时代中国特色社会主义思想是实现中华民族伟大复兴的行动指南

习近平新时代中国特色社会主义思想，紧紧围绕在新的时代条件下坚持和发展什么样的中国特色社会主义、怎样坚持和发展中国特色社会主义这一重大时代课题，鲜明回答了坚持和发展中国特色社会主义的总目标、总任务、总体布局、战略布局和发展方向、发展方式、发展动力、战略步骤、外部条件、政治保证等基本问题，提出了十四个“坚持”的基本方略，内涵丰富、博大精深，构成了系统完整的科学理论体系，开拓了中国特色社会主义理论的新境界，是中国特色社会主义理论体系的重要组成部分。习近平新时代中国特色社会主义思想为道路自信、理论自信、制度自信、文化自信提供了最坚实的战略定力，为新时代提供了最根本的战略指引，是凝聚全党全国各族人民为实现中华民族伟大复兴中国梦奋斗的思想基础，是中国特色社会主义进入新时代的历史方位后，在新的历史起点上进一步开创中国特色社会主义新局面、决胜全面小康社会、建设社会主义现代化强国、实现中华民族伟大复兴中国梦的行动指南。

（三）习近平新时代中国特色社会主义思想为解决人类问题贡献中国智慧和中国方案

习近平新时代中国特色社会主义思想使科学社会主义理论彰显蓬勃生机。中国在世界上高举中国特色社会主义伟大旗帜，在习近平新时代中国特色社会主义思想指引下，取得了巨大成功，彰显了科学社会主义在21世纪的强大生机和活力，日益引起世界的关注。习近平新时代中国特色社会主义思想关于重大时代课题的回答，丰富和发展了科学社会主义理论，使科学社会主义与时俱进，在当今时代放射出新的理论光芒。

习近平新时代中国特色社会主义思想为世界经济发展提供中国方案。当今世界经济复苏乏力、局部冲突和动荡频发、全球性问题日益加剧，世界大多数国家面临发展困境，而中国经济则保持中高速增长，在世界主要国家中名列前茅，国内生产总值稳居世界第二。中国日益走近世界舞台中央，中国特色社会主义理论、制度、文化不断发展的做法和经验为发展中国家提供了路径启示，拓展了发展中国家走向现代化的途径，给世界上那些既希望加快发展又希望保持自身独立性的国家和民族提供了全新选择。习近平新时代中国特色社会主义思想是中国实践经验的凝结，集中体现了中国为解决人类问题贡献的智慧和方案，必将深刻影响世界格局和人类社会发展进程。

第二节　我国现阶段立法基本指导思想

2020 年 11 月 16 日至 17 日，党的历史上首次召开中央全面依法治国工作会议，将习近平法治思想明确为全面依法治国的指导思想，这是我国社会主义法治建设进程中具有里程碑意义的大事。习近平法治思想是习近平新时代中国特色社会主义思想的重要组成部分，是我国全面依法治国的纲领。在习近平法治思想构成中，习近平的立法思想构成了我国现阶段立法的基本指导思想。

一、立法是全面推进依法治国的前提与基础

全面推进依法治国，是以习近平同志为核心的党中央从坚持和发展中国特色社会主义全局出发，为更好治国理政提出的重大战略任务，是解决党和国家事业发展面临的一系列重大问题、确保党和国家长治久安的根本要求。党的十八届四中全会决定把“建设中国特色社会主义法治体系，建设社会主义法治国家”作为全面推进依法治国的总目标，为中国特色社会主义法治发展指明了前进方向。党的十九大报告要求深化依法治国实践，指出“全面依法治国是国家治理的一场深刻革命，必须坚持厉行法治，推进科学立法、严格执法、公正司法、全民守法”[①]。立法是全面依法治国的前提和基础，依法治国首先要有法可依，

---

① 习近平：《决胜全面建成小康社会　夺取新时代中国特色社会主义伟大胜利——在中国共产党第十九次全国代表大会上的报告》，人民出版社 2017 年版，第 38 页。

所谓“不以规矩，不成方圆”。

建设中国特色社会主义法治体系，首先要完善以宪法为核心的中国特色社会主义法律体系。党的十八大以来，以习近平同志为核心的党中央提出了“科学立法、严格执法、公正司法、全民守法”新十六字社会主义法治建设的方针，“科学立法”是重要构成，也是整个法治建设的基础。党的十八届四中全会决定明确指出，建设中国特色社会主义法治体系，必须坚持立法先行，发挥立法的引领和推动作用，抓住提高立法质量这个关键。

二、立法要坚持中国共产党的领导

坚持党对立法工作的领导，不仅是由立法本身的性质所决定，也是我国宪法的根本要求。立法体现社会主义性质首先是要在立法中坚持党的领导，体现党的主张。在立法中坚持党的领导包括两个方面的要求：一是以党的政策指导立法。政策的类型有总政策、基本国策、具体政策。作为党和国家的基本路线，亦即党领导、治理国家的总方针、总政策，是立法的根本方向和指针；基本国策，如实行改革开放、实行社会主义市场经济等，是立法的基本内容和要求；某项具体政策，如国家货币政策、产业政策、投资政策、民族政策、环境保护政策等，是某项具体立法的主要根据。此外，地方党委的重大决策部署，也是地方立法的指导，地方立法需要自觉地贯彻地方党委的重大要求。二是将党的领导贯穿立法工作全过程。这主要是从工作层面和程序上说的。有立法权的人大常委会编制的立法规划和年度立法计划，要报经党中央或地方党委批准；所有政治方面的立法、经济社会方面涉及重大体制和重大政策调整的立法，都要报党中央或地方党委讨论决定；法律、法规制定和修改中遇到的重大问题要报中央或地方党委决定。人大及其常委会要自觉做到立法决策与中央、地方党委决策相协调、相同步，认真落实党中央和地方党委提出的立法建议，善于把党的主张和重大决策部署通过法定程序转变为法律法规，成为全社会一体遵循的行为规范和活动准则。

坚持党对立法的领导，要充分发挥人大党组在立法中的作用。党对立法工作的领导，很大程度上要依靠立法机关党组来组织实施。人大常委会党组要统筹协调立法工作，认真研究立法中的重大问题，发挥把方向、管大局、保落实的重要作用。同时，落实法规起草单位党委（党组）的主体责任。在法规草案报送政府前，应由起草单位党委（党组）讨论研究。

坚持党对立法的领导，要健全重大立法事项向党委报告制度。对立法规划、计划的确定及重大调整，对主题重大、情况复杂、社会关注度高的法规的制定、修改,对立法涉及的重大体制和重大政策调整,对重大立法争议的协调,都应及时向党委报告,严格落实党委的意见、指示和要求。

三、立法要以"人民为中心"

习近平总书记在党的十九大报告中提出以人民为中心,坚持人民主体地位,践行全心全意为人民服务的根本宗旨。我们要树立以人民为中心的立法宗旨,把人民对美好生活的向往作为立法的实现目标。立法以人民为中心,要求立法必须为了人民、依靠人民、造福人民、保护人民,把人民的利益放在至高无上的地位,使每一项立法都能反映人民意愿、得到人民拥护。具体来说,在立法工作中需要做到:一是把促进人的全面发展作为立法的重大任务。习近平总书记指出:"我国稳定解决了十几亿人的温饱问题,总体上实现小康,不久将全面建成小康社会,人民美好生活需要日益广泛,不仅对物质文化生活提出了更高要求,而且在民主、法治、公平、正义、安全、环境等方面的要求日益增长。"①在立法中不仅要保证人民的物质文化需要,还要保障人民其他方面的要求,特别是要把增进民生福祉作为立法的根本目的,在幼有所育、学有所教、劳有所得、病有所医、老有所养、住有所居、弱有所扶上获得有效的法制保障。二是在立法中坚持法律面前人人平等,保证人民依法享有广泛的权利和自由、承担应尽的义务。"完善体现权利公平、机会公平、规则公平的法律制度,保障公民人身权、财产权、基本政治权利等各项权利不受侵犯,保障公民经济、文化、社会等各方面权利得到落实,实现公民权利保障法治化。"②三是着力从法律制度上推动解决人民群众最关心、最直接、最现实的利益问题,正确把握和处理好现阶段群众共同利益和不同群体特殊利益关系,合理统筹各方面群众的利益关系,协调平衡解决各种社会利益关系,在立法中充分体现公平正义,切实防止通过立法谋取特殊利益、不当利益,发挥好法律规范在利益分配中的作用。四是发挥人大代表在立法中的重要作用。要认真办理代表议案,让成熟的立法议案经过法定程序成为法规;开展立法调研时要邀请相关领域的代表参加,制定法规过程中要征求相关方面代表的意见。对涉及群众切身利益以及其他特别重大事项的法规,应由人民代表大会进行立法,让代表由参与者变为立法决策者。

---

① 习近平:《决胜全面建成小康社会 夺取新时代中国特色社会主义伟大胜利——在中国共产党第十九次全国代表大会上的报告》,人民出版社 2017 年版,第 11 页。

② 《中共中央关于全面推进依法治国若干重大问题的决定》,人民出版社 2014 年版,第 11 页。

四、依法立法

党的十九大报告首次提出依法立法并将其与科学立法、民主立法并列为立法原则，这是新时代对立法工作的新要求，反映了新时期对立法工作要求的新突破。依法立法是法治原则对立法的要求。“立法作为建设法治国家的前提和基础，也因此需要实行法治化，需要坚持法治原则。”[①]根据《立法法》的规定，实现“依法立法”需要做到三个方面：一是依照法定的权限立法。依法立法的主要依据是宪法和《立法法》。《立法法》依照宪法具体规定了法律、行政法规、地方性法规、规章的制定权限，如分别规定了只能制定法律以及设区的市制定地方性法规的事项等，有立法权的国家机关都需要严格遵行，不能超越立法权限。依法立法首先要解决越权立法问题，使不同层次的法律规范权限边界清晰，在各自有权调整的事项范围内开展立法活动。二是依照法定程序立法。法律规范从起草、审议到通过，需要遵循一定的程序。依法立法需要解决的另一个问题是违反程序立法的问题。《立法法》对法律的制定程序作了详细的规定，国务院及有立法权的地方人大根据《立法法》的要求，对行政法规、地方性法规的制定程序都作了具体规定。三是维护法制统一。“坚持法制统一原则，是单一制国家的立法区别于联邦制国家立法的一个重要特征。中国是统一的单一制大国，立法应当坚持法制统一原则。”[②]维护法制统一，一方面在立法中要从国家的整体利益出发，防止和克服地方保护主义和部门保护主义；另一方面要保持法律体系内部的和谐一致，下位法不得同上位法相抵触，各部门法要相和谐，同一层次的法不得“前后左右”打架、冲突。

五、科学立法

立法是一项科学活动。立法必须从中国的国情和实际出发，尊重和体现社会发展的客观规律，尊重和体现法律所调整的社会关系的客观规律以及法律体系的内在规律。科学立法不仅指向立法的内容，而且指向立法程序以及立法技术。在立法中坚持科学立法，最根本的是方法和技术问题，通过这些方法和技术去发现法律和表述法律，使制定的法律理性化、合理化。从实际出发是科学立法的灵魂。从实际出发，最根本的是从我国的国情出发，必须立足于中国的现实；必须深入实际，调查研究，全面、深入地了解社会发展的立法需求。

---

① 周旺生：《立法学教程》，北京大学出版社 2006 年版，第 82 页。

② 周旺生：《立法学教程》，北京大学出版社 2006 年版，第 83 页。

“法与时转则治。”[①]2014 年 3 月 9 日，全国人民代表大会常务委员会工作报告指出，科学立法的核心在于，立法要尊重和体现客观规律。在具体的立法实践中，要进一步完善立法程序、规范立法活动，健全中国特色的立法体制。抓好立法项目论证，科学确定立法项目，健全法律出台前评估和立法后评估制度。综合运用制定、修改、废止、解释等多种形式，增强立法工作的协调性、及时性、系统性。加强立法调查研究，找准立法重点难点，探求科学应对之策，切实增强法律的可执行性和可操作性。[②]

党的十八届四中全会通过的《中共中央关于全面推进依法治国若干重大问题的决定》强调，要深入推进科学立法，健全立法起草、论证、协调、审议机制，健全向下一级人大征询立法意见机制，建立基层立法联系点制度，推进立法精细化。完善立法项目征集和论证制度。党的十九届四中全会通过的《中共中央关于坚持和完善中国特色社会主义制度、推进国家治理体系和治理能力现代化若干重大问题的决定》提出要全面推进科学立法，健全保证宪法全面实施的体制机制，完善立法体制机制。伴随着科学立法要求的逐步提升，制度的完善与建构也向纵深扩展。在中央全面依法治国工作会议上，习近平总书记强调要坚持推进科学立法，要继续推进法治领域改革，解决立法等领域的突出矛盾和问题，这也为继续推进科学立法提出了新的任务。

六、发挥立法的引领与推动作用

发挥立法的引领和推动作用，在法治轨道上推进改革，是新时代党中央和习近平总书记对立法工作提出的新的重大要求。长期以来，在很多人的观念中，立法、法律、法治仅具备保障功能，其对经济、社会发展的引领、推动作用很容易被忽视。法的功能和作用一般可归纳为两个方面：一是规范功能，二是社会作用。历史和现实充分表明，法律对行为方式的养成和社会生活的引领具有十分重要的作用。在法治社会，法是调整社会关系最重要的方法，因而立法对人们行为方式和社会生活的引领和推动作用也是决定性的。“当前，我国正处在改革发展的关键时期，转变发展方式的任务相当繁重，解决社会深层次矛盾的压力非常大，法律不仅是实践经验的总结，更需要做好顶层设计，引领发展，

① 习近平：《充分认识颁布实施民法典重大意义　依法更好保障人民合法权益》，《求是》2020 年第 12 期。

② 参见张德江：《全国人民代表大会常务委员会工作报告——2014 年 3 月 9 日在第十二届全国人民代表大会第二次会议上》，《中国人大》2014 年第 6 期。

推动发展。”①

法律制度如何从内容上体现对经济社会发展的引领推动作用，目前尚缺乏系统总结。从法的本身特点和初步的立法实践来看，主要体现在以下几个方面：一是明确发展取向和基本要求。立法的引领推动作用，一是表现在通过立法明确当前和今后一个时期某项事业的未来发展取向和基本要求，主要目的在于为某项事业的发展奠基调、明方向、提要求，以达成共识，振奋信心，使之有遵循、不动摇。二是规定促进和激励措施。这是立法引领改革、推动发展的主要实现途径，特别是促进、鼓励类立法，减免税费、资金支持以及表彰奖励等手段，具有较强的示范效应和带动作用。三是明确权利义务。法是分配权利义务的，对推动发展的某项事业中的相关主体设定相应的权利和义务，是发挥立法引领推动作用的又一条重要途径。在立法活动中，要特别注意科学合理配置权利义务，明确相关职责和要求，使法律制度成为助推前进发展的动力。四是创新体制机制。“发挥立法引领推动作用，需要在‘先’‘新’上下功夫，以新的体制机制，以领先的制度，引领人们的行为方式，推动改革的向前发展。特别是在经济发展方式转变、加强和创新社会管理等领域，实践起步较晚，缺乏成熟的经验和模式，亟须体制机制创新，从科学合理的率先的法律制度层面加强引导。”②

发挥立法引领推动作用，最主要的是要处理好立法与改革的关系。全面深化改革和全面依法治国，二者密切关联。推进各领域各方面改革，都要坚持依法治国，这是一个破与立辩证统一的过程。从一定意义上讲，全面推进依法治国也是对全面深化改革战略部署的深化。③ 立法与改革相伴而生，相伴而随，如果说改革开放之初强调更多的是先破后立，那么全面深化改革的今天则要更加注重顶层制度设计，取得共识，先立后破。在立法工作中，要努力把改革决策和立法决策更好结合起来，正确处理法律的稳定性与变动性、现实性与前瞻性的关系，努力做到重大改革于法有据、立法主动适应改革和经济社会发展需要。同时，改革创新不能突破法律法规的底线，对重要改革创新的事项，应当从立法上及时研究提出解决问题的路径和办法，待法律法规制定和修改后再推进改革。对实践证明行之有效的，要及时上升为法律法规；对实践条件还不成熟、需要先行先试的，要按照法定程序由具有立法权的国家权力机关作出授权；对不

---

① 公丕祥主编：《全面依法治国》，江苏人民出版社 2015 年版，第 171 页。

② 王腊生：《关于发挥立法引领推动作用的几点思考》，https://www.jsrd.gov.cn/__deleted_llyj2016__2016.04.06_16.04.18.359__/201601/t20160118_271129.shtml。

③ 参见熊菁华：《发挥立法引领和推动作用的思考》，《地方立法研究》2018 年第 3 期。

适应改革要求的法律法规，要及时修改和废止。

发挥立法的引领推动作用，对立法形式提出了很高的要求。一是在回应性上，立法要能及时回应发展的需求，跟上改革的步伐，贴上社会生活的节奏，回应改革的需要，不失时机地启动制定或修改、废止法律法规的程序，防止落后或者制约改革发展的现象发生。二是在预测性上，需要深入调查研究，科学预见客观事物发展的规律和趋势，准确把握社情民意，从而正确引导和推动发展。三是在解决矛盾上，要“针对问题立法，立法解决问题”，要善于发现问题，把社会生活中、改革发展中迫切需要用立法解决的热点难点问题作为立法重点。四是在立法模式上，要小而精、真管用，尽量作出明确具体的规定，尽量减少授权性规定，对需要为改革发展留下空间的也要明确改革的基本方向和主要措施，使所立之法具有切实的针对性、可行性和可操作性。

七、加强重点领域立法

完备、有效的法律体系是法治中国的重要标志，也是全面推进依法治国的制度根基。当前形势的发展、人民的期待对立法工作提出了新的要求。必须坚持以中国特色社会主义理论体系为指导，坚持从中国国情和实际出发，坚持以人为本、立法为民，坚持通过完备的法律推动宪法实施，使我国立法工作再上一个新台阶。党的十八届四中全会通过的《中共中央关于全面推进依法治国若干重大问题的决定》指出，要加强重点领域立法。依法保障公民权利，加快完善体现权利公平、机会公平、规则公平的法律制度，保障公民人身权、财产权、基本政治权利等各项权利不受侵犯，保障公民经济、文化、社会等各项权利得到落实，实现公民权利保障法治化。

总结我国现阶段立法实践，立法重点主要集中在以下几个领域。

第一，完善社会主义市场经济法律制度。经济体制改革是全面深化改革的重点，必须进一步加强市场经济法治建设。经济建设领域的立法主要包括：统一的民法典、税收法律、金融监管法律等。

第二，推进社会主义民主政治法治化。加强民主政治建设首先要通过立法尊重和保障人权；其次要适应党和国家领导制度、组织制度改革的需要修改和制定国务院及地方人大、地方政府组织法；最后要规范选举制度及程序，做好各程序法的修改完善工作。

第三，依法推进社会主义文化强国建设。面向未来，必须紧紧围绕社会主义核心价值体系，依法推进社会主义文化强国建设，认真落实文化法律法规和规章，依法推进文化产业发展，促进文化市场主体做大做强；依法加强文化市场的监督。

第四，加快保障和改善民生，推进社会治理体系创新法律制度建设。完善社会组织立法，健全公民权益保障和利益协调机制；积极拓宽公民参与社会治理渠道，开展多种形式的基层协商民主，充分保障人民当家做主的民主权利；完善多元化的群众利益表达和保护机制，健全社会矛盾化解体系等。

第五，加强生态法治建设。按照加强生态法治建设、推进建成"资源节约型社会、环境友好型社会"的根本要求，要建立健全自然资源资产产权制度，完善国土空间开发保护制度，制定完善生态补偿和土壤、水、大气污染防治及海洋生态环境保护等法律法规，促进生态文明建设。

习近平法治思想中的立法思想是中国共产党在总结我国多年法治建设的经验教训，以及吸收借鉴法治发达国家的立法经验的基础之上的智慧结晶，其中凝聚了全国人民的共识，它对现阶段中国共产党领导的立法工作起到了重要的引领作用，为我们的立法工作指明了方向。

第三节　我国立法的基本原则

立法的基本原则是一定立法主体据以开展立法活动的重要原理与准则。当代中国立法的原则可以分为总的基本原则和各种立法活动所要坚持的具体原则与特殊原则。这里所言立法基本原则是立法总的、基本的指导准则。立法的基本原则反映了立法的一般规律和客观要求，同时是立法指导思想在立法实践中的反映与具体化。立法既是一项政治活动，又是一项科学活动，立法的基本原则是政治性与科学性的统一。《立法法》第 5 条、第 6 条、第 7 条、第 9 条分别规定了立法的宪法原则、民主原则、科学原则与法治原则。

一、遵守宪法的原则

宪法是国家的根本法，具有最高的法律效力。它规定了国家性质、国家机构，公民的基本权利和义务，国家基本的政治、经济与文化制度等事关国家全局、带有根本性的关系与制度。宪法是其他法律、法规制定的根据，是判断其他法律、法规效力的根本标准。违背宪法的法律、法规都是无效的。

《立法法》所遵循的宪法原则不仅在于明确了宪法至高的法律地位，还作为一项原则被确立了下来，亦即执政党在社会主义初级阶段的基本路线——以经济建设为中心，以坚持四项基本原则和坚持改革开放为两个基本点。作为立法最首要的原则，遵守宪法的意义在于：第一，强调我国现阶段的立法为经济建设服务。党的十四大提出了建立社会主义市场经济体制的目标，法制建设在于不断完善社会主义市场经济法律体系。经过30多年的立法实践，我国已基本确立了有中国特色的社会主义市场经济法律体系，为社会主义市场经济建设保驾护航。第二，现阶段的立法仍然坚持四项基本原则为根本的指导原则。党的十三大提出了建设有中国特色的社会主义，但我国的社会主义还处于初级阶段。我国的立法是在坚持社会主义道路、坚持人民民主专政、坚持中国共产党的领导、坚持马列主义毛泽东思想邓小平理论的前提下的立法，这是我国立法所应坚持的根本的政治方向。第三，立法应与改革开放相得益彰。一方面，改革开放的成果需要不断地通过立法来确定和巩固，为改革开放的不断深入提供法律保障；另一方面，随着改革开放的不断发展，各方面的社会生活发生了重大而深刻的变化，产生的大量的、新型的社会关系需要通过法律来加以调整。

二、法治原则

立法作为我国非常重要的正式制度的确立活动，还应坚持法治原则。

首先，立法应当依照法定的权限进行，不同立法主体行使立法权限也应由法律法规明确规定，各主体在自己的权限范围内行使立法权，不得超越职权或怠于行使职权。《立法法》对法律、行政法规、地方性法规、自治条例和单行条例、规章等的制定主体作了明确规定。为了保障各有关机关在法定权限范围内进行立法活动，宪法、《中华人民共和国各级人民代表大会常务委员会监督法》（以下简称《监督法》）和《立法法》等有关法律规定了相应的立法监督机制：一是规定了备案审查制度；二是规定了撤销和改变下位法的制度。

其次，立法应当依照法律规定的程序进行。我国《立法法》规定了法律制定的基本程序，包括法律案的提出、审议、表决、公布等环节，任何一项法案的出台都必须经过这四个环节。除《立法法》规定的法律的制定程序外，其他有关法律法规也规定了不同法规范性文件出台的基本程序，如国务院制定的《行政法规制定程序条例》《规章制定程序条例》等。立法程序是立法活动必须遵循的重要内容，它既是立法民主的保障，也是立法科学的保障。按照党的十八届三中、四中全会精神提出的健全立法起草、论证、协调、审议机制，扩大公民有序参与立法途径等要求，2015年修改《立法法》时对立法程序又作了进一步补充和完善。严格遵守法定程序，才能保证民主立法、科学立法。

最后，立法应当从国家整体利益出发。我国是统一的单一制国家，坚持社会主义法制统一是立法工作的根本原则。我国的法律体系是以宪法为统帅，以法律为骨干，包括行政法规、地方性法规、自治条例和单行条例、规章在内的统一的、分层次的体系。在立法活动中，不论是中央还是地方，不论是权力机关还是行政机关，都必须从国家整体利益出发，保证法律体系内部和谐统一，保证一切法律、行政法规、地方性法规、自治条例和单行条例、规章不同宪法相抵触。维护社会主义法制的统一，还要防止通过立法搞地方保护主义和部门保护主义。所谓地方保护主义，是指不适当地强调本地方的特殊利益，损害其他地方甚至是国家利益，妨碍国家法制和政令的统一；所谓部门保护主义，是指不适当地扩大本部门的权力，损害公民、法人和其他组织的权益，妨碍国家法制和政令的统一。应当说，由于立法实际运作机制不够完善，客观上存在着一定程度的地方保护主义和部门保护主义。我们需要通过制度的完善，不断加强科学立法、民主立法，维护国家法制的权威和统一。

三、民主原则

"民主"一词就其本质而言是指由人民当家作主，凡属人民自己的事情，由人民自己决定。坚持民主原则，才能保障立法反映和体现全体人民的共同意志。民主原则要求立法时做到以下几点：第一，以最大多数人的最大利益为出发点，立足全局，统筹兼顾，适当安排。立法不是体现和保障个别人、少数人或者个别组织、个别部门的意志和利益的，也不能以政府的意志和利益排挤甚至取代最大多数人的意志和利益。面对不同利益群体的不同利益需求甚至相互矛盾的利益需求，立法应当以最大多数人的最大利益为出发点进行选择、协调和平衡。第二，群众路线和专门机关工作相结合。立法要体现人民意志，就必须坚持群众路线，保障人民通过多种途径参与立法活动。同时，立法是一项技术性、专业性活动，离不开专门机关的工作。群众路线与专门机关工作相结合，是民主集中原则在立法中的具体化。第三，公开透明，将立法的信息和资料、议事过程、时间、地点和事项公开，实现"阳光化"。

在立法中通过多种途径听取公众意见，让公众直接参与立法活动，这是现代世界很多国家通行的做法。《立法法》结合我国多年的立法实践经验，对此作了较为具体的规定。第一，在起草法律草案过程中，应当吸收有关方面的专家参加，并召开各种形式的座谈会、论证会、研讨会，就法律草案涉及的问题，广泛听取各方面的意见。第二，凡是由全国人民代表大会常务委员会决定提请全国人民代表大会审议的法律草案，应当在会议举行前一个月将法律草案发给代表；列入全国人民代表大会常务委员会会议议程的法律草案，除特殊情况外，应当在会议举行的 7 日前将法律草案发给常务委员会的组成人员。第三，列入全国人民代表大会会议议程的法律草案和列入全国人大常委会会议议程的法律案，全国人大的法律委员会和有关的专门委员会以及常务委员会法制工作机构应当听取各方面的意见；听取意见可以采取座谈会、论证会、听证会的形式，邀请有关部门、单位、专家参加。第四，列入全国人大常委会会议议程的、与人民群众利益密切相关的重要法律草案，经委员长会议决定，可以将法律草案公布，在全社会广泛征求意见；各机关、组织和公民提出的意见送常务委员会工作机构。第五，国家机关和社会团体、企事业单位以及公民认为行政法规、地方性法规、自治条例和单行条例同宪法或者法律相抵触的，可以向全国人大常委会书面提出进行审查的要求或者建议，由全国人大常委会工作机构研究，并送有关的专门委员会进行审查。此外，《立法法》对行政法规、地方性法规在制定过程中应如何广泛、认真听取人民群众的意见也作了明确的规定。

立法过程中听取社会公众意见的形式主要有：第一，立法座谈会，即在法案的起草或者审议的过程中，邀请有关方面的专家进行座谈，对法案发表意见和建议；第二，书面征求意见，即将法律、法规或者规章草案发送有关国家机关、社会团体、企事业单位，请他们研究并提出书面意见；第三，调查研究，即由法案的起草或者审议机关组织人员到基层开展调查，了解情况、听取意见；第四，列席与旁听，即立法机关在讨论审议法案时，邀请有关机关、社会团体派人列席或旁听会议，参加讨论，发表意见；第五，公民讨论，即将普遍涉及公民切身利益的法案予以公布，允许公民通过多种途径对法案提出意见；第六，专家咨询和论证，即邀请有关专家对法案的必要性和可行性等问题进行研究，提出咨询或论证意见；第七，社会舆论载体讨论，即报纸、刊物、广播、电视等社会舆论单位，对起草前或者正在起草、审议中的法案的立法必要性、可行性或主要内容等问题组织讨论；第八，立法听证会，即在关涉公民、法人或其他组织的权益的立法中，给予利害关系人发表意见的机会，对法案所涉及之特定事项进行质证与辩驳。

四、科学原则

立法活动本质上应是一种科学实践。立法应尊重客观规律、尊重社会发展的客观实际，注意克服主观任意性和盲目性。

立法应当坚持从实际出发，重点是处理好以下两个方面的问题。一是科学、合理地规定公民、法人和其他组织的权利与义务。宪法对公民的基本权利和义务作了明确规定，法律法规在设定公民的权利与义务时，一方面要符合宪法，不得同宪法和上位法相抵触；另一方面要把握公民权利与义务的统一和协调，不要过分增设公民、法人和其他组织的义务。二是科学、合理地规定国家机关的权力与责任。应当体现市场对资源配置的决定性作用，进一步简政放权，最大限度减少政府对微观事务的直接干预。减少不必要的审批，凡是市场机制可以有效调节、公民法人在法律规定的范围内能够自主决定的事项，都不应设立行政许可和行政审批。

在依法治国的新时代，贯彻立法的科学原则主要包括以下要求。

第一，坚持立法观念的科学化和现代化。与时俱进地发展科学、先进的立法观念和理念，更新过时落后的立法观念和理念，视立法活动为科学活动。如制定科学的立法预测与规划，做好立法论证工作，在条件成熟、时机成熟时，制定高质量的法律。

第二，设计科学的立法体制。一个国家的立法体制受制于该国家的现实国情。经过五十多年的立法实践探索，我国建立的“一元两级多层次”的立法体制基本符合我国现阶段的国情，但还有需要进一步优化的地方，如立法主体的权限划分问题。

第三，重视立法的方法和技术问题。要顾及立法的全局和局部的关系，妥善处理立法的超前、同步与滞后的关系，注意立法的原则性、稳定性、连续性与及时变动的结合，注重选择最佳的立法形式、立法内容及最佳的法案起草者，与时俱进地反映市场经济与社会的发展。

第四节　我国地方立法的特有原则

地方立法作为国家整个立法的重要组成部分，必须遵循国家整个立法的指导思想和基本原则，地方立法还应遵循它所特有的原则。地方立法有一般地方立法与特别地方立法之分，它们又有各自特有的立法原则。除《立法法》规定的立法基本原则外，地方立法还要坚持“不抵触、有特色、可操作”的特有原则。

一、体现地方特色的原则

地方特色原则是地方立法者必须坚持的立法指导思想，指导准确反映和体现所调整的特定领域社会关系的客观规律，创造性地制定能解决当地实际问题、内容与形式相统一并具有独特立法风格的地方性法规，是地方立法必须遵循的准则。

有特色，从根本上讲，就是地方立法要反映本地的特殊性。[①] 主要表现在：

① 参见高绍林：《地方立法的地位、特点和基本原则》，《天津人大》2013 年第 9 期。

一是实施性立法的具体化。对国家立法的原则性规定，地方立法根据本地的具体情况和实际需要，可以进一步具体化，通过制定有地方特点的法律规范，使国家法律、行政法规得到更好的贯彻落实。二是自主性立法的独特性。对于国家不必要也不可能制定法律、行政法规的地方性事务，针对本地的特殊实际情况，自主性地制定有地方特点的法律规范。三是先行性立法的及时性。对于国家专属立法权以外的事项，在国家统一立法条件不够成熟的情况下，地方立法可以先行一步，为国家立法提供经验，发挥先行先试的作用。

在地方立法中遵循体现地方特色的原则，就是要求地方立法能反映本地政治、经济、文化、风俗、民情等的具体情况和实际需要，这是地方立法要解决地方问题这一特征的必然要求。我国幅员辽阔，各地方各民族的发展很不平衡，仅有中央立法不足以解决地方问题，因此需要地方立法来弥补中央立法之不足，解决地方的特殊问题。而要解决地方问题就要求地方立法能反映本地本民族的具体情况和实际需要，有较强的针对性。如果不体现地方特色，就不称其为地方立法。在这个意义上，体现地方特色是地方立法的生命之所在。综观我国《立法法》的规定，在地方立法主体的立法权限的规定中无不要求体现地方特色，如在规定省、自治区、直辖市和设区的市人大及其常委会的立法权限中便要求“根据本行政区域的具体情况和实际需要”制定地方性法规，在规定民族自治地方人大立法权限的规定中也要求“依照当地民族的政治、经济和文化的特点”制定自治条例和单行条例。

在地方立法中遵循体现地方特色的原则，应注意以下几点。

第一，深入调查研究。在地方立法中遵循体现地方特色的原则，就是要求地方立法能反映本地政治、经济、文化、风俗、民情等的具体情况和实际需要，要做到这一点，就必须深入调查研究，充分了解本地政治、经济、文化、风俗、民情对立法调整的需求程度，当条件成熟时，应及时通过制定法规和规章加以调整。经过调查研究，虽有立法要求，但是条件不成熟，也不能硬性地立法。现在地方立法中，便有“不问是否需要，盲目制定法律、行政法规的实施细则或实施办法，形成了立法的‘三世同堂’‘四世同堂’现象”[①]。

第二，处理好中央与地方立法的关系。我国现行立法体制是国家立法权由全国人民代表大会及其常委会行使、中央和地方实行一定程度的分权。中央立法在整个立法体制中处于主导地位，地方立法从属于中央立法。因此，虽然地方立法应体现地方特色，但也不能因此而超越立法的权限范围，凡是中央专属

① 乔晓阳主编：《立法法讲话》，中国民主法制出版社2000年版，第235页。

的立法事项，没有授权地方均不应立法，这是保证国家法制统一的必然要求。如我国《立法法》关于全国人大或人大常委会作出的授权决定中关于经济特区授权立法主体制定特区法规和规章必须遵守宪法和法律、行政法规的基本原则的规定，便是对地方立法作出的限制性规定，地方立法必须遵守。

第三，注意借鉴中央立法和外地立法的经验。“当改革是由于物质的或观念的需要以及本土文化对新的形势不能提供有效对策或仅能提供不充分的手段的时候，这种移花接木就可以取得完全成功或部分成功。”[①]为提高本地立法的质量，地方立法应注意借鉴中央立法和外地立法的有益经验，但同时需要避免照搬照抄的现象。为保证规范性法文件体系与结构的完整性，地方立法时常会追求大而全的立法模式，照搬照抄中央立法或外地立法，“小法抄大法，后法抄前法”，这样的立法少有地方特色，也造成了地方立法资源的浪费。

第四，克服地方保护主义。由于地方利益的驱动，一些地方立法在招商引资、外贸出口、土地批租、减免税收、人才流动等方面还存在地方保护主义的现象，如竞相压价或设置贸易和投资壁垒。地方立法不得以“体现地方特色”为名，行地方保护主义之实。

二、“不相抵触”原则与“不相违背”原则

法制统一是我国宪法确立的法制原则，也是一项立法原则。坚持法制统一原则，一是制定地方性法规不同宪法、法律、行政法规相抵触；二是制定特区法规和规章、自治条例和单行条例不违背法律和行政法规的基本原则。

（一）如何认识和理解“不相抵触”原则

“不相抵触”原则即不同宪法、法律和行政法规相抵触的原则。简言之，不相抵触即不相违背、不相矛盾、不相冲突。不与宪法、法律和行政法规相抵触，即不得与宪法、法律和行政法规相违背、相矛盾、相冲突。它包括两层含义：一是不得同宪法、法律和行政法规的精神实质和基本原则相违背；二是不得同宪法、法律和行政法规的具体规范相冲突、相矛盾。

关于“不相抵触”原则适用的标准，有“刚性标准”与“柔性标准”之说。[②] 所谓“刚性标准”，简单地说就是不能改变或通融的标准。地方立法不得与上位法的明文规定相抵触，是“不相抵触”原则适用的刚性标准，是地方立法不可逾越的红线，上位法明文规定该做什么、不该做什么、哪些是允许的、哪些是禁止的，

---

① ［美］埃尔曼：《比较法律文化》，贺卫方、高鸿钧译，生活·读书·新知三联书店1990年版，第14页。

② 参见曹国虎：《地方立法“不抵触”原则的把握与适用》，《人大研究》2020年第12期。

必须绝对遵从,没有例外和变通。与刚性标准相对应,地方立法的柔性标准就是地方性法规不得与上位法的基本原则和立法精神相抵触。法律的特点是"定",保持法律的稳定性、维护法律的权威、避免朝令夕改是法治的内在要求。但改革和发展的特点是"变",社会在不断发展变化,上位法的法律条款反映了立法当时的具体情况,地方立法要符合上位法的基本原则和立法精神,不仅要分析研究上位法当时的立法背景和意图,而且要与时俱进地审视时代发展进程中上位法法律条文所彰显的立法精神或蕴含的法意,深刻认识和准确把握当前地方立法应该在上位法规定的范围内解决什么问题,能够解决什么问题,可以解决到什么程度,会产生哪些积极影响和负面效应,还有哪些问题要依靠法律之外的其他方式解决等等,而非对上位法僵化地框定和简单地套用。

在地方立法中遵循"不相抵触"原则,应当注意以下两个方面的问题。第一,"不相抵触"原则与体现地方特色原则两者是辩证统一的。同宪法、法律和行政法规不相抵触是地方立法的前提,体现地方特色是地方立法的依据,在地方立法中不应将两者对立、割裂,而应将两者有机结合起来。如果在立法中只注意前者,虽然保证了国家的法制统一,但地方立法却失去其应有的特色和生命力;倘若只注意后者,其合法性和正当性则将受到质疑。第二,我国宪法、法律规定地方立法必须遵循"不相抵触"的原则,其目的在于保证国家法制的统一,但这并不是将地方性法规完全局限在宪法、法律和行政法规既有的内容之内,地方立法应注重自主性的立法。对此我国《立法法》第 82 条第 2 款前段已有明确的规定:"除本法第十一条规定的事项外,其他事项国家尚未制定法律或者行政法规的,省、自治区、直辖市和设区的市、自治州根据本地方的具体情况和实际需要,可以先制定地方性法规。"

（二）如何认识和理解"不相违背"原则

"不相违背"原则是经济特区授权立法以及民族自治地方立法应遵循的原则,即经济特区授权立法主体在立法中必须遵循宪法的规定和法律、行政法规的基本原则,不得与之相违背。对于"基本原则"的理解,人们持不同观点。有的认为是指法律和行政法规中冠以"基本原则"或原则部分的内容;有的认为是总则性内容中的规定;有的则认为是贯穿于某个法律文件全文的精神与方针。本书认为,授权法中所规定的"遵循法律、行政法规的基本原则"的"基本原则",当然包括冠以"基本原则"或原则部分的内容,不仅如此,还应包括贯穿于法律和行政法规之中的精神。

与"不相抵触"原则相比,"不相违背"原则给经济特区授权立法和民族自治地方立法以更大的自主权,具体表现为经济特区授权立法和民族自治地方立法享有一定的立法变通权，即经济特区授权立法和民族自治地方立法只要遵守宪法、法律和行政法规的基本原则，便可以根据本地区具体情况和实际需要、本民族的特点对法律和行政法规的规定作出变通。对于民族自治地方来说，立法变通权可以使本民族的特殊利益和需要得到满足和照顾；对于经济特区来说，立法变通权可以使经济特区经济发展的需要优先得到满足。

三、可操作性原则

我国现有法律法规中没有明确界定"可操作性"的概念，部分法律法规对立法具有"可操作性"提出了要求。如《行政法规制定程序条例》第 6 条规定："行政法规应当备而不繁，逻辑严密，条文明确、具体，用语准确、简洁，具有可操作性。"《规章制定程序条例》第 8 条也规定："规章用语应当准确、简洁，条文内容应当明确、具体，具有可操作性。"

有学者以公共政策为例，认为"公共政策的可操作性是指公共政策的具体措施在实践中易于推行，是公共政策的有效执行在技术层面的体现。仅仅是公共政策的简单易行，并不能真正确保公共政策的可操作性；因为任何公共政策的制订都是为了实现特定的经济和社会发展目标，所以公共政策可操作性的核心是要使公共政策能够在成本较低的基础上顺利实现预期的目标"[①]。还有学者从守法者或受法律约束主体的角度界定法律制度的"可操作性"，认为"法律制度的'可操作性'，不能被理解成国家主体执法的便利和强度，而应该理解为受法律约束主体对立法规则的可理解性和可接受性"[②]。还有学者认为，"可操作性"与"可行性"具有同样的含义。在法律约束者看来，考核"可行性"的标准应该是成本与效益平衡的方法，立法者和执法者却认为"可行性""可操作性"是指能被完成、执法或实现，而不是依照成本与效益平衡的方法来证明法律措施的合理性。[③]

立法的可行性、可操作性与可接受性是三个内涵有交叉但也有区别的概念。立法的可行性在某种程度上讲就是立法的可操作性、立法的可接受性，但三者还存在区别。立法的可行性一般是指立法所设定的目标能够在一定条件下得以实现的可能性，它决定于两个约束条件：一是实现立法目标的各种人财物力资源；二是制约立法目标实现的环境条件如政治、经济、文化等。立法的可

① 严荣：《地方政府公共政策可操作性的思考》，《理论探讨》2000 年第 3 期。

② 崔卓兰等：《地方立法实证研究》，知识产权出版社 2007 年版，第 298 页。

③ 参见[美]孙斯坦：《自由市场与社会正义》，金朝武等译，中国政法大学出版社 2002 年版，第 391～392 页。

操作性则是法律规则、法律具体制度的设计能够得到具体执行、遵守，它决定于法律规则设计的合理、周详、协调等。立法的可接受性是从社会主体或法律约束主体的角度出发，它不仅决定于法律规则内容的合理性，更决定于立法背后所蕴含的价值观的一致。

地方立法中坚持可操作原则，应当注重做好以下几个方面。一是要更新地方立法理念，在地方立法中自觉地坚持可操作原则，在立项、起草、审议等各个环节中贯彻该原则，以是否可操作作为衡量各环节工作成效的一个重要标准。二是要树立地方立法的成本效益观，既要对立法项目进行成本效益分析，考量该项立法项目本身的经济性，又要对各项具体制度进行分析、选择，以实现社会福利的最大化，否则要么因执法、守法成本过高而导致无法实施，要么因实施结果的不经济而难以实施。三是要坚持统一审议制度，与上位法相抵触、与同位法不协调以及配套规定不到位等有违背法制统一的情况，是导致地方立法不具有可操作性的一个重要原因。为改变这种情况，应当加强地方立法统一审议制度，切实贯彻地方立法“不相抵触”原则。四是要完善地方立法技术，规范立法语言。法律规范中的假定应当明确、全面、周延，不能有所遗漏；行为模式应当慎重选择，切合实际；后果模式的选择应当与行为模式部分相适应；立法语言要准确、完整，既能满足立法者顺利表达思想的需要，又不能过于专业和晦涩难懂。五是要提高地方立法主体和工作人员的素质。提高地方立法质量、增强地方立法的可操作性还应提高人的素质。作为一门科学，只有懂得立法的专业人员和专门机构，才可能立出科学可行之法。

第三章 地方立法主体

立法是立法主体的立法，立法主体是立法活动的主持者、主导者，离开立法主体，立法活动无法进行。立法主体作为立法学的重要范畴，地方立法主体也就构成了地方立法学的重要范畴，我们需要全面了解当代中国的地方立法主体。

第一节 立法主体概述

立法主体不仅是立法行为的发起者，载着法规的制定职责，也是保证法治理念落到实处的关键。在地方立法的层面上，立法主体的设定与权能分配是推进法治地方建设的重要环节。对立法主体的全面认识，可以为我们进一步研究地方立法的实际运行、提高立法效率和质量提供重要视角。

一、立法主体的概念

立法主体是根据法律法规规定享有立法权的主体，是制定、修改、补充、废止、认可法规范性文件的主体。我国关于立法主体的界说，主要有功能说与法治说两种。

功能说认为，立法主体就是有权参与或实际参与立法活动的机关、组织和人员的统称。它首先是指在立法活动中具有一定职权的立法活动参与者，在现代社会尤指议会或者代议机关，同时也包括虽然不具有立法功能但却能对立法起实质性作用或能对立法产生重要影响的实体。功能说强调的是，衡量一个主体是否为立法主体，不仅要看它是否依法具有立法权，还要看它事实上是否具有立法功能，事实上具有立法功能的，即使没有法定立法权或者授权立法权，也是立法主体。在立法实践中，有些机关、组织和个人没有法定立法权，也没有获得法定主体授予的立法权，但在立法活动中却起着重要的甚至是实质性的作用，如现代国家的执政党。区别于法治说，这些机关、组织、个人也是立法主体。

法治说认为，立法主体是依法有权进行或参与法的制定、认可和变动活动的国家机关的总称。法治说强调依法具有立法权和依法作为立法主体存在和运作，是立法主体必备的条件，不具备这一条件的社会组织和个人不是也不应该是立法主体。

结合功能说与法治说，本书认为判断立法主体的基本标准有两个：一是根据法律法规的规定，立法主体是享有立法权的国家机关；二是能够在立法中起实质性作用的国家机关。根据以上界定，立法主体具有如下特征。

第一，立法主体是国家机关。立法主体之所以应当是国家机关，原因在于立法是表现国家意志和利益的最重要的活动，只有国家机关才更适合并能更准确、公正地表达国家意志和利益，而其他社会组织和个人通常不能或者不适宜表达国家意志和利益，抽象的国家则无法自行表达其意志和利益。

第二，立法主体是有权进行或参与立法的国家机关。不是所有国家机关都是立法主体，只有根据宪法、法律可以行使立法权的国家机关和根据授权法规定可以行使授权立法权的国家机关，才是立法主体。立法活动是立法主体行使立法权的活动，立法过程是立法主体在自己的立法权限范围内进行或参与立法活动、完成立法任务的过程。有权进行完整立法活动的国家机关，都是立法主体。

第三，立法主体是具有立法职能的国家机关。立法主体的立法职能可以有大小或程度的区分，如立法机关或者权力机关的立法职能就不能强于其他立法主体，但所有立法主体都不能没有立法职能。另外，具有立法职能虽然是作为立法主体的必备条件，但立法主体的职能却并不全然是立法。

第四，立法主体是依法行使立法权的国家机关。依法，具体是指依据宪法、法律关于立法的有关规定，也指依据有权立法的主体依法作出的授予有关主体一定立法权的授权决定，即授权法。是否具有法定立法权或者授权立法，是区分一个主体是否属于立法主体的特别重要的标准。有法定立法权或者根据合法授权而获得立法权的，是立法主体。

二、立法主体与立法机关、立法者的界分

立法主体是享有立法权的国家机关，但立法主体又不同于立法机关，准确地说，立法机关是立法主体的组成部分，但不是全部。立法机关是国家政权机构中一般居于最高地位，以立法为主要的甚至是唯一职能，以议事形式进行立法活动，制定、认可和变动法律的国家机关。通常指议会和权力机关、代表机

关。立法机关有如下特征：

第一，立法机关是国家政权机构中地位最高的国家机关，是权力机关、决策机关。这主要是由立法和立法的性质、地位所决定的。

第二，立法机关是最主要的行使立法职能的国家机关，但不是唯一的，它是以立法为最主要标志、最主要职能甚至是唯一职能的立法主体。

第三，立法机关是由代表组成的主要采取议事形式进行活动的国家机关。主要以举行会议的方式实现自己的职能，作出最终决策，即代表制。

第四，立法机关是制定、认可和变动法律的国家机关。在法的渊源体系中最高立法机关制定的法属于法律的范畴，是高级别的法，区别于行政法规、地方性法规和规章。

"立法者"的概念也常使用，马克思认为，"立法者应该把自己看作一个自然科学家。他不是在创造法律，也不是在发明法律，而仅仅是在表述法律，他用有意识的实在法把精神关系的内在规律表现出来。如果一个立法者用自己的臆想来代替事情的本质，那么人们就应该责备他极端任性。同样，当私人想违反事物的本质任意妄为时，立法者也有权利把这种情况看作是极端任性"①。法国启蒙学者孟德斯鸠指出，"法律总要遭遇立法者的激情和偏见，有时与之擦肩而过，只是染上一点淡淡的色彩，有时则停下脚步，与之融为一体"②。周旺生认为，所谓的立法者主要是指立法机关即议会或代表机关中有权提案、审议、表决的议员、议会领导人员；也指参与立法活动的国家元首、行政首脑；还指其他参与立法活动，在成文法的制定和判例法的创制过程中通过行使自己的立法权或立法性职权发挥作用的有关人员。③ 从马克思和孟德斯鸠关于"立法者"的理解中可以看出，立法者就是立法主体，但立法主体中主要的或重要的是立法机关或代议机关；但从周旺生关于"立法者"的界定来看，主要是指立法主体或立法机关外，还包括立法机关或立法主体的组成人员，如国家元首、行政首脑、议员、代表等。总体上来说，"立法者"是集合名词，与立法主体同义，但主要是指立法机关。

三、立法主体的类型

根据不同的标准，立法主体有不同的类型，常见的立法主体类型有以下几种。

---

① 《马克思恩格斯全集》第 1 卷，人民出版社 1995 年版，第 347 页。

② [法]孟德斯鸠：《论法的精神》下卷，许明龙译，商务印书馆 2009 年版，第 626 页。

③ 参见周旺生：《立法学教程》，北京大学出版社 2006 年版，第 210 页。

（一）法定立法主体和授权立法主体

以立法权的不同来源为标准，可以将立法主体分为法定立法主体和授权立法主体。法定立法主体，是指立法权来自宪法和组织法明文规定的立法主体。立法机关等多数立法主体，都是法定立法主体。授权立法主体，是指立法权来自其他立法主体授权的立法主体。授权立法主体有两种：一是没有立法权、不是立法主体的国家机关，因有关立法主体的授权而享有立法权，成了立法主体。例如，20 世纪 80～90 年代我国厦门和深圳两市的权力机关和政府，因最高国家权力机关的授权而享有立法权，成为立法主体。二是法定立法主体因有关立法主体的授权而取得新的立法权，兼为授权立法主体，如我国经济特区的立法权，因 2015 年《立法法》的修改而获得新的立法权。

（二）专门的立法主体与非专门立法主体

以立法主体的职能为标准可以分为专门的立法主体和非专门的立法主体。专门的立法主体，是以行使立法权为唯一职能的国家机关。以行使立法权为唯一职能的立法机关在世界上极少，只有以专门的立法议会或立法院来行使立法权的那些国家中才存在这种专门的立法主体，如文莱、哥斯达黎加等，但专门的立法主体所行使立法权的范围较窄。专门的立法主体一定是立法机关，但专门的立法主体并不等于立法机关，因为在非专门立法主体里面也包括立法机关和非立法机关。

非专门立法主体，是既行使立法权职能，又行使其他国家管理职能的国家机关。这类立法主体很多，大多数国家的立法主体均属这种类型。在非专门立法主体中有两种不同性质的立法主体：一种是以行使其他国家管理职能为主，同时兼有一定的立法职能的国家机关，如美国的最高法院，我国的最高行政机关。另一种是以行使立法权为主要职能，同时兼有与国家立法权地位相应的国家管理权，它又称为“立法机关”，如美国的国会。它不是专门的立法主体，因为除了立法外还有其他职能。这种既具国家管理权能又以立法为其重要职能活动的国家立法机关，虽然不是专门的立法主体，但却享有国家立法权，并且通常都是由民主选举产生，是民意的代表，它的首要职能是代表选民决策国家最重要的政治、经济、文化等事项，当然首先包括立法决策；其他职能是由立法职能派生出来的，因此，它与第一种非专门立法主体的地位和性质是有区别的。

（三）一般立法主体和特殊的立法主体

根据存续时间和任务，立法主体还可分为一般立法主体和特殊立法主体。一般立法主体，是指国家常设的，制定、认可、修改、补充和废止法律、法规的机构，如我国的全国人大及其常委会、国务院、省级人大及其常委会、设区的市人大及其常委会、省级人民政府、设区的市人民政府等。特殊立法主体，是指为制定、修改和废止宪法或其他特殊的法律、法规而临时成立的立法机构，或其制定的法规范性文件名称与一般法规范性文件名称有差异的立法主体，前者如有些国家为制定或修改宪法而成立的制宪会议，后者如我国特别行政区的立法机关、民族自治地方立法机关等。

（四）一院制立法主体和两院制立法主体

根据立法机关内部的组织结构，可将立法机关分为一院制立法主体和两院制立法主体。由单一议院组成的立法机关，称为一院制立法主体；由两级议院组成的立法机关，称为两院制立法主体。各个国家对两院的称呼不同，如英国议会的两院分别称为“贵族院”和“平民院”，通常又称作“上议院”和“下议院”；美国国会、日本国会分别称为“参议院”和“众议院”；法国称为“参议院”和“国民议会”；瑞士称为“联邦院”和“国民院”；等等。目前，多数国家的立法机关采取一院制，少数国家的立法机关为两院制。亚洲和非洲国家的立法机关多为一院制，欧洲和美洲的立法机关多为两院制，如美国的参议院与众议院；单一制国家的立法机关多为一院制，联邦制国家的立法机关多为两院制。通常认为，一院制有利于集中和统一人民的意志，有利于及时进行社会改革和立法，有利于集中立法人才、提高工作效率和代表民意，有利于对行政进行有效的监督。也有观点赞成两院制立法主体，认为它有利于发扬民主、慎重立法，有利于全面考虑各方利益和要求并处理好与政府之间的关系。一国的立法机关是采用一院制还是两院制，应当从本国国情出发。

（五）中央立法主体和地方立法主体

根据是中央还是地方国家机关，立法主体可分为中央立法主体和地方立法主体。中央立法主体，是指享有立法权的中央国家机关，包括中央立法机关和享有立法权的中央行政机关、中央司法机关，以及被授权制定全国性法律的临时性立法机构。地方立法主体，是指有立法权的地方国家机关，包括地方立法机关和有立法权的地方行政机关。通常在单一制国家，中央立法主体的地位高于地方立法主体，地方立法不得与中央立法相抵触。我国中央立法主体有全国人民代表大会及其常委会、国务院、国务院各部门等；地方立法主体有省、自治区、直辖市人民代表大会及其常委会，设区的市人民代表大会及其常委会，省、自治区、直辖市人民政府，设区的市人民政府，民族自治地方的自治机关，特别行政区的立法机关等。

第二节 我国地方立法主体的历史变迁

在我国法治建设的历程中，地方立法主体经历了从无到有、从简单到复杂的发展过程，反映了国家治理体系和治理能力现代化的重大进程。探讨我国地方立法主体的历史变迁对于理解当前立法体制及其发展趋势具有不可或缺的意义。

一、我国地方立法主体的探索时期

1949 年至 1979 年是我国地方立法主体的探索时期，这一时期立法权高度集中于中央立法主体，但也有部分地方立法主体行使一些立法权力的时期。

1949 年代行全国人民代表大会职权的中国人民政治协商会议制定了具有临时宪法作用的《中国人民政治协商会议共同纲领》以及《中华人民共和国中央人民政府组织法》，中央人民政府委员会是中央政府行使立法权的唯一主体，有权制定并解释国家的法律、颁布法令、废除和修改政务院发布的与国家法律、法令相抵触的决议和命令。1949 年 12 月 16 日中央人民政府政务院通过的《大行政区人民政府委员会组织通则》以及 1950 年 1 月 6 日通过的《省县市人民政府组织通则》则规定，县级以上各级地方人民政府都是地方立法的主体，即大行政区、省、市和县人民政府分别有权拟定与地方政务或者省政、市政和县政有关的暂行法令、条例或者单行条例，报上级人民政府批准或者备案。另外，根据 1952 年 8 月 8 日中央人民政府委员会第十八次会议批准的《中华人民共和国民族区域自治实施纲要》的规定，自治乡以上各级地方民族自治机关都有权制定本自治区的单行法规，报上两级人民政府核准并报政务院备案。

1954 年 9 月，第一部《中华人民共和国宪法》正式诞生。该《宪法》第 22 条规定了我国立法权的高度集中体制，即“全国人民代表大会是行使国家立法权的唯一机关”，只有全国人民代表大会才有权“修改宪法”“制定法律”，其常设机构即全国人民代表大会常务委员会都没有立法权。后经过 1955 年 7 月第一届全国人民代表大会第二次会议通过的《关于授权常务委员会制定单行法规的决议》以及 1955 年 4 月第二届全国人民代表大会第一次会议的授权，全国人民代表大会常务委员会才有了修改与制定单行法规的权力。但对地方立法主体的规定仅体现在 1954 年《宪法》的第 70 条第 4 款，它规定“自治区、自治州、自治县的自治机关可以依照当地民族的政治、经济和文化的特点，制定自治条例和单行条例,报请全国人民代表大会常务委员会批准”。对一般地方立法主体没有予以确认。

从1954年至1979年,中央制定的规范性文件总共有1115件,包括意见、通知、命令、决议等,年均仅44.6件。[①] 当时对地方立法权的授予并没有给予足够的重视。1956年,毛泽东发表《论十大关系》,指出“我们的国家这样大,人口这样多,情况这样复杂,有中央和地方两个积极性,比只有一个积极性好得多”[②]。他在接着分析宪法条文和实际发展的关系时还指出:“我们的宪法规定,立法权集中在中央。但是在不违背中央方针的条件下,按照情况和工作需要,地方可以搞章程、条例、办法,宪法并没有约束。我们要统一,也要特殊。”[③]尽管1978年《宪法》确认了“两个积极性”的理论,即第一次在《宪法》第11条第2款中规定“在中央的统一领导下,充分发挥中央和地方两个积极性”,但对地方立法主体的规定则没有明确,地方的积极性实际上并没有调动起来。

二、我国地方立法主体的确立与发展时期

(一)地方立法主体的确立

地方正式享有立法权,缘于改革开放对立法工作提出的新要求。1978年12月,邓小平强调,要加强民主法制建设,首先要加强立法,对地方立法工作也作出具体指示:有的法规地方可以先试先搞,然后经过总结提高,制定全国通行的法律。

1979年7月1日,五届全国人大二次会议通过了《地方组织法》,规定省、自治区、直辖市人大及其常委会根据本行政区域的具体情况和实际需要,在和国家宪法、法律、政策、法令、政令不抵触的前提下,可以制定和颁布地方性法规,并报全国人大常委会和国务院备案。

从1979年8月西藏自治区人大设立常委会开始,至1980年6月,我国29个省、自治区、直辖市人大都设立了常委会,开创了开展地方立法工作的新局面。1979年11月29日,新疆维吾尔自治区五届人大常委会第二次会议通过了《关于加强边境管理区安全保卫工作的通告》等三部地方性法规,这是全国首次由省级人大常委会制定的地方性法规。[④]

1981年,五届全国人大常委会二十一次会议审议通过决议,授权广东、福建

① 参见吴大英等:《中国社会主义立法问题》,群众出版社1984年版,第241页。

② 《毛泽东著作选读》下册,人民出版社1986年版,第729页。

③ 《毛泽东著作选读》下册,人民出版社1986年版,第730页。

④ 参见曲頔:《改革开放四十年地方立法》,《地方立法研究》2018年第6期。

两省人大及其常委会根据有关的法律、法令、政策规定的原则,按照各该省经济特区的具体情况和实际需要,制定经济特区的各项单行经济法规。

(二)地方立法主体的发展

1982 年,五届全国人大五次会议对《地方组织法》作出修改,规定省、自治区的人民政府所在地的市和经国务院批准的较大的市的人大常委会,可以拟订本市需要的地方性法规草案,提请省、自治区的人大常委会审议制定。

1982 年,五届全国人大五次会议通过了新宪法,肯定了 1979 年《地方组织法》确立的地方立法制度。同时,对《地方组织法》进行了修改,把拟订地方性法规的权限扩大到省、自治区人民政府所在地的市和经国务院批准的较大的市,规定这些地方的人民代表大会常务委员会"可以拟定本市需要的地方性法规草案,提请省、自治区的人民代表大会常务委员会审议制定并报全国人民代表大会常务委员会和国务院备案",第一次以法律形式全面赋予地方立法权。彭真副委员长在宪法修改草案的报告中指出,这一规定是要加强地方政权的建设,以便各地能够在中央统一领导下,因地制宜地发展本地的建设事业。

1986 年,全国人大常委会再次对《地方组织法》作了修改。修改后的《地方组织法》明确规定,省、自治区人民政府所在地的市和经国务院批准的较大的市人民代表大会及其常务委员会"根据本市的具体情况和实际需要,在不同宪法、法律、行政法规和本省、自治区的地方性法规相抵触的前提下,可以制定地方性法规,报省、自治区的人民代表大会常务委员会批准后施行,并由省、自治区的人民代表大会常务委员会报全国人民代表大会常务委员会和国务院备案"。

1988 年和 1997 年,全国人大先后作出关于设立海南省的决定和关于批准设立重庆直辖市的决定,两个地方相继获得省级地方立法权。1988 年、1992 年、1994 年和 1996 年,全国人大又先后四次分别授权海南省、深圳市、厦门市、汕头市和珠海市人大及其常委会根据经济特区的具体情况和实际需要制定法规,在经济特区实施。

2000 年,第九届全国人大第三次会议审议通过了《立法法》,进一步赋予经济特区所在地的市以较大的市地方立法权。至此,我国的地方立法主体增加为 31 个省、自治区、直辖市和 49 个较大的市。

(三)地方立法主体的扩容与规范化

从"较大的市"到"设区的市",地方立法主体不断扩容与规范。"较大的市"法律概念最早出现在 1982 年《地方组织法》的修改中。1982 年《地方组织法》第一次修改,创设"较大的市"概念以解决地级市的立法权创设问题。一是将省级地方立法权下放到省、自治区的人民政府所在地的市和经国务院批准的"较大的市”的人大常委会,以上主体可以“拟订”本市需要的地方性法规,提请省、自治区的人大常委会审议制定,并报全国人大常委会和国务院备案。二是将地方立法主体从上述地方权力机关扩展到同级地方政府,规定“省、自治区、直辖市以及省、自治区的人民政府所在地的市和经国务院批准的较大的市的人民政府,还可以根据法律和国务院的行政法规,制定规章”。

1986 年,《地方组织法》第二次修改,将省会市和国务院批准的较大的市的地方性法规的“拟订权”修改为“制定权”,第 7 条第 2 款规定:“省、自治区的人民政府所在地的市和经国务院批准的较大的市的人民代表大会根据本市的具体情况和实际需要,在不同宪法、法律、行政法规和本省、自治区的地方性法规相抵触的前提下,可以制定地方性法规,报省、自治区的人民代表大会常务委员会批准后施行,并由省、自治区的人民代表大会常务委员会报全国人民代表大会常务委员会和国务院备案。”一是“较大的市”的人大及常委会享有制定地方性法规权,正式成为地方立法主体;二是省级人大常委会对其“批准后施行”而不再是“审议制定”;三是由省、自治区的人大常委会报全国人大常委会和国务院备案。

“较大的市”从 1988 年之后数量不断增加,国务院除 1984 年首次批准了 13 个市为“较大的市”外,又于 1988 年、1992 年和 1993 年先后三次批准 6 个市为“较大的市”,1997 年重庆市升格为直辖市以后,“较大的市”由 19 个变为 18 个。但 1993 年后国务院未再审批“较大的市”,尽管仍然有的城市在人口数量、经济发展规模等方面超过以前四次批准的“设区的市”的标准。

2000 年《立法法》总结改革开放 20 年来“较大的市”的理论和实践,肯定了“较大的市”地方立法权的规范尝试与经验积累,对“较大的市”人大及其常委会与政府的地方立法权的行使进行具体的规定,并专门为“较大的市”下了定义。《立法法》第 63 条第 4 款规定:“本法所称较大的市是指省、自治区的人民政府所在地的市,经济特区所在地的市和经国务院批准的较大的市。”“较大的市”的范围扩大到历史最多时期,主要包括四类:一是省会市;二是自治区首府所在地的市;三是经济特区所在地的市;四是国务院批准的较大的市。可见,在上一阶段省会或自治区首府所在地的市和国务院批准的“较大的市”以外,将“经济特区所在地的市”扩充在“较大的市”的范围之中。

2011 年 3 月 10 日,时任全国人大常委会委员长吴邦国向十一届全国人大四次会议作报告时宣布:一个立足中国国情和实际、适应改革开放和社会主义现代化建设需要、集中体现党和人民意志的,以宪法为统帅,以宪法相关法、民法商法等多个法律部门的法律为主干,由法律、行政法规、地方性法规与自治条例、单行条例等三个层次的法律规范构成的中国特色社会主义法律体系已经形成。

2013 年，党的十八届三中全会通过《中共中央关于全面深化改革若干重大问题的决定》，提出“逐步增加有地方立法权的较大的市数量”；2014 年，党的十八届四中全会通过《中共中央关于全面推进依法治国若干重大问题的决定》，提出“依法赋予设区的市地方立法权”。2015 年 3 月，《立法法》作出修改，以“设区的市”取代“较大的市”，从过去 49 个较大的市享有地方立法权，到赋予所有设区的市以地方立法权，明确地方立法权限和范围，进一步完善了我国的立法体制。

2015 年，第十二届全国人民代表大会第三次会议修改《立法法》，第 72 条第 2 款和第 3 款中以“设区的市”取代“较大的市”；删除第 63 条第 4 款，取消了原法关于“较大的市”的概念界定，地方立法权由“较大的市”修改为“设区的市”；《立法法》第 73 条、第 78 条和第 82 条等，也规定了“设区的市”的地方立法权。

2015 年，《地方组织法》第四次修改，将第 7 条第 2 款、第 43 条第 2 款、第 60 条第 1 款中的“省、自治区的人民政府所在地的市和经国务院批准的较大的市”修改为“设区的市”，至此，我国现行法律中不再存在“较大的市”概念，统一设置为“设区的市”，对“设区的市”立法主体的地位进行了规范。

2018 年 3 月，现行《宪法》第五次修改，在第 100 条增加一款作为第 2 款，规定“设区的市的人民代表大会和它们的常务委员会，在不同宪法、法律、行政法规和本省、自治区的地方性法规相抵触的前提下，可以依照法律规定制定地方性法规，报本省、自治区人民代表大会常务委员会批准后施行”。把设区的市立法权提升到国家根本法的高度予以确认，从国家根本法层面扩大了地方立法的主体和权限范围，对我国地方立法实践作出了宪法确认。

三、我国设区的市立法主体确立的现实意义

党的十八届三中全会通过的《中共中央关于全面深化改革若干重大问题的决定》提出，“逐步增加有地方立法权的较大的市数量”；十八届四中全会通过的《中共中央关于全面推进依法治国若干重大问题的决定》进一步要求，“依法赋予设区的市地方立法权”。2015 年 3 月，十二届全国人大三次会议审议通过的《立法法》修正案明确规定，将地方立法权扩大到所有设区的市，并由省级人大常委会确定新获得立法权的设区的市开始制定地方性法规的具体步骤和时间。《立法法》的这一修改既是对党中央精神的贯彻落实，也是推进依法治国的重大举措，给地方立法带来了新的挑战和机遇。

(一)设区的市开展地方立法的必要性

较大的市开展地方立法30多年来,制定了一大批符合本地实践需要的地方性法规,积累了丰富的地方立法实践经验,培育了一批优秀的地方立法专业人才,并形成了较为完善的地方立法工作机制,对于加强地方治理和政治建设、促进本地区经济社会发展和民主法治进步、推动形成中国特色社会主义法律体系发挥了积极作用。但也存在一些突出问题。

第一,确定较大的市行使立法权的标准不清,立法权分配不合理。“较大的市”的“大”是什么含义,是指人口多、面积大、GDP高还是有其他指标,没有一个十分明确且科学的界定,也无统一、可遵循的客观标准。而且,国务院几次批准较大的市基本是在计划经济时代,地域上偏重中东部,尤以东北城市居多,可以说是与我国经济体制改革和对外开放过程紧密结合在一起的。但在社会主义市场经济体制逐渐走上稳步发展道路后,国务院没再批准较大的市,扩大地方立法权的脚步戛然而止。随着改革开放的进一步深入发展,中国城市格局发生巨大变化,相当一部分规模较大、发展水平较高、民主法制建设较先进的城市没有地方立法权,特别是一些东部经济发达城市综合实力更是远超部分已获得立法权的较大的市;而许多已经获得立法权的较大的市,无论从经济还是社会发展程度上都不如那些东部未被批准为较大的市的地方。因此,改革的不断推进与立法权限划分的滞后形成鲜明对比,较大的市的立法主体及立法权限划分的科学性、合理性、公平性受到质疑。

第二,设区的市立法权缺失导致诸多弊端,影响法治建设进程。经济社会的不断发展使地方对于地方性事务的自我治理产生了极大的内生性需求,尤其是在全面推进依法治国的当下,运用法治思维和法治方式,通过法律制度深化改革、推动发展、化解矛盾将成为地方治理的新常态。在这种情势下,地方对于法律规范的需求大幅度增加。但由于立法权的缺失,导致许多城市在治理上遇到瓶颈,不少地方在国家或省级立法无法适应本地实际的情形下,转而诉诸制定大量“红头文件”,进行事实上的变相立法。这种做法,虽然满足了一时急需,却使“红头文件”的权限不断扩张,侵入了立法领域;同时,文件的主观性、随意性、变动性极大,可能因主要领导的更替和意志变迁而引发朝令夕改的政策摇摆,容易破坏法制统一和法律权威,影响社会主义法治建设进程。

因此,扩大地方立法权,赋予所有设区的市地方立法权,成为推进全面深化改革、全面依法治国的时代需要,符合发展趋势。而且对地方而言,设区的市行使地方立法权以后,可以依据自身特点和需求制定地方性法规,有针对性地解决相应的问题,从而拓宽地方依法治理的空间,促进地方经济社会发展持续健康法治化。《立法法》将较大的市的地方立法权扩大到全部设区的市和自治州，不仅有利于改变立法机制和权限分配上的问题，不断扩大公民政治参与，也有利于将城市管理纳入法治化轨道，促进民主政治建设和法治建设进程。

（二）设区的市开展地方立法的重要意义

依法赋予所有设区的市地方立法权，是全面推进依法治国的重要举措，也是我国地方法治发展的一个里程碑，意义重大，主要体现在以下几个方面。

一是推进全面深化改革的重要手段。地方一直是改革开放的创新源泉，也是推动全国性改革的重要引擎。扩大地方立法权，地方不仅能够根据本地实际细化法律、行政法规和省地方性法规的规定，还得以根据党中央关于全面深化改革的要求，通过地方立法积极解决本地区事务、调整社会关系、推动改革创新，更好地释放制度红利。同时，对于中央和省拟推行的重大改革事项，也可以由地方在立法权限范围内先行立法，充分发挥地方的积极性，实现地方改革创新的于法有据，确保地方改革在法治轨道上推进，并为制定全国性法律和省地方性法规、推动国家和省层面的深化改革提供有益经验。

二是建设中国特色社会主义法治体系的客观需要。立法是法治的基础。建设中国特色社会主义法治体系，必须坚持立法先行，坚持依法治国、依法执政、依法行政共同推进，坚持法治国家、法治政府、法治社会一体建设。建设法治体系的内容很多都涉及地方立法，需要对地方立法权的配置进行合理布局。立法先行不仅是要求立法在制度建构上要先行一步，发挥引领和推动作用，同时也意味着立法体制本身要适应法治体系建设的客观需要。赋予所有设区的市地方立法权，有助于进一步完善国家立法体制和法律体系，使立法权的配置更加科学、合理。同时，赋予所有设区的市地方立法权，地方可以根据本地具体情况制定地方性法规，有助于地方政府的职能转变和服务质量的提高，建设法治政府、责任政府和效能政府，进而推动中国特色社会主义法治体系建设进程。

三是坚持和完善人民代表大会制度的重要体现。从理论上说，人民代表大会有立法、监督、人事任免、重大事项决定四项权力。《立法法》修改以前，大部分的市级人民代表大会只享有监督、人事任免和重大事项决定权，没有地方立法权。这也反映出我国立法主体制度、立法权限制度、立法监督制度的不完善，不利于规范地方准立法行为和行政权限的设定，也不利于地方人大充分发挥其职能。没有地方立法权，大部分市级人大及其常委会的职能就不完整，无法充分发挥人大在地方经济社会发展中的积极作用。习近平总书记在庆祝全国人民代表大会成立60周年大会上的重要讲话强调，要按照总结、继承、完善、提高的原则，推进人民代表大会制度理论和实践创新，推动人大工作提高水平。把地方立法权扩大到所有设区的市，是对人民代表大会制度的具体落实和实施，是新时期坚持和完善人民代表大会制度的重要体现。

四是更好地满足地方治理法治化的需求。通过创制出适应地方实际情况的制度规范，为地方的城乡建设、社会管理、环境保护等事业提供有效的制度资源和治理手段，改变过去过分依靠“红头文件”和长官意志等人治化的治理方式，为地方政府的施政行为和民众的参与及监督活动提供更为可靠的制度保障和稳定的行为预期，倒逼施政者以法治思维和法治方式处理各项事务，使地方政府和民众在法治的轨道上推动相关改革创新举措，做到于法有据，有法可依，并激发更大的改革动力和创新活力，实现本地经济、社会和文化事业更好更快发展。地方立法所积累的治理经验，对于丰富和完善我国的法律体系，提高整个国家治理的法治化和现代化水平也有积极影响。

第三节　一般地方立法主体

地方立法主体根据其行使立法权的主体以及制定的法规范性文件的形式，可以划分为一般地方立法主体和特殊地方立法主体。我国一般地方立法主体包括省、自治区、直辖市人民代表大会及其常委会，设区的市人民代表大会及其常委会，省、自治区、直辖市人民政府，设区的市人民政府。

一、省、自治区、直辖市人民代表大会及其常委会

1979 年我国《地方组织法》修订，规定了县级以上的地方各级人民代表大会设立常务委员会。1979 年 8 月，西藏自治区人大常委会成立，成为我国第一个省级人大常委会。到 1980 年 6 月，全国 29 个省级人民代表大会都设立了常务委员会。同时，该法第 10 条规定：“省、自治区、直辖市的人民代表大会根据本行政区域的具体情况和实际需要，在不同宪法、法律、行政法规相抵触的前提下，可以制定和颁布地方性法规，报全国人民代表大会常务委员会和国务院备案。”第 49 条规定：“省、自治区、直辖市的人民代表大会常务委员会在本级人民代表大会闭会期间，根据本行政区域的具体情况和实际需要，在不同宪法、法律、行政法规相抵触的前提下，可以制定和颁布地方性法规，报全国人民代表大会常务委员会和国务院备案。”我国 1982 年《宪法》第 100 条规定：“省、直辖市的人民代表大会和它们的常务委员会，在不同宪法、法律、行政法规相抵触的前提下，可以制定地方性法规，报全国人民代表大会常务委员会备案。”

（一）省、自治区、直辖市人民代表大会的组成及职权

根据《地方组织法》的规定，省、自治区、直辖市的人民代表大会代表由下一级的人民代表大会选举，每届任期五年，其基本职权主要有：

(1)在本行政区域内，保证宪法、法律、行政法规和上级人民代表大会及其常务委员会决议的遵守和执行，保证国家计划和国家预算的执行；

(2)审查和批准本行政区域内的国民经济和社会发展规划纲要、计划和预算及其执行情况的报告，审查监督政府债务，监督本级人民政府对国有资产的管理；

(3)讨论、决定本行政区域内的政治、经济、教育、科学、文化、卫生、生态环境保护、自然资源、城乡建设、民政、社会保障、民族等工作的重大事项和项目；

(4)选举本级人民代表大会常务委员会的组成人员；

(5)选举省长、副省长，自治区主席、副主席，市长、副市长，州长、副州长，县长、副县长，区长、副区长；

(6)选举本级监察委员会主任、人民法院院长和人民检察院检察长；选出的人民检察院检察长，须报经上一级人民检察院检察长提请该级人民代表大会常务委员会批准；

(7)选举上一级人民代表大会代表；

(8)听取和审议本级人民代表大会常务委员会的工作报告；

(9)听取和审议本级人民政府和人民法院、人民检察院的工作报告；

(10)改变或者撤销本级人民代表大会常务委员会的不适当的决议；

(11)撤销本级人民政府的不适当的决定和命令；

(12)保护社会主义的全民所有的财产和劳动群众集体所有的财产，保护公民私人所有的合法财产，维护社会秩序，保障公民的人身权利、民主权利和其他权利；

(13)保护各种经济组织的合法权益；

(14)铸牢中华民族共同体意识，促进各民族广泛交往交流交融，保障少数民族的合法权利和利益；

(15)保障宪法和法律赋予妇女的男女平等、同工同酬和婚姻自由等各项权利。

（二）省、自治区、直辖市人民代表大会常务委员会的组成及职权

省、自治区、直辖市人民代表大会常务委员会是省、自治区、直辖市人民代表大会的常设机关，一般由主任 1 人、副主任若干人、秘书长 1 人和委员若干人组成，由省人民代表大会从代表中选举产生，任期五年。《地方组织法》第 50 条规定其基本职权主要有：

(1)在本行政区域内，保证宪法、法律、行政法规和上级人民代表大会及其常务委员会决议的遵守和执行；

(2)领导或者主持本级人民代表大会代表的选举；

(3)召集本级人民代表大会会议；

(4)讨论、决定本行政区域内的政治、经济、教育、科学、文化、卫生、生态环境保护、自然资源、城乡建设、民政、社会保障、民族等工作的重大事项和项目；

(5)根据本级人民政府的建议，审查和批准本行政区域内的国民经济和社会发展规划纲要、计划和本级预算的调整方案；

(6)监督本行政区域内的国民经济和社会发展规划纲要、计划和预算的执行，审查和批准本级决算，监督审计查出问题整改情况，审查监督政府债务；

(7)监督本级人民政府、监察委员会、人民法院和人民检察院的工作，听取和审议有关专项工作报告，组织执法检查，开展专题询问等；联系本级人民代表大会代表，受理人民群众对上述机关和国家工作人员的申诉和意见；

(8)监督本级人民政府对国有资产的管理，听取和审议本级人民政府关于国有资产管理情况的报告；

(9)听取和审议本级人民政府关于年度环境状况和环境保护目标完成情况的报告；

(10)听取和审议备案审查工作情况报告；

(11)撤销下一级人民代表大会及其常务委员会的不适当的决议；

(12)撤销本级人民政府的不适当的决定和命令；

(13)在本级人民代表大会闭会期间，决定副省长、自治区副主席、副市长、副州长、副县长、副区长的个别任免；在省长、自治区主席、市长、州长、县长、区长和监察委员会主任、人民法院院长、人民检察院检察长因故不能担任职务的时候，根据主任会议的提名，从本级人民政府、监察委员会、人民法院、人民检察院副职领导人员中决定代理的人选；决定代理检察长，须报上一级人民检察院和人民代表大会常务委员会备案；

(14)根据省长、自治区主席、市长、州长、县长、区长的提名，决定本级人民政府秘书长、厅长、局长、委员会主任、科长的任免，报上一级人民政府备案；

(15)根据监察委员会主任的提名，任免监察委员会副主任、委员；

(16)按照人民法院组织法和人民检察院组织法的规定，任免人民法院副院长、庭长、副庭长、审判委员会委员、审判员，任免人民检察院副检察长、检察委员会委员、检察员，批准任免下一级人民检察院检察长；省、自治区、直辖市的人民代表大会常务委员会根据主任会议的提名，决定在省、自治区内按地区设立的和在直辖市内设立的中级人民法院院长的任免，根据省、自治区、直辖市的人民检察院检察长的提名，决定人民检察院分院检察长的任免；

(17)在本级人民代表大会闭会期间，决定撤销个别副省长、自治区副主席、副市长、副州长、副县长、副区长的职务；决定撤销由它任命的本级人民政府其他组成人员和监察委员会副主任、委员，人民法院副院长、庭长、副庭长、审判委员会委员、审判员，人民检察院副检察长、检察委员会委员、检察员，中级人民法院院长，人民检察院分院检察长的职务；

(18)在本级人民代表大会闭会期间，补选上一级人民代表大会出缺的代表和罢免个别代表。

常务委员会讨论前款第四项规定的本行政区域内的重大事项和项目，可以作出决定或者决议，也可以将有关意见、建议送有关地方国家机关或者单位研究办理。有关办理情况应当及时向常务委员会报告。

(三)省、自治区、直辖市人民代表大会及其常委会的立法职权

《立法法》第 82 条规定："地方性法规可以就下列事项作出规定：(一)为执行法律、行政法规的规定，需要根据本行政区域的实际情况作具体规定的事项；(二)属于地方性事务需要制定地方性法规的事项。除本法第十一条规定的事项外，其他事项国家尚未制定法律或者行政法规的，省、自治区、直辖市和设区的市、自治州根据本地方的具体情况和实际需要，可以先制定地方性法规。在国家制定的法律或者行政法规生效后，地方性法规同法律或者行政法规相抵触的规定无效，制定机关应当及时予以修改或者废止。"省、自治区、直辖市人民代表大会及其常委会的立法职权有如下方面：

1.执行性立法

执行性立法即为执行国家立法而制定的细则性地方立法，这些细则在一定程度上把中央的法律调整得较为适合本地的情况，以便于地方政府执行。地方立法的"执行性"是指地方国家机关为了执行法律、行政法规的规定，根据本行政区域的实际情况对法律、行政法规作出的具体规定。其"执行性"的内涵具体包括四个方面。一是执行性立法意味着必须有可执行的中央立法，但这不意味着有中央立法就一定必须有地方执行性立法。除中央立法强制性要求制定执行性立法外，地方国家机关可根据实际需要，自主决定是否进行地方立法。二是执行性立法必须针对地方实际，不能搞"景观式立法"。"法律的生命力在于实施"，地方立法不能简单重复上位法而禁锢自己的立法裁量权，应勤于实践调研，根据本地区的客观情况和具体需要，酌处立法。三是执行性立法不一定要有中央立法的明确授权规定。中央立法明文规定地方应当或可以制定条例或细则予以贯彻实施的，地方当然有权制定执行性立法；如果中央立法没有明确授权，地方国家机关根据单一制国家的结构也应有权制定执行性立法，前提是本行政区域确实有贯彻实施和适用的必要。四是执行性立法只能对上位法中已有的规定进行细化或者针对本地实际情况作出具体规定，而不得在上位法没有规定的情况下自行作出规定，也不得在上位法已有规定的情况下超越上位法规定的范围和幅度作出规定，更不得作出与上位法相违背的具体规定。执行性立法并不创制新的权利义务规范。[①]

执行性立法的特征在于：第一，执行性，是指地方立法主体结合本地区实际情况，对上位法中已有的抽象原则性规定进行明确化、具体化，对中央立法没有涉及的事项进行补充，最终达到其应有的效果。第二，地方性，是指地方立法主体在进行执行性立法时，将立法和地方实际情况结合起来，满足地方需求，使之更具可操作性。第三，依附性，是指基于执行性立法的概念，立法主体进行执行性立法活动时，必须有可执行的上位法存在，但这并不意味着有中央立法就必须有对应的执行性立法。一旦所执行的上位法发生了废止或修改，执行性法规也会随之废止或修改。第四，针对性，是指执行性法规的制定必然是要针对其要执行的上位法作出具体规定，针对地方的实际问题，不会无的放矢。

2.创制性立法

创制性立法是指，地方立法机关对于除国家专属立法权事项外的其他事项，国家尚未制定法律或者行政法规的，在坚持法制统一的前提下，通过创制性立法来解决地方亟待处理的问题的活动。具体来说，地方创制性立法又可分为补充性立法和先行性立法。其中，对法律和行政法规所作的补充，即因为立法时机不成熟等原因，法律和行政法规难于对某些地方性事务作出具体规定，所以由有权的地方国家机关通过立法的形式对其的填补，称为补充性立法。而在还没有制定法律和行政法规的领域内，有权的地方国家机关对中央专属立法的事项以外，依据本地在发展过程中所产生的实际需要而进行的立法则称为先行性立法。

创制性立法和执行性立法作为地方立法不可或缺的两种基本形态，两者之间既有共性也有各自独特性。正确认识两者之间的异同是合理发挥两者立法功能的基础，也是进行创制性立法研究的重要理论前提。两者的相同之处在于，执行性立法和创制性立法都是地方立法的重要组成部分，有着地方立法共

---

① 参见崔卓兰等：《地方立法实证研究》，知识产权出版社 2007 年版，第 8 页。

有的特点:立法过程都要依据宪法、法律的精神;遵守地方立法的“不抵触”“法律保留”等原则;立法事项不得超出地方立法权限范围;制定出的地方性法规和政府规章都必须是立足于本地区的实际需要和实际情况,具有可操作性、必要性、地方性等特征。值得注意的是,虽然执行性立法和创制性立法都有“地方性”的特征,但是两者“地方性”的内涵并不完全一致。执行性立法的地方性是指把中央立法与地方实际情况结合起来,使之更适合在地方实施,具有从属性,解决的是“适用”问题。而创制性立法的地方性不是为了解决中央立法在地方的适用性问题,而是为了解决本地方不同于全国性的“特殊”问题,这种地方性更为独立。随着地方立法的进程不断推进,执行性立法和创制性立法的区别也逐渐凸显出来,主要表现在以下几个方面。

第一,立法依据的区别。执行性立法的内容是中央立法已经有所规定的事项,是必须有上位法依据的;而创制性立法往往涉及没有上位法依据的事项,或有上位法依据,但对具体事项没有规定,但这也不意味着创制性立法一定没有上位法依据。换句话说,执行性立法一定具有上位法依据,但有上位法依据的并不一定是执行性立法(相关内容将在创制性立法的判断标准部分详细阐述)。

第二,实质内容的区别。首先,在创制权利义务规范方面,执行性立法中所规定的内容是中央立法已经涉及的事项,是对中央立法原则规定的具体化,不得有任何创制新的权利义务规定的情形,也不能对中央立法没有规定的事项进行先行规定。① 但从创制性立法的创制对象来看,在内容上是允许创制新的权利义务规范的。其次,在设置行政许可方面,《行政许可法》中规定了六项可以设置行政许可的事项,在进行执行性立法时,需要设定行政许可的事项,只能在这六项范围之内作出具体规定,不得增设新的行政许可,也不得增设违反上位法的其他条件。如果对《行政许可法》第 12 条所列六类事项尚未制定法律和行政法规的,创制性立法可以设定行政许可,但需遵守第 15 条中所作的排除性规定。最后,在设置行政处罚方面,按照《行政处罚法》的规定,执行性立法在设置行政处罚时,只能根据所执行的法律、行政法规中已经作出的行政处罚来设置,并且不得超出规定的行为、种类和幅度范围;而创制性立法可以在法律、行政法规没有行政处罚规定时进行设定。换句话说,无论法律、行政法规是否有规定,执行性立法都不能增设新的行政处罚,但是可以在已规定的范围内作具体规定;创制性立法可以在法律、行政法规对违法行为未作处罚规定的前提下,增设除限制人身自由和吊销营业执照之外的行政处罚规定。

① 参见武增主编:《中华人民共和国立法法解读》,中国法制出版社 2015 年版,第 269～271 页。

第三，结构要件的区别。法是由若干部分构成的一个统一整体，而这一整体的各个部分称为法的结构要件。现代成文法的结构要件分为法的名称、法的内容和表现法的内容的符号。[①] 执行性立法作为已有中央立法的具体化，主要目的是对上位法的补充和细化，是一个从粗到细的过程，所以其结构大多与上位法保持一致，在条款设置方面也大多遵循上位法格式，相比创制性立法而言较为简略，有时只是规定到条款，不设章节，名称也大多以《××省实施〈××法〉办法》为主。而创制性立法一般是在没有上位法依据的情况下制定的，主要目的是填补上位法空白，所以创制性立法作为一个从无到有的过程，结构要件较为完整齐全，大多以《××省××条例》为名。第四，存续时间的区别。执行性立法具有执行性和依附性特征，执行性立法因上位法的执行需要而产生，也会随着上位法的废止或修改而废止或修改，一般是不能脱离上位法独立存在的。而创制性立法因其创制性特征，可以在没有上位法依据的情况下制定，是可以脱离上位法独立存在的，除了与新颁布的法律、行政法规或其他上位法发生抵触而失效外，通常是没有存续时间限制的。

鉴于执行性立法的执行性属性，执行性立法必须有明确的、可执行的上位法依据，原则上只能在被执行的上位法规定的范围内作出规定，不得在任何情况下对上位法的范围和幅度有所超越，在上位法没有规定的情况下不得自行作出规定，不得有任何创制新的权利义务规定的情形。[②] 由于《立法法》对此并无明确规定，因此关于执行性立法的内容是否允许"创制"是一个存有争议、值得探讨的问题。有学者提出，地方性法规只能在上位法规定的范围内加以具体化，不能作出变通规定，否则就构成抵触。[③] 但在立法实践中，另有观点认为，执行性立法除了对上位法作执行性规定外，也可以出现创制性条款。[④] 不论学界是否存在争议，在地方执行性立法实践中，制定出的执行性法规中往往既有执行性条款，也有创制性条款，这是一个既定事实。[⑤] 对于这一争议，本书支持执行性立法中可以有创制性规定的观点，但这并不意味着一个地方性法规既是执行性法规又是创制性法规。国家现有法律、法规的制定受限于制定时的政治、经济、文化背景，其内容可能无法满足社会日益发展的需要，所以在执行性立法

---

① 参见郭道晖总主编：《当代中国立法》下册，中国民主法制出版社 1998 年版，第 1282 页。

② 参见武增主编：《中华人民共和国立法法解读》，中国法制出版社 2015 年版，第 269～271 页。

③ 参见乔晓阳主编：《立法法讲话》，中国民主法制出版社 2000 年版，第 239 页。

④ 参见阎锐：《试论地方性法规中的创制性规定——从上海市规范网络语汇适用说起》，《人大研究》2006 年第 11 期。

⑤ 参见金黎钢、张丹丹：《论实施性地方法规创制空间及其保障》，《江淮论坛》2015 年第 2 期。

中涉及创制性条款是必要的。如《北京市实施〈中华人民共和国义务教育法〉办法》是典型的执行性法规，但在其上位法《中华人民共和国义务教育法》规定免收学费、杂费之外，还增加了逐步免收书本费的规定。至于全国人大常委会法制工作委员会编《立法法释义》中所提出的“执行性立法不允许创制新的权利义务规定”，本书认为该解释的着重点应当在于“新”，而不是“创制”，此处的“创制”并不是“增设”“创设”的意思，而应作“制定”“设定”理解。换句话说，执行性立法中可以制定有关权利义务的条款，但是只能在上位法允许的范围内，不得超出上位法范围增设新的权利义务规定。因此，执行性法规中是可以存在创制性条款的，所以一个地方性法规中虽然有创制性规定，但可能是执行性法规，执行性立法和创制性立法是并列关系。

二、设区的市人民代表大会及其常务委员会

宪法将直辖市以外的市分为“设区的市”和“不设区的市”，其中“设区的市”与地级市概念类似，但有所不同，设区的市即设立市辖区的市，地级市包含了所有设区的市，但地级市并不都是设区的市。根据行政地位，地级市为市辖区的上级；全国绝大部分的地级市都设有市辖区，但是也有几个地级市是没有设立市辖区的，如广东省东莞市、中山市，海南省儋州市和甘肃省嘉峪关市，就是没有设立市辖区的地级市，这 4 个地级市下辖行政区建制为乡级行政区，不是“设区的市”。地级市，指行政建制与地区相同的市。广东省东莞市、中山市，海南省儋州市和甘肃省嘉峪关市这 4 个地级市，不设市辖区，不管辖县级市、县、自治县等县级行政区，直接管辖街道、镇、乡等乡级行政区，俗称“直筒子市”，是不设区的市。因此，设区的市比 293 个地级市少 4 个，为 289 个。

设区的市与较大的市是包括与被包括的关系，设区的市包括了所有较大的市，较大的市是设区的市的一部分。2015 年《立法法》修改，将“较大的市”修改为“设区的市”。我国《立法法》对设区的市人民代表大会及其常务委员会的立法权作出了规定，第 81 条规定“设区的市的人民代表大会及其常务委员会根据本市的具体情况和实际需要，在不同宪法、法律、行政法规和本省、自治区的地方性法规相抵触的前提下，可以对城乡建设与管理、生态文明建设、历史文化保护、基层治理等方面的事项制定地方性法规，法律对设区的市制定地方性法规的事项另有规定的，从其规定。设区的市的地方性法规须报省、自治区的人民代表大会常务委员会批准后施行”。第 82 条规定：“除本法第十一条规定的事项外，其他事项国家尚未制定法律或者行政法规的，省、自治区、直辖市和设区的市、自治州根据本地方的具体情况和实际需要，可以先制定地方性法

规。……设区的市、自治州根据本条第一款、第二款制定地方性法规，限于本法第八十一条第一款规定的事项。”第 88 条规定：“设区的市、自治州的人民代表大会及其常务委员会制定的地方性法规报经批准后，由设区的市、自治州的人民代表大会常务委员会发布公告予以公布。”

（一）设区的市人民代表大会的组成及职权

设区的市人民代表大会是设区的市国家权力机关，根据《地方组织法》的规定，设区的市人民代表大会的代表由下一级人民代表大会选举产生，任期五年。《地方组织法》第 11 条规定其基本职权主要有：

（1）在本行政区域内，保证宪法、法律、行政法规和上级人民代表大会及其常务委员会决议的遵守和执行，保证国家计划和国家预算的执行；

（2）审查和批准本行政区域内的国民经济和社会发展规划纲要、计划和预算及其执行情况的报告，审查监督政府债务，监督本级人民政府对国有资产的管理；

（3）讨论、决定本行政区域内的政治、经济、教育、科学、文化、卫生、生态环境保护、自然资源、城乡建设、民政、社会保障、民族等工作的重大事项和项目；

（4）选举本级人民代表大会常务委员会的组成人员；

（5）选举省长、副省长，自治区主席、副主席，市长、副市长，州长、副州长，县长、副县长，区长、副区长；

（6）选举本级监察委员会主任、人民法院院长和人民检察院检察长；选出的人民检察院检察长，须报经上一级人民检察院检察长提请该级人民代表大会常务委员会批准；

（7）选举上一级人民代表大会代表；

（8）听取和审议本级人民代表大会常务委员会的工作报告；

（9）听取和审议本级人民政府和人民法院、人民检察院的工作报告；

（10）改变或者撤销本级人民代表大会常务委员会的不适当的决议；

（11）撤销本级人民政府的不适当的决定和命令；

（12）保护社会主义的全民所有的财产和劳动群众集体所有的财产，保护公民私人所有的合法财产，维护社会秩序，保障公民的人身权利、民主权利和其他权利；

（13）保护各种经济组织的合法权益；

（14）铸牢中华民族共同体意识，促进各民族广泛交往交流交融，保障少数民族的合法权利和利益；

（15）保障宪法和法律赋予妇女的男女平等、同工同酬和婚姻自由等各项权利。

(二)设区的市人民代表大会常务委员会的组成及职权

设区的市人民代表大会常务委员会是设区的市人民代表大会的常设机关，一般由主任1人、副主任若干人、秘书长1人和委员若干人组成，由设区的市人民代表大会从代表中选举产生，任期五年。《地方组织法》第50条规定其基本职权主要有：

(1)在本行政区域内，保证宪法、法律、行政法规和上级人民代表大会及其常务委员会决议的遵守和执行；

(2)领导或者主持本级人民代表大会代表的选举；

(3)召集本级人民代表大会会议；

(4)讨论、决定本行政区域内的政治、经济、教育、科学、文化、卫生、生态环境保护、自然资源、城乡建设、民政、社会保障、民族等工作的重大事项和项目；

(5)根据本级人民政府的建议，审查和批准本行政区域内的国民经济和社会发展规划纲要、计划和本级预算的调整方案；

(6)监督本行政区域内的国民经济和社会发展规划纲要、计划和预算的执行，审查和批准本级决算，监督审计查出问题整改情况，审查监督政府债务；

(7)监督本级人民政府、监察委员会、人民法院和人民检察院的工作，听取和审议有关专项工作报告，组织执法检查，开展专题询问等；联系本级人民代表大会代表，受理人民群众对上述机关和国家工作人员的申诉和意见；

(8)监督本级人民政府对国有资产的管理，听取和审议本级人民政府关于国有资产管理情况的报告；

(9)听取和审议本级人民政府关于年度环境状况和环境保护目标完成情况的报告；

(10)听取和审议备案审查工作情况报告；

(11)撤销下一级人民代表大会及其常务委员会的不适当的决议；

(12)撤销本级人民政府的不适当的决定和命令；

(13)在本级人民代表大会闭会期间，决定副省长、自治区副主席、副市长、副州长、副县长、副区长的个别任免；在省长、自治区主席、市长、州长、县长、区长和监察委员会主任、人民法院院长、人民检察院检察长因故不能担任职务的时候，根据主任会议的提名，从本级人民政府、监察委员会、人民法院、人民检察院副职领导人员中决定代理的人选；决定代理检察长，须报上一级人民检察院和人民代表大会常务委员会备案；

(14)根据省长、自治区主席、市长、州长、县长、区长的提名，决定本级人民政府秘书长、厅长、局长、委员会主任、科长的任免，报上一级人民政府备案；

(15)根据监察委员会主任的提名,任免监察委员会副主任、委员;

(16)按照人民法院组织法和人民检察院组织法的规定,任免人民法院副院长、庭长、副庭长、审判委员会委员、审判员,任免人民检察院副检察长、检察委员会委员、检察员,批准任免下一级人民检察院检察长;省、自治区、直辖市的人民代表大会常务委员会根据主任会议的提名,决定在省、自治区内按地区设立的和在直辖市内设立的中级人民法院院长的任免,根据省、自治区、直辖市的人民检察院检察长的提名,决定人民检察院分院检察长的任免;

(17)在本级人民代表大会闭会期间,决定撤销个别副省长、自治区副主席、副市长、副州长、副县长、副区长的职务;决定撤销由它任命的本级人民政府其他组成人员和监察委员会副主任、委员,人民法院副院长、庭长、副庭长、审判委员会委员、审判员,人民检察院副检察长、检察委员会委员、检察员,中级人民法院院长,人民检察院分院检察长的职务;

(18)在本级人民代表大会闭会期间,补选上一级人民代表大会出缺的代表和罢免个别代表。

常务委员会讨论前款第四项规定的本行政区域内的重大事项和项目,可以作出决定或者决议,也可以将有关意见、建议送有关地方国家机关或者单位研究办理。有关办理情况应当及时向常务委员会报告。

(三)设区的市人民代表大会及其常委会的立法职权

根据《立法法》第 81 条和第 82 条第 2 款的规定,设区的市人民代表大会及其常委会的立法职权也包括两个方面:执行性立法与创制性立法。

既然省、自治区、直辖市的人民代表大会及其常委会以及设区的市人民代表大会及其常委会制定的法规范性文件都是“地方性法规”,那么省级地方性法规与设区的市地方性法规如何确定效力等级,这也决定了其在司法实践中的适用次序问题。

我国《宪法》《立法法》规定了法律规范的效力等级体系,宪法高于法律与行政法规,法律、行政法规高于地方性法规、规章,地方性法规高于规章。但没有规定省级地方性法规与设区的市地方性法规的效力等级。关于司法适用,也有争议。第一种观点认为,当设区的市地方性法规与省级地方性法规出现不一致时,应当优先适用省级地方性法规。其主要理由在于:一是省级地方性法规由省级人大及其常委会制定,设区的市地方性法规由设区的市人大及其常委会制定,按照制定主体的行政层级关系,省级地方性法规的效力当然高于设区的市地方性法规。二是设区的市地方性法规制定后须报省级人大常委会批准才能施行,批准过程中通常都将省级地方性法规作为对设区的市地方性法规进行合法性审查的依据。三是《立法法》规定设区的市地方性法规不能与本省、自治区的地方性法规相抵触,“不相抵触”的规定说明省级地方性法规是设区的市地方性法规的制定依据,二者本不应发生冲突。[①] 第二种观点认为,与省级地方性法规优先适用相反,应当优先适用设区的市地方性法规。其主要理由在于:一是法律法规并未明文规定地方性法规有效力大小之分,《立法法》第五章关于法律适用的规定也仅为“地方性法规的效力高于本级和下级地方政府规章”,而没有规定省级地方性法规效力高于设区的市地方性法规。二是设区的市地方性法规是经省级人大常委会批准的,也就是说,设区的市人大及其常委会并不具有完整立法权,设区的市地方性法规的部分立法权事实上由省级人大常委会行使,因此其效力自然应当与省级地方性法规相同。当二者出现冲突时,根据“特别法优于普通法”的原则,应当优先适用设区的市地方性法规。三是省级人大常委会在批准设区的市地方性法规的过程中都对其合法性(包括与省级地方性法规不抵触)进行审查,如果出现冲突,说明省级人大常委会也是认可的,当然应当优先适用。[②]

根据《立法法》第 81 条第 1 款的规定,“设区的市的人民代表大会及其常务委员会根据本市的具体情况和实际需要,在不同宪法、法律、行政法规和本省、自治区的地方性法规相抵触的前提下,可以对城乡建设与管理、生态文明建设、历史文化保护、基层治理等方面的事项制定地方性法规,法律对设区的市制定地方性法规的事项另有规定的,从其规定。设区的市的地方性法规须报省、自治区的人民代表大会常务委员会批准后施行。省、自治区的人民代表大会常务委员会对报请批准的地方性法规,应当对其合法性进行审查,认为同宪法、法律、行政法规和本省、自治区的地方性法规不抵触的,应当在四个月内予以批准”。

本书认为,省级地方性法规效力等级要高于设区的市地方性法规效力等级,理由主要在于:一是《立法法》明确规定了设区的市在不同本省、自治区的地方性法规相抵触的前提下制定地方性法规,即说明省级地方性法规是设区的市地方性法规的制定依据。二是设区的市人民代表大会及其常委会制定的地方性法规需要报请省、自治区人民代表大会常务委员会批准后才能生效。

① 参见丁祖年:《试论省级人大常委会对较大市地方性法规的批准权》,《法学评论》1990 年第 6 期。
② 参见尹婷婷:《行政审判中的“较大的市地方性法规”》,《公法研究》2014 年第 1 期。

三、省、自治区、直辖市人民政府以及设区的市人民政府

根据我国《宪法》第105条的规定，省、自治区、直辖市人民政府是省、自治区、直辖市人民代表大会的执行机关，是省级国家行政机关；设区的市人民政府是设区的市人民代表大会的执行机关，是设区的市(地级市)国家行政机关。《立法法》第93条规定，省、自治区、直辖市和设区的市、自治州的人民政府，可以根据法律、行政法规和本省、自治区、直辖市的地方性法规，制定规章。《地方组织法》也规定，省、自治区、直辖市的人民政府可以根据法律、行政法规和本省、自治区、直辖市的地方性法规，制定规章，报国务院和本级人民代表大会常务委员会备案。设区的市、自治州的人民政府可以根据法律、行政法规和本省、自治区的地方性法规制定规章，报国务院和省、自治区的人民代表大会常务委员会、人民政府以及本级人民代表大会常务委员会备案。

(一)省、自治区、直辖市人民政府以及设区的市人民政府的组成与职权

省级人民政府是地方最高一级政府。我国现行省级人民政府有22个省人民政府、5个民族自治区政府、4个直辖市政府(台湾地区、港澳特别行政区除外)。省级人民政府由省长、副省长(或自治区主席、副主席，市长、副市长)和秘书长、厅长、局长、委员会主任等组成。正副省长、正副自治区主席、正副市长由省级人民代表大会选举产生。在省级人民代表大会闭会期间，副省长、副主席、副市长的个别任免，由本级人民代表大会常务委员会决定。省级人民政府其他组成人员的人选，由省长、主席、市长提名，省级人民代表大会常务委员会决定，报国务院备案。省级人民政府每届任期五年。

设区的市人民政府由市长、副市长、秘书长、局长、委员会主任等组成，市长、副市长均由本级人民代表大会选举产生，在设区的市人民代表大会闭会期间，副市长、副州长的个别任免，由本级人民代表大会常务委员会决定。设区的市人民政府其他组成人员的人选，由市长提名，设区的市人民代表大会常务委员会决定，报省级人民政府备案。设区的市人民政府每届任期五年。

《地方组织法》第73条规定省级人民政府以及设区的市人民政府的职权主要有以下几个方面：

(1)执行本级人民代表大会及其常务委员会的决议，以及上级国家行政机关的决定和命令，规定行政措施，发布决定和命令；

(2)领导所属各工作部门和下级人民政府的工作；

(3)改变或者撤销所属各工作部门的不适当的命令、指示和下级人民政府的不适当的决定、命令；

(4)依照法律的规定任免、培训、考核和奖惩国家行政机关工作人员；

(5)编制和执行国民经济和社会发展规划纲要、计划和预算，管理本行政区域内的经济、教育、科学、文化、卫生、体育、城乡建设等事业和生态环境保护、自然资源、财政、民政、社会保障、公安、民族事务、司法行政、人口与计划生育等行政工作；

(6)保护社会主义的全民所有的财产和劳动群众集体所有的财产，保护公民私人所有的合法财产，维护社会秩序，保障公民的人身权利、民主权利和其他权利；

(7)履行国有资产管理职责；

(8)保护各种经济组织的合法权益；

(9)铸牢中华民族共同体意识，促进各民族广泛交往交流交融，保障少数民族的合法权利和利益，保障少数民族保持或者改革自己的风俗习惯的自由，帮助本行政区域内的民族自治地方依照宪法和法律实行区域自治，帮助各少数民族发展政治、经济和文化的建设事业；

(10)保障宪法和法律赋予妇女的男女平等、同工同酬和婚姻自由等各项权利；

(11)办理上级国家行政机关交办的其他事项。

(二)省、自治区、直辖市人民政府以及设区的市人民政府的立法职权

《立法法》第93条规定："省、自治区、直辖市和设区的市、自治州的人民政府，可以根据法律、行政法规和本省、自治区、直辖市的地方性法规，制定规章。地方政府规章可以就下列事项作出规定：(一)为执行法律、行政法规、地方性法规的规定需要制定规章的事项；(二)属于本行政区域的具体行政管理事项。设区的市、自治州的人民政府根据本条第一款、第二款制定地方政府规章，限于城乡建设与管理、生态文明建设、历史文化保护、基层治理等方面的事项。已经制定的地方政府规章，涉及上述事项范围以外的，继续有效。除省、自治区的人民政府所在地的市，经济特区所在地的市和国务院已经批准的较大的市以外，其他设区的市、自治州的人民政府开始制定规章的时间，与本省、自治区人民代表大会常务委员会确定的本市、自治州开始制定地方性法规的时间同步。应当制定地方性法规但条件尚不成熟的，因行政管理迫切需要，可以先制定地方政府规章。规章实施满两年需要继续实施规章所规定的行政措施的，应当提请本级人民代表大会或者其常务委员会制定地方性法规。没有法律、行政法规、地方性法规的依据，地方政府规章不得设定减损公民、法人和其他组织权利或者增加其义务的规范。"

可见，地方政府规章也具有执行性立法权、自主性立法权以及先行性立法权，但设区的市的规章的立法权限仅限于“城乡建设与管理、环境保护、历史文化保护”等方面的事项。同时，《立法法》对地方政府规章的立法权作了限制，即“没有法律、行政法规、地方性法规的依据，地方政府规章不得设定减损公民、法人和其他组织权利或者增加其义务的规范”。

根据我国《规章制定程序条例》以及地方立法条例，对地方政府规章的立法权限，有学者提出具体范围如下：

(1)法律明确授权地方政府可以制定实施办法或具体规定的，或者法律虽无明确授权，地方政府为保证其在本行政区域内的遵守和执行需要作具体规定的，可以制定规章。

(2)贯彻实施一般行政法规需要作出具体规定的，应当由政府制定规章。

(3)为实施本级人大及其常委会制定的地方性法规作出的重要决议决定，政府可制定规章。

(4)行政管理中需要采取的具体制度、措施和方法等，可以制定政府规章。

(5)涉及行政机关自身活动和自身建设或所属工作部门和下级政府工作的，由政府制定规章。

(6)涉及对行政机关工作人员任免、培训、考核和奖惩等的，由政府制定规章。

(7)设定警告或者一定数量罚款的行政处罚，设定临时性的行政许可，应由政府制定规章。

(8)对于本行政区域内急需立法规范的重大事项，制定地方性法规的条件尚不够成熟时，根据地方人大授权可由政府先行制定规章。①

第四节　特殊的地方立法主体

我国特殊地方主体主要包括民族自治地方的立法权以及特别行政区的立法权，相对于我国省、自治区、直辖市人民代表大会及其常委会，设区的市人民代表大会及其常委会，省、自治区、直辖市以及设区的市人民政府的立法，它在立法主体的范围、立法权限、立法程序等方面都存在一定的特殊性。目前这类特殊地方立法主体有：民族自治地方立法主体、香港特别行政区立法主体以及澳门特别行政区立法主体。

---

① 参见河北省人大常委会研究室：《地方性法规与政府规章立法权限研究》，《人大研究》2007年第3期。

一、民族自治地方立法主体

(一)民族自治地方立法主体立法权依据

根据我国《宪法》和《地方组织法》等的规定,自治区、自治州、自治县都是民族自治地方。民族自治地方的自治机关是自治区、自治州、自治县的人民代表大会和人民政府。首先,民族自治地方立法主体的立法权来自宪法的授权。《宪法》第116条规定:“民族自治地方的人民代表大会有权依照当地民族的政治、经济和文化的特点,制定自治条例和单行条例。自治区的自治条例和单行条例,报全国人民代表大会常务委员会批准后生效。自治州、自治县的自治条例和单行条例,报省或者自治区的人民代表大会常务委员会批准后生效,并报全国人民代表大会常务委员会备案。”这是民族自治地方立法权最根本的法律渊源。其次,我国《民族区域自治法》第19条规定了民族自治地方人民代表大会有立法权,第20条规定了自治机关享有变通权,这两条规定是民族自治地方立法权的直接法律渊源。最后,《立法法》也对自治条例和单行条例的立法权限、制定程序及效力等作了规范。因此,民族自治地方立法权不仅有宪法依据,而且有《民族区域自治法》及《立法法》的具体执行依据。

民族自治地方立法权可分为制定权和变通权。制定权是指民族自治地方的人民代表大会有权依照当地民族的政治、经济和文化的特点,制定自治条例和单行条例。变通权是指上级国家机关的决议、决定、命令和指示,如有不适合民族自治地方实际情况的,自治机关可以报经该上级国家机关批准,变通执行或者停止执行,而民族自治地方的人民代表大会据此制定变通执行和停止执行的原则和条件以及内容和程序的自治条例和单行条例。民族自治地方立法权是特定的立法权,它属于民族自治地方的自治权范畴,是民族自治地方各项自治权中最基本的权力。

(二)民族自治地方立法主体的立法形式

民族自治地方自治立法的形式是自治条例和单行条例。民族自治地方对法律和行政法规的变通和补充规定一般是以单行条例的形式表现的,变通和补充规定不是自治立法的形式。

自治条例是民族自治地方的人民代表大会根据《宪法》和《民族区域自治法》的规定,依照当地民族的政治、经济和文化特点制定的报法定机关批准和备案的,调整本地方内的民族关系和本地方与上级国家关系的综合性自治法规。自治条例调整民族自治地方内政治、经济、文化、社会生活等各个方面,具有调整关系的全局性。[①]

单行条例是民族自治地方的人民代表大会根据民族自治地方的政治经济和文化特点，在遵守《宪法》和《民族区域自治法》和其他法律的前提下，就自治条例和国家有关法律在自治地区具体实施的问题所制定的一种自治法规。[②]

单行条例与自治条例都属于自治法规，都是民族自治地方自治权的具体体现，法律适用的空间和立法机关亦相同，但两者也存在许多差别。首先，单行条例所规定的事项往往只涉及某一方面或几个相关方面的问题，具有特殊性；自治条例则是自治地方的基本法规，具有总纲的性质，它的内容涉及自治地方的政治、经济、文化等各个方面的问题，具有综合性。其次，单行条例从法律效力上也低于自治条例，一旦单行条例的规定违反了自治条例，则其规定不具有法律效力；而自治条例在民族自治地方则具有较高的法律效力，其他一切自治法规都必须服从服务于自治条例。再次，一个自治地方只能有一部自治条例，而可有许多单行条例。最后，自治条例的稳定性较高，时效性较长，而单行条例中一部分规定则仅仅是针对一件事、一个方面所作的规定。相比而言，单行条例的稳定性和时效性都弱于自治条例。

（三）民族自治地方一般性地方立法与自治立法的区别

从广义上看，相对于中央立法，民族自治地方一般性地方立法与自治立法都属于地方性立法，但存在着较大的差别。民族自治地方的地方性法规与自治条例和单行条例有着不同的立法依据、立法主体、效力等级和立法程序，这决定了两者在立法事项和立法范围上的区别。

1.立法主体不同

民族自治地方自治立法的主体是人民代表大会，只有人民代表大会才享有立法自治权，即少数民族自治区、自治州、自治县（旗）人民代表大会享有自治立法权，而不包括自治地方的人民代表大会常委会和人民政府。

自治区的人民代表大会既有地方性法规制定权，又有立法自治权，即制定自治条例和单行条例的权力，在自治区一级的自治地方，地方性法规和自治法规的立法主体部分是合一的；自治区人大常委会虽不具有自治立法权，但拥有制定地方性法规的权力。按照重要程度，犯罪与刑罚是全国人大及其常委会的专属立法事项，但我国《刑法》第 90 条规定，“民族自治地方不能全部适用本法规定的，可以由自治区或者省的人民代表大会根据当地民族的政治、经济、文化

① 参见吴宗金、敖俊德主编：《中国民族立法理论与实践》，中国民主法制出版社 1998 年版，第 395 页。

② 参见陈云东：《论民族自治地方的单行条例》，《思想战线》1995 年第 1 期。

的特点和本法规定的基本原则，制定变通或者补充的规定，报请全国人民代表大会常务委员会批准施行”，即把属于犯罪和刑罚的部分事项通过法条授权的方式赋予民族自治地方。该条规定进一步表明，辖有自治州、自治县的省可以制定变通或补充的单行条例。

2.立法形式不同

民族自治地方作为一般性行政区划，其自治机关制定的地方性立法的表现形式是地方性法规和地方政府规章；民族自治地方自治立法作为同一般地方立法相对应的特殊地方立法，其特定的表现形式是自治条例和单行条例。自治条例和单行条例是我国社会主义法律体系的重要组成部分，具有特殊地位和属性。

3.立法权限和范围不同

自治条例和单行条例可以依照当地民族的特点，对法律和行政法规的规定作出变通规定，但不得违背法律或者行政法规的基本原则，不得对《宪法》和《民族区域自治法》的规定以及其他有关法律、行政法规专门就民族自治地方所作的规定作出变通规定。

民族自治地方立法权是特定的立法权，它属于民族自治地方的自治权范畴，同时它又是其他自治权得以有效行使的非常重要的权力。

民族自治地方的自治权十分广泛，它可以根据本地区发展的需要，在不与国家法律法规基本原则相违背的情况下，在政治、经济、文化等各方面进行立法，对不适合民族自治地方的法律法规进行适度变通，突破法律法规的现有规定。例如，民族自治地方根据当地民族特点，只要不违背婚姻法一夫一妻原则、不违背刑法的罪刑法定原则、不违背民法的诚实信用原则等，便可以改变或补充这些具体部门法的一些具体规定，以适应特定民族和地区的现实要求，它可以与法律、行政法规的某些规定不一致，而不受“不相抵触”原则的限制。

4.效力不同

我国《行政诉讼法》第 63 条第 2 款规定：“人民法院审理民族自治地方的行政案件，并以该民族自治地方的自治条例和单行条例为依据。”有学者认为，必须报经全国人大常委会批准后才能生效的自治区的自治条例在我国法制体系中的地位，属于必须由全国人大常委会审议通过的这一类法律的范畴。自治区的自治条例，同国务院提请全国人大常委会审议通过的法律，在我国法制体系中居于同等地位。经全国人大常委会批准生效的自治区的自治条例，同其他法律一样，一切国家机关，包括国务院及其有关部委在内，都必须遵守，国务院的行政法规也不得同它相抵触。[①]

5.制定程序不同

自治区的自治条例和单行条例，报全国人民代表大会常务委员会批准后生效。自治州、自治县的自治条例和单行条例，报省、自治区、直辖市的人民代表大会常务委员会批准后生效。省、自治区、直辖市的地方性法规无须上级权力机关批准，设区的市的人民代表大会及其常务委员会制定的地方性法规，报省、自治区的人民代表大会常务委员会批准后施行。

二、香港特别行政区立法机关

《香港特别行政区基本法》及其相关附件是香港特别行政区的宪制性文件，由全国人民代表大会根据《宪法》制定，《基本法》规定香港特别行政区实行的制度，确保国家对香港的基本方针政策得以实施。香港特别行政区的制度和政策，包括社会、经济制度，有关保障居民基本权利和自由的制度，行政管理、立法和司法方面的制度，以及有关政策，均以《基本法》的规定为依据。香港《基本法》第17条规定："香港特别行政区享有立法权。香港特别行政区的立法机关制定的法律须报全国人民代表大会常务委员会备案。备案不影响该法律的生效。全国人民代表大会常务委员会在征询其所属的香港特别行政区基本法委员会后，如认为香港特别行政区立法机关制定的任何法律不符合本法关于中央管理的事务及中央和香港特别行政区的关系的条款，可将有关法律发回，但不作修改。经全国人民代表大会常务委员会发回的法律立即失效。该法律的失效，除香港特别行政区的法律另有规定外，无溯及力。"《基本法》第66条规定："香港特别行政区立法会是香港特别行政区的立法机关。"第四章第三节对立法会的性质、地位、组成、职权、活动方式等作了明确的规定，以保证立法会作为一个独立的机构在政治体制的运作过程中能充分发挥作用。

（一）立法会的组成

香港特别行政区立法会由在外国无居留权的香港特别行政区永久性居民中的中国公民组成，但非中国籍的香港特别行政区永久性居民和在外国有居留权的香港特别行政区永久性居民也可以当选为香港特别行政区立法会议员，其所占比例不得超过立法会全体议员的20%。香港特别行政区立法会由选举产生，每届60人。除第一届任期为两年外，每届任期四年。立法会的产生办法根据香港特别行政区的实际情况和循序渐进的原则规定，由初期的功能团体选

---

① 参见史筠：《关于制定自治区自治条例的几个问题》，《民族研究》1993年第6期。

举、选举委员会选举和分区直接选举，最终达到全部议员由普选产生的目标。立法会主席是立法会的主持人，由立法会议员互选产生，由年满 40 周岁、在香港通常居住连续 20 年并在外国无居留权的香港特别行政区永久性居民中的中国公民担任。

立法会活动的主要形式是举行会议。立法会举行会议的法定人数为不少于全体议员的一半。立法会通过的法案，须经行政长官签署、公布方能生效。立法会议员在立法会的会议上发言，不受法律追究，在出席会议时和赴会途中不受逮捕。立法会会议的议事规则，可在不与《基本法》相违背的前提下由立法会自行制定。

(二)立法会的职权

根据香港《基本法》规定，立法会的职权如下：

(1)根据本法规定并依照法定程序制定、修改和废除法律；

(2)根据政府的提案，审核、通过财政预算；

(3)批准税收和公共开支；

(4)听取行政长官的施政报告并进行辩论；

(5)对政府的工作提出质询；

(6)就任何有关公共利益问题进行辩论；

(7)同意终审法院法官和高等法院首席法官的任免；

(8)接受香港居民申诉并作出处理；

(9)如立法会全体议员的四分之一联合动议，指控行政长官有严重违法或渎职行为而不辞职，经立法会通过进行调查，立法会可委托终审法院首席法官负责组成独立的调查委员会，并担任主席。调查委员会负责进行调查，并向立法会提出报告。如该调查委员会认为有足够证据构成上述指控，立法会以全体议员三分之二多数通过，可提出弹劾案，报请中央人民政府决定。

(10)在行使上述各项职权时，如有需要，可传召有关人士出席作证和提供证据。

香港特别行政区立法机关即立法会制定的法律不能称为“地方性法规”，而是称为“法律”，它与一般省和直辖市颁布的“地方性法规”不同。这种法律是香港特别行政区各级政府部门和香港居民所应遵守的，香港特别行政区各级法院在审判案件时当然应该适用这种法律。

(三)立法会的立法程序

立法机关的主要职权就是立法权，为了全面了解香港特别行政区的立法机关的运行机制，有必要掌握其制定、修改和废除法律的法定步骤和方法，即立法程序。从《基本法》的规定来看，其立法程序与内地的立法程序基本一致，只是具体方法不同。这些程序包括：提出立法议案；审议；表决和通过法律草案；公布法律。

1.提出立法草案

提出立法草案是立法的第一阶段。根据《基本法》的规定，立法提案权分别由立法机关的议员、政府和行政长官行使。(1)立法会议员提案权。立法会议员可依据《基本法》规定的条件和法定程序提出法律草案，凡不涉及公共开支或政治体制或政府运行者，可由立法会议员个别或联名提出。凡涉及政府政策者，在提出之前必须得到行政长官的书面同意。(2)政府和行政长官提案权。特别行政区政府可根据行政长官决定的政策和计划，草拟必要的法案、决案，行政长官审定作为政府提案向立法会提出，通过即成为法律。这一规定使政府工作有了法律保障。

2.审议法律草案

提出立法草案后，立法程序就进入了第二阶段——审议法律草案和议案。在审议草案、议案的程序上，《基本法》对政府提出的议案与议员个人提出的议案，其规定是不同的，即香港特别行政区立法会主席在决定议程时，政府提出议案必须优先列入议程。这一规定是为了加强行政管理工作，提高行政工作效率，同时反映立法机关与行政机关相互配合的关系。此外，《基本法》还规定，立法会的议事规则由立法会自行决定，但不能与《基本法》相抵触，这一规定使立法会的会议、工作和议事规范化、制度化。

3.表决和通过

法律草案和议案审议结束后，立法程序就进入了最为关键的阶段——表决和通过法律草案和议案的阶段。根据《基本法》第75条的规定，立法会举行会议的法定人数为不少于全体议员的一半，即不得少于30人，因此，立法会在进行表决时，其议员人数不得少于法定人数的一半。除《基本法》另有规定外，香港特别行政区立法会对法案、议案的表决采取下列程序：(1)政府提出法案，如获得出席会议的全体议员有过半数票即为通过；(2)议员个人提出的法案、议案和对政府法案的修正案，均须分别经功能团体选举产生的议员和分区直接选举、选举委员会选举产生的议员两部分出席会议议员各过半数通过。此表决程序为一般法案、议案的表决程序。如遇有《基本法》第49、52、73、79、159等条规定的特殊情况，须按《基本法》的特别规定，经立法会出席会议或全体议员的三分之二多数通过。以上规定表明，《基本法》对议员个人提出的议案比政府提出的法案规定了更为严格的程序。

4.公布实施

制定法律的最终目的,是公布实施。因此,凡通过的法律都须经过公布这一立法程序的最后阶段,并由法律规定的机关或人员在特定时间内、采用特定的方式来完成。《基本法》把法律公布权赋予特别行政区行政长官。明确规定,立法会通过的法案,须经行政长官签署、公布,方能生效。此外,《基本法》还规定,香港特别行政区的立法机关制定的法律必须报请全国人大常委会备案。但备案不影响法律的生效。

三、澳门特别行政区立法机关

《澳门特别行政区基本法》是澳门特别行政区的宪制性文件,由全国人民代表大会根据《宪法》制定通过,于 1999 年 12 月 20 日实施。

澳门《基本法》规定澳门特别行政区实行的制度,确保国家对澳门的基本方针政策得以实施。澳门特别行政区的制度和政策,包括社会、经济制度,有关保障居民基本权利和自由的制度,行政管理、立法和司法方面的制度,以及有关政策,均以《基本法》的规定为依据。澳门《基本法》第 17 条规定:"澳门特别行政区享有立法权。澳门特别行政区的立法机关制定的法律须报全国人民代表大会常务委员会备案。备案不影响该法律的生效。全国人民代表大会常务委员会在征询其所属的澳门特别行政区基本法委员会的意见后,如认为澳门特别行政区立法机关制定的任何法律不符合本法关于中央管理的事务及中央和澳门特别行政区关系的条款,可将有关法律发回,但不作修改。经全国人民代表大会常务委员会发回的法律立即失效。该法律的失效,除澳门特别行政区的法律另有规定外,无溯及力。"

澳门《基本法》第 67 条规定:"澳门特别行政区立法会是澳门特别行政区的立法机关。"该法第四章第三节对立法会的性质、地位、组成、职权、活动方式等作了明确的规定,以保证立法会作为一个独立的机构在政治体制的运作过程中能充分发挥作用。

(一)澳门立法会的组成

立法会设主席、副主席各 1 人。主席、副主席由立法会议员互选产生。主席临时或者短时间不能出席立法会会议时,由副主席代理。主席或者副主席因患严重疾病、死亡等原因长期或者根本不能出席立法会会议而出缺时,另行选举产生。立法会主席、副主席由在澳门通常居住连续满 15 年的澳门特别行政区永久性居民中的中国公民担任。立法会主席行使以下职权:主持会议;决定议程,应行政长官的要求将政府提出的议案优先列入议程;决定开会日期;在休会期间可召开特别会议;召开紧急会议或者应行政长官的要求召开紧急会议。此外,立法会主席还享有立法会议事规则规定的其他职权,立法会议事规则由澳门特别行政区自行制定。

澳门特别行政区立法会议员,是特别行政区立法会的组成人员。澳门特别行政区立法会议员由澳门特别行政区永久性居民担任,考虑到原澳门立法会非中国籍议员一直占较大比例的现实,澳门《基本法》没有限制非中国籍议员的人数比例,也没有作出议员必须在外国无居留权的限制。立法会议员享有以下权利:(1)提议案。立法会议员可以根据法律规定按照法定程序提出法律议案。不涉及公共收支、政治体制或者政府运作的议案,可以由议员个别或者联名提出;涉及政府政策的议案,在提出前必须得到行政长官的书面同意。(2)质询权。立法会议员有权依照法定程序对政府的工作提出质询。受到质询的政府机关或者人员必须作出答复,但行政长官有权依法决定该等人员是否向立法会作证或者提供证据。(3)表决权。立法会在行使职权、作出决定时,议员有权就有关问题发表意见,进行辩论,参加表决。(4)豁免权。立法会议员在立法会会议上的发言和表决,不受法律追究;非经立法会许可,议员不受逮捕,但现行犯即正在实施犯罪的议员除外。议员有下列情况之一时,经立法会决定,即丧失立法会议员资格:因严重疾病或者其他原因而无力履行职务;担任法律规定不得兼任的职务;未得立法会主席同意,连续5次或者间断15次缺席会议而无合理解释;违反立法会议员的誓言;在澳门特别行政区内或者区外犯有刑事罪行,被判处监禁30日以上。

(二)澳门立法会的职权

根据澳门《基本法》规定,澳门立法会的职权有如下方面:

(1)依照本法规定和法定程序制定、修改、暂停实施和废除法律;

(2)审核、通过政府提出的财政预算案;审议政府提出的预算执行情况报告;

(3)根据政府提案决定税收,批准由政府承担的债务;

(4)听取行政长官的施政报告并进行辩论;

(5)就公共利益问题进行辩论;

(6)接受澳门居民申诉并作出处理;

(7)如立法会全体议员三分之一联合动议,指控行政长官有严重违法或渎职行为而不辞职,经立法会通过决议,可委托终审法院院长负责组成独立的调查委员会进行调查。调查委员会如认为有足够证据构成上述指控,立法会以全体议员三分之二多数通过,可提出弹劾案,报请中央人民政府决定;

(8)在行使上述各项职权时,如有需要,可传召和要求有关人士作证和提供证据。

立法权是澳门立法会的主要职能,立法权限范围较为广泛,除国防、外交和其他依据《基本法》不属于澳门特别行政区自治范围内的事项外,澳门特别行政区立法会有权制定、修改与废除法律。立法会不仅可以制定地方性法规,也可以制定在特别行政区适用的基本法律,如刑法、刑事诉讼法、民法等。

(三)立法会的立法程序

立法会制定法律,须经过以下程序:(1)提出法律议案。澳门特别行政区政府和议员可以向立法会提出法律议案,政府在向立法会提交议案前,行政长官必须征询行政会的意见。凡涉及公共开支和收入、政治体制或者政府运作的议案,议员不能提出;凡涉及政府政策的议案,议员提出前必须得到行政长官的书面同意,以免因议员无条件地提出法案而影响政府的正常运作。(2)审议法律草案。澳门《基本法》对法律草案的审议程序没有具体规定,由立法会制定议事规则加以确定。(3)通过法案。法案须由立法会全体议员过半数通过;法律规定的重要法案则须经立法会全体议员三分之二以上多数才获通过。(4)颁布法律。立法会通过的法案,必须经行政长官签署、公布,才能生效;法案一经签署公布即成法律。(5)备案。立法会制定的法律,必须报全国人民代表大会常务委员会备案,以便全国人民代表大会及其常务委员会监督澳门特别行政区立法会制定的法律是否违反澳门《基本法》。备案程序不影响法律的生效。

第四章 地方立法权

立法权是国家权力体系中的重要组成部分，作为抽象的国家权力概念，国家立法权是统一的，属于国家立法机关。不同立法权主体行使的立法权范围和内容不同，既存在权力机关（议会）与行政机关立法权限的划分，也存在中央与地方立法权限的划分，各种不同立法主体立法权限的划分构成了一个国家的立法体制。地方立法权是我国立法权体制的重要组成部分。

第一节 立法权概述

立法权，作为国家主权的核心表现之一，是政治体制的重要基石，也是法治建设的关键一环。其不仅直接影响法的产生、变更和废止，还涉及法律规范的解释和适用。在地方层面，立法权的行使对于适应和满足地方社会经济发展具有不可替代的作用。

一、西方立法权理论的历史发展

在西方，研究和论述过立法权的思想家、法学家，阐述过立法权问题的法学和政治学著述，不胜枚举。这里选取几个代表人物的立法权思想作简要考察。

（一）亚里士多德

现代一些学者认为，“立法权的观念源自分权思想”①。较早提出具有萌芽性质的立法权思想的是亚里士多德。亚里士多德通过对古希腊各种城邦政体的研究指出，一切政体都具有三个要素，即议事机能、行政机能和审判机能。②

① 吴大英、任允正、李林：《比较立法制度》，群众出版社 1992 年版，第 261 页。

② 参见［古希腊］亚里士多德：《政治学》，吴寿彭译，商务印书馆 1965 年版，第 214～215 页。

亚里士多德关于政体机能“三要素”的思想，虽然与后来洛克等人所说的立法权、行政权及司法权分立思想并不等同，但却是后者重要的思想渊源。

（二）洛克

洛克系统地提出并阐释了分权理论。他把国家的权力分为立法权、执行权和对外权。“立法权指享有权利指导如何运用国家的力量以保障这个社会及其成员的权力，也就是制定法的权力。”①只有人民才能组成立法机关和指定由谁来行使立法权。执行权是指负责执行被制定和继续有效的法律。对外权是指“包括战争与和平、联合与联盟以及同国外的一切人士和社会进行一切事务的权力”②。对外权实际上也是执行权，所以洛克的三权实质上是两权。另外，洛克并没有提出三权制衡的问题。洛克认为立法权是最高权力，认为“因为它有权为社会的一切、部分和每个成员制定法律，制定他们的行为规则”，而“谁能够对另一个人订定法律就必须在他之上”。同时，立法权也是其他一切权力的渊源，“社会的任何成员或社会的任何部分所有的其他一切权力，都是从它获得和隶属于它的”。③ 但立法权最高并不意味着不可限制，洛克认为只有在以下四种情况下才可以限制立法权：对人民的生命和财产不可专断；最高权力机关不能独揽立法权；最高权力未经本人同意不能取去任何人的财产的任何部分；最高权力不能把立法权转让他人。

（三）孟德斯鸠

孟德斯鸠继承了洛克的三权思想，并进一步提出了三权制衡的观点。孟德斯鸠在其名著《论法的精神》一书中写道：“每一个国家有三种权力：（一）立法权力；（二）有关国际法事项的行政权力；（三）有关民政法规事项的权力。”④第一种权力，是制定、修正或废止临时的或永久的法律的权力；第二种是媾和或宣战、派遣或接受使节、维护公共安全、防御侵略的权力，简称国家的行政权力；第三种权力是惩罚犯罪或裁决私人讼争的权力，称为司法权力。孟德斯鸠不承认立法权高于行政权和司法权，因为立法权、行政权和司法权必须分别由三个不同的机关行使，它们之间要互相牵制，以保持权力的平衡，所以立法权就不能高踞于行政权和司法权之上。孟德斯鸠主张在民主政体中立法权应归于人民，因为“在一个自由的国家里，每个人都被认为具有自由的精神，都应该由自己来统治

---

① [英]洛克：《政府论（下篇）》，叶启芳、瞿菊农译，商务印书馆1964年版，第89页。

② [英]洛克：《政府论（下篇）》，叶启芳、瞿菊农译，商务印书馆1964年版，第90页。

③ [英]洛克：《政府论（下篇）》，叶启芳、瞿菊农译，商务印书馆1964年版，第91页。

④ [法]孟德斯鸠：《论法的精神》上册，张雁深译，商务印书馆1961年版，第155页。

自由，所以立法权应该由人民集体享有”[①]。人民行使立法权的机构是议会。

（四）凯尔森

纯粹实证主义法学派的代表人物、奥地利法学家凯尔森不赞成把国家权力分为立法、行政和司法三种权力，他认为，通常的三分论实际是以一种两分论为其基础。立法权是与行政、司法两权对立的。[②]“国家的基本职权，不是三种，而只有两种：法律的创立与适用（执行），而这两种职权不是平等的，有高低不等的关系。”[③]在凯尔森看来，所谓立法的权力或立法，并不包括创立法律的全部权能，它只是这种权能的一个特殊方面，即一般规范的创立。一般规范是指制定法，它有别于非立法机关如国家元首可能创立的规范。一个社会的法律秩序体系不是由一些互相平等的规范所构成的，而是由不同位阶的规范所构成的法律规范等级制度。凡决定另一个规范的创立方式者为“高级规范”，依照该创立方式而创立者则为“低级规范”，依此上溯，最后达到一个最高级的规范即“基本规范”。凯尔森所讲的规范等级，亦就是立法权的等级，不可逾越。

二、立法权的概念与分类

（一）立法权的界定

“立法权是为主权者所拥有的，由特定的国家政权机关所行使的，在国家权力中占据特殊地位的，旨在制定、认可和变动规范性文件以调整一定社会关系的综合性权力体系。”[④]从这个概念可以看出：

第一，立法权是国家权力体系中重要的一种权力，是具有相对独立性的权力。自洛克提出“三权”的雏形后，近代资产阶级学者进一步将国家权力体系作了更为完整的设计，从当代世界各国的实际情况来看，国家权力体系由立法权、行政权和司法权的设想基本上得以遵循。尽管孙中山提出过“五权宪法”，将国家权力扩充为五权，增加了考试权和监察权，但这是社会发展的局部现象，不具有共同性。另外，立法权又是具有相对独立性的权力，尽管一些国家在不同性质权力的划分和行使当中存在着模糊现象，但是立法权还是具有相对独立性。它是相对于行政权、司法权而独立存在的一种权力。在一些国家三种权力有时并不平衡，有国家在一定时期将行政权设置为最高，如戴高乐总统执政的时期

① [法]孟德斯鸠：《论法的精神》上册，张雁深译，商务印书馆1961年版，第158页。

② 参见[奥地利]凯尔森：《法与国家的一般理论》，沈宗灵译，商务印书馆2013年版，第314页。

③ [奥地利]凯尔森：《法与国家的一般理论》，沈宗灵译，商务印书馆2013年版，第323页。

④ 周旺生：《立法论》，北京大学出版社1994年版，第324页。

法兰西第四共和国。美国是三权分立较为典型的国家，立法权、行政权、司法权相互制约。

第二，立法权是一种综合性的权力体系。立法是特定国家机关制定、认可、修改和废止规范性法文件的活动，立法权包括制定权、认可权、修改权和废止权。对立法权作更深层次的理解，我们还可以将立法权剖析为是由立法提案权、立法起草权、立法审议权、立法表决权以及立法公布权等组成的权力体系。

第三，立法权具有法律性。一个国家在一定的时期，立法权的主体范围总是有限的、特定的，这种特定性决定于这个国家的性质与具体国情。立法权具有法律性意味着立法权的行使主体是由法律明确规定的，不仅如此，立法权行使的范围也由法律规定。在我国，除了《宪法》《立法法》等法律法规明确规定享有立法权的主体外，还明确了各个不同立法主体行使权力的合理范围与界限。

(二)立法权的分类

立法权可以根据不同的标准作出不同的分类：

1.中央立法权与地方立法权

这是以立法权力的大小和高低来分类的。前者如全国人大有制定与修改宪法和基本法律的权力，全国人大常委会有解释宪法、制定法律和部分修改基本法律的权力，国务院有制定与修改行政法规的权力，国务院各部、委、局以及直属机构有制定和修改部门规章的权力。后者如省级人民代表大会及其常务委员会以及设区的市人大及其常务委员会有制定地方性法规的权力，省级人民政府以及设区的市人民政府有制定地方政府规章的权力，民族自治地方(自治区、自治州、自治县)的人民代表大会有制定自治条例与单行条例的权力等。

2.权力机关的立法权与行政机关的立法权

这是从行使立法权的主体的性质和特点来分类的。在我国现行立法体制下，基本上只有两种类型的立法主体存在，一是权力机关，二是行政机关。由此，我国立法也分为权力机关的立法和行政机关的立法两种类型。二者的主要区别在于：行使立法权是权力机关一项基本职权和职责，行政机关制定行政法规和规章是行政机关的一项重要职权和职责。行政机关是权力机关的执行机关，执行法律是行政机关的基本职权和职责。另外，同级行政机关是由同级权力选举产生的，对它负责、受它监督，因此行政机关的立法权是从属于权力机关的立法权的。此外，权力机关制定法律要遵守严格的程序，实行多数决原则；对于行政机关来说，由于实行的是行政首长负责制，在立法上与权力机关相比也有一些差异。

3.职权立法权与授权立法权

这是根据立法权的来源与依据分类的。职权立法权是指立法主体的立法权力来源于宪法、《立法法》和其他基本法律(如国务院组织法、地方组织法)的具体规定,其根据是行使其相应的职权与职责的需要。授权立法权是指立法主体的立法权力源自特定机关的授权或者特定法律的授权,其根据是基于某种特别需要。授权立法在我国现阶段有两种情况:一种是特别授权,如全国人大或常务委员会对经济特区制定经济法规的特别授权;一种是法条授权,即某一法律中某一条款规定有关国家机构可以制定变通规定或实施细则。

4.明示立法权与默示立法权

这是从立法权力规定的表现形式上来分类的。

明示立法权是指《宪法》《立法法》和其他法律明确规定各种立法主体的立法权力,它包括明确规定可以或应当行使哪些立法权力或限制行使哪些立法权力。明示可以或应当行使哪些立法权力有两种方式:一是《宪法》《立法法》或其他法律直接规定或列举,如《宪法》第62条规定全国人大"制定和修改刑事、民事、国家机构的和其他的基本法律",《立法法》第10条规定了全国人大及其常务委员会专属立法权的事项。二是《宪法》《立法法》或其他法律规定某些事项可以依法制定,如我国《宪法》第59条规定,"全国人民代表大会代表名额和代表产生办法由法律规定"。明确限制行使哪些立法权也有两种方式:一是禁止行使某些立法权,如我国《宪法》《立法法》都规定,制定地方性法规,不得同宪法、法律、行政法规抵触。二是要求行使某些立法权时应当符合一定的条件,如《立法法》第15条规定,授权立法应当严格按照授权目的和范围行使该项权力,被授权机关不得将该项权力转授给其他机关。

默示立法权是指可以从《宪法》《立法法》和其他法律的条文中推导出来的,或在《宪法》《立法法》以及法律的条文精神中包含的立法权。其具体方式有:一是以弹性的方法笼统地规定立法主体有某些未明示的立法权,如《宪法》第62条第16项规定全国人大有权行使"应当由最高权力机关行使的其他职权",《立法法》第11条第11项规定"必须由全国人民代表大会及其常务委员会制定法律的其他事项",这种规定就包含着全国人大及其常务委员会可以行使除已列举以外的其他职权。二是可以从宪法、法律规定的有关立法主体享有的职权中推导出对某些事项的立法权,如《宪法》第89条规定的18项国务院行政管理职权的事项,就说明了国务院可以在其行使行政管理过程中采取制定行政法规的方式。

三、立法权的归属与行使

洛克、孟德斯鸠、卢梭等近代启蒙资产阶级学者都认为立法权是属于人民的，但也都认为立法权的行使并不是由人民亲自完成。如洛克认为属于人民的立法权必须设定立法机关代为行使，立法机关必须秉承人民的意愿行使立法权，否则人民有权变更立法机关直至起来革命。[①] 卢梭认为立法权并不能由人民议员去行使，“人民的议员并不是、也不可能是人民的代表，他们只不过是人民的仆役罢了”[②]。但若起草法律，则需要求助于具有天才的、智慧的外邦人，因为他“与我们人性没有任何关系，但又能认识人性的深处；它自身的幸福虽与我们无关，然而它又很愿意关怀我们的幸福；最后，在时世的推移里，它照顾到长远的光荣，能在这个世纪里工作，而在下个世纪里享受”[③]。

我国《宪法》第 2 条规定，中华人民共和国的一切权力属于人民。人民行使国家权力的机关是全国人民代表大会和地方各级人民代表大会。立法权是国家的权力，毫无疑问属于人民。在谈到如何行使立法权时，有两个问题要注意：一是既然人民委托代议机关行使立法权，那么怎样理解除各级人民代表大会行使立法权力以外其他享有立法权的主体，如行政立法职权的主体？二是宪法、法律规定了不同国家机关、组织及团体在立法过程中的作用，这就涉及立法权力行使的内容即权能问题。

第一个问题的关键是理解其他立法主体享有立法权力的附属性。我国除了全国人大及各级地方人大根据宪法、法律的规定享有立法权外，还有一些行政机关也根据宪法、法律的规定享有立法权，如国务院、国务院各部委、省一级的人民政府以及设区的市人民政府。行政机关享有的立法权是附属立法权，原因在于：(1)行政机关的立法权以权力机关的立法权为基本依据，不得与权力机关的立法相抵触。比如，国务院行政法规规定事项的范围之一是“为执行法律的规定需要制定行政法规的事项”，部门规章规定的事项“应当属于执行法律或者国务院的行政法规、决定、命令的事项”，地方政府规章可以就“为执行法律、行政法规、地方性法规的规定需要制定规章的事项”。正如有学者认为的，行政机关行使的立法权力与人民代表大会的立法职权不是同一层次的权力，相对于人民代表大会的立法职权而言，它是一种授权。[④] (2)行政机关根据宪法、法律

---

① 参见[英]洛克：《政府论(下篇)》，叶启芳、瞿菊农译，商务印书馆 1986 年版，第 90 页。

② [法]卢梭：《社会契约论》，何兆武译，商务印书馆 1982 年版，第 125 页。

③ [法]卢梭：《社会契约论》，何兆武译，商务印书馆 1982 年版，第 53 页。

④ 参见马怀德主编：《中国立法体制、程序与监督》，中国法制出版社 1999 年版，第 15 页。

规定享有的立法权是其行政管理职能实现的需要，目的是行使行政管理职能，行政立法职能只是一种手段。从《立法法》对行政机关的立法权限的规定可以看出，除了执行上位法而行使的行政立法职权外，行政机关的行政立法职权的第二层次范围限于为行政管理职能的需要，如国务院行政法规可以规定国务院行政管理职权的事项，地方政府规章可以规定属于本行政区域的具体行政管理事项。正如有学者提出的，“承认行政机关的行政管理职权，就应该承认由宪法、组织法确定的行政立法职权”①。

第二个问题的关键是理解立法权是不是整体权力。从立法行为所包括的制定、认可、修改和废止等活动内容来看，立法权是由制定权、认可权、修改权以及废止权构成的。其中，制定权是立法权的主要部分，它是修改权和废止权的前提和基础。按照立法程序，制定权又可分解为立法提案权、立法起草权、立法审议权、立法表决权以及立法公布权等。一个完整的立法权应当是由上述内容构成的，或者说具有上述几项立法权能。只行使上述某个权能的主体并不意味着行使立法权。比如说我国《立法法》规定的向全国人大提出立法议案的主体即享有立法提案权的主体有九个，分别是：全国人民代表大会主席团、全国人大常委会、国务院、中央军事委员会、最高人民法院、最高人民检察院、全国人民代表大会各专门委员会、一个代表团或者三十名以上的联名代表。这九个主体并不是构成享有立法权的主体。同样，在一些场合，单纯从事立法起草的权力也不构成立法权。从我国立法实践来看，立法提案权和立法起草权、立法公布权是可转移权力，它们可以由立法主体以外的其他主体来完成。一般来讲，立法审议权、立法表决权等则由立法主体自己完成。因此，我们所理解的立法权应强调其整体性，只行使立法权的局部权能不构成立法权。

第二节　国家立法权力结构中的地方立法权

根据享有立法权主体的类型和性质分类，立法权可以分为议会立法权（权力机关立法权）与行政立法权（行政机关立法权）。在现代世界各个国家，除议会掌握国家重要的或主要的立法权以外，有些国家行政机关也获得一部分授权立法权或法定立法权，但立法权的性质和内容有很大差异。

① 马怀德主编：《中国立法体制、程序与监督》，中国法制出版社 1999 年版，第 15 页。

一、议会立法权

议会，也称“国会”，是国家代议机构的总称，是国家政权的组织形式，也是资产阶级民主制的核心和主要标志，是实行三权分立原则国家的最高立法机关。

现代议会的前身是封建贵族会议或封建等级代表会议，如英国13世纪出现的由贵族、僧侣、骑士、城市市民组成的封建贵族会议，法国14世纪初设立的一种名为“Diete”的会议，日本19世纪后半期明治时代建立的帝国议会等，这些议会大都属于封建统治者的咨询机构，但形式上也具有现代议会的雏形。17世纪以后英国正式确立议会制度，被称为“议会之母”；美国国会起源于1781年的《邦联条例》，1787年美国《宪法》规定，国会行使最高立法权；法国1791年《宪法》设立议会为最高立法机关。

世界各国议会主要有两种形式：一院制和两院制。一院制议会是个完整的代议机构，议员通常按人口比例普选产生。实行一院制议会的国家有瑞典、葡萄牙、新西兰、希腊、芬兰、埃及等国。两院制议会则是指议会由两个部分构成，一部分通称“上议院”“参议院”“联邦院”或“贵族院”等，另一部分称“下议院”“众议院”等。上议院议员有的国家由选举产生，有的国家由任命产生，有的国家由选举加任命、选派或指定产生，有少数是世袭的；下议院或众议院的议员多为选举产生。

世界各国议会的职权各自由其宪法规定，但议会最重要的、最基本的权力则是国家的立法权。宪法对议会的立法权限和立法程序有较为具体的规定。如《美利坚合众国宪法》规定：“本宪法所授予的各项立法权，均属于由参议院和众议院组成的合众国国会。”《日本国宪法》也规定：“国家的一切权力属于国民，国会是最高国家权力机关，是国家的唯一立法机关。国会的立法范围和立法事项都不应受任何限制，法案除宪法有特别规定外，经两议院通过后即成为法律。”

在实行三权分立的国家，尽管议会的立法权是最重要的、最基本的权力，但还是受到行政机关或司法机关的制约。全国人民代表大会是我国最高权力机关，它不同于实行三权分立体制的资本主义国家的“议会”。[①] 在我国，最高权力属于全国人民代表大会，在这种体制下，行政机关、司法机关等国家机关都由人大选出，都要对人大负责，接受人大的监督与制约。全国人民代表大会不受行

① 参见郭道晖总主编：《当代中国立法》下册，中国民主法制出版社1998年版，第891～894页。

政机关、司法机关的制约，它只对人民负责。

二、行政立法权

在我国，学术界关于“行政立法权”有两种基本的理解：一种观点认为它是“行政机关的立法权力”①，另外一种观点则认为它是“关于行政方面法律法规的立法权力”②。本书认为行政立法权是特定行政机关享有的立法权力。

现代社会一般将国家权力分为三部分：立法权、行政权和司法权。国家根据法律对广泛的社会事务进行组织和管理，这些活动称为“行政”，亦称“国家管理”。担负这些组织活动的机关，统称为“国家行政机关”。根据管辖范围和行使的职权，可分为中央国家行政机关和地方行政机关。中央行政机关或最高国家行政机关是指在全国范围内管理国家政务的机关和负责国家各部门管理的机关，前者的名称主要有“内阁”“政务院”“国务院”“部长会议”“联邦执行委员会”等，后者的名称主要有“部”“委员会”“省”“局”“署”等。行政机关在一些国家也称政府、管理或执行机关等。行政机关的组织形式有内阁制、委员会制。从它的责任形式看，有独任制（或行政首脑负责制），有集体负责制（或多元制、合议制）。它的产生方式在各国也很不相同。在内阁制国家，如英国的政府产生是由国王指定并任命在下院占多数席位的政党领袖担任内阁首相，然后由相同政党的领导人协商挑选政府和内阁大臣人选，最后将政府成员名单呈国王批准。在总统制国家，如美国的行政机关是由总统提名人选，经参议院批准后，由总统任命产生的。在委员会制政府中，如典型的瑞士联邦委员会由联邦议会选出 7 名委员组成，任期 4 年。我国的最高国家行政机关即国务院，由全国人民代表大会根据国家主席提名决定总理，由总理提出各部委人选，经全国人民代表大会决定任命。它的最基本职能是执行法律和政策，即把法律和政策运用于解决具体事务。具体职责是统一领导和掌管全国的内政、外交，管理财政、经济、国防、社会公共事务（包括社会安全和秩序、公共交通、社会福利和保障等）。

---

① 在应松年主编的《比较行政程序法》中，对“行政立法”作出了这样界定：“是指特定的行政机关，依法律授权，针对不特定的人和不特定的事件，制定具有普遍约束力的行为规则的行为。”据此，行政立法权是特定的行政机关的立法权力。参见应松年主编：《比较行政程序法》，中国法制出版社 1999 年版，第 225 页。

② 周旺生教授在比较行政法规立法权与行政立法权的关系时说：“行政法规立法权同行政立法权是两个不同的概念，后者不仅是有权的行政机关可以行使的权力，也是国家立法机关和地方立法机关可以行使的权力。国家立法机关和地方立法机关针对行政事项进行立法的权力，也是行政立法权，行政法规立法权只是行政立法权的一个部分。”参见郭道晖、周旺生、王晨光主编：《立法——原则、制度、技术》，北京大学出版社 1994 年版，第 132 页。

它的职权主要有：制定法规，发布命令；向全国人大及其常委会提出议案；统一领导各部门、各地方行政机关的工作；编制、执行经济计划和预算；领导和管理国防、外交以及各项社会事务等。总之，行政机关是国家法律的执行机关，同时也是国家政策的制定机关，是国家机构的中枢。

几乎在所有的资本主义国家，除议会拥有最重要的、最基本的立法权力以外，一部分行政机关也享有一定的立法权。美国 1946 年的《联邦行政程序法》确认了美国行政机关行政规章的立法权。该法规定，“制定规章系指机关制定、修改或废除规章的活动”，而“机关”系指“美国政府各机关，而不论其是否隶属于另一机关，也不论其是否受另一机关的监督”。法国 1958 年《宪法》也规定了总统、总理、部长、省长、市长以及其他行政机关可以制定四种不同内容的条例，即执行条例、自主条例、法令条例和紧急情况条例的权力。日本的《宪法》《行政组织法》《公务员法》等也规定了内阁、内阁总理大臣、各省大臣、外局首长等行政机关可以行使立法权。

我国通过《宪法》《立法法》等法律赋予部分行政机关一定的立法权力：国务院享有行政法规的立法权，国务院各部、委、局、直属机构等享有部门规章的立法权，省、自治区、直辖市人民政府以及设区的市人民政府享有地方政府规章的立法权。

三、议会立法权与行政立法权的关系

各国都规定议会立法权是国家最重要的、最基本的立法权，但对行政立法权性质或来源的规定则有一些不同，主要有以下几种类型。

（一）行政立法权来自议会立法权的授权

这种模式以英美国家为代表。英国宪法确立的基本原则是“议会至上”。所谓“议会至上”主要包括两方面的含义：一是议会是唯一制定法律的机关，实行立法垄断。任何其他机关都不能制定和修改法律，议会通过的法律，政府必须执行。二是议会在国家机构中享有最高地位，它对政府的一切活动实行监督，政府必须向议会负责，如政府不能取得议会多数的信任和支持，则必须辞职。但在必要的情况下，议会可以将立法权授予行政机关，因此，除了较为个别的情形外，英国行政机关若要享有立法权，均须议会立法的授权。“所谓个别情形指英国宪法传统上的某一领域是属于英王特权立法的部分，无须法律授权。如其文官管理法规基本上是以英王特权立法的形式发布实施的。”[①]但这种情形

① 刘莘：《行政立法研究》，法律出版社 2003 年版，第 58 页。

非常少见，一般地，行政机关的立法必须有议会的明确授权。

美国《宪法》规定："本宪法所授予的各项立法权，均属于由参议院和众议院组成的合众国国会。"美国多数学者认为，行政机关是依法成立的机关，它与设立它的法律之间如同公司和它的章程之间的关系一样，并不具有制定法律规范的当然权力。行政机关拥有的制定行政法规、规章的权力来源于立法机关的委任，这种被委任的权力与立法机关自身的权力有着根本的不同。立法机关行使固有的立法权，拥有全部的立法权；受委任的权力必然是从属性的权力。行政机关行使的立法权只能是从属性的立法职能，要受到授权法的限制。[①]

（二）议会立法权与行政立法权都来自宪法的授权，有各自的权限范围

这种模式以法国为代表。在立法权上，法国 1958 年《宪法》明确列举了国会的立法范围，同时规定，列举范围以外的事项均属于行政立法的范围。《宪法》还规定，国会制定的法案，总统有权交付人民复决。如果国会所制定的法律超过列举的范围，侵犯属于行政立法的权限时，政府可以请求宪法委员会宣告法律违宪，不得执行。

从法国《宪法》的规定来看，它似乎确立了法律事项与条例事项的划分标准。国会只能规定法律事项，而条例事项只能由行政机关立法。从法国行政机关立法的形式上也可看出法国议会立法权与行政立法权的关系。根据 1958 年《宪法》的规定，行政机关可以制定四种内容不同的条例。[②]

一是执行条例。《宪法》第 21 条规定，总理确保法律的执行。总理为明确执行法律的方式和补充法律的规定而制定的条例称为"执行条例"。

二是自主条例。自主条例是政府根据《宪法》第 37 条的规定所制定的条例，即凡不在《宪法》第 34 条列举的属于法律范围以内的事项，都由政府以条例规定。这种条例不需要法律根据就可以制定，故称为"自主条例"。

三是法令条例。根据《宪法》一般规定属于法律范围内的事项，由议会授权或者根据《宪法》的特殊规定，由政府以条例的形式规定称为"法令条例"。这种条例效力与法律相等，可以变更和修改法律。

四是紧急情况条例。总统根据《宪法》第 16 条授予的特别权力为应对危机而制定的条例，称为"紧急情况条例"。这种条例既不受条例事项的限制，也不受法律事项范围的限制。

---

① 参见曾繁正等编译：《西方主要国家行政法行政诉讼法》，红旗出版社 1998 年版，第 51～52 页。

② 参见曾繁正等编译：《西方主要国家行政法行政诉讼法》，红旗出版社 1998 年版，第 57～58 页。

(三)宪法对议会立法权与行政立法权都加以确认,但对行政立法权的行使则限于法律的授权

这种模式以德国为代表。德国1949年颁布的联邦《宪法》第20条第3款规定,立法权应受基本法的限制,行政权和司法权应受立法权和法律的限制。第77条规定,联邦法律应由联邦议会通过;第81条第1款规定,联邦政府、联邦阁员或邦政府,得以法律的授权发布法规命令,其授权的内容、目的及范围,应以法律规定。发布命令须以法律为依据,该法律如有再授权的规定,该授权的转移应以法规命令明确规定。

德国《宪法》明确议会立法权优先于行政立法权,在《宪法》中还确立了法律保留原则。所谓"法律保留"意味着某些立法事项由法律规定,行政机关不得染指,或非经授权不得就其立法。

四、我国地方权力机关与地方行政机关的立法权限

(一)我国地方权力机关的立法权限

我国地方权力机关包括省、自治区、直辖市人民代表大会及其常务委员会、设区的市人民代表大会及其常务委员会以及民族自治地方的人民代表大会。关于省级和设区的市人大及其常委会的立法权限,《宪法》和《地方组织法》有原则性规定,《立法法》的规定相对具体。《立法法》第81条规定:"省、自治区、直辖市的人民代表大会及其常务委员会根据本行政区域的具体情况和实际需要,在不同宪法、法律、行政法规相抵触的前提下,可以制定地方性法规。设区的市的人民代表大会及其常务委员会根据本市的具体情况和实际需要,在不同宪法、法律、行政法规和本省、自治区的地方性法规相抵触的前提下,可以对城乡建设与管理、环境保护、历史文化保护等方面的事项制定地方性法规,法律对设区的市制定地方性法规的事项另有规定的,从其规定。设区的市的地方性法规须报省、自治区的人民代表大会常务委员会批准后施行。"《立法法》第82条对哪些事项可以制定地方性法规作出了规定,根据法律规定以及我国地方立法实践,本书对地方性法规立法权限的具体事项作出如下设想:

(1)贯彻实施国家法律或为保证重要行政法规和上级人大及其常委会重要决议的遵守和执行的,应当由人大及其常委会制定地方性法规。

(2)除国家专属立法权之外,其他国家尚未制定法律或行政法规而本行政区域内急需先行立法规范的事项(不包括具体行政管理事项),应当由人大及其常委会制定地方性法规。

(3)本行政区域内涉及长远性、全局性、根本性的重大事项,应由人大及其

常委会制定地方性法规。

(4)涉及保障公民的人身权利、民主权利和其他权利的事项，一般应由人大及其常委会制定地方性法规。

(5)涉及规范政府行为、司法行为和司法保障的事项，应由人大及其常委会制定地方性法规。

(6)涉及地方民主法制建设、民族自治地方等政治方面的立法，或人大及其常委会行使职权及自身建设的事项，应由人大及其常委会制定地方性法规。

(7)法律明文规定由人大或人大常委会作出规定的事项，如《行政处罚法》第14条对政府规章设定的处罚限额的规定，《行政许可法》第15条对地方性法规可以设定行政许可，以及政府规章设定的临时性行政许可满一年后应当上升为地方性法规的规定等，必须由人大及其常委会制定地方性法规。

(8)人大授权政府立法的事项，待条件成熟时，由人大及其常委会制定地方性法规。

(9)全国人大及其常委会特别授权立法的事项，应由人大及其常委会根据授权决定制定法规，如改革开放初期，全国人大及其常委会就对深圳、珠海、汕头、厦门等经济特区作了授权立法的决定。

根据我国《宪法》《立法法》等的规定，地方权力机关的立法权限行使方式包括：

(1)执行性立法权。即为执行法律、行政法规的规定，地方权力机关需要根据本行政区域的实际情况作具体规定的事项。

(2)地方立法创制权。地方权力机关在不同宪法、法律、行政法规相抵触的前提下，就属于地方性事务需要制定地方性法规的事项。

(3)地方先行立法权。除国家专属立法权事项外，其他事项国家尚未制定法律或行政法规的，省、自治区、直辖市和设区的市根据本地方的具体情况和实际需要，可以先制定地方性法规。在国家制定的法律或者行政法规生效后，地方性法规同法律或行政法规相抵触的规定无效，制定机关应当及时予以修改或废止。

(4)自治条例或单行条例的立法变通权。自治条例或单行条例可以依据当地民族的特点，对法律和行政法规的规定作出变通规定。

(二)我国地方行政机关的立法权限

地方政府规章的立法范围，即指地方政府规章可以规定哪些事项。其基本原则和特性，同国务院及国务院部门的立法范围的原则和特性是一致的：第一，不得违背上位法，以上位法(包括宪法、法律、行政法规、地方性法规等)作为立法依据;第二,它属于本行政区域的具体的行政管理事项。《立法法》第93条规定:“省、自治区、直辖市和设区的市、自治州的人民政府,可以根据法律、行政法规和本省、自治区、直辖市的地方性法规,制定规章。地方政府规章可以就下列事项作出规定:(一)为执行法律、行政法规、地方性法规的规定需要制定规章的事项;(二)属于本行政区域的具体行政管理事项。”但结合《宪法》《地方组织法》《立法法》中的授权法规定,地方政府规章的立法权限还包括省、自治区、直辖市人民代表大会或者它的常务委员会授权省、自治区、直辖市人民政府或者设区的市人民政府制定规章的事项。

根据法律规定以及我国地方立法实践,本书对地方政府规章立法权限的具体事项作出如下设想:

(1)法律明确授权地方政府可以制定实施办法或具体规定的,或者法律虽无明确授权,地方政府为保证其在本行政区域内的遵守和执行需要作具体规定的,可以制定规章。

(2)贯彻实施一般行政法规需要作出具体规定的,应当由政府制定规章。

(3)为实施本级人大及其常委会制定的地方性法规作出的重要决议决定,政府可制定规章。

(4)行政管理中需要采取的具体制度、措施和方法等,可以制定政府规章。

(5)涉及行政机关自身活动和自身建设或所属工作部门和下级政府工作的,由政府制定规章。

(6)涉及对行政机关工作人员任免、培训、考核和奖惩等的,由政府制定规章。

(7)设定警告或者一定数量罚款的行政处罚,设定临时性的行政许可,应由政府制定规章。

(8)对于本行政区域内急需立法规范的重大事项,制定地方性法规的条件尚不够成熟时,根据地方人大及其常委会授权可由政府先行制定规章。

(三)合理设置地方权力机关与地方政府机关的立法权限

合理设置地方权力机关与地方政府机关的立法权限,实际上也就是区分地方性法规与地方政府规章的立法权限,《立法法》对地方性法规与地方政府规章的立法权限作出规定,是区分两者立法权限的基本依据。由于《立法法》对地方性法规与政府规章的制定范围所作的规定比较原则,如何正确理解这些规定就成为在实践中区分两者立法权限的依据和前提。为此,根据上述法律规定的原则和精神,结合立法工作的实践,本书对地方性法规与地方政府规章的立法权限以及行使方式作出进一步阐释。

第一，关于执行性立法。为执行法律法规而制定地方性法规和政府规章，这是地方人大和政府立法工作的一项主要任务，也是宪法和法律授予地方立法权的主旨所在。从实践来看，执行性立法可以分为四种情况：第一种情况，法律有明确授权的，地方就应当严格按照法律或行政法规的授权进行，即上位法授权地方人大可以制定实施细则、实施办法的，则由地方人大制定地方性法规；上位法授权地方政府可以制定实施细则、实施办法的，则由地方政府制定规章。例如，《义务教育法》《水土保持法》《城市规划法》等法律，都在专条中明确规定省、自治区、直辖市人大常委会可以根据本法和本地实际制定实施办法，此种情况则应由地方人大制定地方性法规。《劳动法》第 106 条规定："省、自治区、直辖市人民政府根据本法和本地区的实际情况，规定劳动合同制度的实施步骤，报国务院备案。"此种情况则应当由地方政府制定规章。第二种情况，法律同时授权地方人大和地方政府的，则既可由地方人大制定地方性法规，也可由政府制定规章。第三种情况，法律没有明确授权但需要从本地实际出发对有关法律规定进行细化、具体的，原则上应当由地方人大制定地方性法规。第四种情况，国务院制定的行政法规，为保证其执行，一般应由地方政府制定规章；如果地方人大认为有必要，也可制定地方性法规。

第二，关于自主性立法。正确理解《立法法》规定的"地方性事务"和"具体行政管理事项"这两个概念是区分人大和政府立法权限的一个重要因素。"地方性事务"是指人大职权范围内与全国性的事务相对应的、具有地方特色的事务，一般来说，不需要或在可预见的时期内不需要由国家统一制定法律、行政法规作出规定的事项。比如，河北省清东陵和避暑山庄等历史文化遗产的保护，畜牧业发达地区对畜牧业的管理，边境沿海等省份的缉私、禁毒等事项，就属于地方性事务。"具体行政管理事项"是指政府职权范围内某方面行政管理中涉及的具体事项。根据实践经验，"具体行政管理事项"大体包括以下几个方面：一是有关行政管理工作制度与程序方面的事项，包括办事流程、责任分工、工作规范等；二是有关行政机关自身建设的事项，包括公务员的管理、工作纪律、廉政建设等；三是不涉及创设公民权利义务的有关社会公共秩序、公共事务或事业的具体管理制度。"事务"的概念包含"事项"。"地方性事务"一般指本行政区域内的重大事项，具有全局性、根本性和长远性的特点。"具体行政管理事项"一般指行政管理中较为单一的事项，带有局部性、微观性和应时性的特点。根据法律规定的精神，人大对"地方性事务"进行立法，除遵循"不抵触"的原则外，还可进行创制性立法；而政府对"具体行政管理事项"进行立法，只能遵循"根据"的原则，无权创制新的规范，也无权突破法律、法规规定的行政许可范围和行政处罚幅度。

第三，关于先行性立法。先行性立法带有创制性，《立法法》明确规定将此项权力授予了地方人大。地方政府能否进行先行性立法各地对此理解不一。有的认为先行性立法权由人大统一行使，地方政府无权进行这方面立法；有的认为，既然法律没有明确规定政府不得进行先行性立法，那么政府也可以根据具体情况和实际需要开展创制性立法。本书认为，在实施《立法法》关于先行性立法的规定时，应当遵循人民代表大会统一行使国家权力的原则，凡属于创制性的立法规范，都应由人大制定地方性法规。如果人大认为有必要，可以作出决定，授权政府先行制定规章，待条件成熟时再上升为地方性法规。授权决定应当明确授权的目的、范围，被授权的政府应当严格按照授权目的和范围行使该项权力。

应当说明的是，上述的权限划分，有些是明确的，不可互为替代，但有些仅具有相对的意义。地方性法规和政府规章都是我国法律体系的重要组成部分，两者相互补充，不可偏废。在实践中对于一些难以分清的事项，地方人大应充分发挥在立法中的主导作用，在制定立法规划和年度立法计划时加强论证，逐一审查，严格把关，尽可能提高立法选题的针对性和科学性。科学区分地方性法规与政府规章的立法权限不仅是个理论问题，更多的是实践问题，既需要对法律有关规定进行深入研究，又需要在实践中不断探索和总结。为此，地方人大和政府要加强沟通和协调，密切配合，努力把制定地方性法规和政府规章的工作提高到一个新的水平。

第三节 中央与地方立法分权视野中的地方立法权

在立法权限的划分体制中，中央与地方的立法权限通常是一国宪政制度中的重要内容，这种划分体制往往与国家结构形式的关系更为密切。从现代世界各国的立法体制来看，不论是复合制国家还是单一制国家，都比较注重中央与地方立法权力的划分，并成为各国立法体制的核心内容。

一、我国中央与地方立法权力划分体制的产生和发展

我国中央与地方立法权力划分体制的产生和发展经历了四个阶段。

第一阶段：中华人民共和国成立至 1954 年《宪法》制定。这个阶段我国初步建立了中央与地方两级立法体制。根据 1949 年中国人民政治协商会议通过

的《中国人民政治协商会议共同纲领》的规定，由中国人民政治协商会议的全体会议执行全国人民代表大会的职权，制定《中华人民共和国中央人民政府组织法》，并规定在全国政协闭会期间，中央人民政府委员会是行使国家政权的最高机关，制定并解释国家法律，颁布法令，并监督其执行；废除或修改政务院与国家法律、法令相抵触的决议和命令；规定国家的施政方针。在《共同纲领》中并没有规定行政机关的立法权。但是在 1949 年 12 月 16 日和 1950 年 1 月 6 日，根据 1949 年 9 月 27 日中国人民政治协商会议第一届全体会议通过的《中华人民共和国中央人民政府组织法》第 15 条第 1 项的规定，政务院不是立法主体，但“有权颁布决议和命令，并审查其执行”。先后通过的各级地方政府组织通则中规定了县级以上各级人民政府都是地方立法的主体，即大行政区、省、市和县人民政府分别有权拟定与地方政务有关的暂行法令、条例以及单行法规报上级人民政府批准或者备案。此外，根据 1952 年 8 月 8 日中央人民政府委员会第十八次会议批准的《中华人民共和国民族区域自治实施纲要》的规定，民族自治地方在中央人民政府和上级人民政府法令所规定的范围内，依其自治权限，制定本自治地方的单行法规，呈报上两级人民政府批准，并报中央人民政府政务院备案。

第二阶段：1954 年《宪法》制定到 1966 年“文化大革命”爆发。这个阶段立法权高度集中在中央，地方上也只有民族自治地方的自治条例和单行条例的立法权。1954 年《宪法》规定，全国人民代表大会是行使国家立法权的唯一机关，只有全国人民代表大会才有权修改宪法、制定法律，全国人大常委会和国务院都不是立法主体。1955 年 7 月 30 日第一届全国人大二次会议通过的《关于授权常务委员会制定单行法规的决议》专门授权全国人民代表大会常务委员会依照宪法的精神，根据实际的需要，适时地制定部分性质的法律，即单行法规。1959 年第二届全国人民代表大会第一次会议进一步授权全国人民代表大会常务委员会在全国人大闭会期间根据情况的发展和工作的需要，修改现行法律中不适用的条文。如此，中央立法权单纯由全国人民代表大会行使转变为由全国人大及其常务委员会共同行使。关于地方立法权的规定，《宪法》保留民族自治地方自治机关的立法权限，规定“自治区、自治州、自治县的自治机关可以依照当地民族的政治、经济和文化的特点，制定自治条例和单行条例，报请全国人民代表大会常务委员会批准”，其他地方无立法权。

第三阶段：1966 年“文化大革命”爆发到 1982 年《宪法》的修订。在这个阶段，虽然 1954 年《宪法》确定的中央和地方立法的体制没有破坏，但基本上不起作用。1975 年通过的我国第二部《宪法》关于立法体制的规定仍然沿袭 1954 年

《宪法》的规定,但基本名存实亡,因此1975年以前这个阶段我国的中央与地方的立法体制陷于瘫痪状态。1978年我国通过的第三部《宪法》与1954年《宪法》中关于中央和地方立法体制的规定一样,但是关于全国人大对全国人大常委会的两次授予的立法权,在1978年《宪法》中并未得到确认。1979年全国人大制定的《地方组织法》开始把立法权下放至省级人民代表大会。该法第6条规定:“省、自治区、直辖市的人民代表大会根据本行政区域的具体情况和实际需要,在和国家宪法、法律、政策、法令、政令不抵触的前提下,可以制订和颁布地方性法规,并报全国人民代表大会常务委员会和国务院备案。”第27条中同样规定了省、自治区、直辖市的人民代表大会常务委员会制定地方性法规的权力。我国中央与地方的立法权力合理配置已提上了历史日程。

第四阶段:1982年《宪法》的制定至今。这个阶段,我国中央与地方立法体制完全建立。根据我国现行《宪法》(即1982年《宪法》)、《全国人民代表大会组织法》、《国务院组织法》、《选举法》、《地方组织法》、《全国人民代表大会议事规则》、《全国人民代表大会常务委员会议事规则》以及《立法法》等的相关规定,我国现行的中央与地方的立法体制表现为:中央立法权有全国人民代表大会基本法律的立法权、全国人民代表大会常委会法律(除基本法律以外的其他法律)的立法权、国务院的行政法规立法权、国务院各部委的规章立法权;地方立法权有省、自治区、直辖市的人民代表大会及其常委会的地方性法规立法权,设区的市的人民代表大会及其常委会的地方性法规立法权,经济特区所在地省、市的人民代表大会及其常委会的授权的法规立法权,民族自治地方的人民代表大会的自治条例和单行条例的立法权,省、自治区、直辖市和设区的市的人民政府的规章的立法权,特别行政区的立法权。

二、中央与地方立法权力资源优化配置的目标和原则

立法权力资源的配置是指一个国家享有立法权的机关对立法权力资源的分享和安排。[①] 中央和地方立法权力资源的配置是指中央和地方对立法权力资源的分享和安排。所谓中央和地方立法权力资源优化配置则是指在一个国家里,对中央与地方的立法权力资源的安排最为合理和恰当,能够充分发挥其所

---

① 有学者认为立法权的配置包含确定有权立法的国家机关的立法权的活动过程,又包含这一活动过程的结果。首先,立法权的配置是从整体上回答各有权立法的国家机关享有什么样的立法权的问题;其次,立法权配置包括了确定有权立法的国家机关的立法权的活动过程;最后,立法权配置包括了确定有权立法的国家机关的立法权的活动结果。参见郭道晖总主编:《当代中国立法》下册,中国民主法制出版社1998年版,第803页。

分享的立法资源的最大效益。

(一)中央和地方立法权力资源优化配置的目标

中央和地方立法权力资源优化配置的目标是指中央和地方立法权力资源配置的最为合理的安排以及最能发挥立法权力资源功能的中央和地方的立法权力结构。

第一,中央和地方立法权力配置的均衡性。资源配置结构的均衡性是资源发挥最大化效益的前提。根据系统结构功能论的观点,系统结构的均衡是系统有效运作的必要条件。中央和地方立法权力配置的均衡性是说,中央和地方的立法权力结构的安排处于均衡状态。在我国这样单一制的国家结构形式下,中央和地方的关系的处理是国家长治久安、社会稳定的必要性前提,中央和地方的关系有多种,其中之一就是中央和地方的立法权力关系。中央立法的过分集权与地方立法的过分分权都是行不通的。合理的结构就是各就其位,共同为社会的稳定、国家的富强发挥自己的作用。

第二,中央和地方立法权力配置的协调性。中央和地方立法权力配置的协调性是说在国家的立法权力的运行中彼此是协调的、密切配合的,共同维护着我国立法权力的完整性。中央和地方立法权力配置的协调性主要有三个方面的内涵:首先是中央和地方各自有自己的立法权限范围,不得越权、侵权。专属于中央立法的事项地方立法不得染指,应由地方立法处理的事项中央立法不得无故干涉。其次是中央和地方权力安排的整合性,也就是中央和地方立法权力的总和构成了国家整体的立法权力,没有空隙的立法权力,也没有剩余的立法权力。最后是中央和地方的立法权力运用上功能的协调。地方立法是贯彻实施中央立法的,在其立法时不得违背中央立法和上位法的原则和精神,但又有自己的能动性,还要把中央立法与本地方的实际结合起来,有效发挥中央立法与地方立法的配合作用。

第三,中央和地方立法权力配置的有效性。中央和地方立法权力配置的有效性是说中央立法也好、地方立法也好,资源的安排能够发挥资源的效用。一个国家立法权力资源的分配,关键是看它能发挥多少效用,如果分配给某一个机关的立法权力,但是它不能行使,那么这无疑是资源的浪费。民法上讲法人和自然人的权利能力和行为能力,在资源的配置上也应该讲立法主体的权利能力和行为能力,只有权利能力(宪法或法律赋予立法权)但无行为能力(能实际行使立法权)或者有行为能力但无权利能力都是不行的,只有权利能力与行为能力相结合,才能实现立法权力配置的有效性。

第四,中央和地方立法权力配置实现效益最大化。效益最大化应是中央和地方立法配置的一个基本目标。有些立法，如果由中央立法主体来立法，它的比较效益（收益与成本之差）和收益率（收益与成本之比）就不大，有可能要耗费巨大的立法成本，也有可能不会取得较大的立法收益；如果由地方立法主体来立法，有可能节约立法成本并取得较大的立法收益，也即其比较效益较大。那么就该法案而言，则是由地方立法为好。因此，中央和地方立法权力配置，也应该注重能够发挥立法权力资源运用的功能，实现立法效益最大化。

（二）中央和地方立法权力优化配置的基本原则

我国要实现中央和地方立法权力资源的优化配置，须在配置时遵循以下基本原则。

第一，法制统一原则。中央和地方立法权力资源的配置以及中央和地方立法权力的运行必须有利于维护社会主义法制统一的原则。法制统一原则是现代社会法治国家共同提倡和遵守的一项重要原则。所谓法制统一原则，首先是合宪性原则。也就是说，一切法律、法规、规范性法律文件以及非规范性法律文件的制定，必须符合宪法的规定或者不违背宪法的规定。凡是违背宪法者，不具有法律效力。其次，在所有法律渊源中，下位法的制定必须有宪法或上位法作为依据，下位法不得同上位法相抵触，凡是下位法违背上位法的均属违法立法，该下位法不具有法律效力。再次，在不同位阶的法律渊源中（如法律和地方性法规之间），在同一位阶的法律渊源中（如地方性法规之间）和同一个法律文件中，规范性法律文件不得相互抵触。最后，不论是中央立法还是地方立法，各个法律部门之间的规范性法律文件不得冲突、抵触或重复，应该相互协调和补充。

第二，发挥中央和地方两个积极性的原则。中央和地方立法权配置的根据是立法所规范的事务的特点，也即不同立法所规范的对象有所不同。从我国立法实践来看，立法规范的事务或对象按地域适用的范围来分有全国统一性的事务和具有地方特点的事务。具有全国统一性的事务是全国应当统一适用同一套规则的事务，例如外交、货币、关税、金融、国家财政、邮政、航空、环境保护等，都是全国统一性的事务。对于这样的事务，只有中央立法予以规范，才能保证在全国适用的规则的统一。具有地方特点的事务则是各地存在差异，因而需要因地制宜，适用不同规则的事务，如地方税收、市政管理等。具有地方特点、需因地制宜立法的事务，当由地方立法较为适宜，也才能保证立法符合各地的实际情况。还有一些事务，由于各地发展的不平衡，在某些地区已发展到需要立法加以规范的程度，但在另一些地方却未发生或者还不需要立法加以规范，全国性的立法难以确立统一的规范，只有允许某些地方先行立法。因此，既要重视中央立法，也要调动地方立法的积极性，只有发挥两个积极性，立法资源的功能才能得以充分发挥。

第三，原则性和灵活性相结合的原则。中央和地方立法权力的配置要贯彻原则性与灵活性相结合的原则。我国是一个多民族的国家，经济发展不平衡，民族风俗习惯也不一样。因此，中央立法时要考虑到各少数民族聚居地方对立法的特殊要求，在某些立法方面，允许少数民族地方可以根据自己本地方的实际情况作一些变通规定或补充规定。另外，原则性和灵活性相结合的原则还要求充分考虑因历史发展给某些地方带来的特殊性。当这种特殊性达到一定程度，地方不能实施国家统一的法律制度或者要突破国家统一法的有关规定，建立自己的或自成体系的法律制度。此时民族区域自治地方的立法机关即需要享有更大的有时甚至与中央立法权相对独立的立法权，这就要求立法权配置在全国统一原则的前提下，对具有历史特殊性的地方进行灵活处理。

三、我国中央和地方立法权力配置的完善

（一）中央和地方立法权力的范围中应当规定地方的专属立法权

有学者认为，根据中央和地方的立法权限的有无和多少及其范围，世界上大致有四种模式[①]，并将我国中央和地方的立法权力模式归结为集权分权模式[②]，这是比较符合我国的立法实际的。从立法权力的渊源讲，中央立法权是由宪法法律直接明确规定的。我国地方的立法权力的渊源有两个方面：一是由宪法、法律和法规直接予以明确规定的；二是由中央立法主体授予的。从在国家的法律体系中的地位来讲，中央立法为主导，地方立法具有从属性。尽管如此，地方立法不是可有可无、无足轻重的，其应当具备一定的立法范围。

我国的《立法法》第 10 条规定了专属中央立法权的事项，然而对于地方立法只是在第 82 条对地方性法规规定的事项和在第 93 条对地方政府规章规定的事项中作出原则性的规定，没有具体规定地方的专有立法事项。

世界上有许多国家对中央和地方的专有立法权都作了规定，例如印度在其宪法中就明确规定地方专有立法权的事项有 59 件。[③] 本书认为，确立地方立法

---

① 第一种为中央集权模式，第二种为地方分权模式，第三种为集权分权模式，第四种为分权集权模式。参见吴大英、任允正、李林：《比较立法制度》，群众出版社 1992 年版，第 272～274 页。

② 所谓集权分权模式，是指在一个国家中，立法权主要由中央行使，但在一定限度和条件下，地方得适当地行使某些中央授予的地方立法权。参见吴大英、任允正、李林：《比较立法制度》，群众出版社 1992 年版，第 274 页。

③ 参见吴大英、任允正、李林：《比较立法制度》，群众出版社 1992 年版，第 276～277 页。

权的专有事项应遵循以下原则：一是该事项是本地方特有的，具有本土性和地域性；二是中央立法不能干预，除非立法成本大效益低，或者中央立法不能适应地方实际情况，不具有可操作性和适应性；三是地方立法原则上不违背上位法的原则、精神和规定，维护法制的统一性和中央立法的尊严。就我国目前的立法实践来讲，地方立法的专有事项可以包括以下方面：(1)中央法律规定范围内地方财政的自治权，为地方用途而征的税；(2)本地方的文化、教育、卫生事务；(3)省政、市政管理事务；(4)地方公共秩序和环境保护的事务等。

(二)地方的先行立法权与中央立法的协调

我国《立法法》第 82 条规定："除本法第十一条规定的事项外，其他事项国家尚未制定法律或者行政法规的，省、自治区、直辖市和设区的市、自治州根据本地方的具体情况和实际需要，可以先制定地方性法规。"这是我国地方先行立法的基本法律依据。地方先行立法权的确立在我国确属必要，地方经济、政治、文化等发展的差异性和民族的多样性等国情决定了各地方的立法不可能完全步调一致，在事物发展的开端又是以地方为特征且有规范的必要时，地方可以先行立法。在我国已有这样的成功的立法实践。

确立地方先行立法权的事项须遵循以下原则：一是不得就属于中央立法的专有事项进行地方的先行立法；二是国家法律法规对此类事项还未有规范；三是地方对此类事项的规范是确有必要的；四是不得违背上位法的原则、精神和规定。

同时，地方立法的先行权还应有所限制，即这种权力的行使在何种情形下应当终止。地方立法先行为其他地方的立法和中央立法提供了经验，但是在事物的发展或者地方先行立法的事项超出某一地域的范围已成为全国范围的事项或者成为普遍的事项时，如果允许各个地方都要行使先行立法权，将会造成立法资源的巨大浪费，这时中央立法就是必要的。《立法法》第 82 条规定："在国家制定的法律或者行政法规生效后，地方性法规同法律或者行政法规相抵触的规定无效，制定机关应当及时予以修改或者废止。"也就是说，中央立法的时机成熟以后，地方立法应当服从中央立法，维护法制的统一性和协调性。

(三)完善中央立法主体对地方立法的备案、审查制度

我国《宪法》和《立法法》都规定，地方性法规要向全国人大常委会和国务院备案，国务院各部门和地方政府的规章要向国务院备案。"备案不只是上交文件、立档备查的一个手续，而且是立法必经的监督程序，是实现对法规、规章的

事后控制的措施。”[①]

本书认为，建立我国地方立法备案审查制度，一是需要设立专门的立法备案审查机构，二要完善制定备案审查的程序。1990 年 2 月 18 日，国务院颁布《法规、规章备案规定》，其中规定对报送备案的法规、规章要作备案审查，详细规定了审查的标准和发现问题后分别处理的办法。我国的《立法法》用专章规定了地方立法的适用和备案，其中规定了备案审查的标准，备案审查的机关，有关机关改变或者撤销的法律根据、权限、程序等。但在这些规范性法律文件中并没有具体建立我国的地方立法的备案审查制度。

在机构设置上，现在国务院已明确备案管理工作由其法制局负责，在法制局的司法检查司设有一个备案处，进行日常管理。在全国人大常委会，目前尚无专门机构。鉴于现在地方立法数量较多，应当在全国人大常委会以及国务院设立专门的地方立法备案审查机构，还应以法律法规的形式确立我国的地方立法的备案审查程序。具体设想如下：

第一，确立地方立法报送备案的手续和期限。如地方立法通过后尚未实施或者实施的一定期间内呈报该法案，填写备案记录表等。

第二，确立备案审查机关的审查依据和标准。参照《立法法》的相关规定确定地方立法的备案审查标准。

第三，确立备案审查基本程序。如全国人大常委会的备案审查程序为：首先由人大代表或国家其他机关提出对违宪的地方立法的审查申请；其次由法律委员会进行审查，可运用听证、质询等方式；再次由法律委员会向全国人大常委会提交审查结果，并提出审查处理的方式和理由；最后由全国人大常委会决定发回、撤销或者决议有效。

第四，确立备案审查的内容。如地方立法的形式审查与地方立法的内容的合宪性以及与上位法相抵触的审查。

第五，确立备案审查的结果以及地方立法的最后处理方式。如必要时要求地方立法主体呈报地方立法的根据、法律规定的理由以及法案的解释和说明，也可以发回修改或补充。

第四节　地方立法变通权

在我国一元两级多层次的立法体制下，不同立法主体制定的法规范文件效

① 郭道晖、周旺生、王晨光主编：《立法——原则、制度、技术》，北京大学出版社 1994 年版，第 209 页。

力等级不同，根据法制统一原则的要求，下位法不得与上位法相抵触。然而在法律法规授权的情况下，下位法立法主体可以作出与上位法规定不相一致的内容，这就是立法变通权。我国《宪法》《立法法》《民族区域自治法》等对我国立法变通权的行使作出了一定的规范。

一、地方立法变通权的概念

"变通"一词，《现代汉语词典》对其的解释是，"依据不同情况，作非原则性的变动"。在我国，所谓立法变通权是指在国家最高权力机关授予经济特区的人民代表大会及其常委会或法律、行政法规授予民族自治地方的自治机关立法权的情况下，允许经济特区的人民代表大会及其常委会或民族自治地方的自治机关的人民代表大会根据本地方政治、经济和文化特点制定的，在本行政区域范围内适用的并且与法律或行政法规有不相一致内容的规范性文件。

第一，立法变通权以授权法的规定为前提。没有最高权力机关（全国人民代表大会或者全国人民代表大会常委会对经济特区人民代表大会及其常委会）的授权，没有法律或行政法规的授权（主要指在具体的部门法以法律条文的方式规定民族自治地方的人民代表大会可以作变通性规定），立法变通权是不存在或者说非法存在的。

第二，立法变通权的行使具有地域性。地方立法机关根据授权对法律、行政法规所作的变通只能在本行政区域范围内实行；各不同的地方根据本区域不同的特点对法律、行政法规变通的内容也都不同，但不对其他行政区域发生效力。

第三，立法变通权的行使机关是特定地方的人民代表大会及其常委会，即自治区、自治州、自治县的人民代表大会以及经济特区的人民代表大会及其常委会。国务院及其各部门、地方各级行政机关等都不享有立法变通权，立法变通权只能由法定地方的权力机关行使。

第四，立法变通权行使的目的是更好地贯彻执行上级国家机关的法律、行政法规。根据《地方组织法》的规定，地方各级人大负有在本行政区域内保证宪法、法律、行政法规和上级人大及其常委会决议的遵守和执行的职责。但法律、行政法规和上级人大及其常委会的决议具有普遍性，而各个地方又有其特殊性，因此地方权力机关在法律规定的情况下有权根据本地方的实际情况对法律、行政法规等作出变通，以便更好地贯彻实施法律和行政法规。

二、地方立法变通权的类型

我国立法变通权的最根本的法律依据是《宪法》。《宪法》第 115 条规定："自治区、自治州、自治县的自治机关行使宪法第三章第五节规定的地方国家机关的职权，同时依照宪法、民族区域自治法和其他法律规定的权限行使自治权，根据本地方实际情况贯彻执行国家的法律、政策。"第 116 条规定："民族自治地方的人民代表大会有权依照当地民族的政治、经济和文化的特点，制定自治条例和单行条例。"《立法法》第 101 条规定："自治条例和单行条例依法对法律、行政法规、地方性法规作变通规定的，在本自治地方适用自治条例和单行条例的规定。经济特区法规根据授权对法律、行政法规、地方性法规作变通规定的，在本经济特区适用经济特区法规的规定。"此外，《民族区域自治法》、全国人大及其常委会授权经济特区的单行决议以及其他法律、行政法规中也规定了具体的授权条款。

根据我国的立法实践，我国目前的立法变通权的类型主要有两种。

（一）经济特区的立法变通权

经济特区的立法变通权是全国人大或者全国人大常委会对我国经济特区的地方权力机关的授权，由经济特区的地方权力机关制定经济特区的单行经济法规在经济特区范围内实施。全国人大或者全国人大常委会对经济特区的授权主要有五次。

第一次，1986 年 11 月 26 日，第五届全国人大常委会第 21 次会议通过决议，授权广东省、福建省人民代表大会及其常委会制定所属经济特区的各项单行经济法规。

第二次，1988 年 4 月 13 日，第七届全国人大第一次会议通过关于建立海南经济特区的决议，授权海南省人大及其常委会制定法规，在海南经济特区实施。

第三次，1992 年 7 月 1 日，第七届全国人大常委会第 26 次会议根据全国人大的授权作出决定，授权深圳市人大及其常委会制定法规，在深圳经济特区实施。

第四次，1994 年 3 月 22 日，第八届全国人大第二次会议作出决定，授权厦门市人大及其常委会制定法规，在厦门经济特区实施。

第五次，1996 年 3 月 17 日，第八届全国人大第四次会议作出决定，授权汕头市和珠海市人大及其常委会分别制定法规，在各自的经济特区实施。

需要说明的一点是，授权立法不一定就是变通立法。授权立法有两种类型：一种是尚未存在某种法律、法规，而现实又需要某种法律、法规等规范性文件，本属某特定机关的立法范畴，但因其本身条件的限制而授予别的机关来立法；另一种是可能存在也可能不存在某种法律、法规等规范性文件，但特定地方因为其特殊情况而需要特别的规范性文件的调整，因而可授权地方权力机关根据本地方的实际情况作出一些变通。第一种情况的授权不需要某种变通，也不存在变通的依据，因而不是变通立法权；第二种情况的授权则属于变通立法权的范畴。根据全国人大或全国人大常委会的单行决议以及《立法法》的相关规定，可以说我国经济特区的以上五次授权立法实际上是变通立法。

（二）民族自治地方的自治条例和单行条例的立法变通权

根据我国《宪法》《民族区域自治法》以及《立法法》的规定，我国民族自治地方的人民代表大会有权依照当地民族的政治、经济和文化的特点，制定自治条例和单行条例。我国的各个部门法又依据这个原则，对自治条例和单行条例的立法变通权作了具体的授权规定。我国有以下部门法曾对民族自治地方的自治条例和单行条例的立法变通权作了规定。

第一，1986 年《民法通则》第 151 条规定："民族自治地方的人民代表大会可以根据本法规定的原则，结合当地民族的特点，制定变通的或者补充的单行条例或者规定。"

第二，1980 年《婚姻法》第 36 条规定："民族自治地方人民代表大会和它的常务委员会可以依据本法的原则，结合当地民族婚姻家庭的具体情况，制定某些变通的或者补充的规定……"

第三，《继承法》第 35 条规定："民族自治地方的人民代表大会可以根据本法的原则，结合当地民族财产继承的具体情况，制定变通的或者补充的规定。"

其他的部门法如《民事诉讼法》《刑法》《森林法》《妇女权益保障法》等，也有授权对民族自治地方自治条例和单行条例的变通权的规定。可见，《宪法》《民族区域自治法》《立法法》只是对民族自治地方的自治条例和单行条例的立法变通权作了原则性规定，至于自治条例和单行条例在什么情况下才能进行立法变通，还需要依据具体部门法律的具体要求。如果具体法律部门没有对民族自治地方的自治条例和单行条例的立法变通权作出规定，那么，民族自治地方的自治条例和单行条例就不得对该法律部门进行变通。

民族自治地方的立法变通权与经济特区地方的立法变通权的区别主要表现在以下方面：第一，行使立法变通权的法律依据不同。经济特区地方的立法变通权是由全国人大或者全国人大常委会的授权产生的；民族自治地方的立法变通权则是由宪法、法律直接赋予，并由具体的部门法明确规定。第二，行使立法变通权的权力机关不同。经济特区行使立法变通权的机关是经济特区地方的人民代表大会及其常务委员会;民族自治地方行使立法变通权的机关是民族自治地方的人民代表大会,其人民代表大会常务委员会不享有立法变通权。

三、地方立法变通权的限制

我国《立法法》对立法变通权限制的规定中,只对民族自治地方的自治条例和单行条例的立法变通权作了限制性规定,对经济特区的立法变通权未作限制性规定。原则上,《立法法》对民族自治条例和单行条例的立法变通权的限制性规定也适用于经济特区的立法变通权。

《立法法》第 85 条第 2 款规定:“自治条例和单行条例可以依照当地民族的特点,对法律和行政法规的规定作出变通规定,但不得违背法律或者行政法规的基本原则,不得对宪法和民族区域自治法的规定以及其他有关法律、行政法规专门就民族自治地方所作的规定作出变通规定。”根据这一规定,结合民族自治地方的自治条例和单行条例与经济特区立法的共性,本书对立法变通权的限制作以下考察。

第一,自治条例、单行条例、经济特区法规不得对法律、行政法规的基本原则作出变通规定。根据《地方组织法》第 7 条的规定,县级以上的地方各级人民代表大会“在本行政区域内,保证宪法、法律、政策、法令、政令和上级人民代表大会决议的遵守和执行,保证国家计划和国家预算的执行”。虽然我国自治条例、单行条例以及经济特区的法规能够对法律、行政法规作出变通规定,但这种变通规定不得违背法律的基本原则。法律的基本原则是法律、法规的灵魂所在。如果自治条例、单行条例、经济特区法规能够对法律、行政法规的基本原则作出变通,那就等于对整个法律、行政法规的否定,也就谈不上保证宪法、法律、行政法规和上级人民代表大会及其常务委员会决议的遵守和执行,这与自治条例、单行条例、经济特区法规的法定职责是相违背的。比如,对民法中的诚实信用、平等自愿、等价有偿等基本原则就不能变通。

第二,自治条例、单行条例不得对《宪法》和《民族区域自治法》作出变通规定;经济特区法规不得对《宪法》作出变通规定。《宪法》是我国的根本大法,在我国的法律体系中具有最高的法律效力和权威,是国家统一和各民族团结的基础。全国各族人民、一切国家机关和武装力量、各政党和各社会团体、各企业事业组织,都必须以《宪法》为根本的活动准则,宪法的各项原则、规定必须得到全面的遵守和执行。因此,无论是自治条例、单行条例还是经济特区法规,都是无权变通《宪法》的规定的。

《民族区域自治法》是实施《宪法》规定的民族区域自治、由全国人民代表大会制定的基本法律，它全面系统地规定了民族自治地方的建立，民族自治地方的自治机关的组成和自治权，以及民族自治地方的民族关系，是各个民族自治地方自治立法的根本依据。如果变通《民族区域自治法》，那么民族自治地方的立法就失去了立法的法律依据，因此，《民族区域自治法》是自治条例和单行条例不能变通的。

第三，自治条例和单行条例不得对其他有关法律、行政法规专门就民族自治地方所作的规定作出变通规定，经济特区的法规不得对其他有关法律、行政法规专门就经济特区所作的规定作出变通规定。如果法律、行政法规中专门对民族自治地方的特殊情况作出了规定，那么民族自治地方的自治条例和单行条例就不得对该法律、行政法规的规定作出变通规定。因为在全国人大及其常委会、国务院的立法过程中，全国人大及其常委会、国务院已经充分考虑到民族自治地方的特殊情况，并对此作了特别规定。比如，《选举法》第 12 条规定了地方各级人民代表大会的代表名额的确定办法，该条第 1 款规定，“地方各级人民代表大会的代表名额，按照下列规定确定：(一)省、自治区、直辖市的代表名额基数为三百五十名，省、自治区每十五万人可以增加一名代表，直辖市每二万五千人可以增加一名代表；但是，代表总名额不得超过一千名；(二)设区的市、自治州的代表名额基数为二百四十名，每二万五千人可以增加一名代表；人口超过一千万的，代表总名额不得超过六百五十名；(三)不设区的市、市辖区、县、自治县的代表名额基数为一百四十名，每五千人可以增加一名代表；人口超过一百五十五万的，代表总名额不得超过四百五十名；人口不足五万的，代表总名额可以少于一百四十名；(四)乡、民族乡、镇的代表名额基数为四十五名，每一千五百人可以增加一名代表；但是，代表总名额不得超过一百六十名；人口不足二千的，代表总名额可以少于四十五名”。第 3 款规定：“自治区、聚居的少数民族多的省，经全国人民代表大会常务委员会决定，代表名额可以另加百分之五。聚居的少数民族多或者人口居住分散的县、自治县、乡、民族乡，经省、自治区、直辖市的人民代表大会常务委员会决定，代表名额可以另加百分之五。”可见，在自治区、自治州、自治县的代表确定办法《选举法》中已作具体规定的情况下，民族自治地方的自治条例和单行条例就不得再行变通。同样，如果法律、行政法规制定时已经考虑到了经济特区的特殊情况并且就经济特区的情况作了专门规定，那么经济特区的法规也不得再对此内容作出变通规定。

四、对行使立法变通权的监督

我国对自治条例、单行条例、经济特区法规的监督实行的是批准、备案、审查、撤销制度。在《立法法》通过以前，我国法规备案审查制度还很不完善，规定比较原则，不易操作。《立法法》对法律、法规的备案审查制度作了完善，但就地方的立法变通权的监督而言还需要进一步研究与立法完善。我国对行使立法变通权的监督主要有以下几个方面。

第一，批准后生效。所谓批准后生效，是指法案经过有权机关制定后，还要再经过法定机关的批准才能生效。根据我国宪法和法律的规定，自治区的自治条例和单行条例报全国人民代表大会常委会批准后生效，自治州、自治县的自治条例和单行条例报省、自治区、直辖市的人民代表大会常委会批准后生效。如原《民法通则》第151条规定："民族自治地方的人民代表大会可以根据本法规定的原则，结合当地民族的特点，制定变通的或者补充的单行条例或者规定。自治区人民代表大会制定的，依照法律规定报全国人民代表大会常务委员会批准或者备案；自治州、自治县人民代表大会制定的，报省、自治区人民代表大会常务委员会批准。"

第二，备案。备案是指法案经有关机关制定之后，还应报送法律规定的有关部门存档备查。比如自治区的自治条例和单行条例需报全国人民代表大会常委会备案，自治州、自治县制定的自治条例和单行条例由省、自治区、直辖市的人民代表大会常委会报全国人民代表大会常委会和国务院备案，经济特区制定的法规需报授权决定规定的机关备案。

第三，审查。审查是指根据法律规定的特定的机关和个人书面向法律规定的机关就某项法案的合法性提出疑问，由法律规定的特定机关对该法案进行审核、查对的活动。根据《立法法》第110条的规定，"国务院、中央军事委员会、国家监察委员会、最高人民法院、最高人民检察院和各省、自治区、直辖市的人民代表大会常务委员会认为行政法规、地方性法规、自治条例和单行条例同宪法或者法律相抵触，或者存在合宪性、合法性问题的，可以向全国人民代表大会常务委员会书面提出进行审查的要求，由全国人民代表大会有关的专门委员会和常务委员会工作机构进行审查、提出意见。前款规定以外的其他国家机关和社会团体、企业事业组织以及公民认为行政法规、地方性法规、自治条例和单行条例同宪法或者法律相抵触的，可以向全国人民代表大会常务委员会书面提出进行审查的建议，由常务委员会工作机构进行审查；必要时，送有关的专门委员会进行审查、提出意见"。

第四，违法撤销。违法撤销是指当某项法案的内容被认定违反宪法和法律，以及其制定程序违反制定法律的正当程序时而由特定机关对该法案予以撤销的制度。当自治条例、单行条例、经济特区法规的变通规定违背法律或者行政法规的基本原则，自治条例和单行条例对《宪法》和《民族区域自治法》的规定以及其他有关法律、行政法规专门就民族自治地方所作的规定作出变通规定，经济特区法规对《宪法》的规定以及其他有关法律、行政法规专门就经济特区所作的规定作出变通规定时，全国人大有权撤销全国人大常委会批准的以上违法的自治条例、单行条例和经济特区法规，全国人大常委会有权撤销以上违法的自治条例、单行条例和经济特区法规。

第五章　地方立法准备制度

第一节　立法准备制度概述

立法准备是立法过程中的首要步骤，是确保立法质量和效率的基础环节，也是提高立法质量的重要保证。它要求立法机关在正式制定法律之前，进行充分的调研、分析和评估，确保立法活动的科学性和规范性。地方立法准备制度作为地方立法科学化、民主化、法治化进程的关键，更是地方立法工作不可或缺的部分。

一、立法准备制度概念及我国立法准备制度存在的问题

所谓立法准备制度，是指立法正式提上立法机关的立法日程之前所进行的一系列工作而形成的各种制度。具体来说有立法预测制度、立法规划制度、立法论证制度以及立法草案拟订制度等。立法准备工作也就是指立法的预测、立法的规划、立法的论证以及立法草案的拟订等工作。

我国现行的关于立法准备的法律规定很不全面，只是对立法准备的某一个环节有所规定。在《立法法》中只有第 39 条、第 74 条中有关全国人大常委会以及国务院立法时提到立法论证的问题，且并非作为立法准备的环节提出。第 39 条规定："列入常务委员会会议议程的法律案，宪法和法律委员会、有关的专门委员会和常务委员会工作机构应当听取各方面的意见。听取意见可以采取座谈会、论证会、听证会等多种形式。"第 74 条规定："行政法规由国务院有关部门或者国务院法制机构具体负责起草，重要行政管理的法律、行政法规草案由国务院法制机构组织起草。行政法规在起草过程中，应当广泛听取有关机关、组织、人民代表大会代表和社会公众的意见。听取意见可以采取座谈会、论证会、

听证会等多种形式。"此外,《立法法》第17、18、29、30条规定了哪些机关或个人可以向全国人大以及全国人大常委会提出法律案的问题。关于立法论证、立法规划等,《立法法》均未涉及。

在其他法律法规中,只有国务院于1987年4月21日通过的《行政法规制定程序暂行条例》第5条、第6条把立法规划作为立法准备的一个重要环节规定了下来。上述两个条款规定了行政法规的立法规划的编制单位(国务院法制局)、立法规划的形式(有行政法规的五年规划和年度计划)、立法规划编制程序(编制五年规划和年度计划,可先由国务院各主管部门分别提出建议,经国务院法制局通盘研究、综合协调,拟订草案,上报国务院)、立法规划的审批机关(国务院审定)、立法规定的实施和监督(由国务院法制局负责组织实施和监督执行)等。

除此之外,在实践中有的国家机关还制定了一些具体的实施措施,如1988年6月七届全国人大常委会通过了《全国人大法律委员会关于五年立法规划的初步设想》;1982年11月国务院公布了《1982～1986年经济立法规划(草案)》,1987年国务院公布了《国务院"七五"期间立法规划》,从1982年起国务院还每年公布年度立法计划。地方也有不少立法机关制定了专项立法规划,如上海市《1983～1986年经济立法规划设想》,青海省、吉林省《1984～1986年经济立法规划》等。①

应该说,世界上许多国家都比较重视立法准备工作,尤其是立法规划工作②,甚至共同研讨立法规划的有关问题。我国各级立法机关在立法时对这些问题有时也比较重视,如对立法提案权的规定,不仅是中央国家机关(如全国人大及其常委会、国务院等)通过法律法规规定,而且地方立法机关也通过一些规范性文件具体规定该类内容。然而作为一个比较系统的法律制度来说,在立法实践中还存在一些问题。

第一,没有系统规定立法准备工作的具体内容。有的法律法规规定了立法规划、立法提案权,甚至是立法论证等内容,且在我国《立法法》起草过程中,有学者就提出《立法法》应该专列一章规定立法准备的有关内容。③ 但问题在于:一是不全面。立法准备工作是由一系列的工作环节构成的,如立法预测、立法

---

① 参见周旺生:《立法论》,北京大学出版社1994年版,第513页。

② 例如罗马尼亚的《规范性文件草案的制定和系统化的立法技术总方法》第15条规定:"立法规划草案由立法委员会根据中央国家机关和社会团体以及地方机关的建议拟定,并由立法委员会将其提交党和国家最高领导批准。"

③ 参见李步云主编:《立法法研究》,湖南人民出版社1998年版,第7页。

规划、立法论证、立法法案的起草等,单纯强调一个环节或者重视一个方面的工作都是不可能的。比如,立法规划一般来说是建立在立法预测的基础上,并且依靠立法预测来进行的。如果没有立法预测,要制定切实可行的立法规划是不可能的。立法法案的起草也离不开立法论证等工作,尤其是对立法预测、立法论证等工作的漠视已成为制约立法科学化的重要因素。二是即使对某一项立法准备工作作出规定,也是不完善且缺乏可操作性的。如对立法规划的编制程序、审查程序以及修正程序等没有规定,在具体进行上述工作时便不好操作。除了国务院作了简要的规定外,其他立法机关基本没有形成制度规定,那么在编制具体的立法规划时其法律依据又在哪里?这些问题立法实践部门不能不引起重视。

第二,没有设定具体的立法准备机构,立法准备工作不具有经常性。立法是立法机关的主要工作和经常工作之一,应当有相对稳定的立法准备机构来具体进行这些必要的立法准备工作。虽然我国有些国家机关通过法律法规形式或其他方式确定某一机关为立法准备的工作机构,如国务院确定国务院法制局作为行政法规的立法规划机构,全国人大常委会以法律委员会作为立法规划机构;但这些工作多数是暂时的、非长期的、不稳定的,而且没有具体确认一个正规的立法准备机构的名称,从而使立法准备工作流于形式。

第三,没有形成明确的立法准备制度规定。不管是中央立法机关还是地方立法机关,没有一个机关系统地规定该机关立法准备制度的具体内容。这里不是指单纯一项立法准备制度的规定,而是立法准备制度全部内容的完善规定。虽然并不必须要求规定在同一个规范性文件中,但至少对立法准备制度的全部内容都应该引起必要的重视,并将其运用到立法实践中。没有形成制度性的规定,实践中又怎么能得到一体遵行?我国的立法机关应当建立健全立法预测制度、立法规划制度、立法论证制度内容的规定,并将其作为立法机关立法时必须遵行的制度。

二、建立健全地方立法准备制度的必要性

立法准备制度是我国立法制度的重要组成部分,建立健全现阶段的地方立法准备制度有很重要的意义,即建立健全我国地方的立法准备制度有其现实的必要性。

一是协调立法与社会发展客观规律之间关系的必要。立法准备工作要解决的问题有很多,如立法是否与社会发展的客观规律相符合、立法是否能够满足社会的规范要求、立法是不是满足社会规范需求的最佳方式等,这些问题的

解决就需要搞好科学的立法预测工作、科学的立法规划工作、严密的立法论证工作等。立法预测的功能之一就是确保立法能最大限度地反映社会现实，最大限度地反映社会发展的客观规律，做到立法能真正与社会发展规律相符合、相一致。立法规划是在科学立法预测的基础上对立法的现实性和紧迫性、立法的顺序、立法的规模、立法的速度等作一个整体的筹划，既不能使立法滞后导致立法不起任何作用，又不能使立法过于超前而造成不必要的立法成本的损失。立法论证工作是在科学的立法预测、立法规划的基础上，具体地对立法的可行性、必要性进行分析与证明，从而为立法机关进行立法决策提供依据和参考。立法起草工作是在前三项工作的基础上进行的具有现实可行性、可操作性的法案的"废、改、立"的过程。因此，做好立法准备工作就是协调立法与社会发展客观规律之间的关系。

二是提高我国现阶段地方立法质量的必要。我国很多学者认为立法当前最迫切的问题是提高立法质量，也有许多学者从不同角度探讨如何提高我国现阶段的立法质量问题。很多学者从立法运行的实践过程中去寻找原因，当然不可否认立法运行中许多因素也会影响立法质量，如立法权力的配置、立法程序的安排、立法人员的素质等。本书认为，解决立法质量问题首先要在源头上把好关，即在立法准备工作中就要注意一些影响立法质量的因素。现实中许多立法质量问题的出现在于没有进行科学的立法预测工作、立法规划工作以及立法论证工作。比如，立法不能真正反映社会发展的客观规律、立法不能真正体现人民群众的意志、立法不具有现实的可操作性等等，这些问题并不单纯是在启动立法程序时就能解决得了的，大量的问题在立法运行前就应该给予科学的回答。建立健全我国的立法准备制度，在一定程度上可以提高立法的质量。

三是提高我国现阶段立法效益的必要。立法效益是立法收益与立法成本的比值，提高立法效益根本上有两个方面的途径，一是降低立法成本，二是提高立法收益。虽然降低立法成本即在立法运行程序上做文章是有效途径之一，比如缩短立法周期、提高立法程序效率等，但本书认为，在立法准备工作上多下一点功夫，有事半功倍的可能，所谓"磨刀不误砍柴工"。比如，在进行充分论证的基础上起草了一部高质量的法律草案，立法部门花在草案审议上的时间就少，就可以大大节约立法成本。提高立法收益也是提高立法效益的有效途径。提高立法收益从立法本身来讲主要是使立法具有可操作性，反映人民群众的真实意志从而易于为人民群众所接受。要制定这样一部操作性强、体现人民群众真实意志的立法不能离开立法的预测、立法的规划以及立法的论证工作。

四是立法发展的专业化分工的必要。现代立法的发展，要求立法制度本身进行专业化的分工。现代很多国家在立法机关中设立一些专门的立法机构，如立法规划机构、立法助理机构等。这些专门机构与制度的设立是立法本身发展专业化的必然要求。我国要建设社会主义法治国家，要提高现阶段的立法质量，也必须注重立法专业化发展的要求。在我国现阶段建立立法准备制度，设立一定的立法准备机构，配备与其相适应的人员专门从事立法准备工作，如立法预测工作、立法规划工作、立法论证工作甚至立法起草工作，有着现实的必要性。

三、建立健全我国立法准备制度的措施

设立一定的立法准备的组织机构。根据我国目前的立法权力的划分情况，在各级各类立法机关都设立一个专门的立法准备小组（或委员会）。在全国人大常委会中，设立立法准备小组，隶属于宪法和法律委员会；在国务院，设立立法准备小组，隶属于国务院法制专职机构即司法部，或者成为其组成的一个司或处；在地方设有法律专门委员会（法制委员会）的权力机关中，设立立法准备小组，隶属于法制委员会；国务院各部委设立立法准备小组，是各部委法制司、处的组成部分；地方政府立法主体设立立法准备小组，属于政府法制部门（司法厅、局）的组成部分。

人员编制视具体情况而定。一般人数规模不宜太大，中央立法主体中的立法准备小组的人数在7～11人为宜，地方立法主体的立法准备小组在5～7人较为合适。对于人员的组成，本书认为应只设3～5名专职人员，其余皆为聘任的兼职人员。这些受聘的兼职人员主要是法学理论和各部门法的有关方面的法学家、其他各方面的科学家（如经济学家、社会学家、人口学家、预测学家、哲学家等）以及国家机关中同某个问题有关的实际工作人员。因为立法准备工作如立法预测、立法规划、立法论证、立法法案的起草等都是极其复杂而且科学性很强的工作，需要广泛地吸收各方面的人员参加这一工作。

立法准备小组的工作任务主要有四项：第一，进行立法预测工作。"所谓立法预测，就是运用一定的方法和手段，对立法的发展趋势和未来状况进行考察和测算。"[①]其基本任务和目的是获得有关信息和资料，使立法建立在科学的基础上，并发挥其最佳的社会效果。第二，进行立法规划工作。"立法规划就是有权的主体，在自己的职权范围内，为达到一定的目的，按照一定的原则，通过一

---

① 周旺生：《立法学》，北京大学出版社1988年版，第460页。

定的程序，运用一定的技术，所编制的准备用以实施的关于立法工作的设想和部署。”[①]立法规划的基本目的和任务就是对需要完成的立法项目作出安排和布置，分清重点与非重点、先后、主次等关系。第三，立法论证，即对立法规划确定的立法项目进行必要性和可行性的分析和证明。立法论证的主要任务和目的是确立立法的必要性以及可行性，为立法机关作出立法决策提供依据和参考。第四，有时也进行立法起草工作。通常一个国家法案的起草是由特定的国家机关来完成的，因为立法准备小组已经对立法项目有非常清楚的了解，有时会接受国家立法机关的委托进行法案起草工作。

立法准备小组收集信息、进行立法预测、立法规划以及立法论证工作时常用的方式和方法有：第一，座谈会。立法准备小组邀请有关方面的专家学者对立法预测、规划以及论证中出现的问题进行座谈，发表意见。第二，书面征求意见。立法准备小组在起草好立法预测报告、立法规划报告或者立法论证报告以后，将其发送给有关国家机关、社会团体、企业事业单位，请他们研究并提出书面意见。第三，调查研究。立法准备小组组织有关人员走出去听取意见，尤其是到基层作调查，直接了解基层的情况和听取基层的意见。第四，通过网络搜集相关信息，利用电子技术对信息进行处理等。这是现代信息网络技术带来的新方式，立法准备小组可以从网络上搜集所需的国内外的相关信息，必要时在网上展开讨论，可以利用电子技术对信息进行加工处理。第五，听证会。立法准备小组在起草立法预测报告、立法规划报告以及立法论证报告时可以举行听证会，听取有关意见。

第二节　地方立法预测

地方立法预测是立法准备工作的重要环节，有助于评估立法的必要性、时机选择和可能产生的社会效果。在动态变化的社会环境中，地方立法预测作为一种科学的前瞻性分析，为地方立法的制定与实施提供了重要的决策基础，避免未来潜在的风险和问题，使所立之法不仅能够解决现实问题，也能够应对未来挑战。

一、立法预测概念

立法预测是指采用专门的科学方法和手段，以获得有关立法的未来状况以

① 周旺生：《立法论》，北京大学出版社 1994 年版，第 460 页。

及发展趋势的预测资料的过程和活动，目的是揭示法律调整社会关系的客观需要，科学地预见法律近期和长期的结果及其社会效果，预见法律调整的形式和方法中可能发生的变化，它是制定立法规划、起草立法文件和通过立法文件整个过程中的一个重要方面。科学的立法预测，有助于选择最佳的立法方案，从而改善立法工作。立法预测通过运用科学的方法、手段，预测未来的现实状况和立法趋势，以提高立法的科学性，使立法更加符合客观现实规律。周旺生教授在《立法学教程》中对“立法预测”问题进行了专节论述，内容包含立法预测的含义和任务，立法预测的作用，立法预测的分类、原则、条件和步骤等。从某种层面上说，立法预测也是立法前评估的重要内容之一。立法预测是立法准备阶段的一项重要内容，是现代立法活动中日益广泛使用的旨在使立法工作无限接近科学化的一种技术、方法或手段，是预测学与管理学在立法理论中的完美结合，也是立法者在实践中不断探索的产物。

二、立法预测的基本任务

任何立法都必须以社会的需要为前提，即使立法预测是对未来立法的预计，也不能脱离社会客观现实而单独进行。立法者必须根据各种社会关系的产生和发展的要求预测哪些法律需要“废、易、改”。群众在社会的各个领域进行活动，能准确地认识哪些社会关系需要调整，立法者要充分倾听他们的意见，及时掌握第一手资料。有学者将立法预测的基本任务归结为以下方面：一是科学地预测立法的发展规律和趋势，既包括整个立法及其发展规律和趋势，也包括具体部门法律的发展规律和趋势。二是考察和预测现行立法的某一个部门或某一项立法所能达到的社会效果，以及今后的可行性程度，未来需要进行修改、补充、废除或进一步完善的各种相关问题。三是科学预测今后一段时间社会立法需求及立法需求程度，从而确定需要制定哪些法律规范。四是预测法律调整方法和手段可能发生的变化，以及立法部门可能出现的新的原则，确定对社会关系进行法律调整的最有发展前途的方法和形式。①

立法预测的根本任务是获取相关重要的立法信息和材料，其基本目的是使立法活动建立在科学指引的基础之上，最终能发挥其最佳的社会效果。具体来说，主要体现在以下三个方面：(1)考察和揭示立法的发展规律，目的是使立法活动尽可能地符合社会的发展规律。通过调研来收集重要的数据和信息，跟进立法的发展动态，在对各种资料和数据进行筛选和分析的基础上，科学地研判

① 参见邓世豹主编：《立法学：原理与技术》，中山大学出版社2016年版，第262页。

立法的发展规律,具体包括预测立法整体的发展趋势或各部门法的具体发展方向,特定法律法规的发展路径,以及各项行政规范性文件的发展规律等。(2)研判现行立法是否已经达到社会发展的预期效果,或预测出今后关于法的修改、补充或废止方面的工作任务。(3)考察和研判社会进步和发展中可能会促进法学理论、具体制度、立法技术发生的各种变化,以及立法工作将会如何适应这些新变化,与社会同步前进。

三、立法预测的方法

立法预测的方法多种多样,应根据预测的不同目标灵活运用。在我国,立法预测要求探索我国地方立法的发展规律,把握其必然趋势,因此,预测时不能脱离我国社会关系的现实。还应该重视把比较的方法应用于立法预测,即通过对各国立法的比较研究,确定预测的方向和目标。为此,第一,要充分认识和把握各国立法工作中的某些共同点。各国在立法中具有不少的共同点,了解其他国家制定这些法律的情况,就可以根据我国科技和经济的发展水平,考虑我国是否也需要制定相应的法律。例如,现代大工业发展使环境保护成为各国面临的共同问题。近几十年来,工业比较发达和法制比较健全的国家都先后制定了完备的环境保护法。了解这些情况,有利于搞好我国的环境立法。第二,要认识和了解各国立法的经验教训。立法预测是对未来立法的分析,但不能割断历史的联系。我们必须分析其他国家用法律调整某种社会关系时所取得的成功经验及失败教训,作为我们的借鉴。

第三节 地方立法规划

地方立法规划涉及立法活动的系统安排和长期布局,是确保地方立法系统性、协调性和连续性的基础性工作。其不仅涵盖了立法的目标设定、内容安排、时序布局和资源配置,而且关注立法项目的动态调整和更新。在不断变化的社会背景下,地方立法规划更显重要,它要求立法者不仅要有对现状的深刻洞察,还要有对未来发展的预见性思考。通过科学的立法规划,可以合理确定立法的优先顺序,充分发挥法规对经济社会发展的引领和规范作用。

一、立法规划的概念

我国有学者将立法规划与立法计划加以区分,认为“前者为一纲领性文件,后者就是一个法案，是立法机关某一会期内通过的内部决议，对本会期的日程具有拘束力。立法规划仅仅是指导较为具体的立法计划而制定的纲领性文件而已，原则上讲，对于立法规划中业已规定的内容，制定该规划的机关有义务通过自己的立法行为予以切实地兑现或者达到与其所设定的目标相同的效果；与此相对应的立法计划，作为立法机关的一个法案，一经通过则成为拘束立法机关立法职责的规范性文件"。"与立法规划相比较而言，立法计划则是在时间跨度上略短于立法规划，但效力程度上较立法规划更具体、更具有可实践性的一种立法纲领性文件。"[①]本书认为，立法规划与立法计划没有区别，二者基本可以看作同一回事。从英文词源上讲，"Legislative Plan"既可译为"立法规划"，也可译为"立法计划"，在英语国家中，该词既有"立法规划"之意，也有"立法计划"之意。在汉语词典中，"规划"一词的意义是"谋划、打算"，与"计划"一词的意义也差别不大。

法律法规的运用中也是如此。国务院 1987 年公布的《行政法规制定程序暂行条例》规定："国务院法制局根据国民经济和社会发展五年计划所规定的各项基本任务，编制指导性的制定行政法规五年规划和年度计划，报国务院审定。编制五年规划和年度计划，可先由国务院各主管部门分别提出建议，经国务院法制局通盘研究，综合协调，拟订草案，上报国务院。"可见，此处既规定有"五年规划"也有"五年计划"。此外，也不应依据时期的长短作为判断"规划"与"计划"用词的标准，如认为规划适用于较长的时期，而计划一般适用于较短期的安排等。1991 年 11 月，七届全国人民代表大会常务委员会就制定过 1991 年 10 月至 1993 年 3 月的立法规划[②]，将全国人大常务委员会一年半的立法安排规定为立法规划。在立法规划的分类上，我国学者也认为既有长远规划又有短期规划，如十年规划、五年规划、年度规划[③]，其同样可表述为"十年计划""五年计划"以及"年度计划"。因此，立法规划与立法计划没有什么意义上的区别。

不论是立法规划还是立法计划，都是立法主体在一定时期的工作或日程安排，其目的都在于使立法工作有组织、有计划、有步骤地进行，提升立法工作的科学化、系统化。有了立法规划，能使我国的立法工作突出重点，使立法更好地为社会经济发展服务；可以清除立法工作中的重复、分散或遗漏现象，避免不必要的立法活动；有助于各有关部门之间的协调和有准备地参加立法活动，克服

---

① 马怀德主编：《中国立法体制、程序与监督》，中国法制出版社 1999 年版，第 231 页。

② 参见李步云、汪永清主编：《中国立法的基本理论和制度》，中国法制出版社 1998 年版，第 145 页。

③ 参见周旺生：《立法论》，北京大学出版社 1994 年版，第 479 页。

立法工作中的草率现象,提高法治国家建设过程中的立法质量。

我国编制立法规划的工作起步较晚。从七届全国人民代表大会常务委员会开始,才逐渐重视制定立法规划。在七届全国人大任期届满前一年多的时间,我国正在实施国民经济和社会发展十年规划和"八五"计划,对国家的立法工作提出了新的要求。为了加快我国立法工作的进程,提高立法质量,促进社会主义现代化建设和改革开放的有秩序进行,1991 年 11 月,七届全国人民代表大会常务委员会制定了 1991 年 10 月至 1993 年 3 月的立法规划。自八届人大任期开始,全国人民代表大会常务委员会有关部门就制定了本届人大的五年立法规划。自此以后,立法规划工作作为一项制度被确立下来。

二、地方立法规划与中央立法规划的关系

中央立法规划是指中央立法机关依自己的职权编制的,准备用以实施的关于立法工作的设想和部署,地方立法规划是指地方立法机关依自己职权编制的,准备用以实施的关于立法工作的设想和部署。[①] 一般来讲,中央立法机关立法规划的主要任务是确定整个国家的法律的制定和变动的方向、任务和指标,地方立法机关立法规划的主要任务是确定本行政区域范围内的规范性文件的制定和变动的方向、任务和指标。比较而言,中央立法规划是从全国范围内,舍弃各个地方的特殊性,强调各个地方共性的、整体的、通盘的立法目标;而地方立法规划也不能舍弃其他地方具有的共性内容即中央立法规划的普遍性内容而只考虑本地方的特色。具体来讲,地方立法规划的任务有两个方面:第一,为贯彻中央的立法规划任务,而对本地方的立法作出规划,使中央立法规划所确定的并需要地方立法机关配合完成的立法任务进一步具体化;第二,对本地方可以或者必须自主进行的立法活动进行规划。

根据我国法律规定,地方立法机关负有在本行政区域内保证国家法律、行政法规的遵守和执行的职责,地方立法机关的规范性文件(地方性法规、自治条例和单行条例、地方政府规章)的制定不得与上位法相抵触,相抵触的无效。地方立法的事项只有两类:一类是为执行法律、行政法规(有时还包括其他上位法)的规定,需要根据本行政区域的实际情况作具体规定的事项;另一类是属于地方性事务需要由地方立法机关规定的事项。因此,地方立法规划必须以中央

---

① 中央立法机关是指享有立法权力的中央国家机关,如全国人大及其常委会、国务院及其各部委;地方立法机关是指享有立法权力的地方国家机关,如省、自治区、直辖市的人大及其常委会,设区的市的人大及其常委会,省、自治区、直辖市的人民政府及设区的市的人民政府,民族自治地方的人民代表大会,特别行政区立法会及政府等。

立法规划为依据，不得违背中央立法规划的规定、原则和精神。另外，地方立法规划还应有适合本地方实际情况而中央立法规划没有规定的内容。

理论上讲，中央立法规划的制定应该先于地方立法规划的制定，以便为地方立法规划提供依据和参考。然而，现实中存在这样的问题，我国地方人大每年的会议时间总是早于全国人大的会议时间，全国人大一般每年只召开一次会议（特殊情况除外），不少地方人大也只召开一次会议，这就会出现立法规划编制的时间差问题以及有可能引发的中央立法规划与地方立法规划的差异和冲突问题（主要指短期立法规划如立法的年度规划）。对此问题的解决方案是：不论是全国人大还是地方人大，将立法规划的任务交给其常设机构即人大常委会来完成，全国人大或者地方人大审议讨论通过即可。在地方人大召开会议时，地方人大常委会应当提出较为具体的地方立法规划交由地方人大会议讨论通过。在全国人大召开会议时，全国人大常委会应当提出较为具体的中央立法规划[①]，交由全国人大会议讨论通过。在全国人大通过中央立法规划后，如地方立法规划中有与中央立法规划不一致的地方，可以由地方人大授权地方人大常委会对立法规划进行修改，而不必要再临时召集地方人大开会。

此外，地方立法规划在内容上不必完全照搬照抄中央立法规划的内容。照搬照抄中央立法规划的内容，不仅损害了中央立法规划的权威，将其降格为地方立法规划，也增加了不必要的立法成本。地方立法规划对中央立法规划可以这样处理：无须对中央立法规划的内容再行细化，地方立法规划只需表明按照中央立法规划执行即可；对于需具体细化的内容则作出具体规定，如第几条或第几款根据本地方实际进一步作出具体规定。另外，地方立法规划还应包含本地方的事务内容，规定根据本地方的实际情况需要本地方特别规定的内容，也是地方立法规划的组成部分。

三、立法规划与立法提案的关系

立法提案也称“立法议案”或“法案”，“指有提案权的主体，就有关事项，以一定形式，依一定程序，提交有关立法主体审议的关于制定、认可、修改、补充或废止规范性文件的议案”[②]。立法提案根据其是否附带具体的法律草案分为立法动议的提案和附带法律草案的立法动议的提案。一般来讲，进行立法必须提出供审议的立法提（动）议，但在提议立法的同时未必也要提出法的草案。在有

---

① 准确地讲是全国人大及其常委会的立法规划。

② 郭道晖总主编：《当代中国立法》下册，中国民主法制出版社 1998 年版，第 1241 页。

权提出法案的主体中，有的主体（如全国人大法律委员会）有条件在提出法案前对所提事项进行必要的调查研究并同有关方面进行充分的讨论、协商，从而在提议立法的同时也提出相应的法的草案；有的主体（如一般的全国人大代表）则往往没有条件和能力在提出法案前对有关事项进行必要的调查研究或从事必要的技术性工作，因而没有条件做到提议立法的同时也提出相应的法的草案，他们提出的法案只被列入大会议程，可以由有关方面就所提事项起草提交审议、表决的法的草案。

立法提案与立法规划有什么关系呢？一方面，立法规划确立的立法项目必须通过立法提案的形式进入立法议程，才能保证立法规划的实施和执行。另一方面，立法规划在很大程度上决定了立法提案的质量，即立法提案能否被大会提交立法议程而进行实质性的立法工作。不管是短期立法规划（如立法年度计划）还是中期立法规划（如五年立法规划）以及长期立法规划（如十年立法规划），都是立法机关在一定时期立法的基本指针或指南。虽然立法规划也不是一成不变的，但是它的改变必须履行一定的程序，如提起、审议和表决通过等。然而立法规划中所确立的立法项目必须作为立法议案被提出，这是立法项目真正进入立法的开始，如果没有法定的机关或个人向立法机关提出，则立法规划确立的立法项目就有可能落空，也就有可能影响立法规划的执行。不仅如此，立法规划在一定程度上决定了法定机关或代表提出的立法议案的质量，也即立法提案在多大程度上能被真正纳入立法议程。比如对于全国人民代表大会来说，每年接受的立法提案有很多，但只有很少的一部分能进入大会议程。“据九届人大一次会议统计，共收到立法议案 830 件，这些议案往往仅有建议‘应当制定×××法’或者建议‘应当修改×××法’，少部分也附有法律草案。”[①]如果国家机关或代表的提案很少被提交大会议程将有可能挫伤提案人的积极性，则可能影响立法工作的民主性和广泛参与性。因此，在尊重代表提案权的同时，也要进一步完善立法提案的筛选机制，提高立法规划与立法提案的衔接效率。另一方面也要看到，提案应当结合国家发展的实际需要，并整体考虑国家的立法规划。

立法提案同时也是有效修正立法规划的路径之一。立法规划确定的立法项目不一定是十分适合或贴切的，有时需要作一些调整。在法定的提案主体提出一项动议（不包括在立法规划中的立法项目）并经过立法机关履行一定的审

① 李林：《立法权与立法的民主化》，高鸿钧主编：《清华法治论衡》第一辑，清华大学出版社 2000 年版，第 281 页。

查程序决定将其纳入大会议程或正式提上立法日程后，立法机关应启动一定的程序修正立法规划，使其更具有可执行性。

四、地方立法规划制定的一般程序

对立法规划的编制程序我国现行的法律法规还很少涉及，现有规定还很不全面。国务院 1987 年公布的《行政法规制定程序暂行条例》第 5 条规定："国务院法制局根据国民经济和社会发展五年计划所规定的各项基本任务，编制指导性的制定行政法规五年规划和年度计划，报国务院审定。编制五年规划和年度计划，可先由国务院各主管部门分别提出建议，经国务院法制局通盘研究，综合协调，拟订草案，上报国务院。五年规划和年度计划由国务院法制局负责组织实施和监督执行。在执行过程中，国务院法制局可以根据形势发展的需要，对规划和计划作适当的调整。"2001 年 11 月 16 日国务院通过并于 2002 年 1 月 1 日起施行的《行政法规制定程序条例》中规定了有关年度立法计划的内容，主要包括：(1)国务院于每年年初编制本年度的立法工作计划；(2)国务院有关部门认为需要制定行政法规的，应当于每年年初编制国务院年度立法工作计划前向国务院报请立项；(3)国务院有关部门报送的行政法规立项申请，应当说明立法项目所要解决的主要问题、依据的方针政策和拟确立的主要制度；(4)国务院法制机构应当根据国家总体工作部署对部门报送的行政法规立项申请汇总研究，突出重点，统筹兼顾，拟定国务院年度立法工作计划，报国务院审批；(5)列入国务院年度立法工作计划的行政法规项目应当符合下列要求，即适应改革、发展、稳定的需要，有关的改革实践经验基本成熟，所要解决的问题属于国务院职权范围并需要国务院制定行政法规的事项；(6)对列入国务院年度立法工作计划的行政法规项目，承担起草任务的部门应当抓紧工作，按照要求上报国务院；(7)国务院年度立法工作计划在执行中可以根据实际情况予以调整。以上有关立法规划与立法计划的编制程序的规定较为原则，缺乏可操作性与一般适用性。本书借鉴国内外的立法规划工作实践，提出考察编制地方立法规划的一般程序。

第一，提出地方立法项目。地方立法机关在立法预测的基础上，根据一定时期社会、经济发展的基本任务，提出地方立法项目，这是立法规划编制的第一步。需注意以下问题。

一是立法项目提出的主体。依法律规定，享有立法提案权的主体可以提出立法项目。此外，应当认为其他国家机关和个人也有权利提出立法项目，这是因为立法项目并不是立法提案，且立法项目的取舍决定权在于立法机关，立法机关征求立法项目不过是作为参考和借鉴。因此，为了能够集思广益，立法机关应该广泛征求立法项目。从这个角度看，提出立法项目的主体范围越广泛越好，国家机关、企事业单位、社会团体、科研单位及社会各界都可以提出立法项目。

二是提出立法项目的方式。立法项目的提出方式是多种多样的，公民、社会组织和国家机关可以通过广播、电视、报刊、通信、电子邮件、电子论坛等方式向立法机关提出立法项目的建议，凡是能够使国家机关收集到相关立法项目的信息的方式都是可以的。

三是立法项目的内容。一般来讲，立法机关征求立法项目不要求立法项目的具体内容，但如果国家机关、公民个人或社会组织认为该立法项目应该纳入立法规划中，就应该提交有关立法项目的具体资料。立法项目的具体内容包括：立法的主要内容，立法所涉及的社会调查资料，立法的目的及有关可行性与必要性的论证资料，国内外同类的立法项目资料等。

第二，审查地方立法项目。接受地方立法项目的立法机关必须对立法项目进行细致全面的审查，这是立法规划编制工作中的一个关键步骤，它的意义在于确立各立法项目在立法规划中的取舍问题。审查地方立法项目的具体内容包括以下方面。

一是审查地方立法项目的内容是否属于制定机关的立法权限范围，如果超出，则提请有立法权限的机关接受，或者予以取消。

二是审查地方立法项目所欲调整的对象，包括这一立法项目的调整对象是否明确、清楚，是否有必要运用法律手段加以调整，与其他立法项目调整对象的协调关系以及与现有立法的协调关系。

三是审查地方立法项目的可行性，包括：该项目制定的时机是否成熟；技术是否达到；有没有国内外同类立法项目的资料可供借鉴；制定后社会是否有接受能力，是否与人们现有的道德水平、价值观念等相适应；其实现的可能性与效益等问题。

四是审查地方立法项目的外在形式，如名称是否正确、内部结构是否合理等。

五是审查地方立法项目的适用范围，是适用于全国性的还是地方性的，是普遍性的内容还是特殊性的内容等。

第三，调整地方立法项目。立法机关在对所有立法项目进行审查的基础上，根据客观形势的需要和各个立法项目之间的关系作出适当的调整，该合并的合并，该分解的分解，该取消的取消。合并是将法律调整对象重复的两个以上的立法项目合为一个；分解是将一个立法项目中具有两种以上调整对象的分为两个以上的立法项目；取消是将不应该起草的，或现时期不宜起草或不能起草的立法项目去除。

第四，编制地方立法规划草案。根据对立法项目的审查和调整后的立法项目，按照一定的原则进行编排与部署。总的原则是，突出重点，先后有序。突出现时期社会调整对象迫切需要调整的立法项目，突出现行法律急需配套实施的立法项目。因此，编制机关应根据立法项目的内容、数量及轻重缓急程度将所有的立法项目按先后次序进行排列，并草拟出立法规划草案。

第五，审议通过立法规划草案。立法规划是立法机关一定时期的立法工作指南，具有法律权威性。在立法机关编制好立法规划草案以后，按照一定的程序提交立法机关审议、讨论和表决通过。比如，全国人大宪法和法律委员会完成全国人大委托起草立法规划草案的任务以后，交由全国人大提交大会审议、表决和通过，最后，由全国人大以一定方式公布该立法规划。

第六，地方立法规划的实施与监督。地方立法规划通过以后，立法机关就要具体组织立法规划的实施并对其进行监督，包括立法规划的宣传，法律草案的起草，了解实施情况并协调解决实施中的有关问题，根据实际情况的发展对立法规划作一些初步调整等。

第四节　立法论证的基本原理

立法论证是确保立法活动能够在理性的基础上进行，它要求立法者在制定法律时需要进行深入的研究和科学的分析，包括立法的目的性、适当性、效果性、合法性和程序性等。立法论证是确保立法实践科学化、合理化的重要依据。在地方立法活动中，论证工作尤为重要，因为它涉及如何在多样化的地方需求和复杂的社会关系中制定出既符合国家法律体系又贴合地方实际的法规。

一、立法论证的概念与功能

（一）立法论证的概念

“论证”一词，就其字面意义来讲，是论述与证明，是对某一个问题或某种行为的合目的性提供论述与证明。立法论证是指，一定的主体对立法运行过程中出现的有关问题提供论述与证明，从而为立法机关的立法提供参考与决策的依据。立法论证贯穿于立法的整个过程。具体来说，立法论证可以发生于立法之前，对立法的必要性和可行性提供论述与证明；也可以发生在立法过程之中，对立法进行中出现的有关内容和形式方面的问题提供论述与证明；还可以发生于立法完成之后，对立法的实际可操作性以及立法的质量评价提供论述与证明。从以上对立法论证的界定可以看出：

第一，立法论证的主体具有特定性。立法论证主体的特定性是指立法论证的主体通常是由法律规定或立法机关邀请的特定主体。一般来说，立法论证的主体有：提出立法动议的人或机关即立法提案权人、立法机关邀请的有关专家学者、立法起草机关。

第二，立法论证与立法进行的不可分离性。立法论证不仅可以出现在立法活动开始之前，也可出现在立法程序进行之中，还可出现于立法完成之后、法案公布与实行过程中。

第三，立法论证的目的性。立法论证有其特定的目的，有关机关或人员对立法的有关问题提出的论述与证明是立法机关进行立法或进行立法决策的依据与参考。

(二)立法论证的功能与意义

立法论证贯穿立法的全部过程，从即将制定的规范性文件的立项、立法法案的制定到规范性文件的实施。立法论证在立法中具有重大的意义或功能。

第一，启动立法的功能。任何一部立法在启动时首先需要考虑的是要不要立法的问题，然后才能提上正式立法日程。有关这个问题的回答是在对立法的必要性经过科学论证后才能作出的，只有在立法论证得出立法必要性的肯定性结论以后，立法才能正式提上日程。

第二，确保条件的功能。解决立法必要性的问题以后，就要对立法的可能性作出论证。有没有宪法或者法律的依据，国外有没有相关的立法可供借鉴，国内有没有相关的实践经验可以总结等，一项立法成功与否，很大程度上也取决于它的可能性的科学论证。

第三，促进立法进程的功能。在进入正式的立法活动以后，还会出现一系列的问题，这些问题顺利解决才能确保立法的顺利进行。因此，在进入正式的立法程序之后，立法论证还需对可能出现的问题进行论述和证明，对立法过程中出现的问题进行论证，可以为立法提供科学和准确的解决方案。

第四，保障立法实施的功能。一项立法从启动到法案的起草再到法案的公布生效，从程序上看，单项的立法活动或过程已经终结，但是完整的立法论证的任务还没有结束。或者说，这只是立法实施与实现的前提条件。要使立法真正得以实现，得到社会主体的一体遵行，还要对立法实施的外在条件进行论证。

二、立法论证的主体

立法论证是一定的主体所进行的行为。立法实践中，立法论证的主体主要包括以下三种。

（一）提出立法动议的人或机关

提出立法动议的人或机关也就是立法提案权人。立法提案权是指法定的机关或人员向国家立法机关提出法律动议或法律草案的权力。各国对于具有立法提案权的机关或人员的规定主要包括以下几种类别。

第一，属于议会。如美国 1787 年《宪法》规定，本宪法所授予的各项立法权，均属于由参议院和众议院所组成的合众国国会。

第二，属于议会和政府。如法国 1958 年《宪法》第 39 条第 1 款规定，立法创议权同时属于总理和议会议员；意大利 1947 年《宪法》第 71 条规定，创制法律权，属于政府、两院每个议员，以及根据宪法性法律享有法律创制权的机关和机构。

第三，属于政府。如奥地利 1934 年《宪法》规定，法律草案的提出权属于政府，议会不得提出法律草案，但有权否决政府提出的法律草案。

第四，属于特定的机关和公民。如意大利 1947 年《宪法》第 71 条规定，立法提案权属于政府和议员，人民通过 5 万以上的选民提出拟定条文的草案的方法来实现法律创制权。第 99 条第 2 款、第 3 款规定，国家经济与劳动会议是参众两院和政府的咨询机关，享有创制法律权，根据法定原则并在法定范围内协助拟定有关经济与社会问题的立法。

享有立法提案权的机关和人员在提出立法动议或法律草案的时候，都有可能或者必须在提出立法动议或立法草案的同时对所提的立法动议或法律草案进行论证。比如我国的《立法法》第 58 条规定："提出法律案，应当同时提出法律草案文本及其说明，并提供必要的参阅资料。修改法律的，还应当提交修改前后的对照文本。法律草案的说明应当包括制定或者修改法律的必要性、可行性和主要内容，涉及合宪性问题的相关意见以及起草过程中对重大分歧意见的协调处理情况。"

（二）立法机关邀请的有关专家、学者

立法机关在进行立法之前或者在立法过程中，可以邀请有关的专家学者对立法的有关问题进行论证。随着立法和立法技术的发展，立法会出现一些涉及某一领域的专门性问题，而立法机关又囿于自己的能力和技术不能提出科学的解决方案。在这种情况下，立法机关就可以邀请有关领域的专家、学者对该项立法作出论证。例如,有人评价《证券法》的出台是我国第一部专家型立法,从立项到法的制定的整个过程,以我国著名学者厉以宁为首的一批专家学者对该立法的必要性、可行性以及立法过程中出现的其他问题,如通过什么样的形式、什么样的立法技术等都进行了较为充分的论证。随着经济和现代科技的发展,特别是一些高新技术方面的法律、法规,立法机关通过邀请有关的专家、学者参与立法,对该立法的立项、制定等一系列问题进行论证,不仅有助于保证立法的质量,而且能够保证所立之法的合理性和实际的可操作性。

(三)立法起草机关

在制定法传统的国家,所有的立法都是由一定的国家机关或人员负责起草的。当然大多数情况下,立法起草工作就是立法机关自己的事,但有时也会出现这样的情况,立法机关将一定的法律、法规草案委托某个专门机关或者有关的专家学者起草。如《教育法》是以法律的形式出台,但是其最初的起草机关是教育部。在起草的过程中,教育部就该项立法的必要性和可行性进行过充分的论证。在当前我国的立法体制下,很多立法都具有专门性,而这些专门化的立法与所立之法的倡导者、发起者有关,如《劳动法》《科学技术法》《安全法》等。一般来讲,这些专门化的立法都是由相应的国家机关进行论证和起草的,或者说,有关的国家机关在起草法律草案的时候也应同时对该法律草案进行充分论证。

三、立法论证的内容

立法论证的内容就是解决对什么进行论证或者论证什么的问题。这一问题可能出现在立法的不同阶段,不同阶段立法所论证的内容或对象也会有所改变。不同的立法有不同的立法论证任务,同一部立法在不同阶段立法论证的任务也有不同。

(一)立法的必要性论证

立法的必要性主要解决为什么要进行该项立法的问题。对立法必要性的论证主要有两个方面,一是该项立法是不是对某种社会关系进行调整的最合理的手段,二是就该种社会关系进行立法是否具有迫切性。

第一个问题要把法律作为社会调控的一种方式来加以考察。法律是社会调控方式的一种,除法律之外,还有宗教、道德等。任何调整方式或手段都有一定的调整对象或调整范围,虽然有学者认为现代社会呈现法律道德化和道德法律化的两种趋势,但并不能据此认为法律和道德没有界限。法律和道德等其他社会的调整方式和手段都有其存在的合理性,有相对特定的调整对象或调整范围。也就是说，在某种情况下，由法律加以调整具有合理性、妥当性和有效性，但在另外的情况下，可能由道德进行调整具有合理性、妥当性和有效性。因此，法律作为社会控制方式的一种，在与其他社会控制方式相比较的过程中，法律对某种社会关系的调整具有合理性、妥当性与有效性，此时，立法才是一种有效的方式选择，将这种社会关系的规范提上立法的日程才具有必要性。

第二个问题则主要考察该项立法是否具有适时性。立法的过早或过迟都会损害法律的价值。在我国现行的立法实践中，有些立法出台过早，在现实生活中发挥不了太大的作用；还有些立法则出台过迟，对现实的社会关系的调整效果也大打折扣。这两种情形的立法都没有把握好立法的适时性。把握立法的适时性或适时立法的必要性要建立在以下基础上：第一，事物发展是否逐渐呈现规律性的特点；第二，人的认识的主观能动性是否能透过事物的现象认识事物的本质，并且达到这样的程度，即能否把人的主观认识同事物的发展规律初步结合；第三，立法条件、立法时机是否成熟。从法理学的角度讲，适时的立法才能保证法的功能发挥，因此把握立法时间的“度”十分重要。

（二）立法的可能性论证

立法的可能性论证主要解决三个方面问题：第一，该项立法是否具有宪法或法律依据；第二，国外同类立法是否可以提供借鉴；第三，在现行的实践中是否有可供参考的其他地方立法。

第一个问题主要考察该项立法的法律依据，以确定制定该法的国家机关以及具体的法的内容。根据《立法法》第 11 条，“（一）国家主权的事项；（二）各级人民代表大会、人民政府、监察委员会、人民法院和人民检察院的产生、组织和职权；（三）民族区域自治制度、特别行政区制度、基层群众自治制度；（四）犯罪和刑罚；（五）对公民政治权利的剥夺、限制人身自由的强制措施和处罚；（六）税种的设立、税率的确定和税收征收管理等税收基本制度；（七）对非国有财产的征收、征用；（八）民事基本制度；（九）基本经济制度以及财政、海关、金融和外贸的基本制度；（十）诉讼制度和仲裁基本制度；（十一）必须由全国人民代表大会及其常务委员会制定法律的其他事项”。因此，专属中央立法的法律保留事项，地方不得立法；其他事项的立法中，也不得违背宪法或者上位法的规定，不得违背上位法的原则和精神。对于授权立法，被授权机关应在被授权范围内行使立法权，一般情况下授权立法还应报授权机关批准。

第二个问题我国学者目前对此重视程度不够。21 世纪最明显的特征之一是经济发展的全球化，经济全球化的浪潮对各国的法律的影响也不容忽视。不可否认，发达国家不仅在经济上有供发展中国家借鉴的地方，在法律制度方面也有可供借鉴之处。比如，我国的《公司法》就在很大程度上借鉴了日本和美国的股份有限公司法和有限责任公司法。《立法法》规定的立法听证制度对于我国而言尚属新事物，但在美国、日本等国家已经相当完备。因此，要研究立法的可行性不仅要注重结合本国国情，也要借鉴域外其他国家已经形成的先进经验。

第三个问题，立法的可行性研究还要注意总结已有的实践经验，特别是在旧法的修改方面。一般地，新法一经颁布旧法自然失效，但新法与旧法之间的联系亦不容忽视。按照辩证唯物主义的观点，新法的创制过程是对旧法的扬弃，既是继承旧法中较为成功的、在现实生活中仍具有生命力的内容，同时也是对不适合时代发展的内容的抛弃。又如，我国建立的立法听证制度，也有既往的经验可供遵循。在1996年我国通过并颁布的《行政处罚法》中就有对行政听证的有关规定，完全可以在立法中参考和借鉴。

(三)立法形式的合理性与合法性论证

形式是相对于内容而言的，一定条件下的形式可能反映为另一种条件下的内容，反之亦成立。这里讲的立法形式主要包括两种：一是指法律规范的总体形式或法是以哪一级规范性文件的形式出现；二是指规范性文件的结构形式。任何立法都应当注意对这两种形式的论证。

规范性文件的总体形式主要是指规范性文件在我国法律体系中的地位。我国的立法体制较为复杂，全国人民代表大会能够制定宪法和基本法律；全国人民代表大会常委会能够制定除全国人民代表大会制定的基本法律以外的其他法律；国务院能够制定行政法规；省、自治区、直辖市以及设区的市的人民代表大会及其常委会能够制定地方性法规；自治区、自治州、自治县的人民代表大会能够制定自治条例和单行条例；经济特区地方人民代表大会及其常务委员会能够制定经济特区法规；国务院各部门、、省、自治区、直辖市以及设区的市人民政府能够制定政府规章。可见，不同的立法机关制定的规范性法律文件的级别是不同的。对一项立法的形式的论证要注意结合该项立法应以何种形式出现，或应由哪一级立法机关制定，如关涉某一行政机关职权的法的内容是以政府规章还是以行政法规的形式出现，抑或是以法律的形式出现。对于这种立法形式的论证要注意以下两个方面：一是该项立法的内容；二是有关该项立法的立法机关的立法权限，即立法机关只能制定什么级别的法规范性文件。

关于规范性文件自身的结构形式的论证。一般来说，现代成文法的结构通常包括三方面：一是法的名称，这与立法的总体形式有关。二是法的内容，包括规范性内容和非规范性内容。规范性内容即通常所说的法的规范，它规定人们的行为模式和法定后果；非规范性内容即有关立法依据、宗旨、原则，概念术语的解释，以及通过、批准、公布、生效等的规定。三是表现法的内容的符号，如总则、分则、附则或者序言、卷、编、章、节、条、款、项、目等。对法的内部结构形式的论证重点是论证该项立法所必备的要件，如法的名称、法的规范、制定机关以及通过、颁布和生效的时间等，欠缺某项必备要件就会造成法的结构的不完整。

（四）立法的可行性论证

立法的可行性的论证主要是对立法的可操作性进行论述与证明。立法的可行性论证应注意以下几个方面：一是该项立法是否符合人们的价值观与心理、情感因素，也就是说与人们的心理预期、判断等是否具有兼容性，人们是否愿意接受；二是该项立法的内容设置是否合理，一般主体是否能够做到；三是该项立法的实施是否已经具备相应的配套条件和制度等。

立法要与民情相吻合，这意味着立法者在立法时要充分考虑、尊重人心民情所向、所愿、所望，充分考虑、尊重民众的习惯、风俗、信仰、价值观、情感等诸因素。对此，中国古代法家已经有相关表述可供借鉴。慎到认为，“法非从天下，非从地出，发于人间，合乎人心而已”①。韩非子认为，“凡治天下，必因人情。人情者，有好恶，故赏罚可用；赏罚可用，则禁令可立而治道具矣”②。立法要察民情，顺民意，就必须对民情民意作深入调查。比如，北京市制定的禁止燃放烟花爆竹的法规，由于立法前作了充分的调查论证和征求意见工作，规范内容合情合理，施行前又进行了大量宣传，在该法规公布生效之后，市民自觉遵守，立法目的完全达到，可以说产生了100％的社会效益。③ 立法对民意、民情的考虑，也是为民众在心理上接受该法创造条件。

对于立法的规范内容是不是合理的论证，主要是考察立法的所立所禁是不是恰到好处或较为适当。如魏源所说，“强人之所不能，法必不立；禁人之所必犯，法必不行。虽然，立能行之法，禁能革之事，而求治太速，疾恶太严，革弊太尽，亦有激而反之者矣；用人太骤，听言太轻，处己太峻，亦有能发不能收之者矣”④。古代法家代表人物管仲的观点也有启迪意义，他认为“明主度量人力之所为而后使焉。故令于人之所能为则令行，使于人之所能为则事成。乱主不量

---

① 慎到：《慎子(附逸文)》，中华书局1985年版，第16页。

② 高华平、王齐洲、张三夕译注：《韩非子》，中华书局2010年版，第681页。

③ 参见郭道晖总主编：《当代中国立法》上册，中国民主法制出版社1998年版，第305页。

④ 中华书局编辑部编：《魏源集》，中华书局1976年版，第45页。

人力，令于人之所不能为，故其令废；使于人之所不能为，故其事败”[①]。立法机关立法时应做好有关该法的调查和论证，使法的价值能够充分体现，全面实现法的功能和立法预期。

立法的可行性论证还包括对该项法案制定出台后是否具备使该项立法发生作用的条件和制度的论证。这些条件和制度一般有：首先，是否有配套的立法为该项立法的实现奠定基础，如《商标法》出台以后，最高人民法院为实施该项法律制定了相应的司法解释，地方人民代表大会及其常务委员会制定了相应的地方性法规，地方政府制定了相应的政府规章，故此该项立法才能得到切实有效的贯彻执行。其次，该项立法是否做过广泛宣传，人民群众是否具有相关的法律意识，如果立法机关制定了一项法规范性文件，而人民群众全然不知，这种立法的实施与执行则将必然受到影响。再次，实施该项立法是否具备一些基本的硬件设施和相应的技术条件，比如，为实施立法的公检法机构的设置、技术检测设施设备的配置等。最后，为保障该法的实施，是否具备相应的专业人员，相关人员是否具备较高的素质条件和基本的法律知识、道德修养、敬业精神等。

第五节 地方立法的立项论证

作为地方立法准备阶段的核心，地方立法立项对规范地方立法、节约宝贵的地方立法资源、提高地方立法的科学化与民主化程度、提升地方立法的质量等具有不容忽视的重要意义。1993 年江苏省人大常委会颁行了《制定和批准地方性法规的规定》，该规定第二章为“地方立法计划的制定”，该章对地方立法立项做出了初步设计，明确了江苏省地方性法规立法立项的程序和时限等，这是我国最早关于地方立法立项论证制度的规定。《立法法》制定实施以后，很多地方或制定专门立项办法，或在地方立法条例中对地方立法立项制度作了规定，如 2012 年广州市制定了《广州市地方性法规立项办法》，2017 年北京市修订《北京市制定地方性法规条例》在其第 11、12 条规定了地方立法立项制度。完备的地方立法立项制度是地方立法质量的主要保障，各地立法主体应重视地方立法的立项论证制度的建设。

---

① 《管子·形势解》。

一、地方立法立项论证的范畴界定

立项论证在法治发达的国家称为“影响评估”，在我国又称为“立法前评估”[①]或“立法前质量评价”[②]。立项论证是指特定的立法参与主体根据一定的标准和程序针对若干个立法建议项目进行审查评估，并最终确定纳入立法规划的立法计划的活动。立项论证涵盖的对象既有现实社会中需要制定法律、法规和规章的立法事项，也有需要修改、废除的立法事项。只有在立法建议项目确定进入立法规划之后，该立法项目才能正式提上立法日程。

立项论证有别于立法论证和立法后评估。立项论证是立法建议项目是否应该列入立法规划并且进入立法程序的论证，即在法律起草前广泛地听取人大代表、专家学者、社会团体、人民群众及政府有关部门意见的过程，是立法项目的定性问题。立法论证指的是对已经列入立法规划的立法项目的论证，对已经定性的立法项目的定量论证，即对草案能不能成为正式法律的论证。而立法后评估，是指具有立法权的国家机关委托评估实施主体，按照一定的评估程序，对相关法律文件的合法性、合理性、实效性、协调性、立法技术性等指标进行评估，并提出维持、修改或者废止等建议的一项活动。立法后评估本质上是立法活动的延续，重在“事后监督”。

地方立法的立项论证工作，是指地方立法机关的工作机构对于广泛收集到的立法建议项目，通过召开座谈会、论证会、听证会以及开展社会调研等方式，听取建议项目提交人、人大代表、专家学者以及社会公众等方面的意见，对其必要性、可行性、合法性等问题进行评估分析，进而论证决定是否将所收集的立法建议项目列入立法规划和年度立法计划的程序。可见，地方立法的立项论证具有以下特征。

第一，地方立法立项论证的主体是地方立法机关的工作机构。由立法机关的工作机构作为立项论证的主体，可以有效避免部门主导下立法的部门利益化

---

① 参见李向东:《行政立法前评估制度初探——从新交通法规“闯黄灯”条款谈起》,《中国行政管理》2013 年第 3 期;曹众、孙小灵、李占江:《立法前评估:减少试错成本》,《浙江人大》2014 年第 7 期;周怡萍:《立法前评估制度研究——以地方立法为视角》,《人大研究》2014 年第 8 期;王锡明:《立法前评估是提高立法质量的积极举措》,《人大研究》2012 年第 11 期;李丹:《地方立法前评估浅论》,《人大研究》2014 年第 1 期;张媛:《地方立法可首先试行立法前评估》,《法制日报》2013 年 1 月 31 日;张桂芹、周怡萍:《青岛市启动立法前评估试点》,《中国人大》2011 年第 16 期等。

② 参见俞荣根:《地方立法前质量评价指标体系研究》,《法治研究》2013 年第 5 期。

趋向，克服立法随意性和盲目性，实现立法资源优化配置，提高立法实效。[①] 实践中，还有少数地方存在立法机关依托法规建议项目提出的部门来进行立法论证的情况，论证的中立性和公正性往往易受部门影响。

第二，地方立法立项论证的参与人包括建议项目提交人、专家学者、人大代表和社会公众。法规建议项目提交人对法规建议项目较为了解，有义务对有关委员会就立法项目涉及问题的询问进行说明并提供相关资料，是立项论证理所当然的参与人。专家学者、人大代表和社会公众参与立项论证，是开门立法、民主立法的要求，有利于提高立项论证的深度和保障立项论证的独立性、公正性。

第三，地方立法立项论证的主要内容是立法建议项目的必要性、可行性、合法性等问题，其目的是科学、规范地编制立法规划和计划。立法建议项目必要性研究的核心内容是确认立法需求的客观真实性。判断立法建议项目是否反映真实客观的立法需求，应当把握宪法和法律赋予地方立法权的本质意义。根据宪法和法律的规定，地方人大及其常委会制定地方性法规有两个基本前提：一是不同上位法相抵触，这是保证国家法制统一的需要；二是根据本地区"具体情况和实际需要"，确实存在需要立法调整解决的问题，这是地方立法的本质意义所在。仅有立法必要性尚不足以立项，还应当同时具备立法可行性。立法可行性研究具有丰富的内容，不仅包括对拟定中的法律制度本身的研究，还涉及法规实施条件分析、立法社会成本分析和立法时机把握等多方面内容。这里所谓的"可行"主要是指立法权限能及，相关制度和措施合理可操作，立法时机基本成熟。立法建议项目合法性论证的内容是审查地方立法建议项目是否在法律赋予的权限内，不得超出地方立法权的限制规定，不得同上位法相抵触。

二、地方立法立项论证的法律依据

地方立法立项论证有《立法法》上的依据。《立法法》第 56 条规定："全国人民代表大会常务委员会通过立法规划和年度立法计划、专项立法计划等形式，加强对立法工作的统筹安排。编制立法规划和立法计划，应当认真研究代表议案和建议，广泛征集意见，科学论证评估，根据经济社会发展和民主法治建设的需要，按照加强重点领域、新兴领域、涉外领域立法的要求，确定立法项目。立法规划和立法计划由委员长会议通过并向社会公布。"该条确立了作为立法统筹机制的立法规划、立法计划制度，并明确提出了开展立法规划与计划的四项考量因素。其中，立项论证制度正是这一基本指导思想的制度化表征。可以看

---

① 参见郑淑娜主编：《〈中华人民共和国立法法〉释义》，中国民主法制出版社 2015 年版，第 148 页。

出,《立法法》该条款规定立法规划、计划需进行多重因素考量的背后无疑贯穿着立法启动需审慎的基本指导思想。

此外,《立法法》第 58 条明确规定:“提出法律案,应当同时提出法律草案文本及其说明,并提供必要的参阅资料。修改法律的,还应当提交修改前后的对照文本。法律草案的说明应当包括制定或者修改法律的必要性、可行性和主要内容,涉及合宪性问题的相关意见以及起草过程中对重大分歧意见的协调处理情况。”这是立法立项论证制度的直接法律依据,明确要求法律草案的说明应当包括制定或者修改法律的必要性、可行性和主要内容,以及起草过程中对重大分歧意见的协调处理情况。如果说对文本主要内容的说明是出于审议法案的基本需要,对提案机关并不构成直接的、额外的立法启动约束,那么有关立法之必要性与可行性的说明则是对提案机关审慎义务的施加,旨在通过对立法理由的说明和论证机制遏制立法启动上的肆意。

尽管《立法法》第 56、58 条的直接规制对象是法律层面的立法工作,但依《立法法》第 87 条的规定,“地方性法规案、自治条例和单行条例案的提出、审议和表决程序,根据中华人民共和国地方各级人民代表大会和地方各级人民政府组织法,参照本法第二章第二节、第三节、第五节的规定,由本级人民代表大会规定”,可见,其也可被参照适用于地方立法。因此,地方立法立项论证制度具备法律层面的立法依据。

目前,我国北京、上海、重庆、广东、河南等省市已经相继出台一些关于开展立法项目论证工作的规范。2008 年,北京市人大常委会主任会议通过了《关于开展法规立项论证试验工作的意见》。根据该意见,在政府相关部门起草法规之前,市人大有关工作机构将提前介入,对立法的必要性、可行性及立法思路等问题进行论证。2017 年 1 月 20 日,新修订的《北京市制定地方性法规条例》出台,第 12 条明确规定,立法项目一般应当先进行立项论证。2009 年,上海市人大正式通过了《上海市人大常委会立法项目立项论证工作试行办法》,根据该试行办法,对拟列入年度立法计划的正式项目,立法项目建议单位应当先行开展论证,提交立法论证报告。2010 年重庆市人大通过了《重庆市地方性法规立项若干规定》,2012 年广东省人大常委会通过了《广东省地方性法规立项工作规定》,2016 年 1 月 31 日河南省十二届人大五次会议表决通过了《河南省地方立法条例》,这些规定都为地方立法立项论证提供了相应的规范性依据。

三、地方立法立项的指导思想以及应遵循的原则

地方立法立项工作除了要以马列主义、毛泽东思想、邓小平理论和“三个代

表"重要思想、科学发展观、习近平新时代中国特色社会主义思想为总的指导思想外,还必须坚持党委对地方立法的领导;紧紧围绕本行政区域经济与社会发展的目标,从本地区的实际与可能出发,适应本地区改革开放和现代化建设的需要,体现和突出地方特色;既要突出重点,又要兼顾其他;既要有稳定的立法项目,又要有一定的超前性、可预测性的立法项目,把立法决策与改革、发展决策结合起来,通过地方立法,着力解决经济和社会生活中需要用法规解决的矛盾和问题,为地方的改革、发展和稳定创造良好的法制环境。

第一,要坚持地方党委的领导。地方立法工作必须坚持党的领导,围绕地方党委和政府中心工作进行。在地方立法中贯彻党委领导的原则体现在以下两个方面:一是党委根据一定时期的中心工作和预期工作目标,积极地提出立法立项的意见和建议;二是地方立法立项要紧紧围绕地方党委的中心工作。地方党委作为党的地方组织,是地方一切工作的领导核心。地方党委和政府一定时期的中心工作是对党的路线、方针、政策的具体化。地方性法规的内容应积极反映地方党委和政府中心工作的精神,或把地方党委和政府对中心工作的部署进一步具体化。简言之,地方立法立项要围绕地方党委的工作重点、地方政府工作的难点和广大民众关注的热点进行。

第二,要发挥人大在地方立法立项中的主导作用,避免地方立法的部门利益化。不论是政府及其主管部门,还是人大常委会和各专门工作机构,提出立法议案或建议时都要站在本地区全局的宏观高度,从本地的情况和实际需要出发,克服选题立项方面存在的随意性和受利益驱动安排立法项目的偏向,坚决不搞部门保护和地区保护。作为立法机关,人大及其常委会可通过其专门的工作机构——法工委,对从各个渠道提出的立法议案或建议进行审查,统筹安排,坚持应立则立、急用先立的原则,防止和克服谁愿意立谁立、谁有积极性立谁立的现象,以此来避免地方立法中的部门利益化倾向。

第三,在对社会现实的反映上应采取灵活多样的方式。对地方立法是"滞后立法""超前立法"还是"同步立法",有不同的看法。在立法立项中,有人主张法律应当具有稳定性和连续性,因而立法应当是成功经验的确定,以成功的经验为客观依据进行地方立法,才能实现法规的稳定性和连续性,才能树立地方法规的权威。有人主张地方立法要有预见性、超前性,只要立法工作经过科学的预测和论证,法律的可行性即是有保障的,法规不仅仅是对成功经验的确定,而且也应发挥其对市场经济的引导和促进作用。要加强地方立法的前瞻性,要加强立法预测,对今后一个时期经济、社会发展中可能出现的新趋向进行科学的分析和预测,预先纳入立法规划,超前立法,积极引导。在地方立法中,要注意法规的保障作用,也要发挥法规的导向功能。也有人主张地方立法不可能真正超前,也不宜落后于实践,应根据实际情况及时地将改革措施法律化、制度化。在地方立法中,可根据地方经济发展和改革进程的实际,灵活地运用多种立法方式。要在广泛开展深入调查研究的基础上,积极探索和认真总结成功的实践经验和做法,科学预测实践中的新情况、新问题及未来发展趋势,及时提出经验性或超前性的法规议案选择和立法项目。

第四,要注意维护国家法制的统一和内部的协调。首先,地方立法要注意同上位法的统一。国家法律、行政法规已有明确规定的,地方性法规不得作出与之不一致或相反的规定;不得作出与国家的法律、行政法规的基本精神、原则、宗旨相矛盾的规定;不得超越国家法律规定的立法权限和范围进行立法。其次,地方立法要注意内部的协调一致,避免纵向的重复立法或横向的交叉立法以及法规之间的矛盾和冲突,从而使各个地方性法规之间协调一致,构成一个完备的有机整体。

第五,要适应改革开放的迫切需要。凡是符合最广大人民群众根本利益的,保障和促进地方经济、社会发展所需要的法规,就要积极立项,尤其是对市场经济发展中亟须用法规来规范和调整的利益关系和社会关系,要及时立项和制定相应的地方性法规来规范和调整。进行地方立法时应当立足于本地经济社会发展的实际,根据地方民主与法制建设的客观需要,着重解决本地区重大而紧迫且国家立法没有规定或者不宜规定的问题。具体地说,中央尚未立法的领域,本地区又迫切需要的,可以先行立法,逐步完善;中央正在酝酿立法,但还需要一个调研、论证的过程,本地区迫切需要,而且条件已经成熟到可以进行试验性立法地步的,可以先行立法;属于本地区的一些特殊问题,需要单独解决的,可以先行立法。

第六,要"立、废、改"相结合。在进行地方立法立项时,不仅仅是制定新的法规,还应加强地方性法规的整理和编纂工作,根据国家法制建设发展的进程和各地实际情况,及时修改和废除与法律、行政法规不符,与市场经济和社会发展不相适应,与客观实际严重不符的地方性法规,做到修改法律的项目和制定法律的项目并重。地方性立法具有区域性、试验性、相对不稳定的特点,因此,地方立法不仅要重视地方法规的制定,更要重视地方法规的编纂、修改和废除等工作,以保证地方立法不与国家立法产生矛盾和冲突,以及适应地方经济、政治、文化和社会发展的变化,保持立法的与时俱进。

四、地方立法立项论证的制度化与非制度化模式

(一)典型的立项论证制度化模式

地方立法启动的立项论证在部分省级人大已经实施,但作为一项制度确立下来的并不多。目前北京、上海、重庆、广东等地已经通过制度化的方式开始实行。[①] 我国目前部分地方立法启动的立项论证制度,已经呈现出多元化的发展趋势。北京市和上海市的地方立法立项论证各有其优势和侧重点,由于较早地在地方立法条例中有所规定,已经形成比较规范的模式。

1.北京市的立法立项论证模式

2008 年 6 月 30 日,北京市十三届人大常委会主任会议讨论通过《关于开展法规立项论证试验工作的意见》,此前,法规立项论证试验的讨论一直在人大常委会内部进行。该意见规定,北京市人大常委会将通过 3 年左右时间建立和完善法规立项论证制度,而这一制度的核心就是发挥人大常委会在地方立法前期准备中的主导作用。《关于开展法规立项论证试验工作的意见》改变了以前单纯依靠开会协商确定立法项目的固有机制,建立了新的制度化、规范化的法规立项论证机制,通过实地调研、问卷调查、理论分析等方式,对立法的必要性、可行性、合法性等基础性问题作出结论,从科学的角度判断某一立法项目是否应当纳入立法规划和立法计划。立项论证制度的实施解决了长期困扰人大常委会的立法规划、计划编制准备不足的问题,为立法程序的正式启动提供了一定基础,客观上节约了立法资源,促进人大在前期立法资源分配领域发挥主导作用。

北京市人大每年立项论证的项目由市政府法制办、市人大常委会工作机构提出,经市人大常委会法制办和市政府法制办协调后报主任会议审定,列入年度立法计划。其选题范围比较广泛,既有常委会立法规划中的立法项目和立法调研项目,也有市政府年度立法计划安排的立法调研项目,还包括在执法检查、专项工作监督等工作中发现需要通过立法解决的项目。列入常委会年度立法计划的立项论证项目,由市政府主管部门提出立项报告,报市政府法制办。市政府法制办在征询市政府领导及相关部门意见后,提出该项目是否立项的建

---

① 参见北京市《关于开展法规立项论证实验工作的意见》和《法规立项论证工作指引》、2009 上海市十三届人大常委会第三十五次主任会议通过的《上海市人大常委会立法项目立项论证工作试行办法》、2010 年重庆市第十三届人大常委会第四十五次主任会议通过的《重庆市地方性法规立项若干规定》、2013 年广东省第十二届人民代表大会常务委员会第八次主任会议通过的《广东省人民代表大会常务委员会立法论证工作规定》等。

议，报主管副市长同意后发函给常委会有关工作机构和法制办。常委会有关工作机构收到立项意见函后，即正式开展立项论证工作。常委会有关工作机构经过立项论证，提出立项论证报告，提交常委会主任会议审定。主任会议审定立项论证报告时，由常委会有关工作机构负责人就重点问题作说明，常委会法制办负责人就立法中的重大问题发表意见，市政府法制办负责人列席会议并发表意见。主任会议对立项论证报告讨论后决定立项、不予立项或暂缓立项。会后，常委会法制办根据会议意见会同有关工作机构拟制立项意见书，报常委会主管领导同意后发函市政府法制办。市政府法制办收到立项意见书后，对确定立项的即通知起草责任单位启动立法调研起草工作。除特殊情况外，未经论证的立法项目不列入年度立法计划安排审议。

2017年1月20日，新修订的《北京市制定地方性法规条例》出台。该条例明确将“提高立法质量”作为立法的一项基本要求，立法项目一般应当先进行立项论证。条例对立项论证的主体、程序、论证内容作出了明确规定。立项论证由市人大常委会主任会议负责，对立法的必要性、可行性、合法性、立法宗旨和原则、立法所要解决的主要问题和突出矛盾、核心条款、效果预期等进行论证，最终由主任会议决定是否立项。

北京市人大在实现法规立项论证程序化和实体化、发挥人大主动性、强化人大立法主导地位方面规定比较具体彻底。从体例上看，北京市人大将法规立项论证从立项工作中独立出来，制定专门的规定进行规范。从具体规定来看，北京明确将立项论证项目列入常委会年度立法计划，而该法规草案的审议则依其成熟与否安排在下一年度立法计划中，如此一来无论是时间上、空间上都极大强化了法规立项论证的独立性，使其真正成为立法工作的一个前置必需环节。又如，北京市人大明确将立项论证报告作为主任会议审定的对象，同时详细规定了三种不同的决定结果并在实践中加以执行，都表明了立项论证在北京市人大立法中的重要地位和作用。北京市人大对立法建议项目在政府内循环进行了设计，同时强调在收到市人大的立项意见书后政府部门方能启动法规调研起草工作，市人大常委会工作机构派专人参与起草工作，落实主任会议的立项意见，如对立项意见书中内容作重大调整的需向主任会议报告等，均凸显了北京市人大在构建立法格局方面的努力，一定程度上也凸显了北京市人大在地方立法工作中的主导地位。

2.上海市的立法立项论证模式

上海市的法规立项论证工作开展得较早，但到2009年才正式通过《上海市人大常委会立法项目立项论证工作试行办法》。因为上海市明确将立项论证的对象分为“拟列入下一年度立法计划正式项目”和“本年度立法计划预备项目、调研项目拟转为正式项目”两类，所以其工作程序也分为两种。

第一，对“拟列入下一年度立法计划正式项目”的论证，立法项目建议单位自行论证。上海市的规定是立法项目建议单位应当先行开展项目论证，并向市人大常委会提交立项论证报告，同时提交法规草案建议稿。论证工作应该注重开放性和客观性。立项论证在人大阶段的开展，对于立项论证报告，市人大有关专门委员会、常委会法工委、市政府法制办和市政府主管部门分别进行研究协商。各方意见比较一致，认为论证比较充分的，建议列入下一年度立法计划正式项目，由法工委汇总，提请常委会主任会议决定。各方意见不一致的，建议列入下一年度立法计划预备项目、调研项目。常委会主任会议对建议列入年度立法计划的正式项目逐项审议，决定是否立项。会后，法工委将同意立项的项目纳入下一年度立法计划，对不同意立项的项目，将主要意见和理由以书面形式告知市政府法制办及有关部门。

第二，对“本年度立法计划预备项目、调研项目拟转为正式项目”的论证，立法计划预备项目、调研项目的来源主要是在立项报告论证时各方意见不尽一致的项目。如果这些项目要进入正式立法项目，必须取得各方意见的一致。解决这一问题的办法就是组织联合论证组再次论证。联合论证组主要由常委会有关委员会、法工委、市政府法制办、市政府主管部门相关负责人、市人大代表和立法及相关领域专家组成。联合论证组经论证提出是否立项的意见，由法工委汇总，提请主任会议决定。主任会议对建议转为年度立法计划的正式项目逐项审议，决定是否立项。会后，法工委将同意立项的项目纳入下一年度立法计划，对不同意立项的项目将主要意见和理由以书面形式告知市政府法制办及有关部门。

各方面的立法建议项目到人大后，人大一般均先汇总，再以座谈会等形式听取各方面意见，如编制2008～2012年立法规划时，人大不仅召开座谈会听取各方面意见，还在网上听取全体人大代表的意见。之后，人大会组织项目论证，筛选出进入规划的项目，如在编制1998～2002年立法规划时上海已经开始邀请专家对立项进行论证，规划草案编制完成以后再次邀请专家论证，并在更广泛的范围内听取意见。[①] 到2010年立法计划编制时，上海人大借鉴北京人大的

① 参见嵇鸿群：《本市正抓紧制定五年立法规划》，《上海人大月刊》1998年第8期。

经验，把立项论证制度全面引入立法计划编制工作过程中。[①] 当年，递交立法项目建议的法规共有32家单位的50项法规，提交立项论证报告36件。其中，申报列入正式项目的建议项目全部提交了立项论证报告。在立项论证时，除了上述最低标准、优选标准外，人大论证时还要对立法的容量有一个预测，在此基础上确定项目数量的上限。如全国人大十届立法规划件数就是"根据以往的经验和本届实际情况，量力而行、实事求是，确定了立法规划的项目以70件左右为宜"[②]。而上海人大经过多年的探索和经验积累，确定立法规划的容量为50件左右，立法计划的容量为每年10件左右。在上述研究、论证的基础上，人大最终形成立法规划(送审稿)，经人大党组审定后报同级地方党委批准。如十届全国人大立法规划就是几经修改，形成了立法规划草案，经全国人大常委会党组讨论决定报中央批准。

上海的亮点在于提出了"联合论证"。其前提是有意识地将"拟列入下一年度立法计划正式项目"和"本年度立法计划预备项目、调研项目拟转为正式项目"区分开来，其中"拟列入下一年度立法计划正式项目"是立项论证的主要部分，"本年度立法计划预备项目、调研项目拟转为正式项目"则是次要的补充部分。在二者分开的基础上，上海市人大提出了两种不同的论证组织办法。前者是人大常委会有关委员会、法工委、市政府法制办、市政府主管部门分别进行研究，并进行协商，各方意见一致、认为论证比较充分的，建议列入下一年度立法计划正式项目。后者则是由人大有关专门委员会和常委会法工委按项目组建，市政府法制办和主管部门分管负责人仅仅是参与其中，增加了人大代表和专家学者的比例，并具体规定了人数。比较这两种组织办法，即可看到人大在其中的地位作用各不相同。可以说，通过对法规立项论证项目有意识地区分，上海市人大在立项论证强化人大主导方面开了一个口子，如果能够将联合论证组的组织方式扩大到所有立法论证项目，必将进一步增强人大在地方立法中的主导地位。

(二)实行非制度化方式地区的实践探索

除了北京、上海、重庆、广东等地已经通过制度化的方式开始实行立法立项论证，有些地区也正在通过非制度化的方式进行初步探索。这些地方实践给地方立法立项论证应该如何施行提供了宝贵的借鉴经验，为日后建立统一的地方

---

① 参见顾萍:《立足民生,"加速"社会领域立法——市人大常委会2010年度立法计划解读》,《上海人大月刊》2010年第3期。

② 庄会宁:《制定立法规划经历了严格审慎的过程》,《瞭望新闻周刊》2003年第49期。

立法立项论证制度奠定了基础。

1.四川省的立法立项论证模式

四川省人大常委会在制定地方性法规时带头实施立法项目的论证,积极发挥人大在立法中的主导作用。近年来,省人大有关方面牵头起草了《乡村振兴促进条例》《预算审查监督条例》《阆中古城保护条例》《酒类管理条例》《电信设施建设保护条例》等一批法规草案。例如《阆中古城保护条例》的制定,由省人大常委会牵头起草,对立法的可行性、必要性和古城保护的具体范围、对象等问题进行深入调研论证,广泛征求社会各界的意见,于 2004 年 7 月出台了《四川省阆中古城保护条例》,用严格的制度和措施保护古城,效果明显。2018 年 3 月,根据形势变化和保护的需要,省人大常委会启动了修订工作,进一步扩大了保护范围,新的法规已于 2019 年 7 月 30 日起施行。

四川省按照科学立法、民主立法、依法立法的要求,着重着力抓好立项论证、法规起草、法规案审议三个环节,建立了人大、政府、委托第三方起草的多元化法规起草模式,充分论证重大利益的调整、重大体制的变化、重大规则的明晰等问题,切实协调解决重大分歧。确定了 17 个基层立法联系点,建立立法专家库,组建地方立法评估协作基地。公开征集地方立法选题、立法建议和地方性法规草案意见建议,凡涉及人民群众切身利益的重要法规草案,都在新闻媒体上进行公布并征求意见。17 个基层立法联系点包括 8 个县人大常委会、7 个乡(镇、街道办)、2 个基层人民法院。立法专家库包括知名专家、大学教授、律师等,2019 年 2 月,聘任了第一批 36 名立法专家。地方立法评估协作基地包括川大、财大、交大、民大、川师大等 5 所大学法学院,1 个科研机构(省社科院)和 1 个律师事务所。①

2.威海市的立法立项论证模式

自 2015 年设区的市被赋予地方立法权以来,威海市人大常委会在山东省人大的指导下,先后制定了《威海市饮用水水源地保护条例》《威海市节约用水条例》《威海市海岸带保护条例》《威海市文明行为促进条例》《威海市海上交通安全条例》等一批有特色、可操作的地方性法规,提升了地方立法的精准化、科学化水平。在立法立项论证过程中充分发挥人大的主导作用,将公众吸纳到立法中来,始终坚持民主公开的立法原则,广察民情,集中民智,反映民意。

坚持开门立项,精准选题。在编制立法计划和征集论证立法建议过程中,

---

① 参见《多位法律界名人加盟 四川立法专家库分量足》,2019 年 2 月 22 日,http://www.legaldaily.com.cn/rdlf/content/2019-02/22/content_7777651.htm。

改变由政府各部门报送立法项目计划的传统模式，充分发挥人大立法的主导作用，形成多层次征集意见与嵌入式调研相结合的工作模式，力求使立法项目选题更接地气、更符合民意。一方面，通过书面通知、邮寄信函和发布公告等多种方式，广泛征集全市各级国家机关、社会组织、人大代表及社会各界的建议项目，扩大立法项目的来源。另一方面，常委会分管领导牵头，组织专委会及常委会各委员会工作人员，集中利用一个多月的时间深入立法任务较重的部门、基层执法一线及所属辖区进行全面调研，并充分发挥基层立法联系点的作用，从不同角度、不同层面尽可能多地直接听取群众、基层单位和利益相关人的意见，真正问需于民、问计于民。在此基础上，对于征集到的建议项目，法工委会同有关专门委员会、市法制办和有关部门进行反复研究论证；对确实把握不准的项目，及时与法工委进行沟通，确保了立法项目的合法有效。

坚持多方联动，调研论证。充分发挥人大的组织协调优势，注重加强与政府及有关部门的沟通协调，主动提前介入法规起草和调研论证工作，分专业有重点地组织人大代表、立法咨询专家参与立法活动，形成了工作合力。比如，在《威海市饮用水水源地保护条例》立法过程中，针对上位法对非规模畜禽养殖专业户、散养户的监管缺位问题，市人大通过专家论证、立法咨询等方式，及时听取相关领域专家学者、立法咨询委员的意见和建议，在法律责任章节进一步明确了执法主体、处罚种类和罚款计算标准，填补了立法空白，为加强行政监管提供了及时有效的法规依据。同时，完善意见征集反馈机制，不断拓宽公众参与立法渠道，努力使每一项立法都符合宪法和法律精神，反映人民意愿，经得起历史和实践检验。工作中，通过《威海日报》、威海人大网站发布法规草案全文，广泛征求社会各界意见，将一审后的法规修改稿书面征求部分人大代表意见，充分用好新媒体手段，拓宽公众参与地方立法途径。比如，为做好《文明行为促进条例》的起草工作，市人大会同市文明办开展了为期一个月的文明行为大讨论，借助网站、微信、微博等新媒体平台，通过讲故事、谈看法、发微博、拍照片等方式，向全社会征集了市民赞同的文明行为和反对的不文明行为类型，为条例的顺利推进和有效实施奠定了广泛的民意基础；针对部分市民在城区道路烧纸、污染环境这一陋习，又在清明节前夕组织了单一事项的社会调查，及时将绝大多数群众意愿通过法规条文的方式反映出来，最大限度地凝聚社会共识。①

---

① 《关于在市区范围内禁止烧纸管理的建议》，2020 年 2 月 26 日，http://www.weihairenda.gov.cn/art/2020/2/26/art_67023_2278737.html。

五、地方立法立项论证中需处理好的相关问题

(一)关于立项标准及立项程序方面

立项标准是筛选立法项目的实体标准,旨在解决立法需求与立法条件之间的矛盾关系。要确保地方立法计划中的项目是最佳选择,除了立法依据充足、立法条件成熟外,还应当是社会迫切需要、社会各方面有强烈要求的事关全局、服从和服务于解决社会主要矛盾的法规。总结各地实践的经验,地方立法立项应当坚持三个标准,即必要性、可行性和合法性。

第一,必要性就是社会有需要,一般表现为某类社会问题比较突出,对社会产生广泛影响。其他社会调整手段已经不能有效解决这些矛盾,但目前尚无法可依或者已有的法律已经严重不适应形势发展,如果不及时立法,将不利于社会秩序的稳定,或者不利于经济社会的良性发展。具体表现为:一是需要规范的事项国家及省尚未立法的;二是需要规范的事项国家及省已有规定,但规定比较原则,为保证法律的贯彻实施需要结合本地方实际作出实施性规定的;三是需要规范的事项已有法律,但法律比较滞后,难以适应本地方实际需要的;四是需要规范的事项属于本地方的地方事务,中央不会也不必立法的。

第二,可行性就是立法有条件,一般表现对存在的问题已经找到解决的措施,措施的推行有(或者可以有)足够的物质条件基础,社会各方面也可以达成基本共识。具体表现为:一是措施符合成本效益原则,为推行措施需投入的成本小于实施后产生的社会效益;二是措施符合社会公平原则,能获得广泛的社会共识,能为大多数社会成员接受和自觉遵守,能为执法机关通过教育和必要的惩罚措施所推行;三是一般已有一定的实践经验作为基础。

第三,合法性就是法律无障碍,表现为:一是属于地方性法规的立法权限范围;二是相关制度和措施合法。立项的程序方面,要健全相关程序,确保立项的合法性。

一是完善项目申报程序。政府各部门身处管理一线,熟悉情况,了解问题所在,是发现立法需求、提出立法建议的主渠道。政府各部门在提出立法建议前应下足功夫,把情况摸准,把问题弄透,把握好社会关系的稳定状况、存在的主要矛盾及其根源、解决矛盾的方法及其成熟程度,不要片面强调行政管理需要而不考虑立法的时机、条件,也不要迷信立法万能。同时,要探索通过更透明的方式,更有效地征集社会意见。人大各专门委员会、人大常委会各工作委员会、人大代表、个人、社会组织要发挥积极作用,把社会各方面尤其是弱势群体的立法呼声全面反映出来,准确把握立法需求,逐步改变当前申报渠道比较单

一的状况，使立法与社会需求更好地契合。

二是完善初审程序。人大各专门委员会对个人、社会组织以及其他方面申报的项目建议进行初审。初审机构进一步发挥自身对立法权限、法规主要内容的合法性及立法可行性等比较熟悉的优势，从整体上对所有项目进行深入系统的研究，做到在全面系统的同时分清轻重缓急，合理安排项目的先后顺序，避免只是简单地对项目进行汇总、拼盘。

三是完善立项论证程序。健全多方参与的论证机制，坚持立项论证由人大常委会法工委主持，人大专门委员会、政府法制办(司法厅、局)、人大代表、立法顾问以及专家学者等广泛参与，发挥各方面知识汇集的优势。项目申报人应当到会充分阐述立项的必要性、可行性、合法性，回答询问，提供相关资料。在此基础上，统筹全局，提出年度立法计划或立法规划建议，提请常委会主任会议审议。

(二)关于确保人大在立项中的主导地位问题

人民代表大会及其常务委员会是地方立法的主体，依法享有立法权。与立法权相适应，享有地方立法规划(计划)编制权的主体是人大常委会。人大及其常委会应在以下几个方面加强工作，充分发挥在立法立项中的主导作用。

一是在拟定立法规划或立法计划草案时，人大法制工作机构应当从宏观上、整体上对立法项目进行深入、系统的分析和研究，从而科学地筛选立法项目；二是注重平时定期的立法调研，建立有效的工作机制和专门的信息渠道以掌握社会立法需求，避免在编制立项工作后才仓促进行调研；三是编制部门应当改变调研、论证工作方式，避免只听取汇报，应积极主动调研，组织、鼓励和支持社会调研。

(三)要处理好立法需求与立法资源供给特别是立法成本的关系

立法立项成本是立法立项活动中所支出的人力、物力、财力及时间、信息等资源的总和。它包括公共机构参与成本和公众参与成本，公共机构参与成本主要包括公告、听证、通知、调查等立法成本，还应包括确保公众参与的成本，如邀请听证代表等。而公众的参与成本主要是指公众个人所支付的用于参与立法立项活动的费用，另外还有参与立法立项所付出的时间、精力等。

立法需要投入大量的人力、物力、财力，尤其是地方人大常委会委员大部分是兼职的，每年召开常委会的次数和时间也是有限的，地方人大常委会的立法资源是极其有限的。如何处理好立法需求和有限的立法资源之间的矛盾，有效地利用立法资源，提高立法效率，制定更多能在实际生活中产生积极影响的地方法规，成为地方人大面临的一个重要问题。

从立法立项方面来说，就是要进行严格规范的立项论证，制定和实施合理的立法计划，有效地解决这一矛盾。一个合理的立法计划可以根据每年人大常委会开会的次数、会期、会议议题等实际情况，有效地控制该年度审议的立法项目的数量，使人大常委会有比较充裕的时间审议每一个立法案，以提高审议的效率和质量，使立法资源得到充分和有效的利用。

（四）要处理好人大和党委、政府的关系及人大内部相关机构之间的关系

人大和党委的关系方面。地方立法的立项，首要的问题就是要把党的领导和人大作用有机地统一起来，发挥党统揽全局的作用，通过人大权力机关把党的主张转变成立法的规划和计划，最终转变成国家意志，把党的恰当领导方式和人大自觉接受党的领导有机地结合。

人大与政府的关系方面。在立法立项阶段人大和政府的关系：一是人大具有决定作用。对于立法立项阶段的重要问题，人大具有最终的决定作用，它是决定机关，而政府是由人大选举产生，是执行机关，向人大负责并报告工作。二是政府是立法项目最重要的来源主体，比其他法定提案主体具有更多的立法资源和立法需求，为此，人大要发挥平衡、协调和决定作用，通过立法规划或立法计划进行综合平衡。三是人大具有作出最终决定的合法性，能发挥综合协调各方利益的作用。政府是立项的重要参与主体。发挥人大的决定作用，能平衡各种利益主体的要求，更能体现立法的公平、公开、公正。

人大内部相关机构之间的关系方面。人大内部相关机构在立法立项阶段主要是工作上的协调配合关系。各专门委员会与法工委是平等的参与主体。相对来说，法工委对法律比较熟悉，具有处理相关法之关系的优势，而各专门委员会对专业专门领域及实际情况比较熟悉。因此，在立法立项中应发挥各自优势，做到优势互补、协调统一。

（五）要处理好立法专门机关与民众民意、多元参与主体的关系

立法在充分发挥好立法专门机关的作用的同时，还应该充分贯彻和体现立法的民主原则。这是立法的根本宗旨和目的所要求的，也是我们所立之法能够真正成为代表广大人民根本利益和意志的“良法”的根本保证。因此，在立项阶段应充分发挥民众和专家等的直接参与作用，建立健全公众直接参与立法立项的保障机制，从制度上确保公众能直接参与立法立项，增强立项的直接民主，弥补地方立法立项自身民主性和合理性的不足。

（六）要处理好地方立法与上位法的关系及地方立法与客观实际的关系

地方立法与上位法的关系方面。应遵循以下两个基本原则：一是“不抵触”原则，地方立法都不得与上位法相抵触；二是必要的立法分权原则。只要不与

上位法相抵触，地方立法机关就可以从实际出发对地方的重大法律事项和法律关系以法规形式作出规定，以保障宪法和法律在地方的实施和配套，为国家立法探索实践经验，发挥地方立法在调整地方性事务中的作用。

地方立法与客观实际的关系方面。地方立法项目必须能满足解决本行政区域主要矛盾的需求，必须注意理顺与客观实际的关系，必须符合客观实际，必须在贯彻立法民主化原则的同时，认真贯彻立法的科学性原则。这里指的客观实际主要包括事物发展的客观规律和社会发展的实际需要。前者包括自然规律、社会经济规律、社会政治规律、社会文化规律和社会管理规律。后者是指从本地的实际情况出发，从历史与现实、自然与人文、目前与长远、需要与可能的综合考量中确定出最切合实际，同时也是最必需、最迫切的现实需要。具体来说体现为：一是地方经济和社会发展迫切需要的项目；二是人民群众最关心、最迫切需要的项目。从供给能力和供给规律角度来看，立法供给也必须符合客观实际。不符合客观实际的立法势必造成立法资源的极大浪费，削弱有限的供给能力，因此，必须建立一套沟通立法需求与立法供给的机制，把立法的计划性与立法供给和需求的竞争、激励机制有机结合，完善立法供给与需求机制。

第六章　地方立法法案的起草

立法是国家有权机关的专门活动，是规范有序的活动过程。具体的立法活动过程，一般包括三个阶段：一是立法准备阶段，包括立法的预测、立法的规划、立法的论证及法案的起草环节；二是立法形成阶段，也即从法案到法的阶段，它包括法案的提出、法案的审议、法案的表决通过以及法的公布等环节；三是立法的完善阶段，一般有立法解释，法的补充、修改、废止等环节。法案的起草是立法准备阶段的一个重要内容与环节。"起草法律草案是立法过程中一个必经的、极为重要的基础性阶段，是直接表现立法意图、保证立法质量的关键环节。任何法律的形成，都不可能越过这一阶段，这一阶段的工作是否扎实、有效，直接关系着以后的立法活动能否有效地开展，关系着立法的质量；甚至在有的国家，一些立法的命运实际上在这一阶段就已经基本上被决定了。"①因此，法案的起草值得重视。

第一节　法案与法案起草的概念

法案与法案起草是立法过程的起点和核心，它们不仅是表达立法意图和内容的载体，也是立法工作成功与否的关键。法案是立法机关审议的法律草案，它经过一系列程序最终形成法。而法案起草则是指根据立法需求，对法案内容进行设计、构思的过程，它要求起草者具备严密的逻辑思维、扎实的法律知识和敏锐的社会洞察力。对法案起草的研究有助于提升地方立法工作者的起草技能，确保地方立法的质量和效率，从而更好地服务于地方治理和发展的大局。

---

① 苗连营：《立法程序论》，中国检察出版社 2001 年版，第 166 页。

一、法案的界定

什么是法案？有学者认为，“法案，指有提案权的主体，就有关事项，以一定的形式，依一定程序，提交有关主体审议的关于制定、认可、修改、补充或废止规范性文件的议案”①。还有学者认为，“法案是指享有提案权的主体，就有关立法事项，以一定的形式、依一定程序，提交立法主体审议的关于制定、认可、修改、补充或废止规范性文件的议事原型”②。这两个概念基本相同，只是前者强调法案是议案的一种，后者则认为法案是议事原型，但议案与议事原型应是同一概念。因此，理解法案的含义须首先了解“议案”的内涵。

议案，就是“由一定的主体，就有关事项，以一定形式，依一定程序，提交有关主体审议的议事原案。它是各种议事提案的总称”③。在西方议学中也常称为“动议”(motion)，所谓动议，是指出席会议的人，提出一个问题或意见，请求与会者予以讨论或采纳。④ 议案的范围很广，只要是享有议案提出权的主体向特定的主体提出的建议或动议都可称为议案，法律议案只是其中一种形式。法律议案简称为“法案”，通常也称为“立法议案”“法律案”。

在英国，法案或立法议案一般称为“bill”，主要指向立法机关提交以备审议制定为法律的议案，它经过议会审议通过后即成为法律，称作“act”或“STATURE”。在美国，法案或立法议案一般称为“legal motion”或“proposal”，主要指向立法机关提交以备审议制定为法律的议案。当法案即“proposal”经立法机关审议通过后便成为法令，也称作“act”。立法机关的法令即“act”经行政首长核定并完成其他规定的程序后便成为法律，称为“law”。⑤

（一）法案的主体

法案的主体有提出主体与接受主体两种。现代各国一般都通过法律明确规定法案提出主体以及接受主体的范围。

在法案提出的主体上，各国法律主要有以下规定：第一，属于议会。如美国1787年《宪法》规定，本宪法所授予的各项立法权，均属于由参议院和众议院所组成的合众国国会。第二，属于议会和政府。如法国1958年《宪法》第39条第1款规定，立法创议权同时属于总理和议会议员；意大利1947年《宪法》第71条

---

① 郭道晖总主编：《当代中国立法》下册，中国民主法制出版社1998年版，第1241页。

② 侯淑雯：《立法制度与技术原理》，中国工商出版社2003年版，第155页。

③ 周旺生：《立法论》，北京大学出版社1994年版，第520页。

④ 参见[美]司徒吉士：《会议程序准则》，沈己尧译，（香港）经济与法律出版社1987年版，第28页。

⑤ 参见周旺生：《立法论》，北京大学出版社1994年版，第522～523页。

规定,创制法律权属于政府、两院每个议员,以及根据宪法性法律享有法律创制权的机关和机构。第三,属于政府。如奥地利1934年《宪法》规定,法律草案的提出权属于政府,议会不得提出法律草案,但有权否决政府提出的法律草案。第四,属于特定的机关和公民。如意大利1947年《宪法》第71条还规定,除政府和议员外,人民可通过5万以上的选民提出拟定条文的草案的方法来实现法律创制权。第99条第2款、第3款规定,国家经济与劳动会议是参众两院和政府的咨询机关,享有创制法律权,根据法定原则并在法定范围内协助拟定有关经济和社会问题的立法。

法案的接受主体一般是指立法主体,即议会或其他立法机构,在两院制的国家,一般法案可向任何一院提出,任何一院都可以接受法案。在立法权限划分较为明确的情况下,一些国家规定,只有属于某立法主体权限范围内的立法议案,该立法主体才予以接受。

(二)法案的形式

法案的形式有口头与书面两种,有的国家允许提案主体提出口头法案,有的国家则要求采用书面形式;有的国家规定法案可以采用书面方式,也可采取口头形式,通常是有提案权的机关、组织采用书面形式,而个人则可以选择口头方式或书面方式。

我国《立法法》第17条规定:"全国人民代表大会主席团可以向全国人民代表大会提出法律案,由全国人民代表大会会议审议。全国人民代表大会常务委员会、国务院、中央军事委员会、国家监察委员会、最高人民法院、最高人民检察院、全国人民代表大会各专门委员会,可以向全国人民代表大会提出法律案,由主席团决定列入会议议程。"第18条规定:"一个代表团或者三十名以上的代表联名,可以向全国人民代表大会提出法律案,由主席团决定是否列入会议议程,或者先交有关的专门委员会审议、提出是否列入会议议程的意见,再决定是否列入会议议程。"上述两个条款明确了向全国人民代表大会提出提案的主体范围。第29条规定:"委员长会议可以向常务委员会提出法律案,由常务委员会会议审议。国务院、中央军事委员会、国家监察委员会、最高人民法院、最高人民检察院、全国人民代表大会各专门委员会,可以向常务委员会提出法律案,由委员长会议决定列入常务委员会会议议程,或者先交有关的专门委员会审议、提出报告,再决定列入常务委员会会议议程。如果委员长会议认为法律案有重大问题需要进一步研究,可以建议提案人修改完善后再向常务委员会提出。"第30条规定:"常务委员会组成人员十人以上联名,可以向常务委员会提出法律案,由委员长会议决定是否列入常务委员会会议议程,或者先交有关的专门委员会审议、提出是否列入会议议程的意见，再决定是否列入常务委员会会议议程。不列入常务委员会会议议程的，应当向常务委员会会议报告或者向提案人说明。”上述两个条款规定了向全国人民代表大会常务委员会提出提案的主体范围。虽然没有明确规定运用书面形式，但实践通常要求采用书面形式。

（三）法案的内容

有学者认为，法案由主案与附案两部分组成。“主案是提交审议的立法提（动）议，附案是提交审议的法律、法规或其他规范性法文件的原型，亦即法律草案、法规草案、规章草案等。”[①]可见，法案的内容包括动议与法的草案两大部分。

在英国，法案通常由以下部分构成：(1)引文及简称标题。使用引文标题便于在诸多成文法中简称某一法案，引文标题通常置于法案的最后一条。(2)详细标题。详细标题设置于有关立法目的的一般条款之中，可以涵盖法案的所有内容，但不能涉及法案印刷后没有包括的重要内容。(3)序言。序言用于陈述立法理由和作用，设于立法程式之前。(4)立法程式。立法程式设于法案诸条文之前，是一段简短的文字，说明立法权力的来源。(5)条文。即法律正文，一般由若干条款组成。(6)附表。诸法条之后有一个或者多个有关法律条文详细资料的附表，附表是法律的组成部分，但依赖于一个或者多个前款规定使其条文得以生效。(7)释义备忘录。[②]

法国法案的内容主要有立法动机和主文两个部分。“立法动机”阐述法律提案人主张制定、修改或废止某一法律的理由；“主文”反映法律提案的实体内容，且要用规范的法律语言表述，并以章、节、条、款等形式加以表现。另外，1998年1月26日的一项总理通令还要求所有法律草案在提交议会审议时应当附上“立法影响”研究，包括立法的预期效果和可能出现的社会、经济、财政、行政等方面的影响。[③]

（四）法案的类型

法案的类型依据不同的标准可作不同的划分。如以法案提出的主体来分类，世界多数国家有政府法案与议员法案之分；此外还可分为国家机关或个人议案等。口头法案与书面法案是根据法案的形式进行的分类。英国将法案分为公法法案、私法法案以及混合法案。公法法案主要与公共政策有关，直接由议员提出；私法法案是与个人、若干人、公有公司或地方政府等特殊利益有关的

① 周旺生：《立法论》，北京大学出版社1994年版，第524页。

② 参见蔡定剑、杜钢建主编：《国外议会及其立法程序》，中国检察出版社2002年版，第93～95页。

③ 参见蔡定剑、杜钢建主编：《国外议会及其立法程序》，中国检察出版社2002年版，第228页。

法案，根据议事规则有关私人事项的规定，由利害关系人以申请方式提出。“在个别情况下，当一项公法法案涉及某项私人利益时；或者在极个别情况下，一项私法法案因范围太广，涉及了公共政策而不能进入私法法案程序；如果某公法法案适用与私人事项相关的某项议事规则的规定，则该法案将作为混合法案，由议会适用特殊程序予以通过。”①

二、法案起草的内涵

有学者认为，从法案的形式来看，法案起草是指有立法提案权的机关、组织和人员或受其委托的机关、组织和人员，将应当以书面形式提(动)议的法案形诸文字的活动。② 从法案的结构来看，法案起草包括以下三种含义：(1)指对主案的起草。这种法案起草至少应当注意使主案包括以下要素：法案或立法提(动)议的标题；提(动)议的理由；要求由何机关于何时通过本提(动)议；建议由或拟由何机关、组织或人员起草与该提(动)议相配套的法律草案、法规草案或其他规范性法文件草案；法的草案的主要内容或原则、精神；接受提(动)议的机关的名称；提(动)议者署名和提(动)议日期。(2)指对附案的起草。即指由有关机关、组织、人员将拟议提交有权机关审议、表决的法的原型按一定的要求形诸文字的活动。也就是通常所说的法律草案起草、法规草案起草或其他规范性法文件草案起草。(3)指对由主案和附案结合而成的完整的法案的起草。就这三种含义的法案起草而言，法的草案起草更具实质意义，因而这种含义上的法案起草更主要、更重要。

还有学者认为，法律、法规(草案)的起草包括了一系列的活动，“是指立法项目可行性报告的提出，法律、法规(草案)起草提纲和(草案)的拟订，起草法律、法规(草案)及送审报告等活动的总称”③。

本书认为，第一种观点是较为全面的，第二种观点实际上是对立法提案权人提出法案所作的具体要求。我国法律法规没有明确法案的具体内容与要求。我们认为，如果是作为立法提案权人提出的，应准确区分提出立法动议与提出法案，并且进一步规范法案的提出。我国法律应明确规定立法动议的提出与法案提出有不同的要求，立法动议只是提出某一种倡议，并不附带具体内容；而提出法案则要求其内容规范化。法律应明确二者的不同意义以及适用的不同程

① 蔡定剑、杜钢建主编：《国外议会及其立法程序》，中国检察出版社 2002 年版，第 91 页。

② 参见周旺生：《立法论》，北京大学出版社 1994 年版，第 527 页。

③ 李培传：《论立法》，中国法制出版社 2004 年版，第 207 页。

序。对于立法动议应集中登记,交有关委员会审查决定由什么样的主体再行提出法律草案,或者决定不予提交审议,对于法的草案待进入审议程序再交由有关委员会审议。对法律草案的提出,应要求法案的提出者必须提交符合规范化的法律草案,必须具备如下内容:"(1)法案的名称;(2)提出法案的理由;(3)法案的目的或者宗旨;(4)法案的主要原则和基本架构;(5)法案的主要条款及其内容;(6)提案人署名、附议者联署。对于不符合规范化要求的法案,应当建立退回重新修改的制度予以处理。"[①]当然,以上所指是在正式的提案过程中对法案的要求。但是在通常情况下,法案的起草只是立法准备阶段的一个环节,其主要的或重要的任务是法的草案的起草,因此,我们对法案的起草,依通常的理解,还是定位为法的草案的起草。

诚然,在有法律法规明确规定的情况下,立法提案权人向特定立法主体提出的法案应当是完备的,包含了法的主案与附案。但如果法律法规没有明确要求,立法提案人提出的法案只包含了法的主案,法的附案没有提出,此时,立法主体应对该法的主案加以审查,确定是否要求立法提案权人再行提出法的附案,或者委托其他主体提出法的附案即法的草案。由此,则出现了法的起草处于不同阶段的情形:一是发生于立法准备阶段的法的起草;二是发生于立法形成阶段的法的起草。多数情况下,法的起草是立法准备阶段的重要内容或环节。

第二节　法案起草人

法案起草人即是法案起草的主体,多指法的草案的起草主体。需注意将法案起草主体与法案主体加以区别。法案主体,包括法案提出的主体以及法案的接受主体,它们是正式立法过程的参与主体;而法案起草主体虽然有时也是法案的提出主体,但二者并不是完全相同的主体。

一、国外法案起草的主体

因各国立法体制有所不同,各国对法案起草主体的规定或要求也不一样,实践中有以下不同的做法。

英国议会立法的提案主体主要有两种类型,一是议员(尤其是未进入政府机关的普通议员),二是政府。在英国,议会所审议的法案10%左右是由未进入

---

① 李林:《立法权与立法的民主化》,高鸿钧主编:《清华法治论衡》第一辑,清华大学出版社2000年版,第281页。

政府机关的普通议员提出，80%以上则由政府提出。不同的提案主体起草法案的形式有所不同。普通议员的法案如何起草法律未作出明确规定，实践中通常有以下几种情形：一是由议员的立法助理起草法案；二是由议员委托政府法案起草室起草；三是委托平民院的办事机构帮忙起草；四是议员所代表的选区、利益团体起草好法案后由议员向国会提出。在政府部门的法案方面，1869年以前，英国政府的法案多是由政府各部对口起草，法案起草的质量参差不齐，甚至出现在财政开支方面乱开口子的现象。“1869年，政府终于接受本杰明、西蒙等人的建议，设立法案起草室。到1910年，部门起草法案的旧习终于被废除，由法案起草室为政府各部统一起草法案的原则为各部大臣接受下来。”“法案起草室的地位比较特殊，它设在财政部内，但实际上是整个政府统一的法案起草机构，受立法规划委员会直接领导。”①

日本国会立法的法案起草，通常由设立众议院、参议院的内部法制局来完成。在日本，众参两院各设有作为办事机构的法制局，主要职能是：“起草议员提案；起草对法律案的修正案；受委员会的命令对立法进行预备性质的调查；回答议员提出的法律问题；收集、提供立法相关的资料；对内阁提请议院审议的提案提出分析和评价的意见，供议院、委员会和委员们参考。”②

德国联邦议会的立法，根据联邦宪法的规定，政府以及联邦参议院与众议院的议员均有权提出联邦议院审议的法案，但是2/3以上的法案都是由联邦政府提出来的。议员提出的法案如何起草，法律没有明确规定，这与英国的情形相似，但联邦政府提出的法案则是由联邦政府相应的部门来起草。德国“联邦政府的机构是根据国家和社会最重要的那些领域而设立的。每一领域都设立一个部门负责，如联邦司法部、联邦经济部、联邦劳动部、联邦社会事务部、联邦卫生部等。在这些部中，处理大量单个事项的权力按类集中到司、局和处”③。

美国《宪法》第1条第1节规定：“本法所赋予的全部立法权授予由参议院和众议院组成的美国国会。”美国国会的立法提案权属于议员个人，只有经由议会议员才能提出属于联邦参众两院的法案。根据美国宪法的规定，只有众议院才能提出征税法案和拨款法案，参议院只能对众议院提出的征税法案和拨款法案提出建议或表示附修改意见的同意。因此，征税法案和拨款法案只能由众议院的委员会或其委托的部门起草。除征税法案和拨款法案外，其他法案起草的

① 蒋劲松：《英国的法案起草制度》，《中国人大》1996年第10期。

② 蔡定剑、杜钢建主编：《国外议会及其立法程序》，中国检察出版社2002年版，第389页。

③ 蔡定剑、杜钢建主编：《国外议会及其立法程序》，中国检察出版社2002年版，第366页。

主体在美国呈现多元化的趋势：一是议员个人；二是专业的立法起草机构；三是众议院或参议院的立法咨询机构；四是政府部门或内阁成员；五是国会的各委员会等。法律对法案起草主体并无统一的规定，实践中的做法是，法案起草主体的选择要考虑法案的性质、动议的主体、利益团体的影响等因素。美国多数州法律规定，州议会的法案起草工作必须经由立法参考局起草。立法参考局是非党派性的立法服务机构，负责提供研究资料和议案起草服务。“规定议案由议会内设立的专门机构起草是为了确保法律在文字上和结构上的统一性和连贯性，准确表达立法请求者的意图，也是为了使议会通过的法律更易于为大众理解，更易于为负责解释和使用法律的政府机构、检察官和法官所理解。”①

二、我国法案起草的主体

我国《立法法》只是规定了全国人大及其常委会提案主体的范围，对法案的起草并没有作出明确的规定。2001 年国务院制定的《行政法规制定程序条例》第 10 条对行政法规草案的起草规定为：“行政法规由国务院组织起草。国务院年度立法工作计划确定行政法规由国务院的一个部门或者几个部门具体负责起草工作，也可以确定由国务院法制机构起草或者组织起草。”同年制定的《规章制定程序条例》第 13 条对规章草案的起草规定为：“部门规章由国务院部门组织起草，地方政府规章由省、自治区、直辖市和较大的市的人民政府组织起草。国务院部门可以确定规章由其一个或者几个内设机构或者其他机构具体负责起草工作，也可以确定由其法制机构起草或者组织起草。省、自治区、直辖市和较大的市的人民政府可以确定规章由其一个部门或者几个部门具体负责起草工作，也可以确定由其法制机构起草或者组织起草。起草规章可以邀请有关专家、组织参加，也可以委托有关专家、组织起草。”一些地方的立法条例对地方性法规草案的起草主体也作出了规定，如《黑龙江省人民代表大会及其常务委员会立法条例(2024 修正)》第 32 条规定，列入年度立法计划的法规项目，由提案人组织起草。常务委员会认为需要由自己组织起草的法规草案，由主任会议指定省人民代表大会专门委员会或者常务委员会工作机构组织起草。综合性、全局性、基础性的重要法规草案，可以由有关专门委员会或者常务委员会工作机构组织起草。专业性较强的法规草案，可以吸收相关领域的专家参与起草工作，或者委托有关专家、教学科研单位、社会组织起草。提案人组织起草法规草

① 刘建兰、张文麒：《美国州议会立法程序》，中国法制出版社 2005 年版，第 74 页。

案，应当邀请省人民代表大会有关专门委员会、常务委员会工作机构提前参与。

从有关法律制度的规定及立法实践来看，我国现行法案起草的主体类型有：

(1)政府部门对口起草的主体。政府部门对口起草方式在中央立法以及政府部门的立法中较为常见。如国务院农业主管部门起草农业方面的法律法规，林业部门起草林业方面的法律法规。国务院制定的行政法规也多为国务院组成部门负责起草。就地方政府规章起草而言，地方政府及其所属部门也多是规章起草主体。

(2)委托起草的主体。立法主体将一些立法方案的起草委托给有关政府部门、科研院所的专家学者、社会组织等，由他们来起草法规草案，如北京市在制定《中关村科技园区条例》时，将法案起草的任务委托给科研院校的专家学者，如北京大学的周旺生教授、中国人民大学的史际春教授等。

(3)招标起草的主体。立法主体将进入立法规划或计划的立法项目向社会公开，采用向社会公众招标的方式，确定法案的起草主体。如 2021 年张家界市文化旅游广电体育局通过招标委托湖南大学法学院立法团队起草制定《张家界市旅游市场管理规定》。

(4)立法主体专门的组织机构负责起草。立法主体的组织机构专门起草法案也是我国立法实践中常用的一种方式。就全国人大及其常委会立法而言，全国人大九个专门委员会可能承担某些法律草案的起草工作，比如《农民权益保障法》就由全国人大委托全国人大农业与农村委员进行广泛调研与起草；地方性法规草案通常也是由地方人大的常设委员会来起草；政府立法主体可能由政府法制机构负责起草某些法案。

(5)多部门人员组合起草。一般由人大专门机构如法律委员会或政府法制机构牵头，联合有关部门、科研院所相关的专家学者联合起草法律法规草案。有一些法案可能涉及两个或两个以上的部门管辖，则这些部门联合组成有关人员负责起草法案。

从人员构成上来看，法案起草的主体有：(1)职业法案起草者，如全国人大及地方人大及其常委会的法律委员会或法制工作委员会，国务院及地方政府的法制工作部门如司法厅、局等，它们作为立法主体的专门机构人员，起草法案是其主要任务或机构职能之一。(2)法学专家、学者、律师，这些人员可称为半职业法案起草者，他们具备法律专业背景，了解法案起草知识，应立法主体的邀请或委托从事法案的起草工作。一般在某项起草任务完成之后，他们的法案起草使命也就结束了。(3)非职业法案起草者，如议员、人大代表等，多数没有法律专业背景，对法案起草知识的了解也不全面，他们以自身某一方面的经验及其他专业知识为法案起草提供服务。

三、法案起草人的条件

国外职业法案起草机构的人员一般为律师出身，对法案起草工作及知识非常熟悉，能够把握立法的正确方向，知晓立法的意图，起草出高质量的法律草案。我国专门的法案起草机构人员也多具备法学专业背景，具备法案起草的经验和知识，能够把握立法意图和方向，起草符合立法主体要求的法案。尽管法案起草人员在各国构成有所不同，有专门职业机构的人员、半职业法案起草者以及非专业的法案起草人员。但作为法案起草人，都应具备一定的共性条件和要求。周旺生认为，作为法案起草者应具备八个方面的条件。

第一，他们能够确保法案可以正确地反映决策者、提案者（立法者）的立法意图。

第二，他们能正确处理各种可能出现的难题和可能出现的所有情况，或者能就所出现的难题和情况提出行之有效的处理对策供决策者参考。

第三，他们懂得立法的一般方法，立法的基本条件，立法的合法性、科学性、可行性，懂得立法要有严肃、慎重的态度以及立法要遵循的其他基本要求，并善于把握、运用和坚持。

第四，他们对法治、法制、立法和法案起草有正确的理解和必要的兴趣，善于运用法案起草的方式来实现对一定社会关系的调整。

第五，他们精通宪法，熟悉相关的法律、法规、规章和政策，熟悉各有关立法主体的立法权限范围和立法职责所在，了解所起草的法案涉及与哪些主体、方面的关系并善于协调处理。

第六，他们有较高的文化水平和很高的文字修养，能理解和把握法的语言的性质和特征，能熟练地运用法的语言清楚地、确切地表述各种规范和立法原则、立法精神；能科学地构造法案框架、科学地安排这个框架中的各种要素和部件。

第七，他们善于学习，有较高的悟性，能对事物作精微细密的分析和洞察，能全面、系统地考虑问题并能抓住要领或矛盾的焦点采取恰当的对策。

第八，他们有较好的工作方法和工作作风，工作效率高，能与同事较好地共事，能倾听他人的建议乃至批评，并汲取其中有益的东西，能吃苦耐劳，在立法任务繁重的时候能不辞辛劳甚至昼夜兼程地完成所交给的法案起草任务。[①]

---

① 参见郭道晖总主编：《当代中国立法》下册，中国民主法制出版社 1998 年版，第 1255～1256 页。

应该说，以上这些条件是法案起草组成员集体所应具备的条件，对起草组的某个成员而言，可能具备法案起草某一方面的条件，起草组成员分工配合、互相合作，才能完成符合立法主体要求的法律法规草案的起草工作。本书认为，作为整体的法案起草组（或法案起草主体）应具备以下条件。

一是政治条件。我国《立法法》第3条规定："立法应当坚持中国共产党的领导，坚持以马克思列宁主义、毛泽东思想、邓小平理论、"三个代表"重要思想、科学发展观、习近平新时代中国特色社会主义思想为指导，推进中国特色社会主义法治体系建设，保障在法治轨道上全面建设社会主义现代化国家。"立法应当坚持中国共产党的领导，坚持以马克思列宁主义、毛泽东思想、邓小平理论、"三个代表"重要思想、科学发展观、习近平新时代中国特色社会主义思想为指导，推进中国特色社会主义法治体系建设，保障在法治轨道上全面建设社会主义现代化国家。立法工作应当以四项基本原则为根本的指导原则。党的十三大提出建设有中国特色的社会主义，目前我国的社会主义还处于初级阶段，我国的立法是在坚持马克思列宁主义、毛泽东思想，坚持人民民主专政，坚持社会主义道路，坚持中国共产党的领导的前提下的立法，这是我国立法所应坚持的根本的政治方向。对立法四项基本原则的坚持首先应体现在法案的起草环节，而这又取决于法案起草人员的政治素质。因此，法案起草组（或法案起草主体）应当具备基本的政治素质，坚持四项基本原则。

二是立法和法律的专业素质。作为法案起草的主体，须具备立法方面的知识与经验，包括立法主体的范围、立法权限的划分、立法的结构营造技术、立法的语言表达技术等，只有具备立法的知识与经验，才能以专业的知识构建法律法规的框架，并起草出符合立法主体要求的法律法规草案。此外，法案起草主体还需要懂得法学的专业基础知识，一般应当具有法学专业背景，对法律法规有较全面的了解，能够将法学专业知识应用于法案起草的实践。

三是能力素质。法案起草主体应具备一定的组织与管理能力，能够对立法活动中有关行为进行有效的控制与引导；法案起草主体应具备一定的综合判断能力，能够对纷繁复杂的立法信息材料去粗取精、去伪存真，由表及里、由此及彼地分析与判断；法案起草主体还应具备一定的反应与逻辑思维能力以及清楚明白的语言表达能力。

四是品行素质。法案起草主体要有良好的品行修养，应树立客观、公正、公平的好形象，能够不偏不倚地执行职务等。

第三节 我国地方法案起草主体的三种模式

我国一般地方立法中享有立法权的主体有：权力机关，如省、自治区、直辖市人民代表大会及其常委会；设区的市人民代表大会及其常委会；行政机关，如省、自治区、直辖市人民政府以及设区的市人民政府。特殊地方立法包括民族自治地方的自治条例、单行条例，特别行政区的立法等。这里主要考察地方权力机关的立法。在地方权力机关立法时，地方法案起草主体的模式主要有三种：一是人大主导的法案起草主体模式；二是行政机关主导的（部门对口起草）模式；三是委托独立第三方的法案起草主体模式。

一、人大主导的法案起草主体模式

人大主导的法案起草主体模式又分为两种类型：一是人大机构自己起草；二是人大机构组织起草。

（一）人大机构自己起草

2014 年 10 月党的十八届四中全会通过的《中共中央关于全面推进依法治国若干重大问题的决定》指出，健全人大主导立法的体制机制，发挥有立法权的人大及常委会在立法中的主导作用，并特别指出："建立由全国人大相关专门委员会、全国人大常委会法制工作委员会组织有关部门参与起草综合性、全局性、基础性等重要法律草案制度。"该意见在 2015 年修订的《立法法》第 53 条中得以体现。该条规定："全国人民代表大会有关的专门委员会、常务委员会工作机构应当提前参与有关方面的法律草案起草工作；综合性、全局性、基础性的重要法律草案，可以由有关的专门委员会或者常务委员会工作机构组织起草。专业性较强的法律草案，可以吸收相关领域的专家参与起草工作，或者委托有关专家、教学科研单位、社会组织起草。"由此确立了全国人大工作机构起草法律草案的法律依据，我国《宪法》和《地方组织法》对此也作了相关规定。

此外，随着 2015 年《立法法》对人大工作机构起草法案制度的确立，一些地方也修正了本省（自治区、直辖市）的立法条例，将人大工作机构起草地方性法规的制度确立下来，如 2016 年《广西壮族自治区立法条例》第 11 条规定："自治区、设区的市人民代表大会有关的专门委员会、常务委员会法制工作机构应当提前参与有关方面的法规草案起草工作；综合性、全局性、基础性的重要法规草案，可以由有关的专门委员会或者常务委员会法制工作机构组织起草。专业性较强的法规草案,可以吸收相关领域的专家参与起草工作,或者委托有关专家、教学科研单位、社会组织起草。”2016 年《广东省地方立法条例》第 17 条、2016 年《贵阳市地方立法条例》第 13 条等也都对此作了规定。此外,一些地方专门出台了人大专门委员会的制度规定,将专门委员会起草地方性法规草案的制度确立下来,如《浙江省人民代表大会专门委员会工作规则》第 5 条第 4 项规定,“拟定和审议同专门委员会有关的地方性法规草案和决议、决定草案”。《黑龙江省人民代表大会专门委员会工作条例》第 16 条规定,“起草或者参与起草与本专门委员会有关的地方性法规草案和决议、决定草案”。

哪些人大工作机构可以起草法案呢?就省级人大工作机构设置来说,目前 22 个省、5 个自治区、4 个直辖市都有常设机构——常委会以及常委会的工作机构——主任会议,都设立有一定数量的专门委员会,并且也都设立了一定数量的常委会工作机构。各省人大工作机构的设置存在一些细微差异。

第一,专门委员会数量与名称的设立有一定差异,如四川省人大设立了 8 个专门委员会,包括法制委员会、民族宗教委员会、内务司法委员会、财政经济委员会、教育科学文化卫生委员会、农业与农村委员会、城乡建设环境资源保护委员会、外事侨务委员会。山东省人大设立了 7 个专门委员会,包括法制委员会、内务司法委员会、财政经济委员会、教育科学文化卫生委员会、农业与农村委员会、城乡建设与环境资源保护委员会、民族侨务外事委员会。广西壮族自治区人大也设立了 8 个专门委员会,包括法制委员会、民族委员会(民族工作委员会)、内务司法委员会、财政经济委员会(预算工作委员会)、教育科学文化卫生委员会、农业与农村委员会、环境与资源保护委员会、外事华侨委员会。在专门委员会的名称上,四川有“城乡建设环境资源保护委员会”,山东称之为“城乡建设与环境资源保护委员会”,广西则称之为“环境与资源保护委员会”。又如,广西将预算工作委员会与财政经济委员会合并在一起,民族委员会与民族工作委员会合并在一起,而四川和山东则没有采取此类做法。

第二,在人大常委会工作机构的设立上,无论在数量方面还是在名称方面都存在较大的差异。四川省将人大工作机构分为五大部分:专门委员会、办事机构、省人大常委会党的工作机构、省人大机关直属事业单位以及省人大常委会代表资格审查委员会。山东省人大工作机构包括两大部分:一是省人大专门委员会;二是省人大常委会下设机构,包括代表资格审查委员会、预算工作委员会、人事代表工作委员会、研究室、法制工作委员会以及办公厅。广西壮族自治区人大除代表资格审查委员会以及专门委员会的设置外,其工作机构以及办事机构较少,仅设立有办公厅、选举联络工作委员会、法制工作委员会以及研究室。各省级人大的专门委员会根据其职能设置可以作为地方性法规的起草主体,但省级人大常委会的工作机构则要具体分析。一般来说,根据其职责设置,代表资格审查委员会、省人大常委会的党的工作机构、省人大机关直属事业单位是不能参加地方性法规草案的起草的。如此,除各省人大专门委员会外,四川省人大常委会工作机构除港澳台事务工作委员会、信访办公室外的其他 5 个工作机构如办公厅、法制工作委员会、人事代表工作委员会、预算工作委员会以及研究室均可以作为地方性法规草案的起草主体,山东省人大常委会 5 个工作机构都可以作为法案的起草主体,广西壮族自治区人大常委会 4 个工作机构都可以作为法案的起草主体。从以上分析来看,省级人大的工作机构,除专门委员会外,对于省级人大常委会的工作机构,要根据其职能分工具体考察其是否可以作为适格的地方性法规草案的起草主体,不是所有的省级人大常委会工作机构都可以作为法案的起草主体。一般地,省级人大常委会的党的工作机构、直属事业单位不适宜作为地方性法规的起草主体。

赋予人大工作机构以一定的法案起草权,就存在各种职能之间的权衡问题,既要让人大工作机构充分履行自己的职能,不能因履行一项职能而影响其他职能的履行,还要考虑人大工作机构履行职能的条件、时间、资源等,对人大工作机构的人财物力资源配备要齐全,保障其顺利行使职能。因此,让人大工作机构承担起人大立法的所有法案起草任务是不切实际的,即使 2015 年《立法法》修正案对此作出规定,人大工作机构也无法彻底作出转变。本书认为,关于人大工作机构起草法案应当限定一定的范围,即《立法法》第 53 条规定的,涉及综合性、全局性、基础性的重要法律草案,可以由有关的专门委员会或者常务委员会工作机构组织起草。也就是说,并不是所有的法案都应由人大工作机构来起草,它只起草涉及综合性、全局性、基础性的法案。当然《立法法》第 53 条的规定并非限制人大工作机构法案起草的范围,其也可以起草其他法案,只是在选择法案起草时,最好选择"综合性、全局性、基础性的重要法案",在能力和时机等允许的情况下,人大工作机构也可以承担其他性质法案的起草工作。

(二)人大机构组织起草

人大机构组织起草即是"人大主导的联合起草法案模式"。在《立法法》修正之前,地方人大及其常委会的立法基本上都是由政府部门对口起草的,只有涉及人大自身的制度建设如《××市制定地方性法规条例》《××省(市)立法条例》等才由人大自行起草,政府起草的法案占地方人大及其常委会立法的 90% 以上,偶尔出现由人大主导的联合起草法案的模式,如 2005 年山东省人大常委会修正的《山东省旅游条例》即采用了人大主导的联合起草模式,由省人大常委会法工委牵头，省人大民侨外委员会办公室、省政府法制办、省旅游局联合起草。[①] 2015年以后，各地也纷纷修正了自己的立法条例，将“人大主导立法”的理念和制度确立在地方立法程序法规中，并积极运用于实践。如天津市人大常委会制定的《天津市绿化条例》《天津市教育督导条例》的起草就采用了人大相关专门委员会牵头会同政府有关部门联合起草的模式。安徽省人大常委会2015年审议的18件法案中有9件是由人大专门委员会和常委会工作机构主导的联合起草[②]，重庆市人大常委会制定的《重庆市城乡规划条例》也采用了这种法案起草模式[③]。

人大主导的联合起草模式的最大优势和功能主要在于，不仅能保障人大在法案起草中的主导作用，更重要的是，防范了法案起草中的部门利益倾向，能够在源头上确保法的公正与公平。除此之外，人大主导的联合起草模式的功能还包括以下几个方面。

第一，能够协调各种矛盾，让各种不同的意见在法案起草中通过辩论、博弈，最终达成意见的统一。[④] 人大主导的联合起草模式整合了不同类型的参与主体，包括人大部门、执法部门以及政府法制部门专家、学者等，法案起草过程中会暴露出法案的许多问题，这些问题和矛盾通过各方主体的辩论、博弈，最终会在人大主导下形成意见的统一。相对于人大的自主起草、政府部门的独立起草，人大主导的联合起草模式更容易实现协调矛盾，达成意见的一致。

第二，能够节约立法成本，提高立法效率。立法过程也是成本支出的过程，如果在法案起草环节将各种意见充分讨论达成一致，将会大大减少在法案审议环节的时间耗费。另外，有关的专门委员会或人大常委会工作机构主导立法的过程，能够将法案起草与立法过程的其他环节进行有效衔接，方便该法案顺利进入立法议程，相比于其他模式的法案起草，这种模式能够提高立法效率，促进法案尽快出台。

第三，能够整合各种观点，提高立法质量，增加立法的可操作性、可接受性。人大主导的联合起草法案的过程也是经过反复调研和论证的过程，不仅实现了

---

① 参见山东省人大常委会法制工作委员会编写：《探索·实践·硕果：山东省十届人大常委会立法回顾》，山东人民出版社2008年版，第98页。

② 参见范天娇：《安徽省人大主导立法牵头起草法规案占年度审议“半壁江山”》，《法制日报》2016年1月5日。

③ 参见重庆人大城乡建设环境保护委员会课题组：《地方人大专门委员会依法行使法规案提案权研究》，http://www.ccpc.cq.cn/home/index/more/id/206818.html。

④ 参见杨建广：《多元主体协同起草法案的立法模式——广东省未成年人全程参与利益相关立法研究》，《中山大学法律评论》2014年第4期。

立法的民主性，而且因为多种意见的博弈整合，使立法主体和执法主体都更容易接受，参与起草的专家、学者也更容易接受，这就在一定程度上增加了立法的可操作性、可接受性。各方的参考、不同意见的整合与调和也促进了立法质量的提高，在立法过程中不会因为起草法案的质量太低或出现重大分歧而在立法议程中“中止”或“终止”。

二、地方行政机关主导法案起草的主体模式

（一）行政主导法案起草的主体模式是当前我国最主要的法案起草模式

行政主导型法案起草也即通常所讲的政府部门对口起草法案，是我国法案起草的主要方式。在山东省人大常委会公布的2018年立法工作计划中，110件立法项目中，除了2件属于人大机构负责起草、3～5件采取委托起草外，其余均由相应的政府部门对口起草。山东省17个设区的市2018年共制定47件地方性法规，除了5件属于人大机构自己起草的外，基本上都是相应的政府部门对口起草的。[①] 可以说，省级人大及其常委会以及设区的市人大及其常委会立法中，政府部门对口起草比例较大，是各类起草模式中采用最为广泛的一种模式。

《立法法》第74条规定：“行政法规由国务院有关部门或者国务院法制机构具体负责起草，重要行政管理的法律、行政法规草案由国务院法制机构组织起草。行政法规在起草过程中，应当广泛听取有关机关、组织、人民代表大会代表和社会公众的意见。听取意见可以采取座谈会、论证会、听证会等多种形式。”《行政法规制定程序条例》第11条规定：“行政法规由国务院组织起草。国务院年度立法工作计划确定行政法规由国务院的一个部门或者几个部门具体负责起草工作，也可以确定由国务院法制机构起草或者组织起草。”《规章制定程序条例》第14条规定：“部门规章由国务院部门组织起草，地方政府规章由省、自治区、直辖市和设区的市、自治州的人民政府组织起草。国务院部门可以确定规章由其一个或者几个内设机构或者其他机构具体负责起草工作，也可以确定由其法制机构起草或者组织起草。省、自治区、直辖市和设区的市、自治州的人民政府可以确定规章由其一个部门或者几个部门具体负责起草工作，也可以确定由其法制机构起草或者组织起草。”由此观之，不论是我国现行立法实践还是现行制度规范，行政主导型起草法案模式或政府部门起草法案是我国现阶段各立法主体最主要的法案起草模式。

---

① 数据统计来源于山东人大网，http://www.sdrd.gov.cn/channels/ch00628/。

（二）行政主导型法案起草模式的优势

行政主导型法案起草模式具有一定的优势，这种优势使该种起草模式虽然饱受批评，但有时仍作为最佳选择。有学者认为，“民意机关在面对专业性立法任务时，往往缺乏足够的立法技术与实践经验，因此不得不依赖直接主管的行政机关提出立法草案，进而主导立法过程”，“行政部门拥有更强烈的立法动力与更娴熟的立法技巧”，它也会注意形式与实质上的立法正当性，“在由中央行政机关主导的立法中，也存在国务院法制办和各部委的法规司（局）分工合作的体系，兼由法学专家进行立法辅助，这些能够保证部门立法在形式和实质上的正当性”。[①] 有学者论证了我国权力机关（专门立法机关）对行政机关立法依赖的原因，认为行政机关直接因其管理职能的需要掌握着被管理对象更多的信息，“为了开展其相关领域的立法活动，立法机关不得不对行政权力机关形成事实上的依赖关系。正是从法律案的提出和草创环节，行政权力机关依靠其对政治、经济、社会事务管理者的身份所积累起来的信息优势而在立法过程中构成事实上的主导权”[②]。“政府参与立法是世界很多国家的通行做法，尤其是随着政府治理日益精细化、技术化，立法很难离开政府。”[③]还有学者认为，职能部门起草，特别是政府相关部门起草法案占多数，是世界通行做法，也有其必然性。政府职能部门直接行使行政管理权限，熟悉经济、民族、文化、教育、环境等各方面的信息和发展状况。同时，政府职能部门又是行政执法者，通过日常执法活动能够清楚掌握其中存在的主要问题，从而能够利用其行政管理优势来切中立法的目标以及提出解决问题的具体方案。立法机关的立法高度依赖政府部门，而政府部门自己的立法又具有很强的内部性与封闭性，因此，行政主导型法案起草模式还会是我国现行法案起草主导模式。[④] 总体来看，行政主导型法案起草模式具有以下优势。

1.立法经验的优势

法案起草是一门技术，也是一个经验积累的过程。法案起草过程会遇到什么样的问题，针对不同的问题提出什么样的解决方案，在众多方案中如何选择，草案如何规划，草案起草过程分为几个阶段等，既涉及立法技术问题，也是立法经验的问题。我国行政主导型法案起草模式与我国立法权和政府部门一开始密不可分的关系有着密切联系。1949 年新中国成立，立法权集中于代行全国人

---

① 王理万：《立法官僚化：理解中国立法过程的新视角》，《中国法律评论》2016 年第 2 期。

② 吕忠：《行政主导型立法模式：特征、成因及其限度》，《福建行政学院学报》2017 年第 1 期。

③ 周东旭：《行政主导立法的弊端》，《领导文萃》2016 年第 10 期。

④ 参见张春生主编：《立法实务操作问答》，中国法制出版社 2016 年版，第 25 页。

大职权的中国人民政治协商会议全体会议，但“实践中，立法权力具有从中央到地方多级主体行使的分散性”[①]。1954 年新中国成立后第一部《宪法》明确全国人大的立法职权，后于 1955 年和 1959 年两次授予人大常委会立法权，地方仅有民族自治地方有立法权，至 1979 年的 25 年间，相关中央立法有 1115 件。[②] 1979 年之前法案起草模式没有相关资料记录，但根据相关资料可以断定，新中国成立后很多相关法律文件都涉及政府的管理事务，国务院在中央立法中发挥了重要作用。一是国务院作为提案主体，二是国务院作为法案起草主体。[③] 1979 年后我国立法体制越来越完善，立法实践证明行政主导型法案起草模式占绝对主流。这种立法经验的习得一是长期法案起草过程获得的经验，二是设有专门的机构和人员。如国务院下属部门，除专司法案起草的机构——国务院法制办(2018 年国家机构改革合并到司法部)，国务院各部门也都有相应的专司法案起草或政策制定的部门，如教育部就设立有“政策法规司”，其重要职责之一便是“起草综合性教育法律法规草案”，科技部下设“政策法规与创新体系建设司”，其重要职责之一是“组织起草相关法律法规草案和规章”。省政府、设区的市政府也都有相关的部门设置，配备有专职人员，从事专职的立法工作。至少在某一行业管理或部门管理领域，这样的部门或人员对该领域法案的起草工作得心应手，经年的立法实践丰富了他们的立法经验，如此，就起草相关领域的法案而言，行政机关具备了其他起草主体不可比拟的立法经验。

2.立法技术的优势

立法经验与立法技术是两个不同的概念。“立法技术是指在立法活动中所应体现和遵循的有关法的创制、修改、废止的技能、技巧、规则等的总称。”[④]也有学者从广义与狭义角度来理解立法技术，“广义的立法技术泛指立法过程中形成的全部知识、经验、规则、方法和技术等的总和。它包括立法体制的技术、立法程序的技术和立法表达的技术等。狭义的立法技术专指立法表达技术，它包括法律文件的内部结构、外部形式、概念、术语、语言、文体以及立法预测、立法规划等方面的技术”[⑤]。可见，广义的立法技术包括了立法经验，狭义的立法技术不包括立法经验。此处将“立法技术”理解为狭义的概念，将立法经验与立法技术加以区分。经验，从哲学上讲，就是“从过去已发生的事件中获得的知识”。

---

① 徐向华:《中国立法关系论》，浙江人民出版社 1999 年版，第 10 页。

② 参见吴大英等:《中国社会主义立法问题》，群众出版社 1984 年版，第 241 页。

③ 参见薄一波:《若干重大决策与事件的回顾》(下)，中共中央党校出版社 1993 年版，第 796 页。

④ 高其才:《法理学》，清华大学出版社 2015 年版，第 286 页。

⑤ 张光杰主编:《法理学导论》(第 2 版)，复旦大学出版社 2015 年版，第 110 页。

立法经验是从过去立法活动中得到的启示或知识。十届、十一届全国人大常委会委员长吴邦国在总结中国特色经验时说，中国特色的立法之路最重要的经验有五条：坚持党的领导；坚持以中国特色社会主义理论为指导；坚持从中国国情和实际出发；坚持以人为本，立法为民；坚持社会主义法制统一。[①] 行政机关有着长期的法案起草传统，不仅积累了丰富的立法经验，更重要的是掌握了系统的立法技术，而且对于专门领域立法事项的立法技术的掌握是其他主体所不能及的。从这个角度上看，行政主导型法案起草模式的适用也是有合理性的。

3.立法过程影响力的优势

行政主导型法案起草模式的适用不仅在于行政机关或部门具备了一定的立法经验与立法技术，更在于行政机关或部门所具有的立法过程影响力的优势。这种影响力优势在于：

第一，法案起草过程中人、财、物配备的优势。任何法案的起草需要配备充裕的人、财、物，行政机关不仅设有专门的机构、专门的人员，还有专门的法案起草经费保障，这是法案起草保证质量的基础与前提。

第二，法案起草过程中部门协调的优势。不论是借助各行政机关的共同上级部门还是动员本部门的资源，在进行法案所涉各部门之间的利益协调中行政机关具有优势。一项法案多会牵涉多个部门的利益，法案质量的高低在某种程度上取决于部门利益是否能够充分协调，各部门利益协调较为充分，则具体制度设计就容易获得相关部门的理解与同意，也为法案进入议程提供了便利。

第三，法案起草过程中公开征求社会公众意见的优势。行政机关在进行法案起草过程中，可以根据情况需要以及法律法规的规定对法案公开征求意见。“法案公开征求意见是指立法机关在法案的起草或审议阶段，将法的草案或有关立法资料向社会公布，通过讨论会、座谈会、听证会等形式广泛征求社会主体的意见，从而为法案的修改完善提供参考或借鉴的活动。”[②]法案公开征求意见是立法民主化的体现，是获得公众认同以及法案合法性的方式。行政机关在法案起草过程中公开征求意见时具有一定的信息优势，如国务院及其各部门都有自己的法案信息公开征集平台，也具备将所征集的信息进行分类、整理和处理的技术与手段，还有合适的方式对相关的意见进行采集或反馈。目前我国行政机关在主持法案起草时应当多注意吸收公众意见，发挥其在法案起草过程中公

① 参见吴邦国：《中国特色的立法之路最重要的经验有五条》，http://www.npc.gov.cn/npc/sjb/2011-03/10/content_1640508.htm。

② 汪全胜、黄兰松：《我国法案公开征求意见回应机制的建立与完善》，《南通大学学报(社会科学版)》2015 年第 2 期。

开征求社会公众意见的优势，采取多种形式广泛征求意见建议，也使法案在起草中能够避免“部门利益化”嫌疑。

第四，法案调研论证方面的优势。任何一项法案的起草都离不开深入的立法调研与论证工作。我国一些地方的立法条例都规定了法案起草的调研论证工作，如《湖北省人民代表大会及其常务委员会立法条例》第 21 条、《黑龙江省人民代表大会及其常务委员会立法条例》第 34 条都规定，起草地方性法规草案，应当认真开展调查研究，广泛听取各方面的意见，准确掌握实际情况，真实反映人民群众的利益和要求。行政机关开展立法调研和论证工作已经积累了一定的经验和优势，容易得到一些部门、机构和人员的配合，工作起来得心应手。

第五，起草法案进入立法议程的优势。立法议程是法案进入立法程序的正式运作过程，一般包括四个阶段，即法案的提出、法案的审议、法案的表决通过以及法案的公布等。在我国目前的立法体制下，法案起草的行政机关往往也是立法提案主体，它所起草的法案能够较为顺利地列入立法议程。如国务院是全国人大及其常委会的立法提案主体，它在提出法律案时可以将国务院部门起草的法案附上，如此，法案进入全国人大及其常委会的议程就相对便利与快捷。

第六，法案起草的行政主体在正式立法议程中也具有一定的影响力。在我国现行的立法体制下，多数法案起草的行政主体也是立法提案主体，即“提案人”。立法提案主体即提案人是指根据法律法规规定有权向立法主体提出法案的组织、机构或个人。[①]《立法法》第 18 条规定：“一个代表团或者三十名以上的代表联名，可以向全国人民代表大会提出法律案，由主席团决定是否列入会议议程，或者先交有关的专门委员会审议、提出是否列入会议议程的意见，再决定是否列入会议议程。专门委员会审议的时候，可以邀请提案人列席会议，发表意见。”即在明确立法提案能否列入议程、交由全国人大专门委员会审查提出意见时，专门委员会可“邀请提案人列席会议，发表意见”。第 21 条、第 25 条也规定，当行政机关的提案列入议程后，提案人可以向全国人大全体会议作出提案说明。在某种程度上，作为立法提案权的行政主体在立法提案中的影响力，也进一步影响着法案的正式运行。

上述法案起草主体的优势实质上都是比较优势，即与其他各种类型的法案起草主体相比较其所具备的优势。目前我国的法案起草主体主要有三类：一是人大机构起草；二是政府部门起草；三是委托社会组织、机构或个人起草。从人

---

① 参见刘明利编著：《立法学》，山东大学出版社 2002 年版，第 133 页。

大机构起草以及委托第三方法案起草模式来说，政府部门起草在立法经验、立法技术、立法议程影响力等方面具有较大的优势。当然，选择适格的法案起草主体还需要考虑诸多因素，如法案起草主体的资格、法案起草的质量、法案起草主体的独立性等等。从目前我国中央与地方立法的实践来看，无论是人大及其常委会的立法还是政府部门的立法，行政主导型起草模式仍占主流，且在今后一段时间内这种主流地位还不容易改变，其根本原因即在于行政主导型法案起草模式有其自身的特点与优势。

（三）行政主导型法案起草模式的风险

尽管行政主导型法案起草模式是我国立法实践采用的主流模式，其具有一定的特点与优势，但也常常使人不自觉地联想到“部门利益倾向”。法案起草中的“部门利益倾向”有不同的看法。有观点认为，“部门利益倾向，说穿了，就是要扩大手中的权力，为本部门多争取一些好处。”[①]有观点认为，“所谓部门利益是指行政部门偏离公共利益导向，追求部门局部利益，变相实现小团体的利益，其实质就是权力衙门化与衙门权力利益化”[②]。所谓部门利益倾向，主要是指行政机关在主持法案起草的过程中，忽视整体利益、社会公共利益，仅从本部门、本单位的利益和立场出发，创设本部门的职权与权力，缩减本部门的义务，推卸本部门的责任。有学者对部门利益作过区分，将其划分为正当的部门利益与不正当的部门利益，认为对于正当的部门利益应予以肯定，反之则应消除。“部门利益应该与它对应的公共利益相匹配，一旦部门利益超越了部门行使公共权力所要维护的公共利益时，部门利益的存在就变为可疑甚至是可憎的。”[③]但更多学者认为，部门利益倾向不适当地扩大了本部门的职权、利益，损害了公共利益。

在法案起草中“部门利益倾向”的表现形式方面，有学者认为，包括“通过立法扩大权力范围，将原本不属于本部门的职权划归本部门，或将本属几个行政部门共有的职权化为专有；将不属于行政机关范围的工作纳入行政管理范围”[④]。也有学者认为，法案起草中的“部门利益倾向”表现为：一是扩大本部门的职权，如设置更多的行政许可、实现部门或行业的垄断、超越国家法律授权范

---

① 姜春云：《地方立法要防止和克服部门利益倾向和地方保护主义——姜春云副委员长在四川调研时的讲话（摘要）》，《中国人大》2002 年第 9 期。

② 孙佑海：《改革开放以来我国环境立法的基本经验和存在的问题》，《中国地质大学学报（社会科学版）》2008 年第 4 期。

③ 程洁：《开门立法：遏止部门利益的不当扩张》，《法人》2005 年第 3 期。

④ 王宝明：《法治政府》，研究出版社 2009 年版，第 61 页。

围扩大职权；二是随意创设权利义务规范。[①] 习近平总书记在党的十八届四中全会上指出，一些立法存在“争权诿责”现象，说的就是为本部门谋取职权，而减少义务与责任的情形。

总体而言，行政主导型法案起草模式的“部门利益倾向”不利于我国的法治建设与发展，由于可能破坏法制统一、降低法的质量，致使法的利益协调失衡，影响立法的客观性与公正性，而不能称之为法治中国建设所需的“科学立法”。

造成“部门利益倾向”的根源在于部门利益的驱动。“立法关涉权利义务的调整，其背后则是利益资源的调整、分配，作为资源所有人或者有权调配资源的主体，政府当然更愿意由其自行设计权利义务安排。”[②]政府部门作为利益博弈中的一个利益主体，具有经济人的属性，以追求自身利益的最大化为目标，而立法特别是法案起草权也是其实现目标的手段之一。既然行政主导型法案起草模式有“部门利益倾向”风险，那么这种风险的概率有多大呢？有学者认为，行政主导型法案起草模式必然会导致“部门利益倾向”，“由政府部门负责起草与本部门行政管理事务密切相关的法规，草案中必然带有部门利益倾向”[③]。政府部门作为一个利益主体，追求自身利益十分正常，但不能损害其他主体及社会公共的权益。实践中，对这一问题的“度”的把握较为困难，除了执法部门以外，社会主体很难发现行政机关“夹带私货”，因为通过法案起草将本部门的权力和利益杂糅进去带有很强的隐蔽性，如扩大职权范围，设定更多的行政处罚与行政许可，都是以“管理”或“执法”的名义，难以让一般社会主体判断其是否具有“部门利益”倾向。

既然行政主导型法案起草模式有着天然的“部门利益倾向”问题，那么在正式的立法议程中能否将法案起草中的“部门利益倾向”剔除呢？有学者认为，可以通过人大审议程序的设置将法案中“部门利益倾向”去除。沈国明认为，人大及其常委会要发挥自己的审议权，“允许各利益群体进行充分表达和碰撞，并能代表最大多数人利益进行抉择，从中发现并剔除部门利益”[④]。吴祖强也表达了同样的观点，认为“通过人大这一平台，充分审议，实现各种利益和诉求充分而有序的博弈，促成意见协调和利益平衡，既是防止克服部门利益倾向的根本办

---

① 参见尹中卿主编：《人大研究文萃　第3卷　人大立法制度研究》，中国民主法制出版社2004年版，第370页。

② 阎锐：《地方立法参与主体研究》，上海人民出版社2014年版，第84页。

③ 董鹏：《地方人大立法起草存在的问题及其对策》，《边缘法学论坛》2016年第2期。

④ 卞琳、郑辉：《人大主导立法与地方立法权限和范围——2016年立法理论与实务研讨会综述》，《上海人大月刊》2016年第11期。

法，也是人大加强立法组织协调的真正使命”[①]。但事实上，很多立法的“部门利益倾向”是在法案成为法以后才逐渐被人们所了解和认识的，即立法的“部门利益倾向”是对已经成为“法”而不是“法案”的法规范性文件的内容判断。考虑到我国现行立法程序的设置，政府部门起草法案因存在“部门利益倾向”而不获通过的情形较为少见，即使去掉了明显的有关“部门利益倾向”的内容或规定，也会不可避免地有所保留。

三、委托独立第三方起草法案的主体模式

(一)委托独立第三方起草法案模式的含义及实践探索

委托起草是法案起草的一种形式，通常是指“立法主体或立法起草机关，委托有关机构、组织或人员，担当和完成草拟提交有关主体审议的规范性法律文件的任务”[②]。地方性法规草案的委托起草，是地方性法规的制定主体或地方性法规的起草主体将该地方性法规草案委托给有关机构、组织和人员从事起草的活动。2015年《立法法》修改，扩大了地方性法规的制定主体范围和规模，委托起草地方性法规草案也成为地方性法规制定过程中的一种重要形式。

委托起草法案方式最早的实践探索是1993年3月广东省人大常委会委托广东省法学会起草《广东省经纪人管理条例》。[③] 广东省法学会组织了由2名中山大学法律系教师和1名广东省社会科学院法学所助理研究员组成的起草小组，具体起草了《广东省经纪人管理条例》。1999年，重庆市人大常委会将《重庆市司法鉴定条例》委托西南政法大学起草；2001年，重庆市人大常委会又委托重庆市索通律师事务所起草《重庆市物业管理条例》草案。[④] 2008年，太原市人大常委会委托有关组织、机构和人员起草了《太原市文化产业促进条例(草案建议稿)》。[⑤] 2015年《立法法》修改以后，一些省级人大及其常委会以及设区的市人大及其常委会在立法过程中委托起草地方性法规草案的模式纷纷建立与实施。目前，地方性法规委托起草模式已在多地建立并有逐步拓展的态势。

制度层面，1993年我国开始进行委托独立第三方起草法案模式的实践探索时，相关制度基本处于空白。2000年，我国出台专门规范立法权限、立法程序的

---

① 吴祖强:《人大起草=人大主导?》,《上海人大月刊》2013年第6期。

② 周旺生:《立法学教程》,北京大学出版社2006年版,第489页。

③ 参见杨建广、黄建武、骆梅芬:《委托起草法案:立法程序改革的一项重要举措》,《人民之声》1994年第2期。

④ 参见重庆市人大常委会编:《重庆人大年鉴:1997—2002》,重庆出版社2002年版,第198页。

⑤ 参见丁汀:《招标多方起草法案从公权力源头体现了民主》,《人大研究》2008年第6期。

法律——《立法法》,对法案委托起草的方式没有作出明确规定,但有地方对地方性法规草案的委托起草进行了制度试验。2004年,甘肃省人大常委会制定通过《甘肃省人大常委会关于择优委托起草法规草案的暂行办法》,在比较有限的范围内开展委托起草法案的探索。2014年,党的十八届四中全会通过的《关于全面推进依法治国若干重大问题的决定》中提出"探索委托第三方起草法律法规草案"。2015年,《立法法》修订,第53条第2款规定:"专业性较强的法律草案,可以吸收相关领域的专家参与起草工作,或者委托有关专家、教学科研单位、社会组织起草。"此后,各地方纷纷修订或制定立法条例、立法程序规定或地方性法规制定程序条例,以专门的法案委托起草规定来建立地方性法规草案的委托起草制度。实践中,2015年以后,省级人大及其常委会、设区的市人大及其常委会委托第三方起草法规草案的做法也越来越普遍。

(二)委托独立第三方起草法案的优势

总体来看,委托独立第三方起草法案具有以下几个方面的优势。

第一,避开部门起草的"本位利益倾向"。目前立法主体多采用部门对口起草具有一定的必然性与必要性,"一是能够调动其参与立法的积极性;二是长期在一线从事相关工作,熟悉有关业务,经费也有保障"[①]。但部门起草的明显弊端在于"本位利益倾向",即党的十八届四中全会提到的"立法工作中部门化倾向、争权诿责现象较为突出"。政府部门对口起草,在一定程度上可以保障立法的可操作性,把握立法的本质与要害,但同时可能自觉或不自觉地"夹带私货",出现"扩大手中的权力,为本部门多争取一些好处"的情形。[②] 如何避免运用法案的起草权力谋取本部门的利益,是立法机关所要面对的一个重要问题,需要通过一定的手段予以化解。党的十八届四中全会提出的"委托第三方起草"即是一种选择方案。地方性法规草案的委托起草正是避开了政府部门的对口起草所可能出现的"本位利益倾向"问题,由其他组织、机构或个人来起草,在主体上保持有一定的中立性,正如有学者评价的,"在委托起草法案的实践中,由于法案是由中立第三方的专家学者起草的,因此其优点是能更好地平衡各方利益,体现民意,彰显立法程序的正当性和公平公正价值"[③]。

第二,减轻地方性法规制定主体的工作压力。2015年修改后的《立法法》扩

---

① 黄洪旺:《公众立法参与研究》,福建人民出版社2015年版,第240页。

② 参见姜春云:《地方立法要防止和克服部门利益倾向和地方保护主义——姜春云副委员长在四川调研时的讲话(摘要)》,《中国人大》2002年第9期。

③ 骆梅芬:《地方立法的理想与现实:〈广东省预防未成年人犯罪条例〉的起草与通过》,中山大学出版社2007年版,第58页。

大了立法主体的范围，在主体上将“较大的市”扩大到所有“设区的市”，同时在立法权限上进行了限缩，设区的市仅在城乡建设与管理、历史文化保护、环境保护等方面享有立法权。就地方性法规制定主体而言，省一级地方人大及其常委会享有地方立法权限时间较长，人员配备齐全，已经具备较为充足的立法经验和立法技术训练，能够应付地方性法规草案自行起草的繁重任务；设区的市人大及其常委会享有地方立法权限的时间较短，人员配备不足，机构设置也很不完备。以山东省设区的市为例，山东省16个设区的市虽然都设立了专门委员会，但专门委员会的数量不一，济南、青岛、淄博三个设区的市享有地方立法权限时间稍长，专门委员会设置较为稳定，基本都设置了7个专门委员会，包括法制委员会、内务司法委员会、财政经济委员会、教育科学文化卫生委员会、农业与农村委员会、城乡建设与环境资源保护委员会、民族侨务外事委员会。其他设区的市设置的专门委员会数量则很不统一，只有少数设置了7个专门委员会，较多的如潍坊人大设立了8个专门委员会，包括法制工作委员会、预算工作委员会、内务司法委员会、财经委员会、教育科学文化卫生委员会、城乡建设与环境资源保护委员会、农业与农村委员会以及民族侨务外事委员会。此外，“人员编制严重不足，甚至出现有的专门委员会设的人大工作机构，只有1名工作人员，或者有3～5名工作人员要服务人大几个专门委员会”[①]。在这样的情形下，将地方性法规草案委托给有关组织、机构或人员是不错的选择方案，“起草法案是立法过程中相对繁杂的一个环节，需要做大量工作，因而委托起草法案可以适量转移一部分立法负担，从而提高立法效率”[②]。

第三，适应现代社会立法民主化的趋势。党的十八届四中全会指出，要“健全社会各方有序参与立法的途径与方式”。修订后的《立法法》也进一步健全了立法的民主化原则与制度，如立法公开、召开论证会和听证会、法案公开征求意见等。对立法的民主化有不同的理解，有学者认为，立法的民主化主要体现为立法主体的广泛性、立法行为的制约性、立法内容的平等性和立法过程的程序性。[③] 有学者认为，立法民主化应该包括立法机构的民意代表性、立法程序的民主性、立法过程中的人民参与、立法的公开化以及对立法的监督。[④] 无论作何种理解，从形式上看，立法的民主化都要求尽可能扩大社会主体参与立法的广度，

① 汪全胜、卫学芝：《设区的市人大主导法案起草的困境与出路——基于山东省设区的市的考察》，《河北法学》2018年第11期。

② 徐安住主编：《司法创新：从个案到法理的展开》，中国检察出版社2004年版，第273页。

③ 参见周旺生：《立法学》，北京大学出版社2006年版，第126页。

④ 参见郭道晖总主编：《当代中国立法》上册，中国民主法制出版社1998年版，第165页。

从实质上看则要求公众的意见能够对立法产生内容上的影响。通过地方性法规草案的委托起草,一方面扩大了社会主体参与立法的渠道与路径,使有关社会组织、机构或人员能够通过法案起草的方式参与到立法中来;另一方面,社会有关主体通过起草法规草案,也从某种程度上表达了意志与诉求,相关内容可能会被纳入法的内容中。

(三)委托独立第三方起草法案模式的运作机制

地方性法规草案的委托起草目前采用两种类型:一是直接定向委托制,二是竞争性招标委托制。

直接定向委托制,也称"项目直接委托制",通常是由立法主体或立法提案主体直接委托或以项目形式委托相关组织、机构或人员进行地方性法规草案的起草。2015 年《立法法》修订后,一些地方人大常委会根据需要建立了"立法咨询与服务研究基地""立法研究与服务中心"等智库。如从 2013 年开始,广东省人大常委会就先后与中山大学、华南理工大学、暨南大学、广东外语外贸大学、广州大学、嘉应学院、韩山师范学院、广东海洋大学、韶关学院等 9 所高校合作建立了"广东省立法咨询和服务研究基地";2015 年山东省人大常委会分别与山东大学、济南大学、山东师范大学、山东政法学院、烟台大学等 5 所学校合作建立了"山东省人大常委会立法研究服务基地";2016 年,福建省人大常委会分别与厦门大学、华侨大学、福州大学、福建师范大学、福建江夏学院等 5 所高校及福建拓维律师事务所合作成立了"福建省地方立法评估与咨询服务基地"。地方性法规制定主体依托自己的研究服务基地,通过签署项目合作委托协议的方式,委托起草地方性法规草案。2008 年,太原市人大常委会委托山西财经大学法学院和太原市法制研究所、山西大学法学院各自起草了《太原市文化产业促进条例(草案建议稿)》;2013 年,广东省人大常委会委托中山大学、暨南大学、广东外语外贸大学各自独立起草了《广东省信访条例(草案建议稿)》,委托华南理工大学、广东外语外贸大学各自独立起草了《广东省电梯安全管理条例(草案建议稿)》。2016 年,在山东省人大常委会委托 5 个研究服务基地承担的 39 个项目中,4 个项目涉及法规草案的起草工作。该种项目制管理一方面提升了高校教师参与社会服务的积极性,另一方面也减少了立法机关自身的工作压力。

竞争性招标委托制,是指立法主体或立法提案权主体将需要拟定的地方性法规草案公开发布,由符合条件的组织、机构或个人根据自身条件进行应标,由立法主体或立法提案主体在众多应标者中进行选择,确立投标人,签订委托拟定地方性法规草案的协议。这种方式在我国地方性法规草案起草中也较为常见。如 2008 年 2 月,山西省太原市人大常委会在其网站及当地媒体上相继刊登了太原市人大常委会立法招标公告，征集《太原市文化产业促进条例(草案建议稿)》起草方案[①]；2016 年，陕西省人大常委会将《陕西省军事设施保护条例(草案)》的起草工作公开招标，最后由陕西永嘉信律师事务所签订委托协议起草该法规草案。

以上两种方式是我国现行地方性法规草案委托起草较为普遍适用的方式。应当说，委托起草地方性法规在各地还处在探索的过程中，一些地方虽然出台了委托起草地方性法规草案的制度规定，如 2017 年 4 月 25 日乌海市人大常委会主任会议通过了《乌海市人大常委会委托第三方起草地方性法规工作办法》，2018 年 12 月 3 日潍坊市发布了《潍坊市地方性法规和政府规章草案委托第三方起草工作规则》，但总体上还没有形成比较规范、可行的程序规则。以上两种模式虽然存在差别，但在程序规则中也具有共性。本书将地方性法规草案委托起草的程序规则总结为以下步骤。

1.确定需要起草的地方性法规项目

从实践来看，并不是所有的立法项目都适合采用“委托起草”模式。周旺生教授提出委托起草法案适合的四种类型：专业性、技术性较强的法的草案；国家重要法律、法规之外的一般法律、法规草案；部门规章、地方政府规章草案；立法主体无力起草或来不及起草的法案。[②] 从地方性法规草案的委托起草实践来看，以下几种类型的法案进行委托起草较为合适：专业性、技术性较强的地方性法规草案；非执行性立法的地方性法规草案(即创制性的地方性法规草案)；涉及管理或执法的部门较多的地方性法规草案。第一种类型主要考虑到法案制定的专业性、技术性要求较高，由懂专业、懂技术的机构、组织或人员具体起草符合法案的质量要求。第二种类型主要考虑到地方性法规的两类立法权限，一类是执行性立法，即执行法律、行政法规而根据本地方实际情况进行具体化的地方性法规[③]；另一类是创制性立法，它与执行性立法相对应，是指没有直接的上位法，而由地方性法规制定主体根据立法权限制定的适用本区域的特色地方性法规。执行性立法因有上位法的规定，仅需就实施上位法作出具体规定，因而相对比较容易，仅需调查与论证，不需要过强的立法技术；但创制性地方性法规的制定则不同，需要开展大量的调研、论证，还需要具备一定的专业性与技术性，因此，创制性地方性法规草案适合委托起草。第三种类型的法案的委托起

① 参见丁汀：《招标多方起草法案从公权力源头体现了民主》，《人大研究》2008 年第 6 期。

② 参见周旺生：《立法学教程》，北京大学出版社 2006 年版，第 490 页。

③ 参见陈公雨：《地方立法十三讲》，中国法制出版社 2015 年版，第 10 页。

草，主要是考虑到第三方更易平衡各管理或执法主体的权力和利益，由任一方负责起草都可能产生较多矛盾，第三方因与法案所涉权力和利益关系较少，起草法案效率可能更高，因此这种类型的法案采用委托方式起草比较合适。

2.选择法案起草主体

不论是直接委托还是招标委托，对地方性法规草案的起草主体的选择都十分重要。接受委托起草地方性法规草案的主体应当具备一定的资格与条件。实践中多选择高校法学院系、律师事务所、立法研究中心或服务基地等作为法案起草人。周旺生教授提出了适格的法案起草人应具备八项条件。[①]《乌海市人大常委会委托第三方起草地方性法规工作办法》规定的接受委托起草的主体应具备的四项条件是：有熟悉法律、法规和相关专业知识的人员；具备一定的立法经验、与所委托法规草案相关的专业知识和实践经验；有开展社会科学研究项目管理制度，承担项目的专家学者应具备相应的专业技术职称；具备与承担委托任务相适应的其他条件。综合立法实践的经验，本书认为，受委托起草地方性法规的主体应具备以下条件：第一，了解我国法律、法规并具有系统的法学（律）知识；第二，掌握一定的立法技术，明白立法语言的运用规律；第三，知晓该地方性法规草案所应规范的对象以及立法目的；第四，具备立法工作所需要的工作方法、工作作风等。

3.签订委托协议

不论是直接委托还是招标委托，立法主体或立法提案权主体在确定好接受委托的主体后应当签订委托协议，明确双方的权利、义务以及责任问题。对于受委托的主体而言，其权利主要有：第一，有根据自己的意志起草地方性法规的

---

① 这八项条件分别是：(1)他们能确保法案可以正确地反映决策者、提案者的立法意图。(2)他们能正确处理各种可能出现的难题和情况，或是能就所出现的难题和情况提出行之有效的处理对策供决策者参考。(3)他们懂得立法的一般方法和基本条件，懂得立法的合法性、科学性、可行性，懂得立法要有严肃、慎重的态度以及立法要遵循的其他基本要求，并善于把握、运用和坚持。(4)他们对法治、立法和法案起草有正确的理解和必要的兴趣，善于运用法案起草的方式实现对一定社会关系的调整。(5)他们精通宪法，熟悉相关的法律、法规、规章和政策，熟悉各有关立法主体的立法权限范围和立法职责所在，了解所起草的法案涉及与哪些主体、方面的关系并善于协调处理。(6)他们有较高的文化水平和很高的文字修养，能理解和把握法的语言的性质和特征，能熟练地运用法的语言清楚地、确切地表述各种规范和立法精神，能科学地构造法案框架、科学地安排这个框架中的各种要素或部件。(7)他们善于学习，有较高的悟性，能对事物作精微细密的分析和洞察，能全面、系统地考虑问题并能抓住要领或矛盾的焦点采取恰当的对策。(8)他们有好的工作方法和工作作风，工作效率高，能与同事较好地共事，能倾听各种建议和批评并汲取其中有益的东西，能吃苦耐劳，在立法任务繁重时能不辞辛劳甚至能昼夜兼程地完成所交给的法案起草任务。参见郭道晖总主编：《当代中国立法》下册，中国民主法制出版社1998年版，第1254～1255页。

权利，不受委托方的干涉以及其他有关机构、组织或个人的干涉。第二，有获得工作报酬的权利。该种协议的本质是政府购买公共服务，立法主体或立法提案权主体应当为被委托人提供起草经费、工作报酬等。第三，有获得立法机关、政府部门以及其他机构或人员协助的权利。在必要的情况下，立法机关应为受委托方开展立法调研、法案论证等工作提供便利或协助等。其义务主要有：第一，须在规定的期限内完成法案起草任务。第二，须在规定期限内提供符合条件的地方性法规草案以及其他立法资料。根据约定，通常提供的法规草案资料包括：地方性法规草案的起草说明，包括立法依据、必要性和可行性、起草过程、规定的主要内容等；上位法以及其他可依据的法律法规；法规草案解释资料等。一方的权利是另外一方的义务，受委托方的权利是委托方即立法主体或立法提案权主体的义务。

除了双方权利义务的规定外，委托协议通常还要约定质量条款、责任条款以及纠纷解决条款等。质量条款即是对受委托主体完成的法规草案的质量约定，一般是由立法主体或立法提案主体组成专家对于项目成果进行鉴定验收。责任条款即一方违反合同约定所需承担的法律责任，如不符合委托方所要求的质量标准，退还部分或全部项目经费等。纠纷解决条款是在合同双方发生纠纷后需要采取救济措施的条款，因为委托协议从形式到内容还是属于平等主体之间制定的民事协议，各方的责任属于民事责任，可在合同中明确一旦发生纠纷需要采取的解决路径或救济措施。

第四节 地方立法法案起草的过程与步骤

法案起草是立法活动中的关键步骤，它决定了法案是否能准确反映立法意图，满足社会需求，以及是否能够顺利通过立法审议。一个科学、严谨的起草过程，能够确保法案符合法律体系的要求，实现立法目的，提升法律效能。不论是专门机构作为法案起草小组或主体、招标成立的法案起草小组还是委托成立的法案起草小组，法案起草都应遵循一定的程序与步骤。

一、现行法律法规关于法案起草过程的规定

作为专门规制立法活动的法律，我国《立法法》对法案起草的规定尚属空白。国务院制定的《行政法规制定程序条例》《规章制定程序条例》专设一章对法案起草作出了规定，一些地方制定的立法条例或立法程序规定也多设专章对

法案起草过程作出了规范。

(一)确定起草主体(法案起草小组)

行政法规由国务院组织起草。国务院年度立法工作计划确定行政法规由国务院的一个部门或者几个部门具体负责起草工作,也可以确定由国务院法制机构起草或者组织起草。

国务院部门规章由国务院部门组织起草,地方政府规章由省、自治区、直辖市和设区的市的人民政府组织起草。国务院部门可以确定规章由其一个或者几个内设机构或者其他机构具体负责起草工作,也可以确定由其法制机构起草或者组织起草。

地方性法规草案的起草主体,通常由对口的政府部门负责,也有由人民代表大会专门委员会、常务委员会工作机构起草的。很多地方立法条例都规定,综合性、全局性、基础性的重要地方性法规草案,可以由人大有关的专门委员会或者常务委员会工作机构组织起草。此外,委托起草也较为常见,即将专业性较强的地方性法规草案委托有关专家、高校、科研单位、社会组织起草。

省、自治区、直辖市和设区的市的人民政府可以确定规章由其一个或者几个部门具体负责起草,也可以确定由其法制机构起草或者组织起草。起草规章可以邀请有关专家、组织参加,也可以委托有关专家、组织起草。

(二)起草小组进行调查研究,公开征求意见

确定好起草主体或起草小组以后,法规、规章的起草主体要进行调查研究,总结实践经验,听取有关机关、组织和公众的意见,可以采取书面征求意见、座谈会、论证会、听证会等方式。

(三)起草小组加强协调论证,取得一致意见

协调利益相关者之间的关系和不同意见,是法案起草人在起草法案过程中必须做好的重要工作。起草小组在起草地方性法规草案时,应当就涉及其他部门职责或者与其他部门关系紧密的规定同有关部门积极协商,取得一致意见。

起草地方政府规章时,涉及本级人民政府其他部门的职责或者与其他部门关系紧密的,起草单位应当充分征求其他部门的意见。

(四)形成法案正式稿,报送审查

法案起草小组经充分征求意见、协调论证等后应形成法案正式稿。形成法案正式稿后,应当由起草部门负责人签署;几个部门共同起草的法案,需经几个部门主要负责人共同签署。在报送有关立法主体审查时,起草小组应同时报送法规、规章草案的说明和有关材料。有关法规、规章草案的说明应当对立法的必要性、确立的主要制度、各方面对草案主要问题的不同意见,征求有关机关、

组织和公众意见的情况等作出说明。有关材料主要包括国内外的有关立法资料、调研报告、考察报告等。

除《行政法规制定程序条例》《规章制定程序条例》关于法案起草过程的规定外，一些地方的立法条例或立法程序规定等也对地方性法规或地方政府规章的起草作出了规范，基本上遵循了以上几个阶段；有些地方则结合本地实际对法案起草作出了特殊的规定。《黑龙江省人民代表大会及其常务委员会立法条例》第 33 条规定："省人民政府有关部门在起草法规草案过程中，省人民代表大会专门委员会、常务委员会法制工作机构应当了解法规起草情况，并参与调查研究和论证工作。"《重庆市人民代表大会及其常务委员会地方立法程序规定》第 11 条规定："市人民代表大会各专门委员会和常务委员会法规工作机构，可以参加有关单位和组织起草地方性法规草案的调研论证活动。"《浙江省地方立法条例(2023 修正)》第 13 条规定："列入省人民代表大会常务委员会立法计划的地方性法规草案，一般由提案人组织由立法工作者、实务工作者、省人民代表大会代表以及专家、学者等方面人员组成的起草小组起草。涉及部门多、立法难度大的重要地方性法规草案，可以由省人民代表大会常务委员会联系相关专门委员会的副主任和省人民政府分管相关工作的副省长共同担任起草小组组长。专业性较强的地方性法规草案也可以由提案人委托有关专家、教学科研单位、社会组织起草。综合性、全局性、基础性的重要地方性法规草案，可以由有关的专门委员会或者常务委员会工作机构组织起草。有关的专门委员会、常务委员会工作机构应当提前参与有关方面的地方性法规草案起草工作。"《深圳市制定法规条例(2012)》第 15 条规定："法规案由提案人负责草拟。"上述关于法案起草过程规定的区别主要体现在，人大专门委员会和常务委员会法制工作机构参加起草单位的调研论证，是地方法案起草的一大创新，体现了人大有关部门在法案起草过程中的"提前介入"。

事实上，全国人大及其常委会也注意到这个问题。2005 年，全国人大常委会出台五份文件提出进一步发挥人大代表的作用，其中《关于充分发挥专门委员会作用的若干意见》对此作出了明确规定，专门委员会要"参与其他国家机关起草法律案"，"应提前了解起草的进展和状态，与起草机关及时沟通情况、交换意见"。人大有关部门提前介入法案的起草有十分积极的意义，上海市人大法工委主任沈国明认为，"人大有关部门的提前介入，有利于了解起草情况，掌握立法的重点、难点所在，对所涉及的法律问题也可以先做研究，减少进入人大立法程序后调研工作方面的重复，提高工作效率。此外，提前介入的部门还可以根据人大常委会立法工作中的经验，就立法技术规范和其他方面问题提出意见和建议，以利于尽早取得共识，为审议工作打下基础”[1]。

二、关于地方立法法案起草过程的规范性设计

周旺生最早对我国一般法案起草过程作了规范性的设计，他认为我国法案起草过程可以分作 10 个基本步骤：(1)作出法案起草的决策；(2)确定起草机关；(3)组织起草班子；(4)明确立法意图；(5)进行调查研究；(6)搭架子和拟出法案提纲；(7)正式起草法案；(8)征求有关方面意见和协调论证；(9)反复审查和修改；(10)形成法案正式稿。[2]

李培传则将我国法案起草过程分为两大阶段，即法案起草的准备阶段与正式起草阶段。法案起草的准备工作有：(1)组建精明能干、责任心强的起草工作班子；(2)制定起草工作方案；(3)搜集和分析研究资料；(4)调查研究和总结经验教训。法案正式起草阶段的工作有：(1)正确理解和把握立法目的；(2)处理好几个重要关系；(3)认真研究法律、法规(草案)拟确立的主要制度、框架结构和章节布局；(4)征求意见，组织讨论，修改完善草案稿本；(5)法律、法规(草案)定稿和送审报告。[3]

石文龙、刘诚认为，起草领导小组与工作小组建立以后法案进入起草程序，规范化的起草程序包括：(1)明确起草意图；(2)组织调研论证；(3)起草条文；(4)公开征求意见；(5)送审。[4]

应当说，以上关于法案起草过程的设计明确了法案起草工作的主要任务及重要步骤。周旺生关于法案起草的设计十分细致，步步紧扣，可操作性强；李培传作为国务院法制部门参与法案起草多年的专业人员，对法案起草过程两个阶段的设计符合我国行政法规草案起草的实际。石文龙、刘诚则将正式起草过程的程序分为大致的步骤，描述了法案起草的主要任务。本书将地方立法法案起草的过程分为以下几个步骤。

(一)作出法案起草的决定

不论是立法主体依据立法规划或立法计划作出法案起草的决策，还是立法提案权的主体根据自身职责权限作出起草决策，作出法案起草的决定都是法案起草工作的第一步。

实践中，法案起草决定的作出主要有两类：一是立法主体依职权作出。立

---

① 孙育玮等：《完善地方立法立项与起草机制研究》，法律出版社 2007 年版，第 25 页。

② 参见周旺生：《立法论》，北京大学出版社 1994 年版，第 540 页。

③ 参见李培传：《论立法》，中国法制出版社 2004 年版，第 210 页。

④ 参见孙育玮等：《完善地方立法立项与起草机制研究》，法律出版社 2007 年版，第 138 页。

法主体在安排本部门的年度立法计划或长远规划时，作出法案起草的决定。二是立法提案权的主体作出。我国法律法规规定，不同的法律、法规（草案）是由享有提案权的主体依照法定权限和程序向特定立法主体提出的，因此，不同的法律、法规（草案）的起草者，其任务各不相同。通常立法提案权的主体在向立法主体提出法案之前，都要拟定好法律、法规草案。因此，立法提案权的主体决定向立法主体提出法案时，大多已经作出了起草法案的决定。

（二）确定法案起草主体

法案起草主体是对法案进行具体草拟的工作机构或组织。确定法案起草主体是进行法案起草工作的准备与前提。实践中，法案起草主体通常有以下几种：(1)立法主体的内部机构。如省人民代表大会以及设区的市人民代表大会的法制委员会、司法厅（局）；(2)立法主体进行招标起草时，由中标的组织机构起草法案。如 2008 年 2 月，在山西省太原市人大常委会网站及当地媒体上相继刊登了太原市人大常委会立法招标公告，征集《太原市文化产业促进条例（草案建议稿）》起草方案，短短一个月时间有七八家投标单位报名参加，中标单位即是该法案的起草主体。(3)立法主体作出委托起草的决定时，接受委托的主体是法案的起草主体。如 1993 年，广东省人大常委会委托广东省法学会起草《广东省经纪人管理条例》草案，广东省法学会组织了中山大学、广东省社会科学院的法学专家进行起草。(4)联合起草机构。在涉及多部门管理的事项及利益时，通常由这几个部门联合起草法案，如地方政府的几个部门联合起草行政法规或规章。在一些地方立法中，还出现了更为复杂的联合起草主体，如《广东省行业协会条例》是由广东省人大内司委、省人大法工委、省政府法制办、省民政厅、省经贸委联合起草的，《广东省未成年人保护条例》是由团省委、人大法律委员会、省人大内司委和中山大学、省社科院的专家学者联合起草的，《深圳市国有独资公司条例》和《商事条例》则是由市人大常委会法工委与中国社科院法学研究所合作草拟的。

（三）制定起草工作方案

法案起草主体接受法案起草工作任务后，应着手拟定起草工作方案。起草工作方案一般包括如下内容。

第一，明确立法工作思路、工作目标、任务和要求。法案起草主体应首先确定法案起草的工作思路，在法案起草确定的时间范围内将法案起草工作分为几个阶段，并设定每个阶段的工作目标与工作任务。

第二，对法案起草工作进行合理分工。法案起草主体应对法案起草工作作出具体分工，在明确各自任务与责任的前提下，相互配合与合作，共同起草法律、法规草案。

第三，对法案起草的物质条件以及相关经费作出合理的布置与安排，确保起草工作各个环节的顺利进行。

第四，建立起草工作制度并严格执行。一个完善的起草工作方案，还需要有切实可行的制度予以保障，既能确保法案起草工作的进度，还能对法案起草的各个环节予以有效监督，保障起草工作能按计划顺利进行。

（四）进行法案的调查、研究与论证

法案起草主体在设定起草方案后，应开展法案的调查、研究和论证工作。调查、研究和论证是起草工作不可或缺的环节。调查、研究、论证主要围绕以下内容开展：(1)国内是否存在相关立法，具体包括哪些内容；(2)国外是否存在相关立法，具体包括哪些内容；(3)该法案起草的法律依据；(4)该法案与现有的法律、法规的关系，待起草的法规所调整的对象与范围；(5)立法的必要性与可行性；(6)社会主体对该项立法的期待程度，所要表达的主要观点等；(7)该项立法涉及哪些利益相关主体，其态度如何；(8)法案所要解决的主要问题及其难点，解决这些问题和攻克这些难点的最佳方法等；(9)了解法案可能涉及的社会关系类型，并科学估计该法案对社会关系的影响及其程度；(10)对法案的成本与效益进行科学预测；等等。

调查、研究、论证的方式方法主要有：一是召开不同形式的座谈会、论证会和听证会等，广泛听取各方面的意见，使法案起草集思广益，协调统一；二是收集外地相关立法信息，实地考察外地立法经验，拓宽起草思路；三是邀请有关学者、专家以及富有实践经验的法律工作者参加调研论证活动，请他们出谋划策，进行科学论证；四是广泛征求意见，对重大疑难问题，特别是与人民群众生产和生活密切相关的问题，广泛听取人民群众的意见，集中民智、民意，使法案起草符合实际，符合人民群众的愿望。

（五）正式起草法案

通过广泛调研论证，基本已经形成较为成熟的意见，此时法案起草主体需要分工协作，正式起草法案。正式起草法案，“就是根据立法基本原则，按照一定的立法要求，以法案提纲为框架和思路，将法案提纲中确立的基本原则、精神和论点，以科学的立法语言形诸文字，将法案提纲中提出的问题予以解决并以科学的立法语言文字将解决的结果予以表述，其目的主要是实现一定的立法意图，为社会成员提供行为规范，以调整一定的社会关系”[①]。正式起草法案主要

① 余绪新、周旺生、李小娟：《地方立法质量研究》，湖南大学出版社2002年版，第136页。

围绕以下几个方面的内容开展：(1)法案的基本名称。应根据该法案的制定主体、法案在整个法律体系中的地位等确定规范化的名称。(2)法案的基本形式结构，如总则、分则、附则结构以及篇、章、节、条、款结构。根据法案整体构思的逻辑，确定法案所应采取的合理形式。(3)法案的内容结构，如总则中应包括立法根据、立法指导思想、立法的原则等，分则中则应具体建构法案所涉及社会关系的主体及主体之间的权利、义务、责任等内容，要遵循一定的表达逻辑。(4)正确使用立法语言文字，采用规范的“法言法语”。

(六)公布法案草稿，征求意见，修改完善法案

法案草稿完成后应通过一定的方式向社会公布，进一步征求社会各方面的意见。通过报纸、杂志、网站等刊登法案内容，必要时应将法案草稿送请有关方面征求意见，设立接收意见的邮箱、电话或来信来稿地址等。收集、汇总各方面的意见后，应当及时对这些意见进行整理、分类，认真分析研究，并在吸收相关意见的基础上对法案草稿进行修改。法案起草小组在对各自分工负责的内容起草完善后，应当交由法案起草主体最终审查或整体审查。[①] 审查的内容主要包括：(1)法案草稿是否正确反映了决策者(提案者)的立法意图，是否体现了应当体现的立法目的；(2)法案草稿的内容是否与宪法相抵触，是否与有关政策、法律、法规、规章相抵触；(3)法案草稿的内容是否可行；(4)法案草稿的结构和内容安排是否科学、协调；(5)法案草稿的语言、语调、文字是否合乎立法语言或法的语言的要求；(6)法案草稿有无明显的或内在的矛盾、漏洞。经过法案起草主体的整体审查与修改，若符合要求、合乎规范，则形成法案正式稿。法案起草主体将法案正式稿、国内外有关立法资料、调研报告、考察报告、法案起草说明及其解释等内容报送立法提案权主体或立法机关，整个法案起草过程即终结。

第五节　完善我国地方立法的法案起草制度

《立法法》是我国完整规制立法主体、立法权限、立法程序的基本法律，其未对法案起草作出规范，虽然《行政法规制定程序条例》《规章制定程序条例》以及地方人大及其常委会制定的立法条例或立法程序规定对行政法规、行政规章、地方性法规等法案起草作出了部分规范，但不同立法主体的法案起草仍呈现出多样性与复杂性。设计统一的、规范的法案起草程序应是我国《立法法》作出完

① 参见周旺生：《立法论》，北京大学出版社 1994 年版，第 556 页。

善的主要内容。为此，有必要对我国现行法案起草过程中存在的问题进行综合分析，并提出可行的完善措施。

一、我国现行地方立法法案起草制度存在的问题

近年来，我国地方立法的法案起草工作逐步规范化，已经形成较为健全和完善的步骤与程序，但总体上，仍存在一些应予改善的问题。

第一，起草的主体比较单一。在我国的立法实践中，对口部门起草的现象比较常见。就省级人民代表大会及其常委会立法而言，凡涉及行政管理方面的法规草案，一般由省政府主管部门负责起草；有些涉及面广的法规案，则由一个部门牵头，各有关方面联合组成起草小组。从我国现有立法状况来看，地方性法规多为政府部门起草。政府部门对口起草除了可能产生“本位利益倾向”之外，仅就起草主体的种类与形式来看，单一的起草主体已不能适应现代多元化的立法需要。

第二，立法意图不明晰。法案起草主体接受立法提案权主体或立法主体的起草任务时，并没有被告知该法律草案的立法意图、立法目的及立法功能等。因而法案起草主体在明确立法意图方面承担着双重任务，即弄清决策者的立法意图并协助决策者明确立法意图。无法同时明确并完成上述双重任务的，就可能造成起草出来的法律、法规草案与提案人或立法主体的初衷不相吻合，甚至差异较大，出现不得不进行大幅度的修改甚至重新起草的情形，由此带来的不必要的重复劳动将延缓立法进程、增加立法成本。

第三，法案起草的调研论证工作不充分、不深入。在法案起草过程中，法案起草主体对有关调研论证工作做得不够深入、不够充分，将直接影响法案起草的质量。目前，法案起草人在调研工作中存在以下问题：“一是调研面过于狭窄。起草人在调研时往往只注重行政执法部门的调研，而忽视了作为行政管理相对人的公民、法人和其他组织的意见。二是调研的时机不适当。许多情况下是法规草案初稿完成后再去搞调研。这样，就有可能先入为主，为所起草的法案草案去寻合理的依据，难免带有倾向性。三是法规起草时的立法调研还未形成制度化。”①

另外，关于法案起草过程中出现的一些问题，特别是重大、疑难、复杂的问题，牵涉利益面较大，难以确定合适的方案，这就需要邀请有关专家、学者进行论证，提供可行性方案与意见。但在现行的法案起草制度中，吸纳专家参与、获

---

① 顾萍：《关于改进法规起草工作的思考》，《上海人大月刊》2003 年第 1 期。

取专家意见方面做得不够、不到位。“由于缺乏论证，有的起草机关甚至无法写出草案说明，难以解释立法的必要性和可行性、起草过程中的重点和难点问题及其解决办法、有关方面对草案的主要意见等；也有在说明中有意回避一些实施中容易引起争议、难以执行的焦点问题。”[①]

第四，利益协调工作做得不够充分。法是不同社会主体利益的合理安排，利益安排的合理性是法案或法能够被社会认同、服从的基础。很多法律、法规实施效果不理想，原因之一就是缺乏对不同利益主体利益的协调。在法案起草过程中，法案起草主体要注意各种利益的协调，形成规范化的利益协调机制。实践中，利益协调工作做得不充分主要表现在：只听取某一方面利益主体的意见，对其他利益主体的意见没有听取；听取意见的方式比较单一，效果不理想；获得的意见没有认真分析、论证，该吸纳的意见没有吸收；没有形成合理的利益衡量机制对各种不同的利益进行衡量；对法的基本价值认识不到位，从而对各种不同利益的安排缺少基本指导思想；将利益协调转化为法律、法规的权利、义务、责任的机制不完善，导致虽然利益协调工作做得好，但在法案中并没有得以体现。

第五，法案起草主体的立法技术掌握不够，影响法案的质量。法案起草过程是立法技术的展示过程，法案起草人必须具备基本的立法技术。罗成典先生对法案起草工作有过精辟的概括：起草人必须“反复商酌，彻底研讨法律欲达成之目标或希冀规范之事物，并细考法律适用之对象，施行之范围，与实施之客观条件，然后拟定法律之结构，充实法案之内容，配制妥适之条文，详加推敲润饰，使法案内容旨有所归，意有所指，此乃法案起草最基本义理”[②]。只有掌握熟练的立法技术，并善于运用，才能起草出较为完善的法案。实践中，许多法律、法规内容设置不够合理或实施效果不佳，背后折射出的正是立法技术的运用问题。“许多法的规定政策性色彩过浓，使法无法或很难有效实施；许多法的规定不明确、不具体，过于笼统、抽象、原则，使人们在执行、适用、遵守时难以准确把握；许多法的规定相互矛盾、冲突，在执行、适用、遵守时无所适从；许多法的规定不严谨、有漏洞、不合法理，给实施带来很大麻烦；许多法的规范不完整，只有行为模式，没有后果模式。”[③]

---

① 汤唯、毕可志等：《地方立法的民主化与科学化构想》，北京大学出版社 2002 年版，第 206 页。

② 罗成典：《立法技术论》，(台湾)文笙书局 1983 年版，第 14～15 页。

③ 周旺生：《立法论》，北京大学出版社 1994 年版，第 530 页。

二、关于我国地方立法法案起草制度完善的对策措施

针对我国现行法案起草制度存在的问题，本书认为，应建立健全以下方面的制度措施。

（一）扩大起草主体的范围，建立多元化的起草主体制度

诚然，部门对口起草具有一定的优越性，如熟悉部门和行业管理的实际情况，能够把握立法的重点与难点，对相关专业问题考虑较为周全等。但其不足之处也十分明显，即“部门利益”“本位利益”倾向明显，有违法治原则。我们认为，对部门对口起草的方式不应一概否定，结合所需起草的法的具体内容，由有关部门组织或参与是部分法案起草的更优选择。但是，部门起草不应作为唯一的法案起草方式。现阶段，我国应总结地方起草主体多元化尝试的经验，进一步完善多元主体起草法案制度。(1)立法主体的专门工作机构的起草，如全国人大的专门委员会，全国人大常委会的法制工作委员会，国务院司法行政部门，地方人大及其常委会的专门委员会，地方政府的司法厅、局等。(2)招标起草。虽然立法项目“社会招标”起草在操作性上具有一定的难度，尤其是对投标者的专业和应用知识、专业综合知识、行政执法知识等方面要求较高，但一些研究机构、社会团体(如法学会、律师协会)及其他组织完全可以胜任专业法案的起草。(3)委托起草。广东、湖北、重庆等地已经开展过相关方面的尝试，对一些专业性强的法规委托起草，将法案起草的工作交给高等院校、科研单位的专家、学者等。(4)实行多元主体的组合起草。由立法机关的专门机构作为组织起草的主体，吸收专家、学者、有关部门人员、利益相关者等共同组成起草主体，起草法案。

（二）立法主体或提案人应向法案起草主体明确立法意图

任何法案都有立法意图，只有在立法意图明确之后才能够初步奠定整个立法的基调。因此，要较好地完成法案起草任务，法案起草人就必须了解与把握法案的立法意图。当然，这种立法意图不应完全交由法案起草主体自行摸索，而应由提案人或立法主体明确告知。在法案的立法意图还不明确的情况下，法案起草人不应急于起草，必要时法案起草人对法案的立法意图可以进行适当研究，形成明确的立法意图报提案人或立法主体决定后再开始起草。

（三）建立法案起草回避制度

目前，我国一些地方政府已经开始在立法工作中探索法案起草回避制度。所谓法案起草回避制度，是指对一个法案的起草，与之有利害关系的行政执法部门应当予以回避，而由其他有关机构起草。“特别是当法规的内容涉及两个

以上主管部门的管理权限，不能确定其中一个主管部门作为法规案的起草单位的，应当确定由权力机关的专门委员会、法制工作机构或政府的法制工作机构作为法规案的起草主管单位。”[①]法案起草回避制度能够减少有关政府部门直接起草自己负责执行的法律、法规的情形，增强人大的专门委员会、政府法制工作机构的职能，并发挥有关专家学者参与立法活动的作用，是减少或克服立法中部门利益倾向的法制化尝试。

(四)建立统一的法案起草程序制度

规范的法案起草程序是提高法案起草质量的基本保证。针对我国目前法律、行政法规、地方性法规、规章等法案起草程序不统一、不规范的状态，应建立规范、统一的法案起草程序。建议将立法准备环节所包括的内容如立法预测、立法规划、立法论证以及法案起草等规定进去。就法案起草的程序规范来讲，应该包括以下六个步骤：作出法案起草的决定；确定法案起草主体；制定起草工作方案；进行法案的调查、研究与论证；正式起草法案；公布法案草稿，征求意见，修改完善法案。

(五)建立法案起草的利益协调制度

对法案所涉及的不同社会主体的利益应建立完善的利益协调机制。作为法案起草人，应做好以下方面的法案起草利益协调工作：一是要研究法案涉及的社会主体及其利益，明确各主体的具体利益状况。二是要确立法案的基本价值，如对哪些利益进行保护，对哪些利益进行限制等。三是要选择合适的协调工作方式，如采取召开座谈会、讨论会、听证会等。四是要将利益协调的方案报请提案人或立法主体以及其他决策主体作出决定。五是要将利益协调的结果以法律条文的形式准确表现出来，具体地讲就是设置不同社会主体的权利、义务、责任条款，将利益协调的成果固定化、法定化；特别是在法案涉及两个或两个以上执法部门的职责权限划分时，应当注意处理好各执法机关的关系，分清主次，避免法案通过后因利益处理或安排不当造成执法实践的相互冲突。

(六)完善立法技术，提高法案起草质量

“所谓立法技术，就是制定和变动规范性法文件活动中所遵循的方法和操作技巧的总称”[②]，主要包括法的结构技术以及立法的语言表达技术。

法律结构技术分为法的形式结构技术与法的实质结构技术。法的形式结构是指“法律、法规应当具备的形式要件按照其内在规律要求，作出合理、科学

---

① 田成有：《地方立法的理论与实践》，中国法制出版社 2004 年版，第 165 页。

② 周旺生：《立法论》，北京大学出版社 1994 年版，第 181 页。

的排列、组合和联结的形式"[①]。规范的法的形式结构包括:(1)法的名称;(2)法律、法规制定机关和通过、公布与施行的日期;(3)目录;(4)正文;(5)附录。法的实质结构,有学者将其界定为法的内在结构,"又称法律规范的逻辑结构,是指法律规范内部各个组成部分的搭配和排列方式"[②]。本书认为,规范、完备的法的实质结构包括:立法目的(立法根据)、适用范围、法的原则、法律概念(术语)的解释、法律规则、解释机关、施行日期以及废止条款。对以上内容进行规范化处理的方法、技巧就属于法的实质结构的构造技术。

另外,任何立法,不论其属于哪种形式,都要通过立法语言文字表达出来,这是立法的一项重要技术——法的语言文字的表达技术,包括句子使用、字词使用、标点符号使用、语气语态使用等。

一个完善的法案应是熟练运用各项立法技术的法案,一个优秀的法案起草主体应当通晓并善于运用各项立法技术。

---

① 李培传:《论立法》,中国法制出版社2004年版,第284页。

② 侯淑雯:《立法制度与技术原理》,中国工商出版社2003年版,第231页。

第七章 地方立法程序

通常讲的立法是指法的实体内容通过一定程序和过程表达出来的实践过程，它是内容与形式、实体与程序的统一。“任何实体的目标定位都需要借助程序的技巧以安排和落实，也就是说，法律上实体的目标追求只有被装置于程序性的逻辑框架中时，才能真正体现出其实践意义。”①因此，各国在从事立法实践活动时，不仅要重视立法实体内容的设计，也应重视立法程序与立法过程的设计。

第一节 立法程序的界定

立法程序是确保法律质量和立法效率的重要保障，它像一条红线贯穿于立法过程的始终，对立法活动的各个环节提出了明确的规范和要求。立法程序的科学性与严密性直接关系到立法结果的合法性与有效性。因此，对立法程序的界定不仅是法学理论研究的重要内容，也是实践中确保立法质量的关键所在。

一、立法程序概念

立法程序是法律程序的一种形式。法律程序是什么呢？季卫东这样界定：“程序，从法律学的角度来看，主要体现为按照一定的顺序、方式和手续来做出决定的相互关系。其普遍形态是：按照某种标准和条件整理争论点，公平地听取各方意见，在使当事人可以理解或认可的情况下做出决定……程序通过促进意见沟通、加强理性思考、排除外部干扰来保障决定的成立和正确性。”②孙笑侠

① 谢晖、陈金钊：《法理学》，高等教育出版社 2005 年版，第 160 页。

② 季卫东：《程序比较论》，《比较法研究》1993 年第 1 期。

认为,“法律程序是指人们进行法律行为所必须遵循或履行的法定的时间与空间上的步骤和方式,它是对人们行为的抑制,是实现权利和义务的合法方式和必要条件”[①]。实际上,法律程序强调法律意义上的行为所遵守的行为步骤、方式、过程和环节。

立法程序的内涵是什么?从词义上分析,“立法程序”是一个由“立法”和“程序”两个词要素所构成的复合概念。就立法而言,我们要明确什么样的行为是立法行为,并不是产生所有的规范性文件的行为都是立法行为,也不是立法主体所有的活动都是立法行为,只有特定的主体制定规范性法文件的行为才是立法行为。从外延上看,立法行为包括法的制定行为、法的修改行为、法的补充行为、法的认可行为和法的废止行为。因此,立法程序只是适用立法行为的程序。“程序”一词的含义,《辞海》的解释是:“第一,按时间先后或依次安排的工作步骤,如工作程序、医疗程序。第二,程序设计,用电子计算机自动解算问题,需要事先确定解题过程,并由机器指令所能接受的语言描述出来,描述的结果称为程序;编写程序的过程称为‘程序设计’。”[②]从这个界定来看,前者是表示过程的概念,与时间、步骤相联系;后者是计算机方面的专业术语。作为法律意义上的程序通常是指实施某项有法律影响力的行为所必须遵循的步骤与方式。

那么立法程序如何界定呢?国内外学者也作了种种不同的界定,有这样一些代表性的观点:

第一种观点,我国台湾学者胡涛认为,“立法程序有广泛的意义与基本的意义两个不同的界说:广泛的意义是指所有议事机关(包括政权的、治权的、中央的与地方的)制订宪法、法律与行政法令及决定政策的程序。基本的意义是指中央立法机关行使其职权的程序”[③]。

第二种观点,侯淑雯认为,所谓立法程序是指有权立法的机关为了实现一定的立法目的,通过法定形式而设立的用以规范立法主体的立法行为的一系列的次序、步骤和方法。它不仅存在于法的创制过程中,同样也存在于法的完备过程中。[④]

第三种观点,周旺生认为,“立法程序是有权的国家机关在制定、认可、修改、补充和废止法的活动中,所须遵循的法定的步骤和方法”。其主要内容和范围包括以下阶段的程序:(1)立法准备阶段的程序——确定立法项目程序、采纳

① 孙笑侠主编:《法理学》,中国政法大学出版社 1996 年版,第 149 页。

② 《辞海》下册,上海辞书出版社 1979 年版,第 4014 页。

③ 转引自周旺生:《立法学》,北京大学出版社 1988 年版,第 339 页。

④ 参见侯淑雯:《立法制度与技术原理》,中国工商出版社 2003 年版,第 166～167 页。

立法建议程序、接受立法建议程序、作出委托立法起草决策程序、确定法案起草机关程序、决定委托起草程序;(2)由法案到法的阶段的程序——提出法案程序、法案列入议程程序、审议法案基本程序、委员会审议程序、大会审议程序、大会报告程序、协调或协商有关问题程序、表决法案程序、复议法案程序、公决法案程序、批准法案程序、法案或法的备案程序、公布法的程序;(3)立法完善阶段的程序——法的修改、补充和废止程序,法的编纂程序,立法解释程序。[①]

第四种观点,马怀德认为,立法程序是有关具有特定效力的规范性文件形成、变更及废止等过程的形式、步骤的顺序和期限的法律规范的总称。[②]

第五种观点,苗连营认为,"立法程序就是立法主体按照一定的步骤、时序和方式,创制和完善法的行为过程"。"从静态上看,立法程序表现为立法主体进行立法活动时的操作规程,它由步骤、时序、方式三个要素组成。从动态上看,立法程序则表现为立法主体以制定法律为目标的一系列连续的立法行为所组成的立法过程。"[③]

此外还有一些其他的界定,其共同点在于,多数学者都赞成立法程序是立法主体在立法过程中应遵守的时间、步骤和方式,而不是一切国家机关作出决议命令时所应当遵守的时间、步骤和方式,甚至不包括立法机关实施立法活动以外的行为所遵守的行为规范。其主要不同点在于,立法程序的起点在于立法预测、立法规划还是法案起草与立法提案阶段,立法程序的终点是法案的公布还是法案的解释等。因此,要准确界定立法程序首先必须明确立法程序的起止时限。

从立法程序的起止时限来看,有两个概念需要辨析,一是"立法过程"的概念,二是"立法程序"的概念。多数学者认为"立法过程"与"立法程序"是两个不同的范畴。李林认为,按照严格的法定主义的立法程序来说,"立法程序"与"立法过程"是两个不同的概念。如果将立法看作一种行为过程的话,那么这个立法过程通常可包括:立法的动机—立法的酝酿—立法的准备(包括起草法案)—提出法案—讨论法案—表决法案—签署法律—公布法律。但这种立法的过程划分与立法程序的阶段划分是有区别的。它们的主要区别在于:立法的过程划分,主要是以立法行为本身的运行规律即行为路线为划分依据的,行为路线就是基于一定社会环境和道德原则的行为原因(动机),通过行为手段达到行为结

---

① 参见周旺生主编:《立法学》,法律出版社 2000 年版,第 286 页。

② 参见马怀德主编:《中国立法体制、程序与监督》,中国法制出版社 1999 年版,第 151～152 页。

③ 苗连营:《立法程序论》,中国检察出版社 2001 年版,第 3～4 页。

果的有序连贯。而立法程序阶段的划分，则侧重于立法行为活动的法律依据，即该行为的法定性。[①]

但也有学者认为，"英国所用的'立法程序'一词存在许多争议，但通常指法律规定和先例认可的立法先后需经历的程序和步骤。但对美国而言，英国的'立法程序'与'立法过程'是没有实质区别的。在绝大多数情形下，'立法程序'就是指'立法过程'，而'立法过程'也就是指'立法程序'"[②]。我国学者姜业清也认为，立法程序实质上就是指立法过程，是指依法律规定和先例(惯例)认可的，立法中所必须经过的有先后次序的步骤、方法和程序。[③]

本书认为，需要对立法过程或立法活动过程作一个界定。立法过程一般在三种意义上使用：其一是指整个人类的立法活动是处在发展过程中的，经历了不同的发展阶段。其二是指某一具体立法活动，即立某一个法的活动，需要经历一个发展过程，这个过程又可以分为三个阶段：第一阶段称为立法准备阶段，又叫"前立法阶段"；第二阶段是由法案到法的阶段，又称为"中立法阶段"；第三个阶段是立法的完善阶段，或称为"后立法阶段"。这三个阶段前后相联、紧密相关、缺一不可，共同构成一个完整的立法活动过程。[④] 其三是对应于上述第三种意义上的立法活动过程，它的每一个阶段(如立法准备阶段)也都是由一系列步骤和方法组成的活动过程。有学者根据第二种意义的理解，认为立法程序的内容与范围至少应当包括：第一，立法准备阶段的立法程序，有确定立法项目程序、采纳立法建议和创议程序、作出立法决策程序、确定法案起草组织程序、起草法案程序。第二，由法案到法阶段的立法程序，有提出法案程序、法案注册程序、法案列入议程程序、审议法案基本程序、委员会审议程序、大会审议程序、大会报告程序、协调或协商有关问题程序、表决法案程序、复议法案程序、公决法案程序、批准法案程序、法案备案程序、公布法的程序。第三，立法完善阶段的立法程序，有法的修改、补充和废止程序，法的编纂程序以及立法解释程序。此外，在整个立法过程中都存在着立法监督现象，因此立法程序的主要内容还应当包括立法监督方面的程序。[⑤]

---

① 参见李林：《立法理论与制度》，中国法制出版社2005年版，第144～145页。

② George Goodwin Jr., *The Little Legislatures: Committees of Congress*, Cambridge: University of Massachusetts Press, 1970, p.157.

③ 参见姜业清：《议会委员会的权力、功能和规则的比较研究》，周旺生主编：《立法研究》第2卷，法律出版社2001年版，第177～178页。

④ 参见周旺生：《立法论》，北京大学出版社1994年版，第133页。

⑤ 参见赵颖坤：《立法过程和立法程序》，周旺生主编：《立法研究》第2卷，法律出版社2001年版，第233页。

本书认为，立法过程与立法程序是关系密切的两个范畴，二者的内涵和外延存在差别。立法程序应当是具有严格法律意义的、逻辑完备的程序，而立法过程强调的立法是一个动态、前后关联的完整过程，立法程序虽然实质上也是一种立法过程，但它是整个立法过程的一个重要或关键的阶段，并不能涵盖整个立法过程。这种意义上的立法程序主要包括提出立法动议、提出法律草案、审议法律草案、表决通过法律草案、公布法律几个环节，每个环节又由若干步骤与内容组成。

第一，提出立法动议。各国均以法律、法规规定不同立法主体的立法提案权主体范围。由法律规定的立法提案主体提出属于立法机关范围内的立法动议或要求，立法机关对立法提案进行审查，将内容与形式均符合提案要求的法律草案正式提交立法机关。

第二，提出法律草案。由立法提案主体或立法机关委托的其他起草机关按照法定形式、期间将法律草案正式递交给立法机关。立法机关将对法律草案进行审查，由特定的组织或人员决定符合规定标准或要求的法案列入会议议程，并将法律草案提交送达立法机关的组成人员或议员。

第三，审议法律草案。立法机关将法律草案正式列入议程以后，经由各种形式的审议，如小组审议、大会审议、人大专门委员会审议、人大常委会审议或全体会议审议。由人大的专门委员会对每一次审议的法案建议进行整理，完善法案内容，并提交再次审议。审议方式有逐条审议、整体审议等。

第四，表决通过法律草案。法案经过审议以后，基本上达成一致意见，有关专门委员会整理法案审议表决稿，交由人民代表大会表决。表决方式有电子表决器表决、投票表决等，计算表决票数，明确表决通过的法定人数，公布表决结果。

第五，公布法律。法案经人民代表大会表决通过后，在规定的期限内将通过的法律文本提交法定人员签署，并在法定的出版物上加以公布。

二、立法程序特征

作为立法主体在制定法规范性文件时所遵循的法定的步骤、方式、方法、期限等的立法程序，具有以下几个方面特征。

（一）立法程序的法定性

立法程序最为明显的特征便是它的法定性。各个国家在从事立法行为时，都要确定行为遵循的程序规则。绝大多数国家的制度安排，均以宪法、法律（议会法或议会议事规则）或者习惯法规定或确认该国立法机关的立法程序。在我国，除宪法外，还有一些其他法律、法规、规章等对各级各类的立法主体的立法程序规则作出明确规定，如《全国人民代表大会组织法》《地方组织法》《全国人民代表大会议事规则》《全国人民代表大会常务委员会议事规则》《立法法》，国务院通过的《行政法规制定程序条例》《规章制定程序条例》《法规规章备案条例》等，享有地方立法权的人大及其常委会也都制定有他们相应的立法程序规则。立法程序的法定性具体表现在以下几个方面。

第一，立法程序的主体是由法律规定的。只有法律规定的特定主体才能进入立法程序，享有立法程序中的立法职权，实施法定的立法行为。如根据我国《立法法》的相关规定，只有全国人民代表大会主席团、全国人民代表大会常委会、国务院、中央军事委员会、最高人民法院、最高人民检察院、全国人民代表大会各专门委员会、一个代表团或者30名以上的代表联名，才可以向全国人民代表大会提出法律案。只有委员长会议、国务院、中央军事委员会、最高人民法院、最高人民检察院、全国人民代表大会各专门委员会、常务委员会组成人员10人以上联名，才可以向全国人民代表大会常务委员会提出法律案，其他社会主体只能提出立法建议，不属于法律规定的立法提案。

第二，立法程序的内容是由法律规定的。立法程序的内容也就是立法程序所涵盖的每个阶段、环节及其所涉及的主体、方式、步骤、时限、任务、功能、责任等，都是由法律明确确认与规范的。如我国《立法法》对立法程序的期限作了明确的规定，常务委员会决定提请全国人民代表大会会议审议的法律案，应当在会议举行的一个月前将法律草案发给代表。列入常务委员会会议审议的法律案，因各方面对制定该法律的必要性、可行性等重大问题存在较大意见分歧搁置审议满两年的，或者因暂不付表决经过两年没有再次列入常务委员会会议议程审议的，由委员长会议向常务委员会报告，该法律案终止审议。

(二)立法程序的系统性

立法程序的系统性是指立法程序一定是由相互关联着的两个或两个以上内容不同的活动单元共同构成的统一整体。在立法程序的设计中，每一个环节、每一个阶段都是有机联系在一起，共同为着某一环节、某一阶段的目标与任务服务。尽管不同国家的立法程序所关涉的阶段或环节有所不同，但是不同环节、不同阶段之间是有机关联系的。立法程序某一具体的环节并非孤立存在，诸环节之间都是紧密联系、互相辅助的，它们共同组成一个相对完整的“程序链”，为立法活动过程的某一阶段服务，完成本阶段的任务；同时每一个阶段又是连接的，密切联系在一起，缺少其中任何一个环节、一个阶段，整个立法程序的系统性就会遭到破坏，立法程序就会不完整，它所设定的目标就难以达到。

因此，系统性也是立法程序的一个重要特征。

(三)立法程序的目的性

程序是一种有目的的安排，它不同于纯客观的过程。虽然这种安排也需遵循事物发展变化的一般规律，但它是一种主观意见和行为决定的结果，是主体有意志的行为。立法程序的目的性强调的是，立法程序的总体设计甚至立法程序每个环节、每个阶段的设计都围绕一定的目的与目标，是为实现一定的目的与目标而服务的。这种目的与目标有立法的终极目标，也有立法每个阶段、每个环节的阶段性目标。立法程序本身设计不是目的，它是为我国立法的科学化、民主化服务的。如我国《立法法》第 39 条和第 74 条规定，全国人民代表大会常务委员会以及国务院在立法时可以采取讨论会、座谈会以及听证会的方式听取有关专家、学者以及其他人员的意见。这一程序的设计即是实现立法的公众参与，实现立法过程的民主化。

(四)立法程序的逻辑性

立法程序是立法主体所须遵守的一套程序规则体系，这种规则体系是国家通过法律构建起来的逻辑规范体系。立法程序的逻辑性来自立法行为的逻辑性，人们从事立法行为时要遵守行为的基本逻辑，先做什么、后做什么，一个环节连着一个环节，而不能打破一个环节。如果没有逻辑，人们的行为不能被理解，甚至会产生混乱。立法程序的逻辑性不仅反映人们立法行为的逻辑性，更重要的是反映了人们认识立法行为的逻辑性。只有建立在合逻辑性基础上的规则体系才能反映人们认识的逻辑性，只有人的认识与事物发展过程规律性保持一致，才能实现和谐与协调。

立法程序的逻辑性在实践操作层面表现为："一是指立法程序本身就应该是一种次序的安排，是有一定的先后顺序；二是指立法程序所设定的次序是严格遵守的，不得颠倒，不得省略。因为有些立法程序的次序如果发生改变，就有可能对立法结果产生影响。"①

(五)立法程序的可操作性

立法程序的可操作性是指对立法程序设计的每个阶段、环节都有具体的可操作性的步骤、方法、措施等，保障立法程序能够顺利地、及时地运行，防止程序设计的模糊与不可操作性，设计周到、细致，并考虑制度运作的实际情况。例如，全国人大代表近 3000 人，全国人大常委会组成人员有 160 人左右，为了保证代表和常委会组成人员有平等的发言机会，提高审议效率，我国立法程序规

① 侯淑雯：《立法制度与技术原理》，中国工商出版社 2003 年版，第 164 页。

定:代表在大会全体会议上发言的,每人可以发言两次,第一次不超过10分钟,第二次不超过5分钟;主席团成员和代表团团长或者代表团推荐的代表在主席团每次会议上发言的,每人可就同一议题发言两次,第一次不超过15分钟,第二次不超过10分钟;常委会组成人员和列席会议的人员在全体会议上的发言,不超过10分钟,在联组会议上,第一次发言不超过15分钟,第二次对同一问题的发言不超过10分钟;等等。另外,针对某些特殊情况,在设计立法程序时又作了特别规定。如我国《立法法》除规定对法律案一般实行三审制之外,又规定:“列入常务委员会会议议程的法律案,各方面意见比较一致的,可以经两次常务委员会会议审议后交付表决;调整事项较为单一或者部分修改的法律案,各方面的意见比较一致的,也可以经一次常务委员会会议审议即交付表决。”1999年,国务院提请审议《公司法修正案(草案)》,由于该修正案只涉及2条内容的修改,因此,九届全国人大常委会第13次会议一次审议即表决通过。①

第二节　立法程序价值

价值是反映主体和客体关系的范畴,是客体对主体的需要和利益的满足,也即客体对主体的生存和发展所具有的积极作用和意义。立法程序价值体现为立法程序对社会主体的需要和利益的满足,即立法程序对社会主体的生存和发展所具有的积极作用和意义。立法程序制度的设计是否有价值,有什么样的价值?其基本的价值定位又应该是什么呢?

一、关于程序价值的几种学说

程序有没有价值,有什么样的价值?可以说,自程序产生以来就一直存在争论。

程序工具主义认为,法律程序不是作为自治的和独立的实体而存在的,它没有任何可以从其自身的品质上找到合理性和正当性的因素,它本身不是目的,而是用以实现某种外在目的的手段或工具,而且它也只有在对于实现上述目的有用或有效时才有存在的意义和价值。其代表人物边沁认为,“实体法的唯一正当目的,是最大限度地增加最大多数社会成员的幸福”;“程序法的唯一正当目的,则为最大限度地实现实体法”。“程序的最终有用性要取决于实体法

① 参见王晓民主编:《议会制度及立法理论与实践纵横》,华夏出版社2002年版,第41页。

的有用性……除非实体法能够实现社会的最大幸福,否则程序法就无法实现同一目的。”[①]程序工具主义并不是否认程序的重要性,而是否认程序能够作为自治的实体或独立的价值存在的可能性,它的价值体现在能为实体目标实现而发挥的作用。应该说,程序工具主义在我国实践中也有一定的影响,否认程序的独立价值,忽视程序的设计,只追求实体正义的实现。从某种程度上来讲,程序的不重视,实体结果的正义也无从获得。

程序本位主义批评了程序工具主义忽视程序内在的、独立的价值的错误的同时,走向另一极端。这种观点认为,评价程序的唯一价值标准是程序本身是否具备一般内在的品质,而不是程序作为实现某种外在目的的手段的有用性。他们认为,工具主义程序理论把程序和通过程序产生的结果作为不适当的分离,认为法院即使遵循一种不公正、不合理甚至是不人道的审判程序,它也能作出公正的裁判。但事实上,这一结论是不能成立的。公正的程序与公正的裁判是不可分的,离开了公正、合理的程序,法院的裁判即使对被告人的行为作出了正确的判断,也不具备任何公正性。在没有给予实际有罪的被告人获得公正的审判机会的情况下,对他予以定罪并非旨在通过不公正的手段制作一项公正的裁判。因为裁判的公正性与产生这一裁判的程序的公正性具有一种内在的关联性。[②]

应当说,程序效益评价也是程序工具主义的一种。20世纪五六十年代产生于美国的经济分析法学,其核心思想是,所有法律活动和全部法律制度包括程序法律都以有效利用自然资源、最大限度地增加社会财富为目的,换言之,“效益”是法律活动的唯一宗旨。波斯纳(Richard A. Posner)提出,“效益意味着资源分配达到价值的最大值实现”[③]。经济分析法学运用经济学的分析方法提出经济效益主义程序理论。这种程序理论坚持程序工具主义立场,认为程序不过是最大限度地实现某一外在价值目标的工具,以减少程序活动的经济耗费,最大限度地增加公共福利或提高经济效益作为程序活动的唯一目标。贝勒斯(Michael D. Bayles)认为,程序的经济耗费主要有两种,一种是错误裁判导致的“错误耗费”(error costs),另一种是制作决定过程所导致的“直接耗费”(direct costs)。程序活动的目的就在于最大限度地减少这两种耗费,即“Minimize Sum (EC+DC)”。[④]

---

① 转引自陈瑞华:《刑事审判原理论》,北京大学出版社1997年版,第27～28页。

② 转引自陈瑞华:《刑事审判原理论》,北京大学出版社1997年版,第35页。

③ Richard A. Posner, *Economic Analysis of Law*, 3rd ed., Boston: Little, Brown and Company, 1986, p.12.

④ [美]迈克尔·D. 贝勒斯:《法律的原则》,张文显等译,中国大百科全书出版社1996年版,第23～32页。

针对不同程序价值评价标准的不完善性，有学者提出综合的程序价值标准。美国学者萨默斯（R.S.Summers）提出了对法律程序进行评价和构建时应遵循的两套价值标准，他认为评价法律程序首先应看它是否具备产生好结果的能力，然后看它本身是否具备理性、人道、尊重人格等程序价值。[①] 我国也有学者从刑事审判程序的正当性角度提出程序正当的三项标准：第一，程序的内在价值，即程序自身符合正义要求；第二，程序的外在价值，即程序因具备产生公正结果的能力而具有的工具性；第三，次级价值，即程序符合经济效益的要求。这一标准相对于前两者而言居于次级地位。[②]

二、立法程序的内在价值

尽管对程序价值存在这样或那样的争论，但本书认为，立法程序既具有内在价值也具有外在价值。所谓立法程序的内在价值，“就是立法程序自身独立的价值要求和内在品质，是独立于用以评价立法结果的价值标准”[③]。其内在价值表现在以下几个方面。

（一）立法程序的公正品质

这是立法程序最基本的价值定位或标准。美国大法官道格拉斯指出：“公正程序乃是‘正当过程’的首要含义。”[④]判断程序正当性的最低标准是：公民的权利义务将因为某一决定而受到影响时，在决定作出之前，他必须有行使陈述权和知情权的公正的机会。[⑤] 正如英国普通法的自然公正原则一样，虽然它的具体内容随情况而不同，在适用上具有较大的灵活性，不是固定不变的，但是其要求的最低限度的公正则在任何情况下都是固定不变的，再灵活适用也不能改变其基本的“公正”限度。程序最低限度的公正是任何正当程序应具备的最基本品质。

怎样判断一项立法程序是否公正或正义？或者说公正的立法程序应该具备什么样的构成要件？我国有学者从行政程序的角度阐述了行政程序正当性（公正）的标准或构成要件：第一，相对人的程序性权利是否在行政程序中受到

---

① R. S. Summers, “Evaluating and Improving Legal Process: A Plea for ‘Process Values’”, *Cornell Law Review*, vol.60, no.1 (November 1974), pp.25-26.

② 参见陈瑞华：《刑事审判原理论》，北京大学出版社 1997 年版，第 45 页。

③ 苗连营：《立法程序论》，中国检察出版社 2001 年版，第 33 页。

④ William O. Douglas, “A Comment in Joint Anti-Fascist Refugee Commm. V. Mcgrath”, United States Supreme Court Reports (95 Law, Ed.Oct.1950 Term), The Lawyers Co-operative Publishing Company, 1951, p.848.

⑤ 参见季卫东：《程序比较论》，《比较法研究》1993 年第 1 期。

承认和保障，这是行政程序正当与否的前提标准；第二，行政主体的权力与行为是否受到行政程序控制，这是行政程序正当与否的核心；第三，行政效率的考虑是否建立在合理基础上，这是行政程序正当与否的关键；第四，能否确保行政主体从相对人实体权利角度来考虑问题，是行政程序正当与否的最终标准。[①] 在立法实践中，判断立法程序是否公正，应当考察其是否具备以下方面的基本品质或要件。

一是程序公开，这是立法公正程序的前提条件。立法公开程序的基本含义是将立法程序的各个阶段以及其阶段性成果向社会公开。其具体内容包括两个方面：一是立法性文档的公开。主要是指有关规范性文件的各种草案、说明、为立法目的而搜集的背景资料、立法讨论中的会议记录、备忘录等的公开。二是立法会议的公开。立法文档的公开与立法会议的公开存在着必然的联系。立法会议的公开不仅限于会议现场的公开，更主要的是会议内容的公开。立法程序公开的意义不仅在于它是实现公众直接立法的参与前提，而且它也对立法过程的监督提供了可能，"如果公正的规则没有公正地适用，那么公众的压力常常能够纠正这种非正义"[②]。

二是程序参与，这是立法公正程序的核心要件。立法的参与程序是指应当保障那些权益可能受到立法结果影响的人或组织能够有机会参与立法过程，并对立法结果的形成发挥有效的影响和作用。程序参与取决于两个方面的因素：一是立法参与的广泛程度，也即参与立法的社会公众的数量问题；二是立法参与的有效程序，这是立法参与的质量问题。立法参与程序的意义不仅在于公众能够有机会充分表达自己的观点和意见，更重要的是应通过一定的机制使立法者对公众的意见和建议予以充分、实质的考虑，并且立法者所作的决定应该是基于公众的意见和建议。这是立法实体公正的根本保障。在立法中通过多种途径听取公众意见，让公众直接参与立法活动，这是现代世界很多国家通行的做法。比如我国《立法法》第 39 条和第 74 条规定的全国人大常委会和国务院在立法时可以采取座谈会、论证会、听证会等方式听取有关机关、组织和公民的意见。

三是程序自治，这是立法程序公正的逻辑要件。程序自治就是强调立法结果应当合乎逻辑地从立法程序中产生出来，立法程序对立法结果的形成具有决

① 参见孙笑侠：《法律对行政的控制——现代行政法的法理解释》，山东人民出版社 1999 年版，第 229～232 页。

② Michael D. Bayles, *Procedural Justice*, Kluwer Publishing Company, 1990, p.42.

定性的作用。程序自治要求“立法结果必须形成于立法过程结束之后，而不能在立法程序开始之前或者在立法程序之外即已形成；亦即立法决策应当建立在立法过程中对有关资料、意见、主张的理性认识、分析和判断的基础之上，而不能先入为主或者以立法程序之外所形成的预断和偏见为基础”①。程序自治的意义在于，它强调立法结果的产生来自正当的途径，而排除立法过程中的非理性以及立法者的“恣意与专制”，也即“能约束立法权力适用者权力的重要机制、进行理性选择的有效措施”②。

四是程序中立，这是立法程序公正的内容要件。“公正”在《现代汉语词典》中解释为“公平正直，没有偏私”。作为立法程序公正的要义之一是立法程序主体应当公平正直，没有偏私，这是对立法者的最基本要求。法律的功能在于调节、调和、调解各种错综复杂和互相冲突的利益，法律或法律秩序的任务或作用在于承认、确定、实现和保障这些利益。在立法过程中，立法者应是一个中立者，要公正地听取不同利益主体的意见和建议，其主要的内涵包括：一是参与立法的不同社会主体地位平等；二是参与立法的不同社会主体有平等地参与立法的机会，也即享有平等的程序权利与程序义务。

（二）立法程序的技术理性

这是程序的工具性品质。程序的技术理性是能促成公正结果产生的基本技术。立法程序正当性不能不与立法产品的公正性发生联系，而程序的技术理性也是保证立法产品公正性的基本条件。虽然程序工具主义的观点有偏颇之处，但是关于程序的工具性特点却是真真实实地存在的，不可忽视的。相对于实体规范，程序的确表现为形式和手段，并且程序确有其服务于某种外在目标的技术性意义，从终极意义上讲，程序设置的确是为了实现实体规范的价值。因此，追求结果的公正不能离开实现结果的程序。程序的技术理性就是强调程序的工具性功能，但又不能将程序的所有价值归结为程序的工具性价值。

（三）立法程序的社会理性

这是指立法程序蕴含的内在价值与社会上流行的规范和价值一致，作为程序制度也为维持社会制度作出一定的贡献。程序制度也是社会制度的重要组成部分，任何制度的设计不能离开价值观的支配。特定时代的制度反映了特定时代的价值追求。在一个追求公正的社会中，程序不能不内涵社会基本的公正价值观。同样，程序的公正又为社会制度的整体公正增添力量，社会整体制度

① 苗连营：《立法程序论》，中国检察出版社2001年版，第67页。

② 孙笑侠：《法的现象与观念》，群众出版社1995年版，第168～169页。

的公正是靠一个个具体的制度来维持的。因此,作为公正程序的一个品质即是具有一定的社会理性,为维护社会整体价值追求作出自己的贡献。

(四)立法程序的经济理性

这是指程序要有效率,能以最低的成本提供最大的效益,或者提供固定的效益,而消耗最低的成本。程序资源具有稀缺性,这是它的经济理性的基本前提。尽管经济分析法学将效益追求作为制度的唯一目标有一定的缺陷,但是它同样提出了一个问题,即怎样合理利用有限的资源。在立法实践中,程序的效率要求大致有两个方面:一是作出决定的成本是否经济,所设定的程序能否以最少的投入获得最大多数人最大限度的参与;二是程序规范是否具有可操作性,所设定的步骤、手续是否切实可行。作为公正的程序不能不重视程序资源带来的效益与其耗费的成本问题。在现实生活中,我们决不会认可没有效率的程序会是公正的程序,这是社会主体集体理性选择的结果。因此,强调程序的经济理性作为程序公正的必要标准只是说明,有效率的程序是人类追求的价值目标之一。

三、立法程序的外在价值

任何一种立法程序不仅具有内在价值,也具有外在价值,即立法程序对于立法结果的工具性价值,“即程序自身不仅应该具备一些内在的优秀品质,还应在实现正义、自由、秩序、安全、公共福利等外在实体目标方面具有充分的有效性和有用性。如果一项立法程序无法产生出公正的立法结果,那么该程序自身的科学性和合理性就不能不令人怀疑”[①]。

立法程序的外在价值是通过程序本身的功能或作用来体现或实现的。很多学者就是从这个角度阐述了立法程序的外在价值。我国台湾学者罗传贤教授认为,立法程序的功能是:(1)确保立法机关之稳定、秩序及可预测性;(2)使立法决策符合正当性和合法化的民主原则;(3)区分立法权责,避免纷争;(4)减少立法过程中的冲突;(5)维护多数决的原则,保障少数派的权利。[②] 吴大英等认为,“从本质上讲,立法程序的作用在于保障民主和自由的实现。人民的代表来自各个方面,水平、见识、能力参差不齐,代表的利益不尽相同,表达的意见各有侧重,这就需要由某种程序来加以调控,保证多数人的意见能够形成合意,少

① 苗连营:《立法程序论》,中国检察出版社 2001 年版,第 33 页。

② 参见罗传贤编著:《立法程序》,(台湾)龙文出版社 1993 年版,第 36~40 页。

数人的意见能够得到尊重,民主能够得到发扬,效率也能充分实现"①。本书认为,立法程序的外在价值或功能主要有以下几个方面。

(一)保障立法工作的有序、规范运行

立法程序是立法活动的程序,对立法活动不同阶段、不同环节设计具体的程序规则,保证立法的每一个阶段、每一个步骤和每一个方面都尽可能地做到协调运行,配合得当,制约有度,井然有序,保障会议时间合理有效地安排与运用,保证法案在不同阶段与环节得以适当处理,保证代表或议员能够有效履行职责,保障立法机关民主讨论、公开议事、公正表决,从而最大限度地将民主与效率统一起来,实现从法案到法的转变。

(二)确认不同参与主体的立法权力

在立法程序操作中,不同阶段、不同环节有不同的要求,有不同的程序参与主体,各参与主体的立法权力具体是什么内容,能够行使多大范围的立法权力,需要在立法程序中加以明确。

在立法程序运行过程中,程序参与主体有很多,如立法提案权的主体、立法审议权的主体、立法表决通过权的主体、立法公布权的主体等。这些主体不仅有着性质上的差别,而且范围上也有很大差别。如在立法审议过程中,一些国家规定有小组委员会审议、一院议会委员会审议、两院联席会议审议等,不同审议阶段的参与主体不同。同样,不同主体享有的立法权力也不同,如享有立法提案权的主体不一定能够享有立法审议权,立法表决权的主体不能对表决通过的法案进行签署、公布等。立法程序制度设计的功能之一就是确立不同参与主体的立法权力。

(三)提供社会主体的博弈场域

立法的公正性最终取决于立法中不同社会主体利益的合理安排,但公正的立法结果的实现仰赖于程序的科学、合理的设计。立法程序的合理、完善的设计就是要明确不同利益主体意见表达规则,为不同社会利益主体确立程序上的权利与义务。"由于利益的可分配性和不均衡性,致使任何一项权利义务都有多种可供选择的配置方案。公正的立法程序能够为立法过程营造一种自由、平等的对话条件和氛围,能够确保各利益主体平等地参与立法过程并有充分的机会表达其观点以对立法结果施加影响,这就使社会大众更容易从心理上接受和承认立法结果的正当性,增强法对社会的亲和力。"②

① 吴大英、任允正、李林:《比较立法制度》,群众出版社 1992 年版,第 396～397 页。

② 黄文艺主编:《立法学》,高等教育出版社 2008 年版,第 119 页。

(四)制约立法权力,保障公民权利

尽管立法程序授予程序参与主体一定的立法权力,但这种权力并不可以滥用。从国家与社会的二元区分来看,只有一些领域能进入国家规制的视野,还有一些领域不可以进行国家干预。立法是国家权力的体现,它不能对社会生活的方方面面进行规制,从而压抑社会生活的个性。从程序运行过程来讲,程序参与主体也应该正确行使权力,其主要方法是通过预设程序性的规范制约机制,在立法的每一个环节防止它们可能滥用权力。

制约立法权力,从另一方面来看即是有效保障公民权利,两者相辅相成。“正是由于立法程序的过程公开性、公众参与性以及技术上的可操作性,使得立法程序在控制权力滥用、保障与实现人权方面具有特殊的意义,使得以权利制约权力、以权力制约权力得以制度化和程序化。”[①]“如果我们要实现有节度的自由、有组织的民主、有保障的人权、有制约的权威、有进取的保守这样一种社会状态的话,那么,程序可以作为其制度化的最重要的基石。”[②]

第三节 地方立法的一般程序结构

在前文中,我们谈到对立法程序结构或阶段的认识,是在严格、规范意义上去理解立法程序的。从这个意义上来看,立法程序的结构包括以下阶段或环节。

一、地方立法法案的提出

法案(或称“法律议案”)的提出也称“立法提案”,是指享有立法提案权的机关、组织或人员按照法定的程序和方式向特定的立法机关提出的关于制定、修改、废止某项法律法规的动议。

关于法律案的提出主体,也就是立法提案主体。立法提案主体即立法提案权人是指提出立法动议的人或机关。如《山东省地方立法条例》第16条、第17条规定,省人民代表大会主席团、省人民代表大会常务委员会、省人民政府、省人民代表大会各专门委员会、省人民代表大会代表10人以上联名可以向省人民代表大会提出法规案。

关于法律案提出的程序。法律案提出的程序即立法提案程序,是立法提案

① 苗连营:《立法程序论》,中国检察出版社2001年版,第18页。

② 季卫东:《程序比较论》,《比较法研究》1993年第1期。

权人向立法机关提出法案的程序性规定，包括在何时向什么机关提出法案。如《山东省地方立法条例》第22条规定，向省人民代表大会提出的地方性法规案，在省人民代表大会闭会期间，可以先向常务委员会提出。地方立法条例对于不同的立法提案权人的提案有不同的程序规定。不同的提案主体提出议案的处理程序不一样：省人民代表大会主席团提出的地方性法规案，由省人民代表大会会议审议；省人民代表大会常务委员会、省人民政府、省人民代表大会各专门委员会等提出的地方性法规案，由主席团决定是否列入会议议程；省人民代表大会代表10人以上联名提出的地方性法规案，由主席团决定是否列入会议议程，或者先交由有关的专门委员会审议，提出是否列入会议议程的意见，再决定是否列入会议议程。

关于立法提案的撤回。地方人大及其常委会区分三种不同情形，分别规定了地方性法规案的撤回程序。第一种情况，提案人虽已提请审议，但地方人民代表大会或人大常委会尚未列入大会议程，如提案人提出撤回请求，则该法规案的撤回即刻生效。第二种情况，法规案已交付表决，则提案人提出的法规案的撤回请求无效。第三种情况，对于提请审议的地方性法规案已列入地方人民代表大会或人大常委会的会议议程，在交付表决前提案人提出撤回请求的，一般地方立法条例都规定，在地方人民代表大会举行会议期间，提案人应当说明理由，经主席团同意，并向大会报告后，多数代表不持异议，则允许提案人撤回法规案；在地方人大常委会举行会议期间，提案人应当说明撤回理由，经主席团会议同意，并向常委会报告后，若多数常委会组成人员不持异议，则允许提案人撤回法规案。

二、地方立法法案的审议

享有立法提案权的主体提出的地方立法法案进入立法议程以后，法案就进入了审议阶段。对法案的审议有一些必要的内容：审议前的准备工作、审议的基本过程、审议方式、审议的后果等。

一是审议前的准备工作。任何法案经由地方人大常委会决定列入立法议程之后，就其审议之前，有关机关要做一些必要的准备工作。一般来讲，在审议之前，应当将法律案发给立法机关的组成人员。一般应当尽早发给立法机关的代表，以使其对法案内容充分了解。另外，有些国家规定，不仅应将法律草案发给立法机关的组成人员，对法律草案的论证、法律草案的说明等必要资料也要发给立法机关的组成人员。

二是审议的基本过程。审议的基本过程可以概括为：三审制为原则，一审制、两审制为例外。根据不同的提案权主体以及不同的法案内容，对法案采取不同的审议方式。正如大陆法系国家的“三读”程序一样，我国地方立法法案的审议基本都要进行三审。具体过程是：人大常务委员会会议第一次审议法规案，在全体会议上听取提案人的说明，由分组会议进行初步审议；常务委员会会议第二次审议法规案，在全体会议上听取法制委员会关于法规草案修改情况和主要问题的汇报，由分组会议进一步审议；常务委员会会议第三次审议法律案，在全体会议上听取法制委员会关于法律草案审议结果的报告，由分组会议对法规草案修改稿进行审议。但是法案基本取得较为一致的意见的，也可以进行两审或一审。两审制或一审制可以有效提高立法效率，节省立法成本。就采取两审制或一审制的情形而言，一般地方立法条例规定，列入常务委员会会议议程的法规案，各方面意见比较一致时，可以经两次常务委员会会议审议后交付表决；部分修改的法规案，各方面的意见比较一致的，也可以经一次常务委员会审议即交付表决。

三是审议方式。审议方式多采用会议审议，听取提案人的意见，有关的专门委员会可以参加法制委员会的审议等。另外，在法案审议过程中，也可以将地方性法规草案公布，征求各机关、组织和公众的意见，听取意见的形式有座谈会、论证会、听证会等。

四是审议的结果。审议的结果分为两种：如果各方面的意见一致，可以直接交付表决；法案还存在重大问题需要进一步研究的，暂不交付表决。现行法律法规也规定了“搁置”问题，也即对立法机关的法律案的审议，因各方面对制定该法律的必要性、可行性等重大问题存在较大意见分歧搁置审议满 2 年的，或者因暂不付表决经过 2 年没有再次列入常务委员会会议审议的，由委员长会议向常务委员会报告，该法规案终止审议。

三、地方立法法案的表决通过

法案审议结束后，立法程序即进入表决与通过法案的阶段，这是决定立法是否能从法案到法的关键环节。表决法案一般是立法机关或有关人员(如全民公决)对法案表示最终的、具有决定意义的态度，即表决者对该法案是赞成或不赞成的态度。法案表决的基本方式通常有两种：公开表决与秘密表决。

公开表决的方式在现行各国使用较多，具体方式也较为多样，代表性类型的有：(1)举手表决，即参加法案表决的人通过举手方式表达他们的赞成、反对或弃权的态度，多数人的态度决定了法案的结果。(2)起立表决，即参与表决的人以依次起立的方式表明对法案的赞成、反对或弃权的态度，以多数人的态度来决定法案表决的结果。(3)记名投票表决，即表决者在选票上签署自己的真实姓名并且同时表明自己对法案的赞成、反对或弃权的态度，或将签有自己姓名的选票分别投入能够表明自己赞成、反对或弃权态度的票箱中。获多数一方的态度为表决的结果。(4)计牌表决，即参与表决的人根据自己对法案的态度，从预先放置的不同颜色的标牌中(不同颜色标牌表明对法案的不同态度)取出能反映自己对法案态度的标牌交给大会，获多数一方的态度为表决的结果。(5)使用电子表决器表决，即由参与表决的人在自己的席位上按下标有“赞成”“反对”或“弃权”的按钮，电子仪器自动记录和统计每个表决者的态度，获多数一方的态度为表决结果。公开表决的方式还有呼喊表决、游行表决等。

公开表决比较简便，容易操作，且结果具有透明性，被很多国家所采用。与公开表决相对应的是秘密表决。秘密表决一般即是无记名投票，即参与表决的人按大会确定的方式对法案表示赞成、反对或弃权的态度，表决者的态度别人无法知晓。

除公开表决与秘密表决外，一些国家还规定了整体表决与逐条表决的方式。整体表决是参与表决的人对整部法案直接表明其赞成、反对或弃权的态度。逐条表决则是参与表决的人对法案进行一条一条的态度表明。通常采用整体表决的方式较为常见;有时对某些分歧比较大的法案进行逐条表决则可以提高表决的效率，或者就某些重点或争议较大的条款进行逐条表决，对法案其他部分实行整体表决，两种方式结合起来运用可能效果更好。

对法案进行表决后，什么样的法案视为通过，以实现由法案到法的过渡呢?从各国的立法实践来看，基本上遵循多数决原则，即少数服从多数。如果一个法案获得多数人的赞成，即表明该法案通过。关于多数到底是多少，各国通常依法案的性质而定。一般法案的通过即是法定会议人数中的普通多数通过，则表明法案通过。但对于特殊法案，如宪法法案，一般要求绝大多数通过，如很多国家宪法案的通过需要法定会议人数的 2/3 以上多数通过，有些国家则要求 3/5或者 4/5 以上的多数通过。

在我国，地方人大常委会的立法在经过常务委员会的审议后，法制委员会根据审议结果提交法规草案表决稿。由委员长会议提请常务委员会全体会议表决。表决方式多采用电子表决器表决，表决人数多采用多数决，超过半数即为表决通过。

四、地方立法法案的公布

法案公布是立法程序的最后一个环节，也是一个十分重要的环节，未经公布的法律都不具有法的效力，公布法是立法的必经程序。

关于公布法规的主体。因法律是代表统治阶级意志的行为，各国对法律的公布多规定为只有国家元首才有权公布法律，其他任何主体都不具有这一权力。在我国，法律的公布主体属于中华人民共和国国家主席。全国人大及其常委会通过的法律以国家主席签署主席令的方式公布。对签署公布法律的主席令也有形式上的规范，即主席令必须载明该法律的制定机关、通过和施行日期。对地方性法规而言，公布的主体有所不同，如《山东省地方立法条例》第 27 条规定，省人民代表大会通过的地方性法规，由省人民代表大会主席团发布公告公布；第 48 条规定，省人民代表大会常务委员会通过的地方性法规，由常务委员会发布公告予以公布。

关于法规公布的时间。法案表决通过后需要经过多长时间才能加以公布，很多国家对此没有作出明确规定。对普通的社会公众而言，人们通常更关心法的施行日期，而法的施行日期与法的公布日期并不相同。一般来说，法案经有权机关表决通过后，就应及时提交有权公布的主体公布。但各国在实践中也有差异，有些国家公布法的主体在某种程度上享有对法的审查、审核以及表示异议的权力；有些国家公布法则仅体现为一种形式上的权力与职责，在收到表决通过的法案文本后，公布法的主体即应以法定的方式加以公布。

关于法案公布的标准文本。一些国家通过法律专门规定法律公布的刊物。如原联邦德国《关于规范性文件的公布》详细规定了一切规范性文件的公布程序，凡联邦的法律及其他规范性文件必须在《联邦法律公报》或《联邦公报》上公布。美国法律也规定，美国联邦政府通过的所有法律须在《联邦登记》上加以公布。此处需要注意的是，法律可以通过什么方式公布与法律公布的最为权威的方式不是同一概念。我国的法律可以在全国发行的报纸上刊登，如《光明日报》《人民日报》等，但是法律公布的标准文本为《全国人民代表大会常务委员会公报》。此外，行政法规要在《国务院公报》和全国发行的报纸上刊登，在《国务院公报》上刊登的行政法规文本为标准文本。地方性法规、自治地区的自治条例和单行条例要在本级人大常委会公报和本行政区域范围内发行的报纸上刊登，在人大常委会公报上刊登的地方性法规、自治条例和单行条例为标准文本。地方政府规章要在本级人民政府公报和本行政区域范围内发行的报纸上刊登，在地方人民政府公报上刊登的规章文本为标准文本。

第四节　地方人民代表大会及其常委会立法程序

有立法权的各地方人民代表大会及其常委会的立法程序大同小异。所谓“大同”，是指《立法法》明确规定地方人民代表大会立法程序应当参照《立法法》第二章第二节的规定，而第二章第二节已经就法案列入人民代表大会及其常委会会议议程的程序、审议主体、审议程序、表决程序、公布等作出了明确的规定，关于这种程序的基本原则、基本精神、基本环节和方式方法，各地方人民代表大会必须参照执行。所谓“小异”，是指在立法程序的一些环节和方式方法上，各地存在一些差异。

一、地方人民代表大会立法程序

（一）立法准备

主要包括本级人大常委会审议和法规案提前向人大代表印发两个方面。

本级人大常委会审议，是指拟提交地方人民代表大会审议的法规案，在提交地方人民代表大会之前，先由本级人大常委会审议，然后再提交代表大会会议审议。在《立法法》颁布之前，许多地方人民代表大会立法不经过常委会审议阶段，而是直接提交人民代表大会审议。由于代表大会会议会期短，用于审议法规案的时间也很短，若遇上重大、疑难、复杂问题，则很难在一个会期内妥当解决，不利于提高代表大会立法的质量。《立法法》颁布后，各地都对代表大会的立法程序进行了规范和改革，规定向地方人民代表大会提出的法规案，在本级人民代表大会闭会期间，可以先向常务委员会提出，经常务委员会会议依照有关程序审议后，决定提请本级人民代表大会审议。常务委员会审议法规案，应当通过多种形式征求本级人民代表大会代表的意见，并将有关情况予以反馈；专门委员会和常务委员会工作机构进行立法调研，可以邀请有关的本级人民代表大会代表参加。实际操作中，一个法规案往往经本级人大常委会审议两次后才向代表大会提出，这样就基本能够保证代表大会的立法质量。

提前向代表印发，是指将拟提交代表大会审议的法规案，在代表大会召开之前即将法规案印发给人大代表，以便人大代表提前知晓法规案的内容，进行必要的调研和论证，保证立法质量。实践中，各地一般都规定，向代表大会提出的法规案应当在代表大会会议举行的一个月前由有关办事机构将法规案发给人大代表。如《内蒙古自治区人民代表大会及其常务委员会立法条例》规定，常务委员会决定提请自治区人民代表大会会议审议的地方性法规案应当在会议举行的一个月前印发代表。

(二)法规案的提出和列入会议议程

关于地方性法规案的提出。根据有关法律法规的规定,有权向地方人民代表大会提出法规案的主体有:代表大会主席团、本级人大常委会、本级人民政府、人民代表大会各专门委员会、本级人大代表10人以上联名。应当注意的是,根据《地方组织法》和《立法法》的有关规定,地方各级人民法院、人民检察院没有向本级人民代表大会及其常委会提出法规案的权力。因为《立法法》明确规定,有关诉讼制度的事项属于中央专属立法权的范围,地方无权作出规定。此外,根据有关法律法规的规定,代表大会主席团向代表大会提出的法规案,直接列入代表大会会议议程,由代表大会进行审议。本级人大常委会、本级人民政府、人民代表大会各专门委员会向人民代表大会提出的法规案,由主席团决定列入人民代表大会会议议程。本级人民代表大会代表10人以上联名向人民代表大会提出的法规案,由主席团决定是否列入人民代表大会会议议程,或者先交有关的专门委员会审议,提出是否列入人民代表大会会议议程的意见,再由主席团决定是否列入人民代表大会会议议程。

(三)审议法规案

列入人民代表大会会议议程的法规案,需要经过大会全体会议、主席团、代表团、有关专门委员会和法制委员会的审议。

大会全体会议审议法规案。一是听取提案人的说明,在大会全体会议上,法规案的提案人应当向大会作关于法规案的说明,应说明的主要内容是:制定该法规的必要性、制定该法规的事实依据和法律依据、该法规案的起草过程、该法规案的主要内容等。二是大会全体会议表决前的审议,人大代表对法规案有不同意见的可以提出自己的意见。大会全体会议听取法规案提案人的说明后,由各代表团进行审议。一般采用小组会议和代表团全团会议的方式进行。所谓小组会议,是将一个代表团的人大代表分成若干小组举行会议,这有利于使法规案得到充分审议。所谓代表团全团会议,是指一个代表团的全体代表都参加的会议,这样审议的好处是,为各种意见的交锋和辩论提供合适的场所和条件,有利于听取各方面的意见。各代表团审议法规案时,提案人应当派人听取意见,回答询问。根据代表团的要求,有关机关、组织应当派人介绍情况。

有关专门委员会审议。列入代表大会会议议程的法规案,由有关专门委员会审议,向主席团提出审议意见,并印发会议。这里的"有关专门委员会",是指与法规案内容相关的专门委员会,如与教育法规案有关的是教育科学文化卫生委员会，与土地管理法规案有关的是农林委员会等。有关专门委员会审议后，需要提出本委员会关于该法规案的审议意见，审议意见的主要内容包括制定该法规的必要性、是否同意列入代表大会的会议议程、法规的可行性、对有关条文的修改意见等。该审议意见经主席团会议审议后，印发人民代表大会会议。

法制委员会审议。列入人民代表大会会议议程的法规案，由法制委员会根据各代表团和有关专门委员会的审议意见对法规案进行统一审议，向主席团提出审议结果报告和法规草案修改稿，经主席团审议通过后提请人民代表大会会议审议。法制委员会审议法规案时，采用委员会全体会议的形式，一般由主持人协调各位组成人员的意见，以达成一致。达不成一致意见的，也可以采取表决的方式作出决定。法制委员会审议法规案可以邀请有关的专门委员会派员列席会议，听取其意见。审议结果的报告一般包括：各代表团和有关专门委员会审议法规案的基本情况、对法规案的总体评价、对法规案的重要的不同意见及修改情况、修改的根据和理由等。

代表大会审议法规案过程中，主席团常务主席可以召开代表团团长会议，就法规案中的重大问题听取各代表团的意见，进行讨论，并将讨论情况和意见向主席团报告。在审议过程中，如果遇到重大问题，出现意见分歧，为慎重起见，主席团常务主席可以召开各代表团团长会议听取意见，并进行讨论，以便全面了解各代表团对法规案所涉的重大问题的意见，听取意见和讨论结束后将情况和意见向主席团报告。

代表大会审议法规案的过程中，如果有重大问题，在本次会议期间难以解决，需要进一步研究的，经主席团提出，大会全体会议决定，可以授权本级人大常委会根据人大代表的意见进一步审议，作出决定，并将决定情况向人民代表大会下次会议报告。也可以授权本级人大常委会根据人大代表的意见进一步审议，提出修改方案，提请人民代表大会下次会议审议决定。

（四）法规案表决

法规草案修改稿经各代表团审议后，由法制委员会根据各代表团的审议意见进行修改，提出法规草案表决稿，由主席团提请大会全体会议表决，由全体代表的过半数通过。

（五）法规公布

省、自治区、直辖市的人民代表大会制定的地方性法规由大会主席团发布公告予以公布。设区的市、自治州的人民代表大会制定的地方性法规报经批准后，由设区的市、自治州的人民代表大会常务委员会发布公告予以公布。

地方性法规公布后，应及时在本级人民代表大会常务委员会公报和中国人大网、本地方人民代表大会网站以及在本行政区域范围内发行的报纸上刊载。在常务委员会公报上刊登的地方性法规文本为标准文本。

二、民族自治地方自治立法的程序

民族自治地方的自治立法包括自治条例和单行条例。根据《立法法》第 75 条第 1 款,"民族自治地方的人民代表大会有权依照当地民族的政治、经济和文化的特点,制定自治条例和单行条例。自治区的自治条例和单行条例,报全国人民代表大会常务委员会批准后生效。自治州、自治县的自治条例和单行条例,报省、自治区、直辖市的人民代表大会常务委员会批准后生效"。自治条例和单行条例的制定程序同地方性法规的制定程序基本相同,不同点主要是:第一,自治条例和单行条例只能由民族自治地方的人民代表大会制定,人大常委会不能制定。常委会可以提出自治条例和单行条例案,其他提案人也可向常委会提出自治条例和单行条例案,经常委会审议后,再提请代表大会会议审议。第二,自治区的自治条例和单行条例,报全国人民代表大会常务委员会批准后生效。自治州、自治县的自治条例和单行条例,报省、自治区、直辖市的人民代表大会常务委员会批准后生效。第三,自治条例和单行条例报经批准后,分别由自治区、自治州、自治县的人民代表大会常务委员会发布公告予以公布。自治区的自治条例和单行条例公布后,应及时在本级人民代表大会常务委员会公报和中国人大网、本地方人民代表大会网站以及本行政区域范围内发行的报纸上刊载。在常务委员会公报上刊登的自治条例和单行条例文本为标准文本。自治州、自治县的自治条例和单行条例可从本地的实际情况出发采取适当方式公布,可将自治条例和单行条例的文本在所属的省、自治区、直辖市的报纸上刊发,也可采用在公共场所张贴等易于公众和组织知晓条例内容的其他方式。

三、地方人民代表大会常务委员会立法程序

(一)法规案的提出

启动地方人大常委会正式立法程序的第一个环节是向人大常委会提出法规案。根据有关法律、法规的规定,有权向地方人大常委会提出法规案的主体是:人大常委会主任会议、本级人民政府、本级人民代表大会有关专门委员会、人大常委会组成人员 5 人以上联名。

人大常委会主任会议提出的法规案,直接列入人大常委会会议议程。本级人民政府、本级人民代表大会有关专门委员会提出的法规案,由主任会议决定列入人大常委会会议议程,或者先交有关的专门委员会审议,提出审议意见,再

决定列入人大常委会会议议程。有的地方的立法条例规定,本级人民代表大会有关专门委员会提出的法规案,由主任会议决定列入人大常委会会议议程,而无须再交有关的专门委员会审议。人大常委会组成人员5人以上联名提出的法规案,由主任会议决定是否列入人大常委会会议议程,或者先交有关的专门委员会审议,提出审议意见,再决定是否列入人大常委会会议议程。

有的地方的立法条例对法规案的提出还作了其他规定。一是对于本级人民政府、本级人民代表大会有关专门委员会提出的法规案,人大常委会主任会议如果认为有重大问题,需要进一步研究,可以建议提案人修改完善后再向人大常委会提出。这里的"重大问题",主要是指法规案内容方面的问题,包括法规案的调整范围不合适、法规案的条文缺乏实际内容、法规案的内容不切合实际、法规案的职权划分不清晰等。如某省政府向本级人大常委会提出的关于信息化建设的法规案,就因为存在"重大问题"而被人大常委会退回,建议再作修改完善后向省人大常委会提出。二是本级人民政府向人大常委会提出的法规案,应当经其全体会议或者常务会议讨论通过,并于人大常委会举行会议的若干日之前提交人大常委会。根据《地方组织法》的相关规定,县级以上人民政府会议分为全体会议和常务会议。全体会议由本级人民政府全体组成人员组成。省、自治区、直辖市、自治州、设区的市的人民政府常务会议,分别由省长、副省长,自治区主席、副主席,市长、副市长,州长、副州长和秘书长组成。县、自治县、不设区的市、市辖区的人民政府常务会议,分别由县长、副县长,市长、副市长,区长、副区长组成。省长、自治区主席、市长、州长、县长、区长主持本级人民政府全体会议和常务会议。政府工作中的重大问题,须经政府常务会议或者全体会议讨论通过。要求本级人民政府在人大常委会会议举行前的若干日之前向人大常委会提交法规案,是为了保证人大常委会组成人员能够提前了解法规案的内容,做一些必要的调研工作,以便提高审议的质量。对于未按期限提交的法规案,一般不列入该次人大常委会会议的议程。三是列入人大常委会会议议程的法规案,人大常委会办事部门一般应当在人大常委会会议举行的若干日前将法规案和相关材料发给人大常委会组成人员。四是向人大常委会提出的法规案,同时应当提出法规草案文本和说明,并提供相关的资料,法规草案的说明应当包括制定该法规的必要性、依据和主要内容等。

(二)法规案的审议

地方性法规案被列入地方人大常委会会议议程后,即进入了法规案的审议阶段。地方性法规案根据不同的种类,适用的审议程序不完全相同。综合各地的实际情况,对于法规的修正案、解释案和废止案,一般都经一次人大常委会会议审议即交付表决。对于新制定法规的议案，主要有两种审议程序：一种是经两次人大常委会会议审议后再交付表决；另一种是经三次人大常委会会议审议后再交付表决。

(1)地方人大常委会审议地方性法规修正案的程序。在人大常委会会议的第一次全体会议上，人大常委会组成人员听取提案人关于法规修正案的说明。全体会议结束后，由分组会议进行审议。有关专门委员会提出审议意见书面印发会议。分组会议审议结束后，由人大常委会全体会议审议，法制委员会向人大常委会全体会议提出审议结果的报告和草案表决稿，由人大常委会全体会议进行表决。以人大常委会全体组成人员的过半数赞成通过。

(2)地方人大常委会审议地方性法规废止案的程序。在人大常委会会议第一次全体会议上，人大常委会组成人员听取提案人关于废止法规案的说明。全体会议结束后，由分组会议继续审议，有关专门委员会的审议意见书面印发会议。分组会议结束后，由人大常委会全体会议继续审议。由法制委员会向人大常委会全体会议提出审议结果的报告和废止该法规的决定草案，由人大常委会全体会议表决。以人大常委会全体组成人员的过半数赞成通过。

(3)地方人大常委会审议地方性法规解释案的程序。在人大常委会会议的第一次全体会议上，人大常委会组成人员听取提案人关于法规解释案的说明。全体会议结束后，由分组会议进行审议。分组会议审议结束后，由人大常委会全体会议审议。法制委员会向全体会议提出关于解释案审议结果的报告和解释草案表决稿，由全体会议进行表决。以人大常委会全体组成人员的过半数赞成通过。

(4)地方人大常委会审议新制定法规案的两审制程序。人大常委会会议第一次审议法规案时，由提案人向人大常委会全体会议作关于法规案的说明，有关专门委员会提出审议意见书面印发会议。人大常委会会议结束后，由法制委员会根据人大常委会组成人员、有关专门委员会的审议意见和各方面提出的意见，对法规案进行统一审议。人大常委会会议第二次审议法规案时，在人大常委会会议第一次全体会议上由法制委员会作关于法规案审议结果的报告，并提出法规草案修改稿印发会议。全体会议结束后，由分组会议审议。分组会议审议结束后，由人大常委会全体会议审议，由法制委员会向全体会议作关于法规草案修改稿修改情况的汇报，并提出法规草案表决稿，由全体会议进行表决。以人大常委会全体组成人员的过半数赞成通过。

(5)地方人大常委会审议新制定法规案的三审制程序。①人大常委会会议第一次审议法规案。由提案人向人大常委会全体会议作关于法规案的说明，有关专门委员会提出审议意见书面印发会议，由分组会议进行初步审议。人大常委会会议结束后，由法制委员会根据人大常委会组成人员、有关专门委员会的审议意见和各方面提出的意见，对法规案进行统一审议。②人大常委会会议第二次审议法规案。在人大常委会会议第一次全体会议上，由法制委员会作关于法规案修改情况的汇报，并提出法规草案修改稿印发会议，由分组会议进一步审议。本次人大常委会会议结束后，由法制委员会根据人大常委会组成人员、有关专门委员会和各方面的意见，对法规案继续进行统一审议。③人大常委会会议第三次审议法规案。在人大常委会会议第一次全体会议上，由法制委员会作关于法规案审议结果的报告，并提出法规草案第二次修改稿。全体会议结束后，由分组会议审议。分组会议审议结束后，由人大常委会全体会议审议，法制委员会向全体会议作关于法规草案第二次修改稿修改情况的汇报，并提出法规草案表决稿，由全体会议进行表决。以人大常委会全体组成人员的过半数赞成通过。法规案经常规的审议程序审议后，仍有重大问题需要进一步研究的，由主任会议决定（或者由主任会议提出，全体会议同意）可以暂不交付表决，交法制委员会或者有关的专门委员会进一步审议。法制委员会或者有关专门委员会审议后，向主任会议（或全体会议）提出审议意见。

（三）法制委员会和有关专门委员会审议法规案

法制委员会或者有关的专门委员会审议法规案应当召开全体组成人员会议，意见不一致时，依据少数服从多数原则进行表决。法制委员会或者有关专门委员会审议法规案时，根据需要，可以要求有关机关、组织派人说明情况。有关的专门委员会在审议法规案时，可以邀请其他专门委员会和法制工作委员会的成员列席会议。法制委员会统一审议法规案时，可以邀请有关的专门委员会成员列席会议，认真研究有关的专门委员会的意见。对有关的专门委员会的重要意见没有采纳的，应当向有关的专门委员会反馈，并向主任会议报告。

（四）法规案表决

法规案经过审议程序后即进入表决程序。表决是常委会组成人员对法规案赞成、反对或弃权进行表态的行为。一般采取整体表决的方式，即表决者对整个法规案文本表示最终的态度，一次性决定法规案是否通过。也有采取先部分表决后整体表决的方式，如某省的立法条例规定，对于法规草案中意见分歧较大的条款，常务委员会会议可以就此条款先行单独表决。表决一般采取电子表决器、投票等方法，以便常委会组成人员按自己的意愿表决。每个常委会组成人员对于同一事项只有一个表决权。常委会组成人员不能参加表决的，不能委托其他组成人员代为投票。表决的结果是通过法规案或不通过法规案。只有超过半数的常委会组成人员在表决时投了赞成票,该法规案才能通过而成为地方性法规。反之,如果半数或超过半数的常委会组成人员表决时投了反对票和弃权票,则该法规案未被通过。需要明确的是,常委会全体组成人员数是指现任的常委会全体组成人员数,而不是指出席会议的常委会组成人员数。由于表决的结果有两种可能,因此会议程序文件及主持人不宜使用“下一项议程,通过《××条例(草案表决稿)》”等字样及用语,而应当用“下一项议程,表决《××条例(草案表决稿)》”等字样及用语。经表决未获通过的法规案,该法规案的立法程序终止。如果提案人认为必须制定地方性法规的,可以重新提出议案,按正常程序办理。

(五)法规的公布

省、自治区、直辖市的人民代表大会常务委员会制定的地方性法规由常务委员会发布公告予以公布。

设区的市、自治州的人民代表大会常务委员会制定的地方性法规报经批准后,由设区的市、自治州的人民代表大会常务委员会发布公告予以公布。

地方性法规公布后,应及时在本级人民代表大会常务委员会公报和中国人大网、本地方人民代表大会网站以及在本行政区域范围内发行的报纸上刊载。官方网站作为新兴的信息载体,具有传播速度快、范围广、易于查询的特点,有利于公众检索。在本行政区域范围内发行的报纸是一种传统的传播媒体,具有可以反复阅读和长期收藏的特点,有利于公众和组织了解收藏。

在常务委员会公报上刊登的地方性法规文本为标准文本。这里所说的“标准文本”,是指凡是发现同一地方性法规的各种文本不一致时,均以常委会公报刊登的地方性法规文本为标准。这有利于维护法规的严肃性和权威性,确保法规的正确理解和实施。

法规被修改的,应当公布新的法规文本。法规被废止的,除由其他法规规定废止该法规的以外,由人民代表大会常务委员会发布公告予以公布。

(六)法规案的撤回和法规案的搁置

列入人大常委会会议议程的法规案,在交付表决前提案人要求撤回的,提案人应当说明理由,经主任会议同意,并向人大常委会报告,对该法规案的审议即行终止。所谓法规案的搁置,是指人大常委会会议审议法规案,各方面对该法规的必要性、可行性等重大问题存在重大分歧时,可以搁置审议。搁置审议满两年而没有再次被列入人大常委会会议议程的,由主任会议向人大常委会报告,对该法规案的审议即行终止。

（七）地方立法解释

所谓法规解释，是指对法规的含义作出说明和阐释。从法规解释主体方面说，可以分为有权解释和无权解释。有权解释又可以分为立法解释、司法解释、行政解释。无权解释是指公民、法人和其他组织对法规含义所作的说明和阐释。由于事物的复杂性，立法不可能穷尽所有的情况，又由于事物在不断发展变化，法规的规定总是很难跟上客观情况的变化，所以就需要法规解释，以满足经济社会发展对法律的需求。启动法规的解释需要具备一定的条件和程序，各地对地方性法规解释程序启动的规定主要有两种：一是本级人民政府、人民法院、人民检察院、本级人民代表大会专门委员会，有权向本级人大常委会提出地方性法规解释要求。二是本级人民政府、人民法院、人民检察院、本级人大专门委员会、设区的市的人大常委会和人大常委会派出机构可以向人大常委会提出地方性法规解释的要求。对于以上主体提出的解释要求，应当由人大常委会主任会议决定是否列入人大常委会会议议程。

公民、法人和其他组织可以向人大常委会提出地方性法规解释的建议，由人大常委会法制工作机构研究处理。公民、法人和其他组织向人大常委会提出地方性法规解释的建议，不必须列入人大常委会的会议议程。

第五节　地方人民政府规章制定程序

地方立法不仅包括地方人民代表大会及其常委会的地方性法规的制定，还包括享有立法权的地方人民政府规章的制定，从这个层面上讲，地方人民政府规章的制定主体包括两个层级：省、自治区、直辖市人民政府以及设区的市人民政府。我国《立法法》第 2 条第 2 款规定："国务院部门规章和地方政府规章的制定、修改和废止，依照本法的有关规定执行。"国务院于 2001 年 11 月 16 日制定《规章制定程序条例》，2017 年 12 月 22 日对此条例进行了修改，该条例第 2 条规定："规章的立项、起草、审查、决定、公布、解释，适用本条例。违反本条例规定制定的规章无效。"许多地方立法主体也都根据国务院《规章制定程序条例》制定了本省、市的规章制定条例，如《山东省政府规章制定程序规定》《江苏省规章制定程序规定》《东营市政府规章制定程序规定》《运城市政府规章制定程序实施办法》《内蒙古自治区人民政府拟定地方性法规草案和制定政府规章程序规定》等，对地方政府规章的制定程序进行了规范化。规章制定程序与地方性法规制定程序基本原则一致，但操作规程还是有一定的差异。

一、立项

立项程序主要是对规章立法进程的一个总体规划，它主要解决哪些提议可以被接受制定成为规章而进入规章立法议程。立项是规章立法程序的起点，也是规章立法有序进行的前提。立项程序主要涉及谁有权提出规章立法议案、接受立项的标准以及制定年度立法工作计划三个问题。

第一，关于谁有权提出规章立法议案的问题，即规章立法提案主体问题。《规章制定程序条例》第 10 条第 2 款规定："省、自治区、直辖市和设区的市、自治州的人民政府所属工作部门或者下级人民政府认为需要制定地方政府规章的，应当向该省、自治区、直辖市或者设区的市、自治州的人民政府报请立项。"据此，地方政府规章提案权的主体是"省、自治区、直辖市和设区的市、自治州的人民政府所属工作部门或者下级人民政府"，除此以外的任何组织和个人，均无地方政府规章的提案权。

第二，关于接受立项的标准，即符合何种标准才可以被纳入规章立法规划议程。《规章制定程序条例》第 11 条规定："报送制定规章的立项申请，应当对制定规章的必要性、所要解决的主要问题、拟确立的主要制度等作出说明。"据此，提请立项的申请应当说明理由，包括所要解决的问题、制定该规章的必要性、依据的方针政策以及拟确立的主要制度几个方面。

第三，关于制定年度立法工作计划的问题。《规章制定程序条例》第 12 条规定："国务院部门法制机构，省、自治区、直辖市和设区的市、自治州的人民政府法制机构（以下简称法制机构），应当对制定规章的立项申请和公开征集的规章制定项目建议进行评估论证，拟订本部门、本级人民政府年度规章制定工作计划，报本部门、本级人民政府批准后向社会公布。年度规章制定工作计划应当明确规章的名称、起草单位、完成时间等。"据此，通过对立项申请进行审查汇总并编制年度立法工作计划，立法工作计划的编制既是立法资源分配的重要安排，通过对立项申请进行系统性审查与选择性吸纳，也发挥着立法筛选功能。

二、起草

起草程序是将立项申请变为现实规章的具体操作。主要涉及有权起草的主体、起草中的民主参与、起草中的冲突协调以及送审稿的报送审查四个问题。

第一，关于有权起草的主体问题。《规章制定程序条例》第 14 条第 1 款规定："部门规章由国务院部门组织起草，地方政府规章由省、自治区、直辖市和设区的市、自治州的人民政府组织起草。"该条第 3 款规定："省、自治区、直辖市和设区的市、自治州的人民政府可以确定规章由其一个部门或者几个部门具体负责起草工作，也可以确定由其法制机构起草或者组织起草。”据此，地方政府规章的起草主体是“省、自治区、直辖市和设区的市、自治州的人民政府”及其“一个部门或者几个部门”或其“法制机构”。此外，根据第15条第3款，“起草专业性较强的规章，可以吸收相关领域的专家参与起草工作，或者委托有关专家、教学科研单位、社会组织起草”。可见，规章的起草还可以委托给“有关专家、教学科研单位、社会组织”。

第二，起草中的民主参与问题。规章往往是由本行政机关提出立法申请，又由本行政机关组织起草，为了保证规章立法不被部门利益或机关利益因素控制，有必要保障规章起草过程中的民主参与。《规章制定程序条例》第15条第1款规定：“起草规章，应当深入调查研究，总结实践经验，广泛听取有关机关、组织和公民的意见。听取意见可以采取书面征求意见、座谈会、论证会、听证会等多种形式。”第16条第1款规定：“起草规章，涉及社会公众普遍关注的热点难点问题和经济社会发展遇到的突出矛盾，减损公民、法人和其他组织权利或者增加其义务，对社会公众有重要影响等重大利益调整事项的，起草单位应当进行论证咨询，广泛听取有关方面的意见。”该条同时对听证会的组织程序作出了详细明确的规定：“起草的规章涉及重大利益调整或者存在重大意见分歧，对公民、法人或者其他组织的权利义务有较大影响，人民群众普遍关注，需要进行听证的，起草单位应当举行听证会听取意见。听证会依照下列程序组织：（一）听证会公开举行，起草单位应当在举行听证会的30日前公布听证会的时间、地点和内容；（二）参加听证会的有关机关、组织和公民对起草的规章，有权提问和发表意见；（三）听证会应当制作笔录，如实记录发言人的主要观点和理由；（四）起草单位应当认真研究听证会反映的各种意见，起草的规章在报送审查时，应当说明对听证会意见的处理情况及其理由。”

第三，起草中的冲突协调问题。《规章制定程序条例》第17条第2款规定：“起草地方政府规章，涉及本级人民政府其他部门的职责或者与其他部门关系紧密的，起草单位应当充分征求其他部门的意见。起草单位与其他部门有不同意见的，应当充分协商；经过充分协商不能取得一致意见的，起草单位应当在上报规章草案送审稿（以下简称规章送审稿）时说明情况和理由。”由此可见，对冲突问题的协商解决应当遵循三个步骤：起草部门充分征求其他部门的意见；双方进行充分协商；协商不成，不能取得一致意见的，在上报送审稿时予以充分说明。

第四，送审稿的报送审查问题。规章起草完成后，形成规章送审稿报送有关部门审查。《规章制定程序条例》第 18 条规定:“起草单位应当将规章送审稿及其说明、对规章送审稿主要问题的不同意见和其他有关材料按规定报送审查。报送审查的规章送审稿,应当由起草单位主要负责人签署;几个起草单位共同起草的规章送审稿,应当由该几个起草单位主要负责人共同签署。规章送审稿的说明应当对制定规章的必要性、规定的主要措施、有关方面的意见及其协调处理情况等作出说明。有关材料主要包括所规范领域的实际情况和相关数据、实践中存在的主要问题、汇总的意见、听证会笔录、调研报告、国内外有关立法资料等。”可见,送审稿报送时应包括三个部分:送审稿文本、送审稿的说明和有关材料。

三、审查

审查程序是对送审稿进行审查,进而根据不同情况作出不同处理的程序,是对规章立法提案的第二次过滤。主要包括审查主体、审查事项、审查中的民主参与、审查中的冲突协调及审查后的处理五个问题。

第一,审查主体问题。《规章制定程序条例》第 19 条规定:“规章送审稿由法制机构负责统一审查。”由此,规章立法送审稿的主体是省、自治区、直辖市和设区的市、自治州的人民政府的法制机构,即国家机构改革后的省司法厅,设区的市、州的司法局。

第二,审查事项问题。法制机构应依据什么标准对哪些事项进行审查?《规章制定程序条例》第 19 条规定:“法制机构主要从以下方面对送审稿进行审查:(一)是否符合本条例第三条、第四条、第五条、第六条的规定;(二)是否符合社会主义核心价值观的要求;(三)是否与有关规章协调、衔接;(四)是否正确处理有关机关、组织和公民对规章送审稿主要问题的意见;(五)是否符合立法技术要求;(六)需要审查的其他内容。”可见,审查的事项既涉及规章的形式,也涉及规章的内容。

第三,审查中的民主参与问题。《规章制定程序条例》第 21 条规定:“法制机构应当将规章送审稿或者规章送审稿涉及的主要问题发送有关机关、组织和专家征求意见。法制机构可以将规章送审稿或者修改稿及其说明等向社会公布,征求意见。向社会公布征求意见的期限一般不少于 30 日。”第 22 条规定:“法制机构应当就规章送审稿涉及的主要问题,深入基层进行实地调查研究,听取基层有关机关、组织和公民的意见。”第 23 条规定:“规章送审稿涉及重大利益调整的,法制机构应当进行论证咨询,广泛听取有关方面的意见。论证咨询可以采取座谈会、论证会、听证会、委托研究等多种形式。规章送审稿涉及重大利益调整或者存在重大意见分歧，对公民、法人或者其他组织的权利义务有较大影响，人民群众普遍关注，起草单位在起草过程中未举行听证会的，法制机构经本部门或者本级人民政府批准，可以举行听证会。举行听证会的，应当依照本条例第十六条规定的程序组织。”可见，规章的审查应当充分重视民主参与，民主参与的形式包括书面征求意见、开展基层调研、座谈会、论证会、听证会等。

第四，审查中的冲突协调问题。与起草过程中的冲突协调问题类似，审查过程中，法制机构对于冲突意见也应当首先进行协调，协调不成的，上报本部门或本级人民政府决定。《规章制定程序条例》第 24 条规定：“有关机构或者部门对规章送审稿涉及的主要措施、管理体制、权限分工等问题有不同意见的，法制机构应当进行协调，力求达成一致意见。……经过充分协调不能达成一致意见的，法制机构应当将主要问题、有关机构或者部门的意见和法制机构的意见及时报本部门或者本级人民政府领导协调，或者报本部门或者本级人民政府决定。”

第五，审查后的处理问题。经过审查，规章送审稿可以报本部门协调或者报人民政府决定。《规章制定程序条例》第 24 条规定：“有关机构或者部门对规章送审稿涉及的主要措施、管理体制、权限分工等问题有不同意见的，法制机构应当进行协调，力求达成一致意见。对有较大争议的重要立法事项，法制机构可以委托有关专家、教学科研单位、社会组织进行评估。经过充分协调不能达成一致意见的，法制机构应当将主要问题、有关机构或者部门的意见和法制机构的意见及时报本部门或者本级人民政府领导协调，或者报本部门或者本级人民政府决定。”第 25 条规定：“法制机构应当认真研究各方面的意见，与起草单位协商后，对规章送审稿进行修改，形成规章草案和对草案的说明。说明应当包括制定规章拟解决的主要问题、确立的主要措施以及与有关部门的协调情况等。规章草案和说明由法制机构主要负责人签署，提出提请本部门或者本级人民政府有关会议审议的建议。”

四、决定和公布

规章草案应报有权机构审议，并经再次修改后报经该有权机关决定和公布。地方政府规章的决定程序主要包括决定机关及决议后的结果两个问题。第一，关于决定机关，即有权对草案进行审议并作出决定的机关。《规章制定程序条例》第 27 条第 2 款规定：“地方政府规章应当经政府常务会议或者全体会议决定。”第二，关于决议后的结果问题。《规章制定程序条例》第 29 条规定：“法制机构应当根据有关会议审议意见对规章草案进行修改，形成草案修改稿，报请本部门首长或者省长、自治区主席、市长、自治州州长签署命令予以公布。”可见,经有关会议对草案进行审议后,法制机构应对草案进行修改,形成草案修改稿,报请实施地区的省长、自治区主席、市长、自治州州长签署命令予以公布。

地方政府规章须经公布才能产生法律效力,非经正式公布程序不得生效。公布程序包括公布的平台和公布后的实施准备期两个问题。第一,公布的平台。《规章制定程序条例》第 31 条规定:“部门规章签署公布后,及时在国务院公报或者部门公报和中国政府法制信息网以及在全国范围内发行的报纸上刊载。地方政府规章签署公布后,及时在本级人民政府公报和中国政府法制信息网以及在本行政区域范围内发行的报纸上刊载。在国务院公报或者部门公报和地方人民政府公报上刊登的规章文本为标准文本。”可见,地方政府规章公布后,应及时在本级人民政府公报和中国政府法制信息网以及本行政区域范围内发行的报纸上刊载,地方人民政府公报上刊登的规章文本为标准文本。第二,公布后的实施准备期的问题。《规章制定程序条例》第 32 条规定:“规章应当自公布之日起 30 日后施行;但是,涉及国家安全、外汇汇率、货币政策的确定以及公布后不立即施行将有碍规章施行的,可以自公布之日起施行。”由此,地方政府规章一般应有 30 日的实施准备期,该期限主要为行政相对人及社会公众学习、了解规章的主要内容,同时也给有关部门组织实施该规章以必要的准备时间。

第八章 地方立法技术

第一节 立法技术概述

立法技术是立法活动中不可或缺的重要环节，它不仅关系到法律文本的表达形式，更关乎法律实施的实效性和公众的普遍接受度，是确保立法质量和立法效果的关键。良好的立法技术能够使法律规范表述清晰、逻辑严密、操作性强，有助于提升法规的可理解性、可操作性和可执行性。

一、立法技术的概念与特点

所谓技术，是人类在利用、改造自然和社会的过程中，根据实践经验和科学原理而积累的技艺和方法的总和。

关于立法技术的概念，法学界通常有广义和狭义两种理解。广义的立法技术泛指立法过程中形成的全部知识、经验、规则、方法和技术等的总和，它包括立法体制的技术、立法程序的技术和立法表达的技术等。狭义的立法技术专指立法表达技术，它包括法律文件的内部结构、外部形式、概念、术语、语言、文体以及立法预测、立法规划等方面的技术。本节是从广义上来研究立法技术的。

同立法原理、立法制度相比，立法技术有如下基本特点。

第一，立法技术是一种方法和操作技巧。立法技术不是立法，因而它不是什么“活动”，也不是什么“过程”，它是人们在立法实践和立法研究中所产生的一种智力成果，取静态形式。作为一种方法，它与立法制度不同，不是实体性准则，而取观念形态。在这一点上它有立法原理的某些痕迹。作为一种操作技巧，它与立法原理有别，不是观念性准则，而是实体性准则。在这一点上它与立法制度有某些相近之处。它是不同于立法原理、立法制度而又兼具两者某些特征的一个概念、一种事物。

第二,立法技术是立法活动中所遵循的方法和技巧。同立法原理、立法制度一样,立法技术产生于立法实践又为立法实践服务,它以立法实践为出发点和归宿,离开了立法实践,它就无以存在和发展。而一定的立法实践一般总有一定的立法原理、立法制度、立法技术与其相伴随,但立法技术对立法实践具有更大的独立性。先前的立法原理尤其是立法制度离开当时的立法实践,对后来立法实践所起的作用要大打折扣;但先前的立法技术对后来立法实践的作用比之立法原理、立法制度要大得多。立法技术尤其是先进的立法技术一经产生就是人类的共同财富,它可以跨越国界对立法实践发挥作用,在这一点上它比立法原理、立法制度对立法实践具有更大的作用。

第三,立法技术是用以促使立法臻于科学化的一种方法和操作技巧。立法原理、立法制度与立法的性质和内容关联更紧,立法技术对立法的科学化程度作用更大。这里所谓"臻于科学化",是指尽可能达到既使立法者或执政者满意,又能符合或在相当大的程度上符合立法的客观规律。促使立法臻于科学化,是立法技术的目的和功能之所在,不同时代的立法者和执政者在立法实践中运用立法技术,正是要促使他们的立法臻于当时所能具有的科学化程度,尽可能满意地实现自己的立法宗旨。

二、立法技术的意义

研究立法技术的目的,就是通过合理运用立法技术来完善立法。它的功能和作用集中表现在:可以使立法成为科学的立法,使立法臻于较高水平,使立法正确调整社会关系和准确、有效、科学地反映立法者、执政者的意愿,可以从一个重要侧面保障整个法制系统有效地运行,从而充分满足国家、社会和公民生活对立法提出的种种需要。因此,立法技术对于立法具有重要意义,体现在以下几个方面。

第一,研究立法技术有助于提高立法质量。立法是一项社会实践活动,要求坚持实事求是、从实际出发的原则,正确认识各种社会现象以及社会发展的客观规律。立法技术是立法实践经验的总结和立法理论的提升,科学地运用立法技术立法即是遵循了一定的客观规律。从某种意义上讲,研究立法技术就是研究立法活动中的客观规律,科学地运用立法技术就能在技术层面保证立法活动建立在符合客观规律的基础之上,从而有助于提高立法质量。

第二,研究立法技术有助于提高立法效率,降低立法成本。通常一部法从规划、起草到审议通过,往往要经过若干个部门和工序,这期间要花费大量的人力、物力、财力和时间。因此，立法要尽可能以最低的成本获取最高的效率。加强对立法技术的研究，将立法活动中一些有规律性的东西不断地总结和提高，上升为立法技术并制度化，以避免因不遵守立法技术规则或运用立法技术不当而造成的高成本立法。

第三，研究立法技术有助于规范法的文本格式。立法规范化的重要内容之一，就是要求法的文本格式统一和规范。法的文本格式是立法技术所要研究的内容之一。人们通过对法的文本格式的研究，提出科学合理的文本格式，以便立法者在立法中采用。

第四，研究立法技术有助于立法反映和实现立法者的立法意图。立法意图是指立法者制定或变动某种法的规范所要达到一定目的的企图和愿望。立法的过程中，必须要有一定的立法技术支撑，即运用一定的立法技术，以科学合理的形式、简明而准确的语言文字去正确、有效地表达立法者的立法意图。如果没有立法技术支撑，就很难准确表达立法者的立法意图。

第五，研究立法技术有助于法的贯彻实施。立法的主要目的就是通过法来调整各种社会关系，使人们按照法所规定的要求来规范自己的行为。立法目的的实现，有赖于人们对法的遵守和执行。而法的遵守和执行，一方面需要人们有守法的意识，另一方面则要求法的文本要通俗易懂、没有歧义，便于遵守和执行。因此，立法者只有掌握和科学地运用立法技术，制定的法才能做到结构合理、逻辑严密、通俗易懂。

总之，立法技术对现代社会法治实践的各个方面均有非常重要的意义。

三、立法技术的分类

根据不同的标准，我们可以对立法技术作不同的分类，主要有以下几种。

根据立法进程的不同阶段可以分为立法预测技术、立法规划技术和法律规范表达技术。立法预测技术就是对立法的状况趋势和各种情况预测的科学方法和手段、规则等，也就是立法者对社会的客观需要以及法律调整的可行性等问题的科学预测。立法规划技术就是对经过立法预测的立法项目进行计划、编制、部署、安排的科学方法、手段和规则。法律规范表达技术就是对法律规范的结构、形式、术语、语言文体等进行表述的科学方法、手段和规则。

根据立法技术运用的具体程度可以分为宏观立法技术和微观立法技术。宏观立法技术是指运用于立法工作整体的技术，如立法预测技术、立法规划技术等。微观立法技术是指运用于制定某一具体的规范性法律文件的技术，如制定某一法律的内部结构、外部形式、法律条文的文体，某一法律规范的表达方式等。微观立法技术适用于法的个体,即在制定某个具体法律时用到的更多的是微观技术。

根据立法技术的法系传统可以分为大陆法系的立法技术和英美法系的立法技术。大陆法系的国家主要制定成文法,由享有立法权的立法主体按照立法程序,用条文形式制定,并公布实施。大陆法系国家注重立法体系、法律结构。英美法系的国家主要依靠判例法,以判例法作为普通法适用于全国。英美法系国家注重从具体案件中提炼法律规范。这就决定了大陆法系与英美法系的立法技术呈现出各自不同的特点,在法律的内外部结构、法律的文体、法律的系统化等诸多方面存在差异。

另外,我们还可以根据不同的标准对立法技术作不同的分类。如根据立法技术的综合性程度可以将其分为综合性立法技术和单一性立法技术,根据立法技术运用的过程可以将其分为纵向立法技术和横向立法技术等。

第二节 地方法的形式结构技术

法律结构或法的结构有多重意义的理解。有学者从法律体系角度考察,认为法的结构是构成一个国家法律体系的不同法律部门。[①] 多数学者仍然从立法学角度来理解法的结构或法律结构。周旺生认为,法的结构通常包括三个方面的要件:一是法的名称。二是法的内容。其中包括规范性内容和非规范性内容,规范性内容就是法律规范,非规范性内容就是立法目的、立法根据、法的适用范围等。三是表现法的内容的符号。[②] 李培传认为,法律结构是指法律、法规应当具备的各个组成部分及法律条文之间,从形式到内容应当按照其内在规律要求,作出科学合理的排列、组合和联结的形式。这种结构分为法的形式结构与法的实质结构。本书采用形式结构和实质结构的分类方式,法的形式结构是指法律、法规应当具备的形式要件,按照其内在规律要求,作出合理、科学的排列、组合和联结的形式,一般包括法的名称,法的制定机关和通过、公布、施行日期的载明,法律序言、目录和附件(附录),法律正文等。

---

① 参见朱景文:《比较法总论》,中国人民大学出版社 2008 年版,第 115 页。

② 参见周旺生:《立法学教程》,北京大学出版社 2006 年版,第 494 页。

一、地方法的名称

(一)法的名称界定及我国现行法名称的结构形式

“法律名称,是指每一部法律、法规的称谓。”[1]从形式上讲,法与法律存在区别,法律仅指全国人民代表大会及其常委会制定的法规范性文件,而法的形式则还包括行政法规、地方性法规、自治条例、单行条例、规章。法的名称则是指法规范性文件的称谓。称谓是法的形式符号,是将一部法规范性文件与其他法规范性文件区别开来的形式标志。法的名称是法规范性文件的结构中首先应具备的要件,也是每个法规范性文件必备的要件[2],它的规范化、科学化是法规范性文件规范化、科学化的前提。

根据我国《宪法》《立法法》的规定,我国现行的法规范性文件的结构形式有:全国人民代表大会及其常委会制定的法律;国务院制定的行政法规;省、自治区、直辖市人大及其常委会以及设区的市的人大及其常委会制定的地方性法规;民族自治地方人民代表大会制定的自治条例和单行条例;国务院各部门,省、自治区、直辖市人民政府以及设区的市人民政府制定的规章。简单地说,我国现行法规范性文件的结构形式的体系包括宪法、法律、行政法规、地方性法规、自治条例与单行条例、规章六种。当然,宪法也是全国人民代表大会制定的,属于法律的范畴;自治条例与单行条例属于特殊的地方性法规,在名称的使用上有一些差异,但可以将其归结到地方性法规中,由此,可以将法规范性文件的形式大体上归结为四种:法律、行政法规、地方性法规、规章。

1.地方性法规的名称

(1)“规定”,如《青岛市保障残疾人合法权益规定》。

(2)“条例”,用于对某一方面事项作出的全面、系统的规定,如《湖北省人民代表大会及其常务委员会立法条例》。

(3)“决定”,用于对某项重大问题作出的安排或者部署,如《黑龙江省人民代表大会常务委员会关于修改〈黑龙江省计量条例〉的决定》。

(4)“办法”,用于对某一方面事项作出的比较具体或者专项性的规定,如《山东省人民代表大会常务委员会人事任免办法》。

(5)“实施办法”,用于贯彻实施法律而作出的比较具体、详细的规定,如《北京市实施〈中华人民共和国档案法〉办法》。

---

① 李培传:《论立法》,中国法制出版社2004年版,第284页。

② 参见朱力宇、张曙光:《立法学》,中国人民大学出版社2009年版,第253页。

(6)“规则”,如《四川省人民代表大会议事规则》。

(7)“实施条例”,如《重庆市义务教育实施条例》。

(8)“决议”,如《安徽省人民代表大会常务委员会关于批准〈淮南市城市保障性住房条例〉的决议》。

2.政府规章的名称

(1)“规定”,如《黑龙江省相对集中行政处罚权规定》。

(2)“条例”,如《安徽省著名商标认定和保护条例》。

(3)“办法”,如《广东省非农业建设补充耕地管理办法》。

(4)“实施办法”,如《吉林省耕地占用税实施办法》。

(5)“实施意见”,如《吉林省人民政府关于解决农民工问题的实施意见》。

(6)“规程”,如《学校艺术教育工作规程》。

(7)“暂行规定”,如《普通高等学校毕业生就业工作暂行规定》。

(8)“暂行办法”,如《高等学校收费管理暂行办法》。

(9)“试行办法”,如《高等学校培养第二学士学位生的试行办法》。

(10)“规则”,如《国防科学技术工业委员会听证规则》。

(11)“规范”,如《电信服务规范》。

(12)“实施细则”,如《农业化学物质产品行政保护条例实施细则》。

(二)法的名称规范化的必要性及价值

任何一个事物的名称,从规范化的角度来讲,都应该具有识别功能,即通过这个名称形式上将其与其他事物区别开来。作为规范化的法的名称,它应具有的识别功能是:首先,规范化的法的名称,能够将一部法规范性文件与其他法规范性文件区别开来;其次,规范化的法的名称,能够将一部法规范性文件与不属于法律范畴的规范性文件区别开来;最后,规范化的法的名称,能够将法规范性文件与非规范性文件区别开来。

法的名称规范化不仅具有以上的意义,在实践中还具有立法、司法、守法以及法学研究上的重要意义和功能。从立法方面说,“立法者在立法时容易明确正在立的法有什么样的效力等级、性质和内容;在立法后能明确这个法只有哪个机关才能对其加以解释、补充、修改或废止;还有利于对法进行分类、清理、汇编、编纂及其他法的系统化工作”。从司法和守法方面说,“司法者和守法者通过名称便能了解法的性质、内容和效力等级,从而了解法与自己的司法业务或日常工作、日常生活的关系,使自己在司法和守法时避免盲目性、增强自觉性”。从法学研究方面说,“有利于对立法资料进行分类、编排、整理和统计,有利于开展法学特别是立法学的研究”。[1]

二、法的题注

法规范性文件是我国公文形式的一种，根据《国家标准·国家机关公文格式》的规定，法规范性文件可以有“题注”的规定。从我国现行有效的法规范性文件来看，题注的设置也是不可少的。

（一）正式法律文本中题注的设置

正式法律文本中的题注设置，主要表现为两种情形。

一种是在法的标题中以括号形式标注的部分，我们称之为“标题题注”，它虽然也是法的标题的组成部分，但是以括号形式加以标注，属于特殊题注的形式。如1982年3月8日第五届全国人民代表大会常务委员会第二十二次会议通过并自1982年10月1日起实施的《中华人民共和国民事诉讼法（试行）》，1986年12月2日第六届全国人民代表大会常务委员会第十八次会议通过的《中华人民共和国企业破产法（试行）》。这两部法律在通过时的正式法律文本的标题中都用括号标注有“试行”二字。当然，目前这两部法律都已被新通过的法律所取代，法的名称中不再有括号标注的题注内容。纵览全国人大及其常委会制定通过的法律，其正式文本中基本也已不存在标题标注。但是在其他一些立法主体制定的法规范性文件中仍然保持有标题题注，如2007年2月8日经国家环境保护总局通过并于2008年5月1日起施行的《环境信息公开办法（试行）》。目前，这种标题题注在正式法律文本中所占的比例很小，运用并不普遍。

现行有效的法律规范性文件即正式法律文本中存在的题注是位于法的名称之下、正文之上的一段标注或说明性文字，用括号标注。如《中华人民共和国立法法》的题注表示为：

（2000年3月15日第九届全国人民代表大会第三次会议通过　2000年3月15日中华人民共和国主席令第三十一号公布　自2000年7月1日起施行）

根据全国人大常委会法工委立法规划室关于现行有效法律、行政法规的统计，关于正式法律文本的题注主要表现为以上的形式。

（二）非正式法律文本中题注的设置

一部法规范性文件一般经由法案起草、法案审议、法案表决、法案公布等过程才得以成为正式的法律文本，在其成为正式法律文本之前，所经历的文本形

---

① 参见周旺生：《立法质量与质量立法——欧美台立法质量立法研究》，http://iolaw.cssn.cn/flfg_99/201008/t20100825_4607708.shtml。

式被称为“非正式法律文本”。非正式法律文本也有题注，但这种题注体现为标题题注，即在非正式法律文本的名称中以括号形式标注的内容，通常表明了非正式法律文本所经历的立法过程或阶段。实践中，有这样的表达方式：

(1)标题中标注有“初稿”字样，如《黑龙江省实施〈中华人民共和国工会法〉办法(初稿)》。这种标注表示为法案起草者起草的是最初法律文本，尚不成熟。

(2)标题中标注有“初稿征求意见稿”字样，如《黑龙江省实施〈中华人民共和国工会法〉办法(初稿征求意见稿)》。这种题注一般表示最初法律文本起草完成以后，起草者或提案者为使法律文本更加成熟而征求有关主体意见的活动或阶段。

(3)标题中标注有“草案”字样，如《黑龙江省实施〈中华人民共和国工会法〉办法(草案)》。这种题注说明起草者已形成了较为成熟的法律文本的草案，可以由提案者向有权立法主体提出的阶段。

(4)标题中标注有“草案征求意见稿”“草案修改案征求意见稿”或“草案一次修改稿”“草案二次修改稿”或“草案一次审议稿”“草案二次审议稿”“草案三次审议稿”等，这种题注一般表明法案所经历的审议阶段的情况以及经征求意见或审议后所达到的文本形式。

(5)标题中标注有“草案表决稿”，如《黑龙江省实施〈中华人民共和国工会法〉办法(草案表决稿)》。“草案表决稿有时是在草案的基础上修改形成的；多数情况下，草案表决稿是在草案修改稿的基础上修改形成的。草案表决稿的内容与草案或草案修改稿的内容一般不会完全相同，有时甚至会很不相同。”①这种题注表明法案已经十分成熟，可以交由立法机关表决通过。

在非正式法律文本中，还有其他一些文字可以作题注，如《中华人民共和国立法法(专家建议稿)》等，法案在不同阶段会呈现出不同的形式，内容也在不断修改完善。这种题注表明法案所达到的立法过程的某个阶段，可以判断法案的成熟程度及法案可能实现的目标。

三、法的目录

法的“目”是指法的卷、篇、章、节的设置，法的“录”是组成法的卷、篇、章、节的具体标题，法的目录则是指由法的卷、篇、章、节形式及其具体标题(或题目)组成的纲要体系结构，如现行宪法的目录设置，包括序言与四章，每一章都设有标题。在章下面如果有必要分节，则节的形式与标题也构成目录的组成部分，

① 王云奇：《地方立法技术手册》，中国民主法制出版社2004年版，第12页。

现行宪法中只有第三章“国家机构”分为八节，每节都有对应的标题，其他章下面没有设“节”的形式，则无须在目录中显示。

(一)法律文本中“法的目录”设置的功用

法的目录设置功用是什么呢？有学者认为，“一是便于对法律、法规的整体结构和基本内容的了解与掌握；二是便于人们在使用法律法规时查找内容方便”①。还有学者认为，法律文本中“法的目录”设置，“主要作用是便于人们从整体上把握该法规的基本内容，了解法规的基本结构，查阅相关的内容，也方便对法的研究”②。

“法的目录”与“法的名称”“法的题注”有所不同，“法的名称”“法的题注”是任何法规范性文件都具备的，也是法的结构形式中不可缺少的要素。“法的目录”并不是法的结构形式中必不可少的要素，但这不意味着它不重要。正如古典文献学、图书馆学以及目录学对“目录”功能的认识一样，既然设置了“法的目录”，其便具有一定的意义与功能，但这种作用仅是认识论意义上或建构意义上。“法的目录”认识论意义上的功能在于：第一，它可以帮助人们了解法的结构框架，从而通过这种框架达到对法的内容的整体把握；第二，通过法的目录，人们能够把握一个法律文本的逻辑结构；第三，通过目录，人们学习、运用法律文本更加便利，查找起来更加方便。

“法的目录”建构意义上的功能在于，目录就是法的“大纲”“纲要”，正如图书或论文创作者一样，在创作时有一个基本的结构框架，法的目录就是立法者或法的起草者心目中的法的结构框架，通过这个框架，可以有效地建构一个比较完备的法的文本。

(二)法律文本中“法的目录”设置的依据

“法的目录”虽然不是所有的法律文本必备的结构要素，但对一部分法规范性文件来说，设置“法的目录”还是有必要的。那么，设置了“法的目录”的法律文本，其设置的依据是什么呢？

一是法的效力等级。我国是“一元两级多层次”立法体制的国家，立法主体多，制定出来的法规范文件存在着一定的效力等级。从统计数据来看，法律中设置“目录”的比例较高，地方性法规、行政法规和政府规章设置“目录”的比例很低。

二是法的条款数量。从统计数据来看，法律条款数量达到 50 条以上的法

① 李培传：《论立法》，中国法制出版社 2004 年版，第 306 页。

② 王云奇：《地方立法技术手册》，中国民主法制出版社 2004 年版，第 19 页。

律文本，基本上都设置了“法的目录”，法律条款数量在 50 条以下的法律文本，设置目录的比例要低很多。这说明，法律条款的数量也是立法者考虑设置“法的目录”的一个重要因素。

当然，法律法规是否设置“法的目录”，法的起草者或立法主体需要综合考虑以上因素。从法的效力等级来讲，并不是全国人大及其常委会制定的法律才设置“法的目录”，实际上我国现有的各级法律法规都有设置目录的情形。而从法的条款数量来看，也并非数量多、篇幅大就一定设置“法的目录”，有些法律法规如 1994 年 10 月 27 日全国人大常委会制定的《中华人民共和国母婴保健法》有 135 条、1995 年 3 月 18 日全国人大常委会制定的《中华人民共和国教育法》有 84 条，都没有设定“法的目录”。

四、法的总则

法的总则作为法规的第一章，内容一般包括：(1)立法目的及依据；(2)适用范围；(3)基本概念的解释；(4)法规的基本原则；(5)执法主体的职责、权限；(6)其他带有总括性的、需要在总则中加以明确的内容。

(一)法的总则的概念和地位

根据周旺生教授的定义，法的总则“就是对全法具有统领性的，主要规定或表现立法目的、根据、法的原则、有关法定制度或基本法定制度、法的效力、法的适用等内容的，在法的整体中与分则、附则等相对应的法的条文和法的规范的总称”①。“在以成文法为主要法的形式的国家，总则虽非任何一个法所必具的组成部分，却是一般的法、绝大多数法所应有的。”②

从该定义中，我们可以看出：

第一，总则的内容是涵盖全法的，是统管法案全局的部分，规定整部法案的目的、原则、基本法定制度等最为重要的内容，是一部法的纲领性内容的汇集和本法的精神的体现。

第二，总则的条文具有高度的抽象性。总则的规定是抽象的、概括的、原则性的，不作非常具体的要求，不写入具体的行为规则，也不规定法律后果。

第三，总则的规定是全法的灵魂与核心。从法的实质上来看，总则对分则有概括、指导、规范和约束的作用，分则是总则精神的贯彻和体现、丰富和发展。从法案的形式结构来看，分则是总则相关内容的具体化，附则则作为总则和分

① 周旺生：《立法论》，北京大学出版社 1994 年版，第 593 页。

② 郭道晖总主编：《当代中国立法》下册，中国民主法制出版社 1998 年版，第 1324 页。

则的辅助性内容而存在。因此，无论在实质内容还是在形式结构上，总则都是全法的灵魂，其设计既要考虑与分则和附则相呼应和联系，又要注意与它们之间的区别。因此，总则设计的准确、规范有着非常重要的意义。

根据上述定义，法的总则的内容主要包括立法宗旨（包括立法目的和立法根据）、法的原则、有关法定制度或基本法定制度、法的效力、法的适用范围等。考察现行法的总则结构可以发现，除此之外，法的概念的界定、主管部门等内容，也应在总则中加以规定。

法律总则是法律文件的一部分，与法律文本是部分与全局的关系。因此，法律总则每一个条文的制定都要放在整部法律的体系中去考虑，注意整部法律的和谐一致和严密完整。总则的结构设计也自然要求我们更合理地安排条文顺序。“法律的结构，一般要求应当是体系清楚、结构严谨和合乎逻辑。”[①]体系清楚、结构严谨的条文顺序安排，以及准确、规范和逻辑严密的立法表述，能打造一个更为合理的总则架构，这样更有利于法律文件的统一，使总则的表述更趋于科学和规范，从而能够更准确、有效地反映立法者的意愿，也便于公民更好地理解和掌握法律。

综上，法律总则在法律文本中具有重要地位，其设计架构的合理和语言表述的规范对整部法律的准确性和科学性都具有重要意义。

（二）法的总则的设计原则

考虑以上立法的设计要求，结合法律总则的地位和作用，本书认为，法的总则应包括如下设计原则。

1.法的总则应具统领性

作为整个法的价值体现，总则的设计须能起到提纲挈领的作用，具有统领性。总则内容的规定是统摄全法的，是对整个法文件而不是针对法案的某个部分所作出的统领性的规定。因此，立法者在总则的设计中必须高屋建瓴，将对整个法律文件而不是某个部分有统领作用的内容放在总则中加以规定。如原《物权法》在第一章和第四章中都有原则性的规定，但是显然，第四章中的“一般规定”只能统辖第二编，而第一章的内容才是统领整个《物权法》的。

2.法的总则应具一般性

除具有统领作用外，总则条款应是全法所共同具备的特征（即一般性条款）或可以共同适用的内容（即共同性条款）。这样设计的好处有二：一是总则中的一般性条款可以适用于全法的实体性规定，具有普遍适用性；二是总则中的共

① 吴大英、刘瀚等：《中国社会主义立法问题》，群众出版社1984年版，第193页。

同性条款可以集中规定适用于分则部分的主要规则，从而减少分则当中的大量重复性规定，使整部法律的条文更为简洁，易于理解和掌握。

3.法的总则应具抽象性

法的总则的统领性必然要求其规定的原则性和抽象性。“总则所牵涉到的问题，真正说起来，不单是法的结构，而更多的是总则所表现出来的系统化精神与抽象的倾向。”①总则只规定立法宗旨、基本原则等最具原则性和指导性的内容，而不涉及具体的行为规则和法律后果等条款，通过这种方式来彰显法的精神。因此，总则的内容既不能过简，应包括前文所述的总则的各项内容；也不能过繁，不应当将非总则性的内容写入总则，也不能将凡是不宜写入分则的条文都写入总则中，使其成为“杂则”。

4.法的总则应具协调性

总则是“统一法规范的基础”②。所谓法律总则的协调，是指总则的规定在“这一法律与另一法律之间、这一条文与另一条文之间，在内容上不能相互矛盾，彼此冲突”③。也就是说，法的总则的协调性包括一个法律文件内部条文之间以及同类法律规范的总则条文之间的协调一致。一方面，在同一立法文件的总则中，要慎重考虑条文的先后顺序安排，前后的内容必须相互协调，使总则达到结构完整、形式科学的要求；另一方面，立法者在进行各类法律的总则设计时，应当注意尽量使同类规范性文件的总则在体系和内容上相协调，这是这些同类规范性文件整体内容具有协调性的前提和关键。而只有同类的上下位法律文件、同级法律文件之间结构相似、体系协调、内容不相冲突，才能使庞大的部门法系统协调统一，我国部门法律的体系化才可能得以实现，法律的可操作性也才会更强。

此外，法的总则的设计还应满足目的性、规律性以及内在联系性等要求。

五、法的分则

法的分则作为法规的第二章至倒数第二章，内容一般包括：(1)公民、法人和其他组织的权利；(2)公民、法人和其他组织的义务；(3)行政许可；(4)行政强制；(5)法律责任。

(一)法的分则界定

法律文本的正文部分一般分为三个部分，总则、分则和附则，各部分内容构

---

① [法]勒内·达维德：《当代主要法律体系》，漆竹生译，上海译文出版社1984年版，第84页。

② 汪全胜：《体育法总则的反思与重构》，《天津体育学院学报》2010年第2期。

③ 李步云：《论法治》，社会科学文献出版社2008年版，第326页。

造有所不同，在司法过程中的作用也有差异。从整个法律文本的内容和条款数量构成来看，法的分则是法律文本的主体，法的分则的构建技术决定了法律文本的质量。

法的分则，是指与总则相对应的，使总则内容得以具体化的条文总称，分则是法律文本的中心部分，法律规范的实体结构即实质内容条文，一般都集中安排在分则各章、各节或各条之中。它具体规定行为模式及其法律后果，即规定社会不同主体的权利和义务，允许干什么，要求干什么，禁止干什么，支持、保护和发展什么，反对、限制和取缔什么，以及违反法律、法规等将会带来什么不利后果，遵守法律、法规等将会得到什么有利的结果。①

（二）法的分则的形式

我国现行法律文本关于分则的设置有两种类型，一种是明示的分则，另一种是非明示的分则。

明示的分则就是在法律文本中直接标识“分则”字样的规则内容，这种形式的法律文本不多，我国《刑法》以及原《合同法》即采这种形式。《刑法》设两篇结构，第一篇“总则”，第二篇“分则”，总则包括五章的条文规定，分则包括十章的条文规定。《合同法》未设篇名，在法律文本中直接标识“总则”“分则”和“附则”，总则涵盖第一章至第八章，分则涵盖第九章至第二十三章。在有明示“总则”与“附则”字样的设章的法律文本中，除了总则与附则的章以外都属于分则的内容，这种形式一般出现在条文内容比较多、设有“章”“节”形式的法律文本中。这种形式的法律文本中对哪些属于分则的内容比较容易判断。

除了《刑法》及原《合同法》有明示“分则”的字样以外，在其他法律文本中基本没有标识“分则”字样，这种形式的分则称之为“非明示分则”或“默示分则”。非明示分则在法律文本中的表现又有两种形式：一种在设有“章”的法律文本中明示了“总则”与“附则”，除明示“总则”与“附则”的“章”以外，其他“章”都属于“分则”内容。另一种在我国部门规章、地方性法规、地方政府规章的法律文本中比较常见，条文数量比较少，不设“章”“节”内容，只设定一定数量的“条”“款”“项”“目”等，也没有明确“总则”“分则”，更没有明确“分则”的文本，这种形式的法律文本，判断哪些条款的内容属于分则就有一定的难度。但是从我国现行法律文本来看，完备的法律文本都具备这样的三个结构，包括法的总则、分则与附则，在不设“章”“节”而只有数量不多的条文的法律文本中，一般是根据条款内容的规定来判断哪些内容属于总则、哪些内容属于分则、哪些内容属于附则。

---

① 参见汤唯、毕可志等：《地方立法的民主化与科学化构想》，北京大学出版社2002年版，第276页。

（三）法的分则在法律文本中的地位

从一般的法律文本结构三要素看来，法的分则与法的总则、法的附则各自规定不同的内容，而法律规则、法律规范则是分则的内容构成，而且法的分则是整个法律文本的主体。法的总则的规定是需要通过法的分则来进一步具体化，而法的总则指导法的分则内容的构建，指引法的分则解释。法的附则一般不涉及规范内容，只涉及一些法律技术性规定，如法的生效条款、法的废止条款等。

从法律文本正文的总体结构来看，任何一个法律文本都是由法的总则、分则及附则构成，而法的分则是构成法律文本的主体、本体及核心，法的分则是判断法律文本质量的根本。首先，从条文数量来看，法的分则构成法律文本的主体部分；其次，从内容规定来看，法的分则是法律文本的核心；最后，从总则与分则关系看，总则是分则的指导，分则是总则更为具体化、可操作性的规定。

一般情况下，法的总则与法的分则是抽象与具体、一般与特殊的关系，法的总则指导法的分则的制度构建，法的分则是法的总则的具体化。但是在个别情况下，法的分则的内容可修正法的总则的规定。总结起来，法的分则是法的总则具体化，是法律适用的主体，是法律文本中内容的核心部分。

六、法的附则

法的附则是法律法规整体中作为总则和分则辅助性内容而存在的一个组成部分，是附在法律法规后面的条文。附则是法的组成部分，附则和其他的正文条款一样，具有同等的法律效力。附则作为法规的最后一章，内容一般包括：(1)专业名词、术语的解释；(2)施行日期或者法规废止事项；(3)其他需要在附则规定的内容。

什么是法的附则，至今学界并没有统一的规定。提到附则问题，人们通常认为那是法律文本的最后一部分或者是法律文本的最后一章，这些认识本身没有错，都提出来法的附则的特征，却忽略了法的附则的本质和价值。附则并不是总则或分则附带、附随的部分，不能认为是总则或分则的从属部分，它有自己独立的价值。《现代汉语词典》将它界定为“附在法规或条约后面的补充性条文，一般是关于生效日期、修改程序等的规定”①。这虽然不能准确定义附则，但“补充性条文”道出了附则的实质性内容。附则虽不是法律文本形式结构的必然组成部分，但其部分内容却是法律必备的，有时只是没有单独列出附则部分而已。总的说来，“要准确表述附则的含义，必须注意兼顾三个方面：一是要指

① 《现代汉语词典》，商务印书馆2016年版，第409页。

明附则在法规整体中的地位，二是要指明附则所包含的内容，三是要指明附则在法规中的位置。根据这个标准，附则的含义可以归纳为：附则是法律法规整体中作为总则和分则辅助性内容而存在的一个组成部分，是附在法律法规后面的条文”[①]。

法的附则主要是关于非规范性条文的，在法的附则中，其逻辑性体现为法律术语、生效时间、授权规定等条文如何安排更合理、更科学。法条之间的内容不应该是互相完全独立的，而是有一定的内在联系，应当按照一定的逻辑顺序排列，通常采用具体到抽象、直接到间接、由近及远的顺序来安排，因此法的附则条文顺序为：法律术语的解释；该法自身具有的一些特色内容；适用范围的补充规定；关于解释权的授权规定；授权制定实施细则；授权制定变通或者补充规定的授权；过渡性条款；废止条款；生效日期。

第三节　地方法的实质结构技术

法律实质结构是指法律规范按照其所规范调整对象的自身规律要求，在其内容上作出科学、合理的排列、组合和联结的形式，它包括立法宗旨（目的）、适用范围、法的主管机关的设定、行为规则、法律用语含义解释条款、解释机关、废止条款等。[②]

一、法律规范和法律条文

法律规范是指由国家制定或认可的、逻辑周全的、具有普遍约束力的行为规则，它规定了社会关系参加者在法律上的权利和义务，并有国家强制力作为其实施的保障。法律规范的逻辑结构在逻辑联系上是由哪些因素构成，关于法律规范的逻辑结构的构成法学界尚未有定论，本书认为，法律规范的逻辑结构是由特定前提、行为模式、法律后果三要素组成。

特定前提又可称为“假定条件”，是为法律规范的适用创设特定的情景，是决定法律规范适用的时间、场合、范围和对象的问题。特定前提不一定由法律条文明确表达出来，它可能是隐含在法律规范的内在逻辑之中的，如我国原《婚姻法》规定夫妻双方有相互继承遗产的权利，这就隐含着法律规范的特定前提，即夫妻双方的一方先死亡并留有合法的个人财产。

---

① 曹林生：《浅谈地方性法规的“附则”问题》，《江淮法治》2009 年第 3 期。

② 参见李培传：《论立法》，中国法制出版社 2004 年版，第 282～354 页。

行为模式是法律规范中规定具体行为的方式和范式。可分为三类行为模式:可以行为模式、应当行为模式、禁止行为模式。

法律后果是法律规范对人们行为的处理,是人们遵守或违反法律规范规定的行为模式所产生的后果。法律后果可分为肯定性后果和否定性后果。

法律规范是一般的规则,这意味着它的规定不是只针对某一个具体的人,也就是说,它是调整大量的同类的社会关系的。至于那种针对具体的人的具体的命令,虽然也具有必须遵守的特征,但它不是法律规范,而仅仅是法律规范在具体情况下的适用。

法律规范既不同于其他社会规范,也不同于国家机关发布的个别性命令,它的基本特征如下。

第一,法律规范是由国家制定或认可的行为规范,具有国家意志的属性,由国家强制力保证其实施,这是法律规范区别于其他社会规范的最基本的特征。

第二,法律规范规定了一定的行为模式,是一种命令式的必须遵守的行为规则,这使它区别于不包含确定行为方案或仅具有倡导性的口号或建议。

第三,法律规范规定了法律关系的主体在法律上的权利和义务以及违反规范要求时的法律责任和制裁措施。

第四,法律规范是一种一般的行为规则,具有普遍的适用性。它使用同一的标准,对任何处于其效力范围内的主体行为进行指导和评价,这一特点使法律规范区别于任何个别性调整措施。

上述这些特点,使法律规范具有其他调整措施所不具备的品质,成为对社会关系进行法律调整的权威性根据。

法律规范和法律条文是两个不同的概念,两者虽然有密切的联系,但不能互相混淆。法律条文是指法律规范的文字表述形式,是规范性法律文件的构成因素,法律规范是法律条文的内容,而法律条文则是法律规范的表现形式。法律规范的内容和性质对法律条文的文字表达形式起着决定性的作用。法律规范是调整典型性社会关系的具有一定逻辑结构的一般规则。法律规范虽然是一般的规则,但这并不是说,每一法律规范都包含直接规定人们行为的具体内容。因为法律规范也可能只规定一些原则性的内容,或是对法律条文中使用的法律术语下一个明确的定义。两者之间的关系可作如下理解。

第一,法律条文是法律规范的重要表现形式,制定法的规范必须以规范性法律文件和法律条文的方式获得表现。但法律条文又不是法律规范的唯一表现形式,法律规范可以表现为成文法,也可以表现为不成文法。

第二,法律条文的基本内容是法律规范,但法律条文中除了法律规范之外,包括构成法的其他要素，如法律原则。

第三，法律规范与法律条文不一定是一一对应的，一项法律规范的内容可以表现在不同的法律条文甚至不同的法律文件中，反之，一项法律条文也可以反映若干个法律规范中的相同内容。

为了使法律条文简短明了，各国的法律在文字上往往不罗列法律规范的三个组成部分。例如，许多国家的刑法规定，达到一定年龄的犯罪行为的主体要负刑事责任，可以对他适用刑法中所规定的刑事制裁。负刑事责任的年龄问题往往在刑法总则的条文中予以规定，而刑事制裁适用的种类和幅度在刑法分则中予以规定。这就是说，由于刑法总则已经规定了负刑事责任的年龄，因此在刑法分则中没有必要在每一个条文中重复规定负刑事责任的年龄。此外，往往有这样的情况：法律规范中的三个部分不在同一个法律文件中表达出来，而是分别规定在不同的法律文件中。例如，许多国家在宪法中规定公民有参加选举的权利，而在刑法中规定对破坏选举的制裁。由此可见，法律规范和法律条文不能混为一谈。法律规范的内容可以在一条或几条法律条文中表达出来，法律条文可以反映一种法律规范，也可以反映几种法律规范。

二、主要法律条款表达技术

一份完整的法律文本，不仅有法的名称、法的题注、法的目录，还有法的正文。法的正文结构除总体上由法的总则、法的分则以及法的附则构成外，组成法的总则、法的分则、法的附则的则是一个个法律条款，法律条款是法的文本组成的具体要素。

（一）立法目的条款

立法目的是指立法者想要达到的目标或想要取得的结果，即“立法者根据统治阶级的利益与需要，事先设定立法所要实现的目标，自觉地按此目标设计立法方略，确定调整的对象与方法，作出有关政策的决策，选择最优的立法方略与技术”[①]。可见，立法目的条款是指立法者在法律文本中设定的用以实现法律所确立的目标或结果的条款。根据立法目的类型的划分，该立法目的条款属于部门法的立法目的。立法目的条款通常是法定化的条款，在法律文本中有着重要的地位及意义。

在设定立法目的内容或条款的法律中，立法目的内容或条款在法律文本的位置安排上通常有以下三种情况：一是将立法目的内容规定在法律的序言中。

① 郭道晖总主编：《当代中国立法》上册，中国民主法制出版社1998年版，第61页。

很多国家特别是欧盟的一些国家，在正式法律文本的前面有一段说明性的文字，这就是法的序言，我国在法律文本中出现法的序言的现象是极少数的。二是将立法目的条款规定在正式法律文本的第一条中，这是我国立法目的条款设定的最普遍的形式。如《立法法》第1条规定："为了规范立法活动，健全国家立法制度，提高立法质量，完善中国特色社会主义法律体系，发挥立法的引领和推动作用，保障和发展社会主义民主，全面推进依法治国，建设社会主义法治国家，根据宪法，制定本法。"三是将立法目的条款规定在正式法律文本中的第2条中，第1条规定"立法根据"条款，第2条才规定"立法目的"条款。如《中国人民解放军军官军衔条例》第1条规定："根据《中华人民共和国宪法》和《中华人民共和国兵役法》的有关规定，制定本条例。"第2条规定："为加强中国人民解放军的革命化、现代化、正规化建设，有利于军队的指挥和管理，增强军官的责任心和荣誉感，实行军官军衔制度。"这种现象比较少见，多数情况下是将立法目的条款放在法律文本的第1条来规定。

结合法律文本中具体的立法目的条款，本书认为，立法目的条款设定具有以下三个方面的功能：首先，从立法角度看，它指导着法律制度的构建。其次，从解释角度看，它有效指导法律解释活动，目的解释法构成了一种重要的法律解释方法。最后，立法目的条款设定有补充法律漏洞的作用。

（二）立法根据条款

立法根据，又称"立法依据"，是指一个国家根据什么来创制国家的法律体系或根据什么来制定某一具体法律法规的问题，本书所界定的立法根据是指制定某个具体部门法的根据或基础问题。按照立法根据的自身性质，可以分为法律根据和事实根据两种，即"立法根据是指立法者立某个法的法的根据和事实根据"①。

1.立法的法律根据

立法的法律根据是指立法主体在制定某具体法规范性文件时所依据的法律、法规等，它说明了立法的合法性问题。根据我国《宪法》《立法法》的规定，上位法效力高于下位法，下位法不得与上位法相抵触，下位法的制定须以上位法作为根据。因此在我国，全国人大及其常委会制定法律要以宪法为根据；国务院行政法规的制定要以宪法、法律为根据；国务院各部门的部门规章的制定要以法律和行政法规为根据；地方性法规的制定要以本行政区域的具体情况和实际需要为根据，同时不得与宪法、法律、行政法规和上级地方性法规相抵触；地

① 胡建淼主编：《中外行政法规：分解与比较》（上），法律出版社2004年版，第10页。

方政府规章的制定要以法律、行政法规和地方性法规为根据。

立法的法律根据一般是指立法所根据的上位法的原则、精神或规定。在法律文本中，立法根据条款设置模式有以下几种。

(1)通常在没有明确的上位法规定的情况下，下位法的立法根据是根据某一上位法的原则或精神，如《龙胜各族自治县自治条例》第1条规定："为维护龙胜各族自治县(以下简称自治县)各民族平等权利，保障自治县依法行使自治权，根据《中华人民共和国宪法》《中华人民共和国民族区域自治法》和有关法律法规的规定，结合自治县的政治、经济和文化的特点，制定本条例。"

(2)在多数情况下，下位法的制定是以明确的某一上位法的规定为依据的，如《新疆维吾尔自治区执行〈中华人民共和国婚姻法〉的补充规定》第1条规定："根据《中华人民共和国婚姻法》第三十六条的规定，特制定本规定。"

(3)下位法的立法根据只明确"根据上位法"，没有明确具体的法律条文，但在实际操作中，涉及某一上位法具体的法律条文数量是很多的，需要进行具体分析。

(4)下位法的立法根据明确了两个或两个以上的上位法，但都没有明确具体的法律条文。如《中国人民解放军军官军衔条例》第1条规定："根据《中华人民共和国宪法》和《中华人民共和国兵役法》的有关规定，制定本条例。"

(5)下位法立法根据不明确或只明确部分上位法的法律根据，部分或全部采用"模糊设置"方式，如"根据国家有关法律、法规"或"根据有关国家法律、法规的规定"等规定。如《内蒙古自治区国有农牧场条例》第1条规定，"根据国家有关法律、法规，结合自治区实际，制定本条例"。

2.立法的事实根据

立法的事实根据是指立法主体在立法时所依据的具体社会状况或独特的客观状态，它主要是说明立法的现实必要性、针对性以及法的可操作性问题。

立法要针对本国、本地的实际情况，否则无的放矢，不能起到法的作用。关于事实根据，在立法根据条款设置相对比较固定和简单，基本模式是"结合……实际(具体情况)，制定本法(条例)等"。如《山西省劳动监察条例》第1条规定，"根据《中华人民共和国劳动法》，结合本省实际，制定本条例"。

(三)立法效力条款

任何法都是有明确的调整对象和调整范围的，这就是法的效力范围问题(也有称为"法的适用范围"问题)，因此，从根本上讲，任何一个法律文本都有法的效力条款设置。法的效力范围一般包括：法的时间效力、法的空间效力、法对人的效力以及法的事项效力。从我国现有法律文本的结构来看，法的总则结构一般涉及的法的效力条款包括法的空间效力条款、法对人的效力条款以及法的事项效力条款。

从法的效力概念中可以看出，任何一个部门法都针对一定的人、事、物进行调整或规制，都在一定的时间、空间范围内产生拘束力或强制性，也就是说，根据一般的理解，任何一个部门法都应该具备四个方面条款的内容，即法的对象效力条款、法的时间效力条款、法的空间效力条款以及法的事项条款，在法的总则中应具备除法的时间条款以外的三个条款。但在立法实践中或现行的法律文本中，法的效力条款设置则有多种表现样态。

1.仅设置了法的对象效力条款

在一些部门法的总则中，仅设置了法所调整的对象，即法的对象效力条款。如《法官法》第 2 条规定："法官是依法行使国家审判权的审判人员，包括最高人民法院、地方各级人民法院和军事法院等专门人民法院的院长、副院长、审判委员会委员、庭长、副庭长和审判员。"

2.设置了法的空间效力和对象效力条款

在一些部门法的总则中，仅出现一条涉及法的空间效力和对象效力的条款，如《劳动法》第 2 条规定："在中华人民共和国境内的企业、个体经济组织(以下统称用人单位)和与之形成劳动关系的劳动者，适用本法。国家机关、事业组织、社会团体和与之建立劳动合同关系的劳动者，依照本法执行。"

3.设置了法的空间效力及事项效力条款

在一些部门法的总则中，仅出现一条涉及法的空间效力及事项效力的条款，如《刑法》第 6 条规定："凡在中华人民共和国领域内犯罪的，除法律有特别规定的以外，都适用本法。凡在中华人民共和国船舶或者航空器内犯罪的，也适用本法。犯罪的行为或者结果有一项发生在中华人民共和国领域内的，就认为是在中华人民共和国领域内犯罪。"

4.设置了法的空间效力、对人的效力以及事项效力的条款

在一些部门法中，有关主体将法的空间效力、对象效力以及事项效力的内容都规定在一个条款中，构成一个相对完备的条款。如《药品管理法》第 2 条规定："在中华人民共和国境内从事药品研制、生产、经营、使用和监督管理活动，适用本法。"

综合考察我国现行的法律文本，法的效力条款设置基本上呈现以上四种形态，应该说最为普遍的还是第四种形态。从法的效力四维度看，法的总则中完整的法的效力条款应是法的对象效力、法的空间效力、法的事项效力的一种统合，并且完整地规定在一个法律条款中。但是除以上第四种是完备的形态之

外，前三种形态都是不完备的形态，也就是法的效力条款设置不完备、不完善的形态。

第四节 地方立法文书的表达技术

地方立法文书的表达技术是地方立法过程中的一项基本功，它关系到法律文本的明晰度、准确性和权威性。地方立法文书作为法律规范的载体，其文字表达的清晰度和准确性直接关系到法律实施的效果和公民的权利义务明确性。一个精准而高效的表达不仅能够促进法律信息的无障碍传达，而且有助于增强法律的可接受性和易于遵守性。

一、立法文书的概念

法律文书，是指国家和社会法制活动的书面表现形式，是一切有法律效力或有法律意义的文书的通称。[①] 法律文书是一个含义十分广泛的概念，泛指各种法律文件。法律文书的种类很多，根据不同的划分标准可以形成不同的种类划分，其中依据法律文书的性质可以分为两大类：立法文书和实用性法律文书。立法文书，又可称为“规范性的法律文书”，通常是指有立法权的国家机关在其职权范围内制定的要求人们普遍遵循的行为准则性的文书，如法律、法规等，其内容属于普遍性的法律行为规范，具有法律规范的一般约束力，即通常所说的法律、法规等。实用性法律文书，又可称为“非规范性的法律文书”，是指针对具体人或具体事件而制作的、不具有普遍约束力的文书，如判决书、裁定书、逮捕证、拘留证、仲裁决定书等。

立法文书是国家立法活动结果的书面表现形式，是法制内容的主要载体，主要指宪法、法律、行政法规、地方法规、自治法规及规章等。只有通过立法文书才能把立法活动结果记录下来并予以公布，使之成为人们普遍遵守的行为规范。从这个意义上说，立法文书不仅是国家法制的内容载体，而且是执法、用法的主要根据和凭借手段，具有非规范性法律文书所不具有的特定社会效用。

二、立法文书的文体特征

立法文书从文体学角度上说仍属于应用文体范畴。由于它是规范性法律

---

① 参见何文燕主编：《法律文书写作学》，中南工业大学出版社 1997 年版，第 3 页。

文书,又与一般应用文书有明显的区别,具有自身的独特性。

(一)有特定的制作主体和严格的制作程序

立法文书只能由有立法权的国家机关制作,并且有立法权的国家机关也只能在决定范围内作为某一层级立法文书的制作主体。任何国家机关都不能裁权和扩权。

立法文书的制作必须经过严格的法定程序,如必须经过提出立法草案、审议、通过、公布立法文本等基本环节,否则,立法文书就不能成立。

(二)庄重、质朴、严谨的语言风格

立法文书体现的是国家意志。国家意志具有权威性,要求全体社会成员服从,不得违反。体现在语言上,就应给人以规定性、命令性、坚定性的感觉,语言必须严肃庄重,说一不二。这种风格决定了立法文书遣词、造句、成章的行文倾向性。由于立法文书要向全体社会成员公布并使其准确理解和认真执行,因此要求使用质朴、严谨的语言,直接反映客观事物的实质,保持和反映事物的原貌,排除各种艺术手法的运用,以使人们能准确理解法律规定的内容。行文时,使用普通语言和通俗易懂的句法及解释单一的法律用语。总之,要在表达周密的基础上力求精练,在不失准确的前提下力求通俗。

三、几类主要立法文书

在不同的立法阶段有着不同的立法文书,其写作规范也不尽相同。从总体上说,立法文书可以分为三大类:立法提案与草案说明;正式公布的法律文本;法律规范性解释文本。此处对几类重要的立法文书的技术规范进行简单说明,包括:立法规划、年度立法计划、法的议案、法律草案说明、法案审议、法的修改、法的废止、法的批准、法的公布、法的备案。

(一)立法规划

立法规划是有权主体在自己职权范围内,为达到一定的目的,按照一定原则和程序,所编制的准备用以实施的关于立法工作的设想和部署。[①] 具体地说,立法规划是一定的国家机关,依照一定的职权,在立法政策与原则的指导下,根据一定的方式、程序与技术,对立法及其进程进行的系统安排与设计。立法规划是立法主体在立法预测的基础上作出制定立法目标、措施及步骤的基本安排,根据社会发展和经济建设需要从中提炼出立法项目、制定的法律的名称和大致内容、立法的依据、立法的效果、立法的期限以及相关的论证资料,进而立

① 参见周旺生:《立法学教程》,北京大学出版社 2006 年版,第 452 页。

法规划主体对提炼出的立法项目进行细致全面的审查，确定多个立法项目，对多个立法项目的立法进行系统安排。[①]

编制立法规划的总原则是：根据社会发展和民主法治建设的需要，围绕党和国家工作大局，确定立法项目，着力通过立法推动党中央的重大决策部署的贯彻落实，注重加强涉及经济社会发展全局的重点领域的立法，对各方面提出的立法需求进行通盘考虑，增强立法的针对性、及时性和系统性。立法规划的编制程序可以大致分为：提出立法项目；审查和确定立法项目；编制立法规划草案；审议通过立法规划。

（二）年度立法计划

立法计划是立法活动中的一个重要环节，是立法准备的内容之一。通常，立法计划是指年度立法计划，是对每一年度立法主体立法工作的具体安排。在我国，立法机关根据五年立法规划，详细制定每年的立法工作计划，称之为“年度立法计划”。立法计划是有立法权的立法主体每年根据政治、经济和社会发展的实际需要，在立法规划的总体框架内制定的年度立法计划，是对全年地方立法工作任务所作的安排和部署。

年度立法计划的“主要任务之一就是把中长期规划落到实处、变为现实”，它要“比中长期规划更具体、更精确、更注重可操作性”，因而也“更有现实意义”。[②] 例如全国人大立法计划编制程序一般是：在前一年度下半年由全国人大常委会法制工作委员会着手编制下一年度的立法工作计划，通常于前一年度12月由委员长会议原则通过，对下一年度的立法工作作出预安排。待下一年度3月全国人民代表大会召开后，根据会议精神和全国人大代表审议中的意见、建议，对预安排作出调整完善，经委员长会议讨论通过后正式印发执行，并向社会公布。[③]

立法计划一般包括三部分内容。第一部分一般是关于立法工作的总体要求，即今后一年的立法工作应遵循的指导思想和原则要求。第二部分是具体的立法项目任务。列入年度立法计划的立法项目通常分为三类：安排继续审议的法律案（上一年度审议尚未通过、结转到下一年度的法律案）、初次审议的法律案（具体列出法律案提请初次审议的具体月份）和若干预备项目（条件成熟时提请初次审议）。第三部分一般是关于做好立法工作的具体措施，对加强和改进

① 参见邓世豹主编：《立法学：原理与技术》，中山大学出版社2016年版，第267页。

② 参见周旺生：《立法学》，法律出版社2009年版，第428页。

③ 参见张春生主编：《立法实务操作问答》，中国法制出版社2016年版，第8页。

立法工作，切实提高立法质量，推进科学立法、民主立法等方面作出部署和安排。

（三）法的议案

法的议案，亦称“法案”，也可以称为“立法案”“法律案”“法规案”等，与作名词的“立法提案”“立法动议”亦同义。就法案与立法议案两者的关系来说，可以认为法案是立法议案的简称，立法议案是法案的全称。法案是议案的一种，但与议案不是一个概念，后者如前所说是各种议事提案或议事原型的总称。现今各国有权立法的主体除有权提出、审议、表决法案外，一般还要行使提出、审议、表决其他一系列议案的职权。如立法机关一般还要就预算案、质询案、罢免案等行使职权。因此，不能把法案同议案简单等同起来，不能把提出法案同提出其他议案完全视为一回事。法案的主体，包括了提案者和受案者两方面。各国法案的主体范围因国情不同而有大小之别。在现代国家，法案的提案者和受案者是法定的或应当是法定的，一个没有法案提案权的机关、组织和个人所提出的关于立法的主张不能成为法案。法案的内容所涉及的一般应当是提案者有权或可以提出的、受案者有权解决的事项。法案的形式也有书面和口头两种，在我国，有权提出法案的主体在提出立法议案时只能以书面形式，不能通过口头形式。

法案可以由主案和附案两部分构成。主案是提交审议的立法提（动）议，附案是提交审议的法律、法规或其他规范性法文件的原型，亦即法律草案或法规草案、规章草案等。提案者可以在提出立法动议的同时也提出法的草案。没有条件提出法的草案的提案者可以只提立法动议而不提法的草案。成为法案一般须经法定程序。不同法案有不同特点，但各种法案一般都要履行一定程序以便成为法案。是否依一定程序提出，是区分法案和建议等的一个标准。在现代国家，提出法案的程序一般应当是法定的。一切有关立法问题的主张、设想，未经法定程序一般不能成为法案。

（四）法律草案说明

法律草案说明是法律案的提案人向立法机关就法律草案中的有关问题所作解释而制作的一种说明性文件，其目的是使立法机关及其组成人员了解草案的有关问题，理解立法意愿和难点条款，促使法律草案得以更加顺利审议、通过、出台。所以，法律草案说明的制作目的与立法目的相一致，服务于立法，为立法提供足以通过的解释、阐述和论证的材料。

全国人大议事规则和全国人大常委会议事规则对提案人应当就法律草案向提请审议的会议作说明作了规定，但对法律草案说明的具体内容没有规定。

《立法法》对法律草案说明的具体内容作了明确规定，法律草案说明应当包括制定该法的必要性、可行性和主要内容，以及起草过程中对重要分歧意见的协调情况。

应当注意的是，《立法法》第53条第2款规定："专业性较强的法律草案，可以吸收相关领域的专家参与起草工作，或者委托有关专家、教学科研单位、社会组织起草。"对于前述专家参与起草或者委托起草的相关情况，也应当在法律草案的说明中一并说明。

（五）法案审议

法案审议也称"立法审议""法律草案的审议"，是指立法机关对列入议程的法律案进行审查讨论，是立法程序的第二个阶段。根据宪法、全国人大议事规则、全国人大组织法、全国人大常委会议事规则等的规定，审议向全国人大提交的法律案的权力由人大常委会和委员长会议、人大预备会议、人大主席团和主席团会议、人大代表、由代表组成的代表团和代表团会议、人大专门委员会和委员会会议、开会期间座谈会议、小组会议、小组联席会议、人大全体会议行使。向全国人大常委会提交的法案审议权由委员长会议、常委会组成人员和常委会会议以及专门委员会行使。

《立法法》首次明确了对法律案的三审制，第32条规定："列入常务委员会会议议程的法律案，一般应当经三次常务委员会会议审议后再交付表决。常务委员会会议第一次审议法律案，在全体会议上听取提案人的说明，由分组会议进行初步审议。常务委员会会议第二次审议法律案，在全体会议上听取宪法和法律委员会关于法律草案修改情况和主要问题的汇报，由分组会议进一步审议。常务委员会会议第三次审议法律案，在全体会议上听取宪法和法律委员会关于法律草案审议结果的报告，由分组会议对法律草案修改稿进行审议。常务委员会审议法律案时，根据需要，可以召开联组会议或者全体会议，对法律草案中的主要问题进行讨论。"可见，对于各方意见比较一致、调整事项单一的，也可以二审、一审。审议的程序分为全国人大审议程序和人大常委会审议程序。其中人大审议的程序和方式包括：(1)听取关于法律草案的说明；(2)各代表团和有关专门委员会审议；(3)法律委员会对法律案进行统一审议；(4)通过审议结果的报告和法律草案修改稿。常委会审议的程序和方式包括：(1)听取提案人的说明并进行初步审议；(2)听取法律委员会关于法律修改情况的主要内容的汇报并进一步审议；(3)听取法律委员会关于法律草案审议结果的报告，由分组会议对法律草案修改稿进行审议，这是第三次审议。我国法律法规对全国人大及其常委会规定了不同的审议方式。

全国人民代表大会审议法律案的方式主要有：第一，各代表团审议。一般以一个省组成一个代表团对被列入全国人民代表大会议程的法律案进行审议。第二，专门委员会审议。由各专门委员会接受全国人民代表大会主席团的委托对被列入全国人民代表大会议程的法律案进行审议。第三，法律委员会审议。对被列入全国人民代表大会会议议程的法律案，由法律委员会根据各代表团和有关的专门委员会的审议意见，对法律案进行统一审议。第四，主席团审议。由全国人民代表大会主席团对由法律委员会审议后的法律案进行综合审议。第五，全国人大常委会审议。受全国人民代表大会的委托，由常委会对被列入大会议程的法律案进行审议。第六，代表大会全体会议审议。法律案在审议中有重大问题需要进一步研究的，经主席团提出，由下次全国人民代表大会全体会议审议。

（六）法的修改

法的修改是立法活动的重要组成部分，同法的制定一样属于立法的范畴，具有立法活动所具有的共同特征。同时，法的修改作为一种特定的立法活动，相对于法的制定，又有其独具的特征：它的目的在于使法律趋于完善，任务是改变法律的原有面貌，使法律呈现新的面貌，而不像法的制定是为了产生一个新的规范性文件。

法的修改依照修改法律的内容比例可分为全面修改和部分修改两种类型。全面修改是指对原法律作大量的甚至是全局性的变动，通常采用以新的同名法律代替原来的法律的方式。这种修改又包括两种情况：一是原法的基本内容可用，新法是在原法的基础上产生的；二是同名新法和原法在基本内容方面不同，如 1982 年对《中华人民共和国宪法》的修改，1997 年对《中华人民共和国刑法》的修改。这种修改和补充的优点是便于人们了解某项法律在一定时期的新的整体面貌，不足之处是不便于人们了解某个法律在一定时期发生了哪些变化。全面修改也与法的制定在某种意义上相当，因此实践中应当严格地遵循创制法的程序。部分修改是指立法机关以通过修正案的形式对原法所作的少量或局部性变动。[①] 具体修改的技术主要包括以下内容。

增加，是指在一个法律条文的末尾或一个段落的末尾，或者一个法律条文其他可以分割的部分，加上新的字词。由于此种技术可以增加新章、新节、新条、新款和新目，所以用法很广。而在不同国家和地区，其具体的使用方法也不完全一致。在我国，“增加”可以是增加一节，还可以是增加一条或一款。

① 参见邓世豹主编：《立法学：原理与技术》，中山大学出版社 2016 年版，第 341 页。

删除或废除，是指将现有法律条文中的字词或条目甚至整个条文删去，使其不再有效力。但如何删除，以及删除后对原文的处理，不同国家和地区的做法也有不同。在我国，即使在宪法修正案中，也有“删除”的情形。

删除并插入，指在修正案中清除旧内容，并用新内容将这部分旧内容替换掉。这种方法只能在同一个地方用新内容去替换、删除旧内容而不能在一个地方删去旧内容却在别的地方插入新内容。

取代，是指如果修改的条文非常多，甚至连法律名称和基本精神都有变更，就用一部新法律取代旧法律。这类似于对法律的全面修改。我国 1993 年《个人所得税法》、1979 年《刑法》和 1996 年《刑事诉讼法》的修改都属于对这种技术的运用。

合并，是指将相近或重复的法律加以合并以求精简，并减少矛盾，从而更便于法的实施。

修饰，是指对法律条文的文字加以润色修饰，对标点符号进行修改。①

（七）法的废止

法的废止是一种终止法律文本的效力的立法行为，它与法的创制、修改、解释一样，也是一种立法活动。所不同的是，法的废止是为了去除、消除现行法，使之失去法的效力。

法的废止，从不同的角度来分析可以有不同的类型。从废止的性质来界定，可以分为自然废止与强制废止两种。所谓自然废止，是指因法的生效期届满而产生的法的终止情形；所谓强制废止，是指有权国家机关依照法定程序和权限，宣告终止现行法的效力的行为。从法的废止的表现形式来看，可以分为明示废止与暗示废止两种。所谓明示废止，是指通过明文规定或宣告的方式废止法的效力；所谓暗示废止，是指原法在未经宣告的情形下，因新法的颁布而部分或全部失去法的效力，尽管从形式上看该法仍然有效，但实际执行中已不能再作为依据。从法的废止的明确程度来分析，可以分为一般废止与特别废止两种。所谓一般废止，是指有权机关仅仅宣告废止的原则而非具体的法，如立法机关在新法颁布之时，仅仅宣布凡与新法相抵触的一切法均视为无效；所谓特别废止，是指有权机关采用具体列举的方式宣告法的效力终止。

现行法规（规章）有下列情形之一的，应当予以废止：（1）法规（规章）的基本原则和主要内容同新制定或者修订后的直接上位法相抵触；（2）法规（规章）的基本内容已被新制定或者修订后的直接上位法所涵盖；（3）法规（规章）的内容

① 参见杨斐：《法律修改研究：原则·模式·技术》，法律出版社 2008 年版，第 269～272 页。

已被新制定的同类法规(规章)所取代;(4)法规(规章)的调整对象或者主要规范事项已经不复存在;(5)法规(规章)的基本内容已经完全不适应经济、社会发展的新情况。

法的废止方式包括:(1)以公布实施新法的方式实行废止。新法一经公布实施,与新法名称相同或内容相同的旧法即行失效,这又可以具体区分为两种情形。一是新法明文规定废止旧法。二是新法没有规定废止旧法,但依照新法优于旧法的原则,如果新法与旧法同名,新法公布实施后旧法即废止;如果新法与旧法虽名称不同但内容相同,旧法与新法相抵触,或新法包括了旧法的内容,旧法亦废止。[①] (2)法定国家机关宣布撤销的方式实行废止。我国现行宪法规定:全国人大有权改变或撤销全国人大常委会不适当的决定(包括法律规定);全国人大常委会有权撤销国务院制定的同宪法、法律相抵触的行政法规,有权撤销省级国家权力机关制定的同宪法、法律、行政法规相抵触的地方性法规。例如,2013 年 12 月 28 日,第十二届全国人民代表大会常务委员会第六次会议决定:废止 1957 年 8 月 1 日第一届全国人民代表大会常务委员会第七十八次会议通过的《全国人民代表大会常务委员会批准国务院关于劳动教养问题的决定的决议》及《国务院关于劳动教养问题的决定》。(3)旧法附条件生效但该条件已不再具备,例如,因适用期已过而自行失效,因调整对象消失而自行失效。(4)旧法本身规定了终止生效日期,如果期限届满又无延期规定者,自行终止生效由此引起该法自行失效、废止。(5)以专门文件的形式废止旧法,这种集中式的废止与规范性文件的清理有相似之处。如国务院从 2015 年起用 3 年时间对新中国成立以来的国务院文件进行全面清理,并在 2015 年 12 月 2 日印发《关于宣布失效一批国务院文件的决定》,将与现行法律法规不一致、已被新规定涵盖或替代、调整对象已消失、工作任务已完成或者适用期已过的 489 件国务院文件宣布失效。凡宣布失效的国务院文件,自该决定印发之日起一律停止执行,不再作为行政管理的依据。

(八)法的批准

立法批准制度,既属于某些立法活动过程的程序,也属于某些立法活动过程的监督形式。有人习惯于将立法监督仅视为对立法结果即所立之法的监督,而未能理解立法监督既包括对立法结果的监督,也包括对立法活动过程的监督。当代中国的立法批准制度,不同于其他国家的立法批准制度,它既不是指授权机关对被授权机关所立之法的批准,更不是指立法机关将已通过的法案送

① 参见魏海军主编:《立法概述》,东北大学出版社 2014 年版,第 512 页。

交国家元首或行政机关批准。当代中国立法中主要有两种立法须遵循批准制度:一是民族自治地方的自治法规立法;二是设区的市的地方性法规立法。这两种地方立法须须报请有关国家机关批准后方可公布施行。因而这两种立法批准制度,属于兼有立法程序和立法监督两重性的立法制度。

综合我国地方立法实践,立法批准制度通常包括以下几种处理方式:直接予以批准;直接不予批准;对抵触部分直接修改后予以批准;搁置、退回报请机关修改后再提请批准;以附修改意见的方式予以批准;省立法工作机构将修改意见报常委会,由常委会表决通过不附任何条件的批准决定。

(九)法的公布

法律的公布是指立法机关或国家元首将已通过的法律以一定的形式予以公布,以便全社会遵守执行。立法机关表决通过,使法律案成为法律,法律的生效还应当经过公布程序。法律的公布是法的制定程序中的最后一个步骤,它是法律生效的前提。法律通过后,凡是未经法定程序和法定形式予以公布的,都不能产生法律效力,不具有普遍约束力。因此,立法中必须严肃、科学地对待法律公布程序,使机关、公民能够及时了解法律,自觉地执行和遵守法律。我国在法律公布权的问题上经历了一个发展变化的过程。1954 年《宪法》规定由国家主席公布法律,1975 年《宪法》则删去了这一规定,1978 年《宪法》规定由全国人大常委会委员长公布法律。1982 年修改《宪法》,重新规定由国家主席公布法律。在法律公布问题上,从形式上看,我国与一些西方国家的做法相同,即由立法机关通过法律,国家元首公布法律。

省、自治区、直辖市的人民代表大会制定的地方性法规由大会主席团发布公告予以公布。由大会主席团公布,一方面是由于地方没有与国家主席相类似的国家机关;另一方面,主席团作为人大会议的主持机关,凡人大会议需要向公众公布的事项都由主席团公布,因此由其作为地方性法规的公布主体较为妥当。省、自治区、直辖市的人民代表大会常务委员会制定的地方性法规由常务委员会发布公告予以公布。

设区的市的人民代表大会及其常务委员会制定的地方性法规,由于需要报省、自治区的人大常委会批准,因此,经批准后,不论是市人大还是市人大常委会制定的地方性法规,都由设区的市的人大常委会予以公布。

自治条例和单行条例的公布,《立法法》颁布前法律没有明确的规定,实践中产生了不同的做法。比如,自治州的自治条例报经省人大常委会批准后,有的地方以省人大常委会公告的形式公布,有的地方交由自治州人大常委会公布。《立法法》对于自治条例和单行条例的公布作出了明确的规定,即自治条例和单行条例报经批准后，由制定机关的人大常委会发布公告予以公布，而不由批准机关公布。这同设区的市制定的地方性法规报经批准后由设区的市人大常委会公布的规定是一致的。

（十）法的备案

关于法的备案，《立法法》第109条规定了立法接受备案的主体。接受备案的机关分别是：(1)行政法规报全国人大常委会备案。(2)省、自治区、直辖市的人民代表大会及其常务委员会制定的地方性法规，报全国人大常委会和国务院备案；设区的市、自治州的人民代表大会及其常务委员会制定的地方性法规，由省、自治区的人民代表大会常务委员会报全国人民代表大会常务委员会和国务院备案。(3)自治州、自治县的人民代表大会制定的自治条例和单行条例，由省、自治区、直辖市的人民代表大会常务委员会报全国人民代表大会常务委员会和国务院备案；自治条例、单行条例报送备案时，应当说明对法律、行政法规、地方性法规作出变通的情况。(4)部门规章和地方政府规章报国务院备案；地方政府规章应当同时报本级人民代表大会常务委员会备案；设区的市、自治州的人民政府制定的规章应当同时报省、自治区的人民代表大会常务委员会和人民政府备案。(5)根据授权制定的法规应当报授权决定规定的机关备案；经济特区法规报送备案时，应当说明对法律、行政法规、地方性法规作出变通的情况。

第五节 现代科技发展与地方立法技术

当前正处于以数据为驱动的时代，大数据技术的发展速度超乎想象，涉及的行业极为广泛，从金融、医疗、教育等传统行业到电子商务、智能设备等新兴产业，背后都有着大数据技术的影子。2015年9月，国务院发布了《促进大数据发展行动纲要》，将大数据提升到国家战略层面。党的十八届四中全会又提出了立法的精细化、民主化和科学化的目标，在地方立法权不断扩容、公众参与在地方立法中的重要性不断提升、地方立法实践增多以及涉及事务日渐复杂等背景下，仅仅依靠传统人力已经很难及时准确地完成立法任务。将大数据技术应用到地方立法领域，将成为未来提升地方立法技术的重要方向。

一、大数据在立法公众参与中的应用

在传统的立法模式下，公众只是被动地接受法律，提出的意见极少被采纳，

无法真正参与到立法活动中,公众参与的力量没有较大发挥的空间,公众智慧也无法得到有效展现。大数据时代,立法机关应当将公众当成制定法律的“合作伙伴”,随着参与渠道的多元化,公众参与立法的积极性和主动性不断加强,最终促使立法的公众参与由象征性参与向实质性参与转变。随着大数据与法律的不断结合,信息技术的广泛运用将大大提高立法工作的效率和质量。智能数据分析与人力数据分析相比,地方立法的公众参与广度和深度,都具有较为明显的优势。

(一)大数据处理技术符合地方立法的公众参与的需求

一般认为,大数据有四个方面的典型特征。① 一是数据体量巨大(volume)。大数据的特征首先体现在数据体量方面,这与立法的公众参与极为相似。2005年《物权法》草案公开征求意见时就收到公众1万多条意见,2011年《个人所得税法》修改案共征得23万条意见。② 现如今,公众法律意识不断提高,政治热情日益高涨,特别是在与公众切身利益相关的法案征求意见活动中,立法机关总会收到传统人力难以整合的大量意见和建议,此时,运用大数据处理技术尤为重要。二是数据类型多(variety)。广泛的数据来源,决定了大数据形式的多样性。互联网技术的发展,公众参与的形式变化多样,决定了公众立法意见形式的多样性。以往公众参与的数据尽管数量庞大,但通常是事先规定好的以文本为主的结构化数据,如今立法公众参与以网络日志、视频、图片等非结构化数据为主,非结构化数据已占数据总量的75%③,处理此类数据的能力有待提高。三是价值密度低(value)。价值密度的高低与数据总量的大小成反比,大数据为了获取事物的全部细节,直接采用最原始的数据,公众参与地方立法时,由于公众的信息量和知识限制,关注更多的是自身利益④,所提意见虽然数量很多,但科学、合理、可行的意见数量不多,意见价值密度偏低。这种特性正与大数据处理技术吻合,通过强大的算法迅速地完成数据的价值“提纯”,使公众意见得以整合分类。四是处理速度快(velocity)。数据的增长速度和处理速度是大数据高速性的重要体现,也是地方立法公众参与的一大需求。在海量的数据面前,处理数据的速度格外重要。大数据处理技术的四个基本特征与公众参与的需求极为吻合,这使将大数据技术应用到公众参与中有了极大的可行性。

---

① 参见何克晶、阳义南:《大数据前沿技术与应用》,华南理工大学出版社2017年版,第6页。

② 参见汪全胜、卫学芝:《法案公开征求意见的法理分析及方式选择》,《四川理工学院学报(社会科学版)》2017年第4期。

③ 参见叶慧娟:《法律大数据:实现法治战略的有效战术》,《文汇报》2017年10月31日。

④ 参见李建新:《公众参与地方立法的局限》,《河北法学》2018年第3期。

另外，大数据运用到地方立法的公众参与中，会为公众数据的整合分析带来两个转变：一是可以分析更多的公众意见数据，有时甚至可以处理和某个立法活动相关的所有数据，而不再依赖于随机采样；二是数据量之多使立法工作者不再热衷于追求单个意见的精准度，而更注重立法数据的全面性。大数据的核心价值在于预测，通过对过去和现在的数据对比分析，在海量的数据信息中，挖掘和整合出大范围、全方位的数据，推演出事物之间的相互关系，依靠对这些关系的把握，作出对未来的判断，从而更好地进行成本收益分析，及时调整法律规则。

（二）大数据挖掘技术拓宽公众参与主体和方式

我国现有的立法公众参与的方式仍处于较为传统的阶段，主要是对立法草案公开征求意见，以问卷调查、基层走访、召开听证会和论证会等方式，利用纸质、语言来收集意见和资料。这种对立法资料的解析，回收整合的数据庞大，资料来源和参与主体十分有限，对于建议部分无法进行准确的分析。[①] 此外，立法机关组织进行立法听证会，会议举办者往往因为场地等条件需要对人员的数量和层级进行筛选限制，如果参与人数过少，会导致样本量不足，影响结果的科学性和民主性；如果人数过多，则会出现场地不足、秩序混乱难以管理的情况，并且这些参与主体还会受到地域、所处行业、地位的限制，这使公众参与可能陷入参与形式上“作秀”[②]，参与主体单一的困境[③]，制约着公众参与的效果。

随着数据的爆炸式增长和计算机数据处理技术的发展，数据挖掘（data mining）出现了，简单地说，它就是从大量的数据中“挖掘”出想利用的数据。[④] 如今微信、微博等具有 LBSN（Location-based Social Network，基于位置的社会网络）的公众参与平台逐渐兴起，与传统的法案公开征求意见的方式相比，公众更喜欢通过这些社交软件表达自己对某个法律草案、立法活动或法律事件的意见，并且这些数据的类型不仅仅局限于文字，还有大量的音频、视频、超链接以及图片等传统采集方式难以统计分析的信息。而大数据的文本与多媒体挖掘和 Web 挖掘技术，可以采集这些多类型数据并自动分类、自动排重、常识校对。除此以外，公众在网络平台一般都不会使用真实姓名，通过线上匿名表达自己的意见，可以避免一些特殊行业、地位的群体和个人因自己的身份不愿表达意见的问题。将大数据处理技术引入立法的公众参与后，在一部法律草案公开征

---

① 参见石东坡：《大数据时代立法调查的变革与完善》，《人民法治》2015 年第 12 期。

② 参见宋方青：《地方立法中公众参与的困境与出路》，《法学》2009 年第 12 期。

③ 参见顾爱平：《公众参与地方立法的困境与对策》，《江苏社会科学》2017 年第 6 期。

④ 参见何克晶、阳义南：《大数据前沿技术与应用》，华南理工大学出版社 2017 年版，第 50 页。

求意见时，参与的主体可以是全国各地对此感兴趣的任意群体和个人，参与方式也可以是灵活多样的，只需在公开场合或软件中发表过相关意见即可被大数据企业收集分析，这就可以打破传统公众参与存在的主体和参与方式的限制，更好地达到把握民意、汲取民智的本意。

（三）大数据共享技术实现公众参与结果多地云共享

传统的立法公众参与收集到的意见资料大多以文本和固定地点的电子存储为主，随着地方立法权的不断扩容，尤其是设区的市有了立法权之后，传统的立法数据平台已经属于“信息孤岛”，地方立法机关在收集公众意见时，大多只考虑与本地区相关的专家和公众的意见。将大数据技术引入地方立法活动中，立法机关在立法程序开始后，不但可以通过各种形式组织公众参与立法，还可以通过共享技术在共享平台上找到其他地区相似法规制定时专家和公众提出的意见。另外，随着大数据存储技术的不断发展，具有优秀的可扩展能力的分布式存储和云存储将成为大数据存储的主流架构方式[①]，架构方式的改变使数据存储成本大幅降低，立法数据云共享平台的构建也更加容易。

（四）数据可视化使公众参与立法的反馈更易理解

公众参与立法是希望自己的意见能在立法中体现，但我国至今仍没有一套完善的回应机制，原因之一就是征求的意见数量过多，整合回应成本过大，没有办法进行有效回应。[②] 在面对数量庞大的公众意见时，想要通过纯文本或纯表格的形式将其表现出来是非常困难的。大数据的可视化技术是将数据以不同形式展现在不同系统中[③]，可以把公众参与的结果计算以简单直观的方式展现出来，将筛选后公众的意见，通过“数据—知识—数据”的循环过程，将整合分析结果以图像等交互式可视化形式展现，更直观、形象，便于让公众理解和立法机关使用，在地方立法的公众参与中可以有效解决公众参与后的回应反馈难的困境。

二、大数据在立法后评估中的应用

立法后评估又称“立法回头看”，一般是指在法律法规制定出来后，由立法部门、执法部门及社会公众、专家学者等，采用社会调查、定量分析、成本与效益计算等多种方式，对法律法规在实施中的效果进行分析评价，针对法律法规自

① 参见何克晶、阳义南：《大数据前沿技术与应用》，华南理工大学出版社 2017 年版，第 24 页。

② 参见汪全胜、黄兰松：《我国法案公开征求意见回应机制的建立与完善》，《南通大学学报（社会科学版）》2015 年第 2 期。

③ 参见何克晶、阳义南：《大数据前沿技术与应用》，华南理工大学出版社 2017 年版，第 9 页。

身的缺陷及时加以矫正及修缮。[1] 立法后评估在我国已经有十几年历史，经过十几年的理论研究和实践操作，我国的立法后评估机制已有了比较成熟的评估流程和配套措施，取得了令人欣喜的成效，有着其独特的价值和功能：增强法规时效性，形成科学民主的立法机制，帮助克服部门利益倾向，提高立法技术，有利于立改废的有机统一。[2] 但从全国的总体水平看，立法后评估仍处于试点、探索和创新的初级阶段，在当前大数据时代背景下，评估主体、数据收集、评估程序以及评估回应等方面更是存在亟待解决或可以进一步优化的问题。

大数据应用于立法后评估制度的必要性有两点。一是评估对象对大数据技术的应用使评估活动应用大数据技术变得必要，随着大数据技术逐渐渗透现代社会的各个领域，各行各业开始运用大数据发展自身，在立法活动中运用大数据技术也已经成为未来地方立法的趋势。立法活动运用大数据技术，立法后评估活动也必须随之应用大数据技术才能更好地完成评估任务。二是传统立法后评估制度存在的困境已经限制了其良好运行和发展，需要引入大数据技术予以克服。对于立法后评估制度的发展，大数据带来的不仅是技术上的革新，更多的是将这一制度常规化、规范化的机会，大数据将改变传统的立法后评估制度的信息收集方式，拓宽评估主体模式，优化评估结果展现形式，增强评估活动价值。大数据从量的方面建立起具体个别性的整体，通过抽象进而达到普遍整体性，大数据特征给予我们的是以量化的方法描绘世界图景的方法。大数据技术是一系列收集、存储、管理、处理、分析、共享和可视化技术的集合。根据麦肯锡的研究，大数据的关键技术有 30 多种，不同的技术在不同的领域中起着不同的作用，选择适合的大数据技术可以专业、深入地整合与处理多维度信息，精准把握法律法规的实施情况，科学分析制度设计的合理性、可操作性和实际成效，对立法后评估起到积极作用。在立法后评估活动中，大数据信息挖掘技术、整合分析技术、可视化技术、预测技术可以帮助完善立法后评估制度。

（一）大数据高新技术助力构建多元化评估主体

相比于传统的由国家机关内部主导的立法后评估模式，让利益相关主体特别是公众参与或者委托第三方机构参与立法后评估活动，构建多元化评估主体模式，具有其自身合理性，并已成为当下理论界和实务界的共识。然而，利益相关者和公众在实际操作中并不能真正作为主导力量独立进行立法后评估活动，除了分散性、不确定性、利益衡量以及认知水平以外，参与技术也是制约因素之

① 参见汪全胜：《立法后评估研究》，人民出版社 2012 年版，第 19 页。

② 参见马发明、王郸：《建立法规跟踪问效制度初探》，《中国人大》2005 年第 13 期。

一。互联网的发展为利益相关者尤其是公众参与立法后评估提供了手段，大数据技术为全样本处理提供了可行性。第41次中国互联网络发展状况统计报告显示，截至2017年12月，我国网民规模达7.72亿，手机网民规模达7.53亿，另外微博、微信、社交网站的利用率均排名前十，说明即时通信已成为第一大网络应用，社交网络时代已经到来，社交平台成为公众表达意见的重要渠道之一。公众在网络平台一般都不会使用真实姓名，通过线上匿名表达自己的意见，可以避免一些特殊行业、地位的群体和个人因自己的身份不愿表达意见的问题。将大数据处理技术引入立法后评估后，在一部法律要进行评估时，参与的公众主体可以是全国各地对此感兴趣的任意群体和个人，参与方式也可以是灵活多样的，只需在公开场合或软件中发表相关意见即可被大数据企业收集分析，这就可以打破传统利益参与者模式存在的主体和参与方式的限制，更好地达到把握民意、汲取民智的本意。

对于构建独立的第三方评估模式来说，评估信息获得性困难是独立第三方立法后评估制度面临的首要问题。因为独立第三方评估主体独立于国家机关，它的信息相当多地来源于国家机关，因评估涉及一定的利益关系或政府绩效评价，可能存在法律法规制定者和执行者不愿公开一些信息等问题，这势必会影响评估结果的有效性和客观性。2015年9月国务院印发的《促进大数据发展行动纲要》提出，到2018年年底前要建成国家政府数据统一开放平台；2020年年底前，逐步实现信用、交通、医疗、卫生等民生保障服务相关领域的政府数据集向社会开放。政府大数据的全面开放，对立法后评估的第三方评估模式来说有着质的帮助。

（二）大数据挖掘技术革新评估信息收集处理方法

信息是评估的前提和基础，信息既是评估的最初判断标准，也可以作为最后的评估尺度，甚至可以说立法后评估的整个过程就是收集数据、处理数据的过程。大数据信息挖掘技术可以拓宽立法后评估的信息收集渠道，提升处理评估信息的速度，建立起覆盖全社会的信息网络系统，最大限度地避免数据的遗漏、失真，以确保评估结果的真实性和全面性。随着数据的爆炸式增长和计算机数据处理技术的发展，数据挖掘（data mining）出现了，简单地说，它就是从大量的数据中“挖掘”出想利用的数据。将大数据信息挖掘技术应用到立法后评估中至少在四个方面完全超越传统的信息收集。一是大数据挖掘是用数据的整体代替传统评估主体的抽样数据样本，具有更高的客观性：数据量越多越大，其得出的结果就越有价值。这是传统人力时代以调查问卷、实地调研为主要手段的评估信息收集难以跨越的鸿沟——即使花费再多的人力和精力也无法做到全样本采集。大数据挖掘技术的全样本采集能力可以有效帮助解决“数据遗漏”问题。二是大数据处理技术具有处理海量信息、数据的能力:大数据挖掘能够处理复杂的非结构化数据,以确保整合出更具有价值的信息。如今微信、微博等具有LBSN的公众参与平台逐渐兴起,与传统表达意见的方式相比,公众更喜欢通过这些社交软件表达自己对某个法律草案、立法活动或法律事件的意见,这些数据的类型不仅仅局限于文字,还有大量的音频、视频、超链接以及图片等传统人力评估难以统计分析的信息。而大数据的文本和多媒体挖掘、Web挖掘、语音挖掘、图像识别以及空间数据挖掘技术,可以采集这些多类型数据并自动分类、自动排重、常识校对。三是大数据挖掘技术处理海量数据的速度远不是传统立法后评估所运用的数据分析所能匹及,“1秒定律”的存在将大量提升立法后评估的效率。四是由于立法后评估指标体系的静态性特征,传统评估数据采集的抽样限制也使评估信息存在难以避免的时效性局限,这会降低对长期趋势和波动幅度的可预测性。利用大数据挖掘技术可以获取持续的、周期性的评估数据,以无限接近法规范文件实施后的社会真实状态。

这四个方面的优势体现了大数据挖掘与人力或传统数据分析之间的本质区别。简言之,大数据的数据挖掘是智能的、海量的、高速的、动态的信息处理系统,深入挖掘并揭示立法规律,将其引入立法后评估制度是突破当前评估工具局限的可行路径之一,将大幅提高评估活动的信息收集能力和信息处理效率。

(三)大数据可视化技术优化评估报告的形式和公布方式

在大数据时代,数据量变得非常大,而且非常烦琐,想要发现数据中包含的信息或知识,数据可视化是最有效的途径之一。可视化技术通过创建图片、图表或动画等,方便对大数据分析结果的沟通和理解。可视化运用在立法后评估活动上,可以从两方面对评估报告进行优化。

一是可以优化评估报告的数据表现形式,运用计算机图形学图像处理技术,将其中的数据转换为图形或图像在屏幕上显示出来,并进行交互处理。当前的立法后评估报告一般以纯文字形式为主,辅以少量的饼状图、折线图等图表,但是当数据量逐渐增大到大数据级别时,传统的电子表格等技术已不能清晰展现海量数据的特点,因此需要研究适用于大数据时代下评估报告的可视化手段。例如时空数据可视化技术,充分结合地理制图学以及数据可视化技术,展现法规范文件在不同的空间和时间的实施效果和可操作性等问题;再如多动态多维可视化技术,在制作PPT时为了打破二维数据的局限性,可以使用时空立方体,利用三维模式展现空间、时间、事件。目前这些技术在其他领域已经出现了一些成功案例,例如大众点评网通过流式地图的方式向用户呈现每一天全国各地餐厅最火的菜品以及人均消费,为用户的消费提供参考。又如,支付宝每隔一段时间会为用户提供可视化对账单,其中反映了用户所在地区的消费趋势以及用户本人的消费情况和偏好,可以帮助用户管理自己的消费支出。这些成功的案例都为立法后评估报告利用可视化技术提供了宝贵的经验。

二是扩大评估报告的受众,可视化技术作为人和数据之间的界面,结合其他数据分析处理技术,为广大使用者提供了强大的理解、分析数据的能力,使大数据能够被更多人理解、使用,将评估报告的使用者从少数决策者和专家扩展到更广泛的大众。再结合互联网社交技术,除了像法律一样采取广播、电视、报刊等大众传媒加以公布传播外,因为评估报告毕竟不具有法律的适用性,结合可视化技术降低了理解难度,它的公布方式可以不需要权威性和规范性,同时选择微博、微信等促进评估报告迅速传递的方式。

(四)大数据预测方法强化评估指标体系的预测功能

立法后评估的指标体系价值之一就是预测功能,能够为各地区进行立法后评估提供客观依据。同时,法律固有的稳定性要求立法者要有一定的预测能力,在立法中对社会经济发展予以前瞻。在日新月异的今天,各种新事物层出不穷,大大增加了立法预测难度。传统立法后评估的预测方法主要有两种:一是定性预测方法,立法者依靠熟悉立法理论知识、具有丰富立法经验和综合分析能力的人员和专家,依据已经掌握的立法资料和直观材料,运用个人经验和分析判断能力,对法律事实的运行情况作出判断,然后再通过一定形式综合各方面的意见,作为立法预测的主要依据。二是定量预测方法,是立法者根据已掌握的比较完备的统计数据,运用一定的数学方法进行科学加工整理,借以揭示有关变量之间的规律性联系,用于推测法规范文件未来发展变化和运行情况。定性预测方法容易受心理因素或知识水平等主观因素影响,并且处理过程复杂且花费时间较长;定量预测方法除了受评估者分析水平影响外,最主要受收集到的数据真实性和全面性的影响。而大数据的核心价值在于预测,通过对过去和现在的数据对比分析,在海量的数据信息中,挖掘和整合出大范围、全方位的数据,推演出事物之间的相互关系,依靠对这些关系的把握,作出对未来的判断,从而更好地进行"成本—收益"分析。将大数据的预测方法引入立法后评估中可以强化评估指标体系的预测功能,使立法者清楚地看到立法预期与立法实施效果之间的差距以及立法技术等方面的欠缺,进而吸取经验教训,及时调整法律规则,促使立法从"事后诸葛亮"向"事前诸葛亮"转变,改变立法滞后的弊端,让立法有先知先觉的功能。在大数据时代,对数据的重视程度远大于理论，这种观点越来越多，但是对于预测来说，这种态度绝对是错误的，在数据如此杂乱的情况下，有了理论性思考，统计推理就要可靠得多。

大数据技术作为立法的技术性支持，目的是解决立法数据的真实性、完整性和准确性问题，为整个立法活动提供科学的“数据证据”。大数据的出现使立法数据的收集分析变得迅速、准确，但立法并不是简单的技术性问题，立法最终还是要依靠大量的立法工作人员来实现，立法者丰富的理论知识和实践经验仍是不可替代的。同时，我们应该清楚地认识到，大数据理论层面的研究中仍存在一些误区或曲解，如很多人误以为“因果关系”不再重要，转而将研究重点局限在“相关关系”；片面追求数据规模；过于强调计算架构和算法等。[①] 另外，在技术应用层面上，虽然将大数据技术应用到立法工作中可以为立法工作带来诸多便利，但我国的大数据技术和人工智能技术仍处在萌芽时期，在实际工作中会遇到很多困境。以网络数据收集为例，网络的民意绝不可以成为全部的民意，网络的开放性使网络舆论容易受到非理性因素的影响。再如，跨学科的大数据技术课程体系建设和人才培养问题，不管是立法活动还是大数据处理，都存在着人才短缺的问题，更遑论将两者结合的跨学科人才，还有信息安全和个人隐私问题、数据开放问题、收集到的数据权属问题，等等。将大数据应用到立法领域必定是一条光明但曲折的道路，需要国家、政府、立法机关、企业、专家以及公众等并肩作战，共同努力。我们在为大数据技术带来的高科技便利欣喜时，也应该时刻保持警惕，避免引起盲目的技术信任带来的弊端。

---

① H. V. Jagadish, “Big Data and Science: Myths and Reality”, *Big Data Research*, vol. 2, no.2, 2015, pp.49-52.

第九章　地方立法的批准、备案审查和清理制度

为保证立法质量、维护国家的法制统一，很多国家都在立法过程中设立了立法监督制度。立法监督是指享有监督权的主体依照法定职权和程序对立法活动的过程和结果进行监控和审查。根据其发生的时间不同，可以将立法监督方式分为事前监督与事后监督。事前监督是监督主体在法规范性文件未生效之前对立法的权限、程序、内容进行监督审查，对法规履行批准生效的制度；事后监督则是在法律法规生效实施以后，监督主体应有关社会主体的要求对立法的权限、程序和内容进行审查，决定是否要改变或撤销法规范性文件的制度。我国目前的立法监督制度有法规批准制度、法规备案审查制度和法规清理制度，根据以上的界定，法规批准制度属于事前监督的范畴，而法规备案审查制度和法规清理制度则属于事后监督的范畴。

第一节　地方立法的批准制度

有关立法主体制定的法规范性文件需经特定主体予以批准后才能生效，这就是法规的批准制度。根据我国的《宪法》《立法法》《民族区域自治法》等的规定，设区的市人大及其常委会制定的地方性法规须报省、自治区的人大常委会批准后施行，自治区制定的自治条例和单行条例报全国人大常委会批准后生效，自治州、自治县制定的自治条例、单行条例报省、自治区人大常委会批准后生效。法规的批准制度是一项事前的监督制度，是我国立法监督形式的一种。

一、法规批准制度适用的范围

根据现行法律的规定，需经批准的法规范性文件只能是民族自治地方的自治条例和单行条例以及设区的市人大及其常委会制定的地方性法规。

为什么民族自治地方的自治条例、单行条例和设区的市制定的地方性法规需要采取事先批准的程序呢？有学者从三个方面加以分析：一是保证立法权的适当集中。把立法权下放到省一级，是国家立法体制的重要改革，对发挥地方管理地方事务的自主性和积极性有重要作用。但若让自治地方和设区的市不加控制地立法，就会使立法权过于分散，不利于国家的集中统一领导和管理。让它们根据自己的特点制定法规，同时由省级人大常委会批准，既发挥了它们管理地方事务的自主性和积极性，又能实现对立法的监督、控制，对维护法制的统一不失为一种好方法。二是保证自治权的正当行使。较一般地方国家机关而言，民族自治地方的自治权是一种更大的地方自主权，自治机关有权管理地方财政，自主地安排、管理地方经济建设，自主管理本地方的教育、科学、文化、卫生、体育事业，并可根据国家军事制度和当地实际需要，经国务院批准，组织本地公安部队，等等。此外，自治机关在制定法律实施细则时，可以规定变通办法。自治机关通过立法行使这些权力时，涉及宪法赋予自治地方的自治权范围和国家法制统一的问题。所以，在制定自治法规时，批准制度是必要的。三是有利于保证立法质量。立法是一项复杂的社会工程，需要站在全局利益考虑，超出地方和局部利益的局限，立法者需要有较全面的知识和法律及其他专业技术知识。在较下层工作的立法者由于工作条件所限，难免有局限性。法规报上级人大常委会批准把关有利于提高立法质量。[①]

民族自治地方的自治法规设立批准程序有一定的必要性。从内容上来说，民族自治地方的自治法规涉及《宪法》《立法法》等法律赋予地方自治机关的自治权的行使，它比一般地方的国家机关具有更广泛、更独立的管理地方财政、经济、教育、科学、文化、卫生、体育事业的权力，行使这些权力政策界限性强，由全国人大常委会或省级人大常委会批准立法，更有利于把握这些界限。从法制角度看，民族自治地方享有宪法、法律规定的变通立法权，可以根据民族自治地方的实际情况对法律、法规等作出变通性的规定，也就是说，它可以与法律的规定不相一致。根据《立法法》的规定，自治条例和单行条例可以依照当地民族的特点，对法律和行政法规的规定作出变通规定，但这也是有限制的，不得违背法律或者行政法规的基本原则，不得对宪法和民族区域自治法的规定以及其他有关法律、行政法规专门就民族自治地方所作的规定作出变通规定。

对于设区的市人大及其常委会制定的地方性法规为什么要设立批准程序呢？立法者关于设区的市的地方性法规报请批准的意图可能在于以下方面，即

---

① 参见李步云、汪永清主编：《中国立法的基本理论和制度》，中国法制出版社1998年版，第380～381页。

为了保证立法权的相对集中以及提高立法质量。但这种设置在逻辑上有所欠缺：第一，根据我国现行的立法体制，为什么比地方性法规效力低的地方政府规章反而不需要批准呢？上位法要批准，下位法反而不需要批准，其缘由为何？第二，设区的市地方性法规的立法权不是授权立法，一般来说也不能作出变通规定（只有经济特区的立法可作出一些变通规定），其批准的依据为何？第三，为保证立法权的相对集中，可以限制地方的立法权，或者对地方立法权全部实行批准制度，如此差异性的设置原因为何？第四，我国立法监督方式有多种类型、多种方式，通过其他方式也可以提高我国的立法质量，立法批准方式不是不可以采取，但是为什么仅对一部分立法采取批准措施呢？因此，从逻辑上讲，地方性法规不应纳入需要批准的法规范性文件的范畴。

本书认为，根据我国现行立法体制的设置，除了对民族自治地方的自治条例、单行条例要设立批准程序外，还应该把我国现阶段的“授权立法”纳入批准制度的范围。我国《立法法》对授权立法作了一些原则性的规定，比如授权决定应当明确授权的目的、范围，被授权机关应当严格按照授权目的和范围行使该项权力，被授权机关不得将该项权力转授给其他机关等。但是现实的授权立法实践还是出现了诸多问题：授权机关越权授权，授权立法越权，授权无序，授权主体与被授权主体都比较混乱等。解决我国授权立法存在的问题，一方面是完善授权立法规定，对授权立法的目的、内容、期限、范围、条件等作出明确的规定；另一方面则在于加强对授权立法的监督。鉴于授权立法是上级国家机关将本属于自己的立法职权授权下级国家机关行使，因此可以将授权立法纳入事前监督的范畴里。授权机关一方面对于授权立法的意图、目的、内容等颇为清楚，另一方面只是基于形势或技术的需要才将本属于自己的立法职权授予下级国家机关行使，因此，对授权立法的监督最行之有效的监督就在于事前监督制度的设置。因此，对授权立法来讲，必须经授权机关批准同意后才能生效。

二、地方性法规批准的程序

《宪法》《立法法》等仅规定了需经批准的法规范性文件的范围，对于批准程序则缺少法律的规定。但在一些地方立法中，对省人大常委会的法规批准程序作了一些规定，比如海南省人民代表大会 2001 年 2 月 16 日通过的《海南省制定与批准地方性法规条例》、江苏省人民代表大会 2001 年 2 月 17 日通过的《江苏省制定与批准地方性法规条例》、1998 年 12 月 30 日安徽省第九届人民代表大会常务委员会第三十八次主任会议通过的《安徽省人大常委会关于法规批准工作的意见》、内蒙古自治区人大常委会1993年3月14日通过的《内蒙古自治区人民代表大会常务委员会批准地方性法规和自治条例、单行条例的规定》等等。

结合我国地方性法规批准的实践以及一些地方立法中关于地方性法规批准的规定，地方性法规批准的一般程序有：

(一)报请批准

制定法规的机关将该机关表决通过法规的书面报告、法规文本及说明送交报请批准的人大常委会(设区的市制定的地方性法规须报省、自治区的人民代表大会常务委员会，自治区制定的自治条例和单行条例报送全国人大常委会，自治州、自治县制定的自治条例和单行条例报送省、自治区人大常委会)，同时还应将立法的有关资料和征询意见等情况一并上报。

(二)决定列入议程

在制定法规的机关报送法规后，一般先交由人大常委会的常设机构(全国人大法律委员会或其他专门委员会、省人大法制委员会或其他工作委员会)对该法规进行审查。

人大专门委员会或工作机构怎样进行审查？对什么内容进行审查？根据我国立法审查的实践，一般审批法规时涉及法规制定的合法性与合理性问题。合法性即合乎宪法、法律以及一切上位法的规定，审查法规是否与宪法、法律、行政法规相抵触，是否超越立法权限或有无违反立法程序。合理性是指法规是否与有关政策相符合，是否有损于全局利益和广大人民群众的根本利益，法规是否均衡了不同主体的利益。另外，审批法规还涉及立法的必要性、可行性和规范性等问题。立法的理论和实践根据如何，在实际中是否可行，法规是否符合立法的语言规范，文字表达是否通顺，标点符号是否正确等。从《立法法》的规定来看，《立法法》对省级人大常委会审查批准设区的市报批法规提出了两点要求：一是内容上，重在对设区的市报批法规的合法性进行审查，即看它是否与宪法、法律、行政法规和本省地方性法规相抵触，而不审查其内容的合理性，以及篇章结构、文字表述等，只要符合合法性的要求，即应当批准。二是时间上，审查批准设区的市报批的法规时不应过于繁杂，只要不存在合法性问题，即应当在规定的时间内予以批准。因此，从这个角度看批准权，其实质就是一种同意权。是否同意的标准，仅在于对合法性的判断，立法的必要性、可行性和规范问题等都不是审批机关应当审查的事宜，而应由立法机关自己把握，审批机关仅可提出一些指导性的意见。

人大常委会的专门机构重点对报请批准的法规合法性进行审查，提出意见；再向人大常委会主任会议提出列入议程的意见，由主任会议决定是否列入会议议程。

（三）审议法规

虽然在提交人大常委会审议之前，专门委员会或有关工作机构已经进行了审议。但是作为正式的批准程序，还需要进行大会审议。人大常委会审议法规，可以结合我国《立法法》的规定，由报批机关向常委会报告法规的制定情况和法规的基本内容、主要问题，审批机关的常委会进行审议，报批机关派员到会听取意见，并回答询问。

《立法法》规定了针对不同主体提起的审议程序，以"三审制"为原则，"两审制""一审制"为例外。根据我国现行地方立法的批准实践，需经批准的法规一般由人大常委会主任会议提起，由于该法规已经进行了制定机关的审议程序并得以通过，所以应确立为"一审制"，即批准法规一般经一次常委会会议审议即可通过。人大常委会的审议应主要着眼于法规的整体，是在专门委员会审议基础上的审议，重点把握报批的法规是否与上位法相抵触。

（四）决定法规的批准与不批准

经主任会议决定后，常委会全体会议对报批的法规进行表决，以全体组成人员的过半数通过批准，作出批准决议。对于存在其他问题的法规，有学者根据对各省、自治区目前实践的总结，提出三种处理方式：不予批准；以附修改意见的方式予以批准；省人大常委会立法工作机构将常委会有关合法性的修改意见与地方性法规制定机关沟通，如其无异议则在向常委会所作的审查报告中将修改意见予以说明，然后由常委会表决通过不附任何条件的批准决定，再由制定机关对法规修改后公布实施。

这三种处理方式中，第一种过于绝对，采用这种断然否定的做法，一方面会造成立法资源的浪费，另一方面也会严重影响制定该法规的地方人大常委会的工作热情。因此，通常不会采用这种做法。第三种处理方式则没有相关的法律依据。既然批准的是不附修改内容的报批法规，设区的市人大常委会又如何去对法规加以修改后再公布施行呢？因此，这种做法不规范、不合法，不符合人大常委会集体行使职权的原则。第二种处理方式是一种折中的做法，从立法技术上指出了设区的市法规中不合法的内容，又不需直接修改报批法规，使设区的市人大常委会更能接受。因此，这一批准方式已被一些省、自治区人大常委会所采纳。比如《黑龙江省人大常委会立法技术规程》第二篇就规定，法制委员会对"有与宪法、法律、行政法规、本省的地方性法规相抵触的情况，应建议作出附修改意见的决定"；设区的市人大常委会对省人大常委会"作出附修改意见的批准决定的地方性法规，在按常委会修改意见经规定程序修改后，方可颁布实施”。但是，这种做法也存在令人担心的地方，如果设区的市人大常委会认为省级人大常委会既已批准不修改的报批法规，就可以按《立法法》规定予以公布施行，而不再启动立法程序加以修改，那么就无法对其进行有效制约。再进一步推论，设区的市人大常委会如果要根据省级人大常委会的批准意见加以修改，必须再次召开常委会会议，也必须再交付常委会全体组成人员表决。否则，如果仅是市人大常委会的法制工作机构在公布时加以修改，甚至只是通过主任会议的形式加以修改，都是不符合法定程序的。①

三、地方性法规批准的性质与价值

什么是批准？批准的性质是什么？学术界有不同的看法。莫纪宏教授认为，“批准”行为的法律性质应明确为立法权的行使。② 根据《宪法》第 116 条的规定，民族自治地方制定的自治条例和单行条例须经全国人大常委会或省级人大常委会批准后方能生效，此处的批准是生效的必备要件，其实质是批准机关通过法定程序赋予立法文件最终效力，使得经批准的自治条例、单行条例成为批准机关的立法成果；例如，全国人大常委会批准的自治区自治条例，已构成其自身的立法行为，地方立法程序仅为全国人大常委会立法活动的组成部分。本书认为，法规的批准制度是一种立法监督制度，批准权是一种立法监督权。从性质上讲，批准权属于一种事前监督方式，国外也不乏此类的规定，例如英国规定某些增加税收或负担的法规，非经议会两院的批准即属无效。

《立法法》第五章规定了“适用与备案审查”的内容，将法规的批准制度与备案制度、审查制度放在一起规定，也可看出法规批准制度与备案制度都是法规的监督制度。批准与备案都是法规监督的一种方式，但是它们也有区别：第一，二者各自有不同的适用范围。批准制度仅适用于民族自治地方的自治条例和单行条例以及设区的市制定的地方性法规，而备案制度则不仅适用于民族自治地方的自治条例和单行条例以及设区的市制定的地方性法规，还适用于除法律以外的其他法规范性文件，包括行政法规、部门规章、省级人大及其常委会制定的地方性法规以及地方政府规章。第二，两种方式适用情形及效果不一样。批准是法规生效前的一种必经程序，属事前监督，法规不经批准不得生效；而备案是登记备查，只是事后监督，它不影响法规的生效。

---

① 参见何晓明：《浅议批准较大市法规时的合法性审查原则》，《人大研究》2004 年第 1 期。

② 莫纪宏：《〈立法法〉修订应当明确和理顺立法授权关系》，《江苏行政学院学报》2014 年第 6 期。

我国《宪法》《立法法》《民族区域自治法》赋予民族自治地方的人民代表大会制定自治条例和单行条例的权力,《立法法》和《地方组织法》赋予设区的市人大及其常委会制定地方性法规权,其目的在于充分发挥这些地方人大的积极性和创造性,加快我国立法步伐,满足一些地方的特殊需要。但考虑到这些地方立法活动的特殊性,为了维护法制的统一性,有针对性地建立了"批准"制度,这些自治条例、单行条例以及设区的市的地方性法规须经批准后方能生效。由此可见,批准的真正意义在于对这些自治条例、单行条例和地方性法规在生效之前进行审查监督,以防止出现违法或不当问题。

但是法规批准的价值要辩证地认识。诚然这种制度的设计是为了维护我国法制的统一,提高我国现阶段的立法质量尤其是地方的立法质量,但是也暴露出一些问题。

第一,"批准"制度使设区的市和民族自治地方制定法规的程序过于烦琐与复杂,导致立法周期过长和地方立法工作的滞后。一般来讲,自治条例、单行条例和地方性法规在报请有关人大常委会批准之前,地方人大已经走完了立法的全过程。而且在实践中,通常为了保证报批的法规能在人大常委会一次会议上获得批准,一般在地方人大及常委会立法时就邀请报批机关的法工委或其他工作机构提前介入,征求各方面的意见,帮助修改工作,以求为报批工作打好基础。以设区的市的法规报批为例,"到了省人大常委会之后,基本上还要再经过全套立法程序,如将拟提请报批的法规在会议召开前一个月报送省人大常委会;市人大常委会到会作法案说明,听取意见;有关法工委进一步研究,提出审查报告;省人大常委会审议批准后,再由市人大常委会公布实施"[①]。这样的工作量,毫无疑问不利于提高立法效益,适应不了发展形势的需要。如果省、市之间存在利益冲突的话,立法过程中的博弈和协调就变得更加困难。而且在这种情况下,报批基本上等于提出一个地方法规草案,这和 1982 年《地方组织法》关于两类市的人大常委会可以"拟订本市需要的地方性法规草案,提请省、自治区人大常委会审议制定"的规定相差不大,而使 1986 年《地方组织法》对此所作的修改(即将两类市的拟定权扩大为制定权)没有多大实际意义。

第二,"批准"制度使批准机关的工作量加大,批准质量与效率都可能出现问题。在我国提出建立社会主义市场经济法律体系的目标以后,立法工作蓬勃发展,地方立法工作也是如火如荼,报批的法规数量大幅度地增加,对批准机关来说,其不仅要完成自己的立法任务,还要批准其他机关制定的法规,造成人大

---

① 苗连营:《立法程序论》,中国检察出版社 2001 年版,第 239 页。

常委会每次例会的任务都十分繁重，如“某省人大常委会自1987年至1995年9月间共制定地方性法规73件，而批准的法规竟高达137件，自1994年以来，每次例会审议批准的法规数量均在10件以上”[①]。不仅如此，也可能大大延误被批准的法规，如1988年1月至7月，全国各地共有待批的规范性法律文件31件，其中超过半年的多达13件，最早报批的一部地方性法规已超过10个月。[②] 由于每次会议时间有限，议题众多，如此不仅可能影响“批准”的质量，也不利于人大常委会集中精力完成自己的立法规划或计划。

四、批准法规的效力等级

法规经批准后，是具有审批机关制定的法规范性文件的效力还是具有制定机关的法规范性文件的效力，自“批准”制度确立以来，一直是我国学界争论的问题，实践中也造成一定的适用困难。

关于批准法规的效力等级，存在两种截然相反的观点：一种观点认为法规经批准后即具有批准机关的效力，只是适用范围限于制定机关的行政区域。该种观点认为，从实践看，自治州、自治县制定的自治法规与设区的市制定的法规同省级人大制定的法规一样，都是地方性法规，有同等的地位和效力。有些省的立法程序法规定，经省人大常委会批准的法规的修改、废除，按制定法规的程序报批，制定机关不能随便修改或废除。法规一旦经批准，其法规中若存在问题的责任也应由批准机关承担。[③] 另一种观点认为，法规经批准后不是批准机关的立法，它低于批准机关的立法文件的效力，不能等同于批准机关的立法。这种观点认为批准机关无权修改待批准的立法文件，只能作出批准或不批准的决定。如果认为待批准的立法文件有问题，可以通过制定机关自行修正，否则不予批准。[④] 本书倾向于同意第二种观点，理由在于：

第一，根据我国《宪法》《立法法》等的规定，“一元两级多层次”是我国现行的立法体制，不同立法主体制定的规范性文件的效力不同，这取决于它在国家机关体系中所处的不同地位。我国将地方性法规的立法权确定在两个层次上，省级人大及其常委会以及设区的市的人大及其常委会，省级人大及其常委会的地位高于设区的市的人大及其常委会，毫无疑问，省级人大及其常委会所制定的法规范性文件的等级效力也应高于设区的市的人大及其常委会制定的法规

① 苗连营：《立法程序论》，中国检察出版社2001年版，第239页。
② 参见张善恭主编：《立法学原理》，上海社会科学院出版社1991年版，第199页。
③ 参见李步云、汪永清主编：《中国立法的基本理论和制度》，中国法制出版社1998年版，第383页。
④ 参见马怀德主编：《中国立法体制、程序与监督》，中国法制出版社1999年版，第366页。

范性文件的效力。

第二,批准的性质是立法监督权的行使,是立法监督的一种方式,其与其他立法监督方式如备案等没有实质区别,不会影响规范性文件的法律效力等级。批准与备案虽有所不同,但实质意义则是一致的,在于维护社会主义法制的统一,提高立法质量。备案不影响其所备案的法规范性文件的效力,则批准也不应使法规范性文件的效力发生变化。

第三,从批准法规适用的范围来看,其适用于制定机关所辖行政区域,与批准机关制定的法规范性文件适用的范围不同。诚然,"批准"的意义是在某种程度上提高了待批准的法规范性文件的效力,司法机关在适用时会考虑这一因素,承认批准机关对它的审查监督,从而在某种程度上获得了同批准机关的立法文件一样的法律效力,拥有高于同类机关制定的立法文件的法律效力。但是,就特定的本区域而言,经批准的立法文件当然不能与批准机关的立法文件相冲突,否则它也不会得到批准。如果将待批准的法规视为与批准机关的法规一样的效力,则它们之间的冲突应根据法的适用原则,如新法优于旧法的原则来加以排除,其结果可能是待批准的法规获得了法律效力,而批准机关自身的法规则会失去效力,这种结果无论如何是审批机关所不能接受的,审批机关不可能对待审批的法规视作与其制定的法规一样的效力。因此,它低于批准机关的立法文件的法律效力,不能等同于批准机关的立法。

第四,从《立法法》的相关规定来看,《立法法》是将地方性法规从其制定主体角度加以区别的,即省、自治区、直辖市人大及其常委会制定的地方性法规和设区的市人大及其常委会制定的地方性法规,并内在地隐含了它们的效力等级。比如《立法法》规定,省、自治区、直辖市的人民代表大会及其常委会制定的地方性法规,报全国人民代表大会常务委员会和国务院备案;设区的市的人民代表大会及其常委会制定的地方性法规,由省、自治区的人民代表大会常务委员会报全国人民代表大会常务委员会和国务院备案。可见,针对不同制定主体的地方性法规的备案程序是不一样的,虽经由省人大常委会的批准,但设区的市的地方性法规还是经由省人大常委会报送的,这与省人大常委会制定的法规报送程序是存在区别的。因此,《立法法》内在隐含了经批准的法规的效力等级不能等同于批准机关自己制定的法规范性文件的效力等级。

本书认为,应该从以下几个方面完善我国的地方立法"批准"制度。

第一,完善"批准"制度适用的范围。将地方性法规的批准方式改为备案方式,同时将授权立法纳入"批准"制度适用的范围。

第二,将批准与备案适用的范围作适当调整,批准的适用范围包括民族自治地方(包括自治区、自治州、自治县)人大制定的自治条例和单行条例、根据授权决议或决定制定的授权法规;备案制度适用的范围是除法律和经批准法规以外的其他法规范性文件,包括行政法规、部门规章、地方性法规、地方政府规章。

第三,完善批准程序的规定,在审议程序上,实行一审制;在审查内容上,只实行合法性审查,确立"不相抵触"的可操作性标准;规范审查程序的期限,审批机关自接受待批的法规4个月内予以审批;规范批准的决定结果,设立批准、暂缓批准或附带修改意见的批准的基本条件等。

第四,明确批准法规的效力等级,将批准法规的效力等级确定为低于批准机关制定的立法文件的效力等级,其效力等级及适用范围取决于其制定机关在国家机关体系中所处的地位。

第五,建立工作沟通制度。鉴于"批准"制度的性质,将工作沟通制度的建立引入批准制度有十分重要的现实意义。"批准"制度是一种事前监督,下级国家机关制定的立法文件须批准机关批准后方生效。因此,为了避免出现批准机关不批准的情况,下级国家机关可以在立法起草或审议过程中,针对不十分确定的问题主动向上级批准机关请示,或者邀请上级批准机关派员参加,帮助研究并提出意见。如此,既有效防止了批准机关不批准的情况,又会大大减轻批准机关的工作量。将工作沟通制度与批准制度结合起来,更能达到监督的目的,保证立法工作的科学性和效率性。

第二节　地方立法的备案审查制度

法规规章备案制度是将法规规章文本报送相应的有权机关,让其备查的程序,包括报送、登记、统计、存档等环节。备案不影响法律的生效,是一种重要的事后监督形式。① 我国的法规规章的备案工作始于20世纪80年代初期,根据《宪法》《地方组织法》等法律的规定,省、自治区、直辖市人民代表大会及其常务委员会和省、自治区、直辖市人民政府所在地的市以及经国务院批准的较大的市的人民代表大会及其常务委员会制定的地方性法规,自治州、自治县制定的经省人大常委会批准的自治条例和单行条例,应由省、自治区、直辖市人民代表大会及其常务委员会报全国人大常委会和国务院备案。1987年5月25日,全国人大常委会办公厅和国务院办公厅发布《关于地方性法规备案工作的通知》,

① 参见曹康泰主编:《中华人民共和国立法法释义》,中国法制出版社2000年版,第210页。

对报送备案的具体程序、形式等作了规定。1990 年 2 月 18 日，国务院办公厅发布了《法规规章备案规定》，将国务院部门规章和地方人民政府规章纳入了备案的范围，进一步规定了备案的程序以及审查的标准及处理结果等。2000 年 3 月 15 日，第九届全国人大第三次会议通过的《立法法》对法规规章的备案又作了较为全面的规定，将备案的范围进一步扩大到国务院制定的行政法规和授权立法，即国务院制定的行政法规应报送全国人大常委会备案，根据授权制定的法规应当报送授权决定规定的机关备案；扩大了接受备案的主体范围，即规定地方人民政府规章同时报本级人民代表大会常务委员会备案，设区的市人民政府制定的规章应当同时报送省、自治区的人民代表大会常务委员会和人民政府备案。2001 年 12 月 14 日，国务院根据《立法法》的精神又颁布了《法规规章备案条例》，对法规、规章备案的范围、程序、审查标准及处理结果等又作了具体的规定。2004 年 5 月，全国人大常委会法工委设立“法规备案审查室”，这是中国第一个受理规范性法律文件审查的专业机构。“法规备案审查室”的设立，把规范性法律文件纳入宪政体制的审查中，成为中国违宪审查制度的新开端。2005 年，第十届全国人大常委会第四十次委员长会议完成了对《行政法规、地方性法规、自治条例和单行条例、经济特区法规备案审查工作程序》和《司法解释备案审查工作程序》的修订，为建立健全法规和司法解释备案审查制度奠定了程序基础。由此，我国基本上建立起了完整的法规规章备案制度。

一、地方立法备案制度适用的范围

根据我国现行“一元两级多层级”立法体制的设计，享有立法权的主体及其可制定的规范性文件有：全国人民代表大会及其常务委员会制定的基本法律与法律，国务院制定的行政法规，国务院部、委及享有行政管理职权的直属机构制定的部门规章，省、自治区、直辖市人民代表大会及其常委会以及设区的市的人大及其常委会制定的地方性法规，省、自治区、直辖市人民政府以及设区的市的人民政府制定的地方政府规章，民族自治地方（自治区、自治州、自治县）的人民代表大会制定的自治条例与单行条例等。

（一）宪法和法律无须备案

宪法、法律是全国人民代表大会及其常委会制定的法规范性文件。法律无须备案基于这样的理由：一是全国人民代表大会是最高国家权力机关，其他任何机关都由它产生，受它监督。这种主体属性也决定了它的行为即立法的属性。没有任何权力可以凌驾于全国人大权力之上，同样，它所制定的规范性文件（包括宪法和法律）也具有至上性。我国《宪法》第 5 条规定，“国家维护社会主义法制的统一和尊严”,其统一的根基就在于全国人民代表大会制定或修改的宪法。二是国家立法权的专有性。我国《宪法》第58条规定:“全国人民代表大会和全国人民代表大会常务委员会行使国家立法权。”《立法法》第10条规定:“全国人民代表大会和全国人民代表大会常务委员会行使国家立法权。全国人民代表大会制定和修改刑事、民事、国家机构的和其他的基本法律。全国人民代表大会常务委员会制定和修改除应当由全国人民代表大会制定的法律以外的其他法律;在全国人民代表大会闭会期间,对全国人民代表大会制定的法律进行部分补充和修改,但是不得同该法律的基本原则相抵触。”《立法法》第11条还规定:“下列事项只能制定法律:(一)国家主权的事项;(二)各级人民代表大会、人民政府、监察委员会、人民法院和人民检察院的产生、组织和职权;(三)民族区域自治制度、特别行政区制度、基层群众自治制度;(四)犯罪和刑罚;(五)对公民政治权利的剥夺、限制人身自由的强制措施和处罚;(六)税种的设立、税率的确定和税收征收管理等税收基本制度;(七)对非国有财产的征收、征用;(八)民事基本制度;(九)基本经济制度以及财政、海关、金融和外贸的基本制度;(十)诉讼制度和仲裁制度;(十一)必须由全国人民代表大会及其常务委员会制定法律的其他事项。”立法权是国家主权者意志的表达,立法权只能归属于国家主权的代表机关。“主权立法自身有效,不再屈从任何更高的权力。”①

(二)法规规章应当备案

根据我国《宪法》《立法法》的规定,全国人大常委会是我国法规备案机关,报全国人大常委会备案的法规有:国务院制定的行政法规;省、自治区、直辖市人大及其常委会制定的地方性法规;设区的市人大及常委会制定的地方性法规,报省级人大常委会批准后,报全国人大常委会备案;自治州、自治县人民代表大会制定的自治条例与单行条例报省或自治区的人大常委会批准生效,并报全国人大常委会备案。报国务院备案的法规规章有:省、自治区、直辖市和设区的市的人民代表大会及其常委会制定的地方性法规;自治州、自治县的人民代表大会制定的自治条例和单行条例;国务院各部、各委员会、中国人民银行、审计署和具有行政管理职能的直属机构制定的部门规章;省、自治区、直辖市和设区的市的人民政府制定的地方政府规章。

法规规章为何需要备案?这与我国法规规章制定主体的制度设计有关。除了规定国家立法权外,为何还要规定其他主体的立法权?我国“一元两级多层级”的立法体制,根本上是由我国的国情决定的。我国幅员广大,人口众多,

① [美]威廉·韦德:《行政法》,徐炳、楚建译,中国大百科全书出版社1997年版,第30～31页。

各地区、各民族经济、文化发展不平衡，不可能单靠国家立法权解决各地的复杂问题，“许多情况国家立法不好规定，规定粗了不能解决问题，规定细了又不可能”，因此，“要适应国情需要，除了要用国家立法作为统一标准解决国家基本问题外，还有必要在立法上动员多方面的力量，制定行政法规、地方性法规、自治条例和单行条例等”。[①] 由于立法主体众多，在实践中又不可避免地产生立法冲突现象。立法冲突是我国法治进程的痼疾，它不仅违背宪法确立的“社会主义法制统一原则”，而且可能使依法治国方略误入歧途，需要加以防范与消除。解决法律冲突的机制有多种，设立备案审查机制是一种有效防止立法冲突的方式与方法。

（三）授权立法应当备案

有学者认为我国法规规章的制定权不是职权立法，如果存在职权立法，则宪法、组织法就没有必要列举国务院、地方国家权力机关和执行机关的法规制定权和规章制定权，因为职权本身就有普遍性规则制定权；也无必要搞授权立法，因为所授之权即在职权范围之内。“法规制定权也好，规章制定权也好，它们都不是拥有这些权力的主体自身固有的，而是国家立法权的授权。”[②]以上观点将授权立法泛化地理解，这与我国《立法法》关于授权立法的规定存在矛盾。如果将法规规章的立法都称为“授权立法权”，那么《宪法》《立法法》等就没有必要将法规规章的立法权与授权立法权同时规定；如果对两者都作出规定，则表示这是两种不同性质的立法权。诚然，职权本身包含普遍性规则制定权，但普遍性规则制定并不等于“法”，法与其他规范性文件存在区别。因此，本书赞成将法规规章的立法权称为“职权立法权”，将特定立法主体接受授权而进行的立法称为“授权立法权”。

《立法法》第 13 条规定：“授权决定应当明确授权的目的、事项、范围、期限以及被授权机关实施授权决定应当遵循的原则等。授权的期限不得超过五年，但是授权决定另有规定的除外。被授权机关应当在授权期限届满的六个月以前，向授权机关报告授权决定实施的情况，并提出是否需要制定有关法律的意见；需要继续授权的，可以提出相关意见，由全国人民代表大会及其常务委员会决定。”如何保证授权立法严格遵循了授权的目的与范围，又如何保证被授权机关正确行使授权立法权？应当说，有授权就必须有监督、有制约。“授权的范围

① 周旺生：《立法学》，北京大学出版社 1988 年版，第 273 页。

② 蒋朝阳：《论部委规章制定权的授予、行使和监督》，罗豪才主编：《行政法论丛》第 1 卷，法律出版社 1998 年版，第 103 页。

有多大，监督也应有多大；授权的幅度有多宽，监督也应有多宽；授权的方式有多深，监督也应有多深；授权的方式有多种，监督也相应有多种。”[①]备案审查制度的设计是加强对授权立法的监督的有效措施之一。

二、地方立法备案审查的程序机制

对法规的备案实践有两种做法。“一种是登记、统计、存档。还有一种除进行登记、统计、存档外，同时进行审查。”[②]在 20 世纪 80 年代初期，法规备案工作主要是由全国人大常委会办公厅政法室承担，当时对备案工作规定的任务是：(1)对报送备案的法规进行违宪、违法审查，与国务院法制局及其他有关部门联系，请他们帮助审查、提出意见，经办公厅领导批示后，将意见转告有关省级人大常委会。(2)对备案的法规进行登记、统计、存档。(3)按季度书面向常委会汇报。[③] 1987 年，全国人大常委会办公厅和国务院办公厅联合发布的《关于地方性法规备案工作的通知》规定了报送备案的基本程序要求。1990 年，国务院颁布的《法规规章备案条例》规定了备案的审查程序。现行《立法法》第 109 条规定了备案的程序内容。2001 年，国务院修订的《法规规章备案条例》对备案(包括审查的内容)程序作了更具体的规定，并对备案的法律责任进行了设置。

(一)报送地方立法备案的主体及途径

省、自治区、直辖市人大及其常委会制定的地方性法规，报全国人民代表大会常务委员会和国务院备案；设区的市人民代表大会及其常务委员会制定的地方性法规，由省、自治区的人民代表大会常务委员会报全国人民代表大会常务委员会和国务院备案。

自治州、自治县制定的自治条例和单行条例，由省、自治区、直辖市的人民代表大会常务委员会报全国人民代表大会常务委员会和国务院备案。

地方政府规章报国务院备案，地方政府规章应当同时报本级人民代表大会常务委员会备案；设区的市的人民政府制定的规章应当同时报省、自治区的人民代表大会常务委员会和人民政府备案。

根据授权制定的法规应当报授权决定规定的机关备案。

---

① 蒋朝阳：《论部委规章制定权的授予、行使和监督》，罗豪才主编：《行政法论丛》第 1 卷，法律出版社 1998 年版，第 103 页。

② 李步云、汪永清主编：《中国立法的基本理论和制度》，中国法制出版社 1998 年版，第 384～385 页。

③ 参见李步云、汪永清主编：《中国立法的基本理论和制度》，中国法制出版社 1998 年版，第 385 页。

（二）报送地方立法备案的期限及基本要求

1.关于报送期限

《立法法》规定地方性法规、自治条例和单行条例、规章应当在公布后的30日内向有关机关报送备案；《关于地方性法规备案工作的通知》规定地方性法规、自治条例和单行条例应于批准之日起30内向有关机关报送备案；国务院修订的《法规规章备案条例》则规定，法规、规章应当自公布之日起30日内报送有关机关备案。可以看出，《立法法》和《法规规章备案条例》的规定较为一致（并不完全一致，因为两种规定在日期起算及期限上存在区别，“公布后的30日内”不包括公布的当日，而“公布之日起30日内”则包括公布当日）；但与《关于地方性法规备案工作的通知》有细微区别，前者规定“公布后的30日内”，后者规定“批准之日起30日内”。根据我国《立法法》的规定，只有设区的市人大及其常委会制定的地方性法规以及民族自治地方的人大制定的自治条例和单行条例才需要批准，省、自治区、直辖市人大及其常委会制定的地方性法规则不需要批准。批准不同于备案，凡需批准的规范性文件，在获得批准之前不得公布实施；而备案不是规范性文件取得法律效力的必经程序，在备案之前即可公布、生效。对于法案是在批准之后即公布还是可以在批准之前公布，法律法规没有明确。如果规定批准之后才能公布，则以上两种规定不存在矛盾；如果要经批准的法案在批准之前可以公布，则以上两种规定存在矛盾。对于报送机关遵循的期限本书认为有两种可供选择的方案。

第一种：法律法规明确规定，需经批准的法规规章在未经批准之前不得予以公布。地方立法报送的期限是“公布后的30日内”或“公布之日起30日内”。

第二种：法律法规明确规定，需经批准的法规规章应在“批准之日起30日内”报送备案，无须批准的地方立法在其“公布后30日内”或“公布之日起30日内”报送备案。

2.报送备案的基本要求

《立法法》未明确报送备案的基本要求。根据《关于地方性法规备案工作的通知》的规定，报送全国人大常委会备案的地方性法规、自治条例和单行条例，要求报送机关将法规文本、说明、备案报告等有关材料一式15份，并加盖省级人大常委会的印章报备案机关。

对于报送国务院备案的法规，国务院修订的《法规规章备案条例》第6条规定：“依照本条例报送国务院备案的法规、规章，径送国务院法制机构。报送法规备案，按照全国人民代表大会常务委员会关于法规备案的有关规定执行。报送规章备案，应当提交备案报告、规章文本和说明，并按照规定的格式装订成册，一式十份。报送法规、规章备案，具备条件的，应当同时报送法规、规章的电子文本。”

一些地方性法规和地方政府规章对地方法规范性文件的备案要求作出了类似的规定。如《辽宁省规章规范性文件备案办法》第 7 条规定：“报送规章、规范性文件备案，应当提交备案报告、规章规范性文件文本和说明，并按照规定的格式装订成册，一式 10 份。报送规章、规范性文件备案，具备条件的，应当同时报送规章、规范性文件的电子文本。”

接受地方立法备案的主体应该根据有关法律法规对其进行形式审查，符合法律法规规定条件的，予以备案登记；不符合条件的，不予备案登记或暂缓登记，并书面通知法规规章的制定主体补充报送备案或者重新报送备案；补充或者重新报送备案符合规定的，予以备案登记。根据现代社会政府信息公开化的要求，报送备案的有关法规规章应当向社会公布。《法规规章备案条例》第 8 条第 1 款规定：“经备案登记的法规、规章，由国务院法制机构按月公布目录。”

（三）报送备案的地方立法的审查

1.地方立法审查的提起

一般情况下，地方立法审查的提起主要有三种情况：“一是因法定职权主动提起，有权机关认为必要时，随时可以对下属立法机关的立法进行审查；二是因有关国家机关、社会组织和公民的告诉而提起；三是随法规备案而进行，备案机关对报送备案的法规进行主动审查。”[①]我国《立法法》规定了审查启动的两种方式。一种是依法定职权主动提起的审查。如《立法法》第 102 条规定：“其他接受备案的机关对报送备案的地方性法规、自治条例和单行条例、规章的审查程序，按照维护法制统一的原则，由接受备案的机关规定。”另一种是依其他主体提出审查的要求或建议而进行的审查。如《立法法》第 99 条规定：“国务院、中央军事委员会、最高人民法院、最高人民检察院和各省、自治区、直辖市的人民代表大会常务委员会认为行政法规、地方性法规、自治条例和单行条例同宪法或者法律相抵触的，可以向全国人民代表大会常务委员会书面提出进行审查的要求，由常务委员会工作机构分送有关的专门委员会进行审查、提出意见。前款规定以外的其他国家机关和社会团体、企业事业组织以及公民认为行政法规、地方性法规、自治条例和单行条例同宪法或者法律相抵触的，可以向全国人民代表大会常务委员会书面提出进行审查的建议，由常务委员会工作机构进行研究，必要时，送有关的专门委员会进行审查、提出意见。有关的专门委员会和

① 李步云、汪永清主编：《中国立法的基本理论和制度》，中国法制出版社 1998 年版，第 386 页。

常务委员会工作机构可以对报送备案的规范性文件进行主动审查。”可见，国务院、中央军事委员会、最高人民法院、最高人民检察院和各省、自治区、直辖市的人大常委会认为行政法规、地方性法规、自治条例和单行条例同宪法或者法律相抵触的，可以向全国人大常委会提出书面审查的要求；上述机构以外的其他国家机关和社会团体、企事业组织以及公民认为行政法规、地方性法规、自治条例和单行条例同宪法或者法律相抵触的，可以向全国人大常委会书面提出审查的建议。

但是，《法规规章备案条例》中关于地方立法审查的提起与《立法法》的规定并不完全一致，《立法法》区分了享有立法提案权的主体和其他社会主体提出审查的区别。享有立法提案权的主体提出的是审查“要求”，其他国家机关、社会团体、企事业组织以及公民提出的是审查“建议”，虽然都是通过书面方式提出的，但处理程序和结果存在区别。对于享有立法提案权的主体提起的审查要求，备案机关应即进行审查，直接进入审查程序；其他社会主体提出的审查建议，备案机关则要进行研究，决定是否进入审查程序。而在《法规规章备案条例》中没有区分不同的审查主体，也没有区分提起的是审查“要求”还是“建议”，而是统一称之为“建议”，交由国务院法制机构研究提出处理意见。

2.审查程序

地方性法规、自治条例、单行条例、规章等进入审查程序，一般都由备案机关的特定机构进行审查，如全国人大的常设机构法律委员会和其他有关专门委员会、司法部等。

(1)全国人大常委会对地方立法的审查程序

第一，提出书面审查意见。全国人大专门委员会在审查中认为地方性法规、自治条例和单行条例同宪法或者法律相抵触的，可以向制定机关提出书面审查意见；也可以由法律委员会与有关的专门委员会召开联合审查会议，要求制定机关到会说明情况，再向制定机关提出书面审查意见。

第二，制定机关反馈意见。制定机关在接到有关专门委员会提出的书面审查意见后，应当在两个月内研究提出是否修改的意见，并向全国人民代表大会法律委员会和有关的专门委员会反馈。

第三，决定。全国人民代表大会法律委员会和有关的专门委员会审查认为地方性法规、自治条例和单行条例同宪法或者法律相抵触而制定机关不予修改的，可以向委员长会议提出书面审查意见和予以撤销的议案，由委员长会议决定是否提请常务委员会会议审议决定。

(2)国务院对地方政府规章的审查程序

第一,提出书面审查意见。国务院法制机构认为地方立法与宪法及上位法相抵触的,可向制定机关提出书面审查意见。

第二,制定机关答复。制定机关接到国务院法制机构提出的书面审查意见,应当在规定期限内回复;对要求说明有关情况的,有关的制定机关应当在规定期限内予以说明。

第三,决定。经审查,地方性法规同行政法规相抵触的,由国务院提请全国人民代表大会常务委员会处理。地方性法规与部门规章对同一事项的规定不一致的,由国务院提出意见,国务院认为应当适用地方性法规的,应当决定在该地方适用地方性法规的规定;认为应当适用部门规章的,国务院应当提请全国人民代表大会常委会裁决。规章超越权限,违反法律、行政法规的规定,或者其规定不适当的,由国务院法制机构建议制定机关自行纠正;或者由国务院法制机构提出处理意见报国务院决定,并通知制定机关。部门规章之间、部门规章与地方政府规章之间对同一事项的规定不一致的,由国务院法制机构进行协调;经协调不能取得一致意见的,由国务院法制机构提出处理意见报国务院决定,并通知制定机关。

其他接受备案的机关对报送备案的地方立法的审查程序,参照全国人大常委会或者国务院的审查程序决定。

3.审查内容或标准

对于法规规章的审查应当遵循的内容或标准,《立法法》和《法规规章备案条例》作了规定,具体包括五个方面:第一,是否超越权限。立法机关应当在自己的权限范围内立法,超越权限进行的立法当属无效,应经由有权机关予以改变或撤销。第二,下位法是否违反上位法的规定。下位法违反上位法规定的,应当予以改变或撤销。第三,地方性法规与部门规章之间或不同规章之间对同一事项的规定不一致的,是否应当改变或撤销一方或双方的规定。第四,规章的制定是否适当。第五,是否违背法定程序。立法是一项很强的程序性活动,无论是《立法法》规定的立法程序,还是制定机关根据《立法法》制定的程序,制定机关都应当严格依照,否则制定的法规规章均为无效,应当撤销。有关备案主体对有争议的法规规章应围绕以上五个方面进行审查,提出书面审查意见。

三、现行地方立法备案审查制度存在的问题及其对策

总体来看,我国现行地方立法备案审查制度中存在以下问题:

第一,报送备案机关的责任缺位。根据《宪法》《立法法》《法规规章备案条

例》等的规定，报送备案是地方立法制定机关的义务。现行的备案制度为备案报送者设定的义务主要包括“按时报送”“按备案机关的要求改正或答复”“改变不合理、不合法的法规规章”等。违反法定义务的后果是“通报批评”“限期改正”。在备案审查这一报送备案机关与备案审查机关的权利义务不对等的构架中，为义务主体设计义务十分有限，不足以保障备案机关备案权利的实现。实践中，备案制度的执行效果不佳，与其责任设计的缺位有关。

第二，备案机关的监督与制约缺位。备案应该是备案机关对报送备案的法规规章有权进行审查并予以改变或撤销，这不仅仅是一种“权力”，也是备案机关的一种“职责”。如果法定的备案机关怠于行使自己的职责，不备案或审查，或者对备案的立法文件存在违法或不当问题不依法行使审查监督权，备案机关应当承担法律责任。根据我国备案制度的设计，全国人大常委会有关专门委员会或法律委员会负有审查备案之责。但实践中，“审查工作是由办事机构在做，而不是专门委员会和常务委员会本身在做，因而也就缺少权威性。审查出被认为相抵触的法规，地方有不同意见，或地方不作反映，怎么处理，没有下文”[①]。这种状况的形成很大程度上是由于缺少对备案审查机关的监督与制约。

第三，备案机关的职权界限设置不明晰。在我国现行的备案制度设计中，对同一件地方立法可能有两个或两个以上备案机关。比如，地方性法规报送全国人大常委会和国务院备案，自治条例和单行条例也要报送全国人大常委会和国务院备案，地方政府规章要报送本级人大常委会和国务院备案，设区的市人民政府规章要报送省、自治区人大常委会和人民政府以及同级人大常委会备案等。如果上述接受备案的主体都开展审查，则势必造成资源的浪费。而如果要对审查的职责作一分工，则各自的权限又应如何界定？哪一个国家机关的审查最具有权威性？现行的备案审查制度没有设定主动审查机制，可能是这种多头审查造成混乱的原因。

针对以上制度设计上的缺陷，本书提出如下完善对策。

第一，完善主动审查制度，实现主动审查与被动审查相结合。我国备案制度要真正实现其有效监督功能，就必须将备案制度与审查制度结合起来，即实现主动审查与被动审查相结合。合理的解决方法有两个：一是建立主动审查与被动审查不同的适用范围。我国已经有批准制度的存在，批准机关的批准也是一种审查。对经批准的法规规章备案时只实行被动审查，对其他报送备案的法规规章则实行主动审查。二是确定不同备案机关的审查权限。如全国人大常

① 李步云、汪永清主编：《中国立法的基本理论和制度》，中国法制出版社 1998 年版，第 387 页。

委会负责审查行政法规和地方性法规，国务院负责审查部门规章和省、自治区、直辖市人民政府制定的规章等。

第二，规范报送备案机关的责任设置。明确报送备案机关的义务以及违反义务的责任设置。在现行备案制度设定的义务（如“按时报送”“按备案机关的要求改正或答复”“改变不合理、不合法的法规规章”等）基础上，增设“派员参加备案机关的审查，说明情况与理由”“到备案机关接受质询并限期答复”“按期限书面报送修正结果”等。关于违反法定义务的后果（如“通报批评”“限期改正”），增加“发文通知停止执行”“撤销法案”等。

第三，加强备案工作的权威性。具体措施有：一是由法定机关进行备案审查工作，接受社会的监督以及有关主体的制约，确保备案审查工作的权威性。二是明确建立备案工作定期报告制度。规定具体承办备案工作的机构向备案机关报告工作情况并接受监督检查，如全国人大常委会向全国人大报告，国务院法制机构向国务院报告等；备案机关向上级机关报送工作情况，如设区的市的人大常委会向省人大常委会报告，省政府向国务院报告等。三是公开备案情况。四是公开备案结果的实施情况，如报送备案机关的说明与改正情况等。

第四，明确备案权限，实现多层级备案审查制度。实践中我国已经实现多层次的备案审查制度，在此基础上还应合理划分不同备案机关的备案权限。主要做法有两点：一是同类型的法规规章由制定机关的上位法机关具体负责审查。如省、自治区、直辖市人民政府制定的规章由国务院审查，国务院各部委制定的规章由国务院审查，设区的市人民政府制定的规章由省、自治区、直辖市人民政府审查；省、自治区、直辖市人大及其常委会制定的地方性法规由全国人大常委会审查，设区的市的人大及其常委会制定的地方性法规由省、自治区、直辖市人大及其常委会审查等。二是同级权力机关审查行政机关的立法，如全国人大常委会审查国务院制定的行政法规，省、自治区、直辖市人大常委会审查省、自治区、直辖市人民政府制定的规章等。

第三节 地方立法的清理制度

在我国“一元两级多层级”的立法体制下，立法主体的权限不明晰造成了我国立法冲突的不可避免；更重要的是，在立法为本部门、本地方谋利益的情况下，中央立法与地方立法的冲突、地方立法之间的冲突也在所难免。立法的冲突不仅有可能造成司法适用的困难，也有可能直接导致冤假错案。相关法律法规对立法冲突的解决方式的规定主要有：备案与审查、改变与撤销、立法解释或司法解释等。在实践中，还有一种解决立法冲突的方式，即地方立法的清理制度。

一、法的清理的概念

周旺生对法的清理界定为："法的清理是指法定有权的国家政权机关，在自己的职权范围内，按照一定的方法，对一国现存的规范性法的文件进行审查，解决这些规范性法的文件是否继续适用或是否需要加以变动（修改、补充或废止）问题的专门活动。"①

法的清理任务在于对现行法规范性文件进行分类、整理和分析，根据维护国家法制统一的原则，对相关法规范性文件进行审查，并作出决定：哪些法规范性文件已经失效或者为新的法规范性文件所代替，哪些法规范性文件仍然可以适用或者稍加修改后能够适用，哪些法规范性文件需要作出根本修改或废止。其根本目的在于维护社会主义法制统一，消除或减少立法冲突，为司法适用创造良好的规范前提。

中华人民共和国成立以来，我国进行了几次大规模的法规清理工作。第一次是在 1954 年，我国第一届全国人民代表大会第一次会议召开，通过了新宪法，并通过了关于《现行法律、法令继续有效的决议》。决议指出，所有从 1949 年 10 月 1 日以来由中央人民政府制定的、批准的法律、法令，除同宪法相抵触的以外，一律继续有效。根据这一决议，国务院在 1955 年对原政务院及其所属各部门发布的法规进行了一次清理。第二次是在党的十一届三中全会以后，为消除"文化大革命"造成的法律秩序混乱状况，1982 年五届全国人大常委会第十二次会议通过了《关于中华人民共和国建国以来制定的法律、法令效力问题的决议》，宣告新中国成立以来制定的法律、法令，除同第五届全国人大及其常委会制定的宪法、法律相抵触的以外，继续有效。国务院其后开展了一系列的法规清理工作。第三次是为迎接入世而进行的法律、法规和规章的清理工作。我国成为世界贸易组织成员以后，为履行对外承诺，保证法律、法规、规章与世贸规则相符合，全国人大及其常委会、国务院开始对有关法律、法规、规章进行清理，目前这项工作正在进行之中。同时，我国也开展了一系列的专项法规清理活动。比如 1996 年 3 月，八届全国人大四次会议通过了《行政处罚法》，为了克服、制止乱处罚、滥处罚问题，《行政处罚法》对行政处罚的设定权、实施主体及

① 周旺生主编：《立法学》，法律出版社 2000 年版，第 662 页。

处罚程序等作了明确规定，并规定“本法公布前制定的法规、规章关于行政处罚的规定与本法不符合的，应当自本法公布之日起，依照本法规定予以修订，在1997年12月31日前修订完毕”。该法颁布后，国务院及其各部门和各省、自治区、直辖市、设区的市的人大常务委员会即展开了法规、规章的清理工作。

从法的清理内涵的界定以及实践中的操作来看：第一，法的清理是一项立法活动。法的清理是对现行存在的法律、法规、规章等依一定方法和原则进行分类、整理、审查，并在必要时，即存在立法冲突时，依法定职权和程序进行必要的修改、补充甚至废止的行为，实质上是法的“立、改、废”的活动，是一项立法活动。第二，法的清理是有权机关进行的工作。法的清理是一项严肃的立法活动，不是任何机关或个人都能进行的，只有国家特定的政权机关也即享有立法权的机关才能为之。享有立法权的国家机关进行的法的清理活动也只能在其权限范围内展开，一般来说，遵循“谁制定，谁清理”的原则，有权制定的机关在其制定的法规范性文件的范围内清理有关法规。此一特征将其与法规（或法律）汇编区别开来，虽然我国立法机关也进行法律汇编，如全国人大常委会、国务院的法律法规汇编，但其他主体如高等学校、出版社等也进行法律法规汇编工作，它不是立法活动，它不能对法规范性文件进行“立、改、废”的工作。第三，法的清理是遵循法定程序的活动。法的清理是有权机关遵循一定程序进行的活动。虽然在我国相关的法律法规中并没有明确法的清理程序规定，但立法实践中形成了一些规范的程序，一般首先由特定机关的工作机构对现行法律法规进行分类、整理和审查，提出清理的意见（或报告），然后交由立法机关审议通过，最后公布清理决定。

二、地方立法的清理方式

从我国法的清理的实践来看，法的清理方式一般有三种。

（一）集中清理

集中清理是立法主体对较长一段时间以来的所有现行的法规范性文件进行较大规模的清理活动。从时间上来看，这种清理活动意味着法规范性文件的实施已经经历了较长一段时间，具有一定的时间跨度；从数量上来说，是该立法主体在特定时间内制定的所有法规范性文件的清理。

集中清理的积极性和价值在于：可以对所有的现行法规范性文件进行集中审查，一次性地解决较多、较大的问题。其不足之处主要在于：集中清理是以一定时间和一定范围的立法冲突为代价的，它并不是在出现立法冲突时就启用清理机制，而是待到一定时期集中清理。由于集中清理时间跨度较大，不利于及时解决法律冲突。

(二)定期清理

对地方立法的定期清理,即将清理工作作为立法主体的常规性工作,每间隔一段时间即对其制定的法规范性文件进行清理的活动。法的定期清理,有利于及时协调法与法之间、法与社会变化和社会需求之间的关系,能够及时地发现和避免立法冲突,防止集中清理所带来的不良影响。

建立规范性的定期清理制度有利于维护社会主义法制统一,消除或避免立法冲突。1985 年,国务院办公厅发布 41 号文件,规定今后国务院各部门和各省、自治区、直辖市人民政府每年对法规清理一次,做到该废的废,该改的改,该立的立,使国务院和地方人民政府清理法规工作经常化、制度化。[①] 应当说,这种方式的清理范围较小,作为一项制度性规定,它不仅应适用于政府的立法,地方权力机关的立法也应采取定期清理制度。合理的做法是,全国人大作出关于定期清理的决议,要求所有的立法主体定期对法律法规清理一次,对定期清理的时间、程序、效力等作出明确的制度化规定。

(三)专项清理

专项清理一般是针对一定内容的法规范性文件所进行的清理,如 1996 年《行政处罚法》出台之前,我国的行政处罚制度非常混乱,行政法规、地方性法规、各种规章都可以设置行政处罚,处罚的种类和幅度也多种多样。《行政处罚法》的出台即是为了治理这种乱设处罚的问题,规范行政处罚的运作。因此,该法在其附则中要求,"本法公布前制定的法规和规章关于行政处罚的规定与本法不符合的,应当自本法公布之日起,依照本法规定予以修订,在 1997 年 12 月 31 日前修订完毕"。根据这一要求,国务院及其各部委、地方人大及政府对各自法规、规章中有关行政处罚的规定进行了一次专项的清理工作。"截至 1997 年 11 月,仅省、自治区、直辖市和设区的市的政府共修订规章 1570 多件,废止规章 1200 多件;国务院有关部门修订规章 210 多件,废止规章 30 多件。"[②]

专项清理的优越性在于针对性强,能够集中时间和力量解决某一方面或某一领域的问题,使各种法规范性文件关于某一方面或某一领域的问题达到高度统一和协调。根据我国的实际,本书认为,规范化的法规清理制度应当采用定期清理与专项清理相结合的方式,定期清理一般以一年为时限,各立法主体确定一年的某阶段为法的清理工作时间,制定法的清理工作计划和目标;专项清

① 参见李步云、汪永清主编:《中国立法的基本理论和制度》,中国法制出版社 1998 年版,第 392 页。

② 刘莘主编:《国内法律冲突与立法对策》,中国政法大学出版社 2003 年版,第 176 页。

理可在每次确定某一方面的内容或重点，如行政处罚、涉外经济法规等。

三、地方立法的清理机制

地方立法的清理机制，“就是地方立法机关对自己制定的法规范是否与上位法相抵触、相互之间是否存在冲突，是否继续有效进行全面审查并作出决定的一种解决法规范冲突的机制”[①]。

（一）地方立法的清理主体

一般来讲，法的清理遵循“谁制定，谁清理”的原则，即是说，法规范性文件是由什么样的立法主体制定出来的，对法规范性文件进行的清理工作也应当由其来完成。这也就说明了，法的清理是一项行使立法职权的活动。只有在国家的法律法规赋予立法职权的前提下才能进行法的清理工作，其他主体不具有对冲突的法律进行清理的权限。

地方立法的清理主体也就是地方立法主体，那么法的清理活动是否可授权其他主体代为进行呢？既然法的清理活动也是立法活动的内容，国家对立法活动的授权行为也作出了许可（虽然有一定的限制），那么法的清理也可以授权其他主体来完成，地方立法主体或其授权的主体都可以进行地方立法的清理活动。

（二）地方立法的清理权限

法的清理活动是一定的立法主体或授权主体才能进行的活动，也即说明法的清理活动是在一定权限范围内进行的。立法主体或授权主体进行法的清理活动的权限仅限于立法主体制定法规范性文件的权限，清理的法规范性文件的范围仅限于其所制定的法规范性文件的范围。对于授权主体来说，其所进行的法的清理活动是在授权范围内展开的；无授权，超出自己有权制定的法的范围而清理别的立法主体所立的法，即为越权。对于不同位阶的立法而言，亦不可行。例如，上位法的制定主体认为下位法的立法主体制定的地方立法存在与上位法相抵触的情形，而自行将下位法予以清理。在上述情形中，应当启动其他的立法监督机制，而非采取上位法制定主体自行清理的做法。由《立法法》规定的备案审查、改变或撤销等机制解决法的抵触或冲突问题。实践中，上位法的立法主体认为下位法存在应当清理的情形时，可以责成或要求下位法的制定主体自行清理其所制定的地方立法，如省级人大常委会有权要求省级政府清理政府规章，省级政府有权责成其所属的设区的市政府清理政府规章。

---

① 刘莘主编：《国内法律冲突与立法对策》，中国政法大学出版社 2003 年版，第 174 页。

(三)地方立法的清理程序

法的清理活动也是一项立法活动,地方立法的清理须遵循立法的一般或基本程序。

1.地方立法清理案的提出

法案的提出是由特定的主体在其职权范围内提出的属于立法主体立法事项的内容。不同的立法主体有不同的立法提案权范围。本书认为,地方立法清理案的提出应当具有专属性,只能是立法主体的组成机构,一般是法制工作机构提出。主要原因在于:地方立法的清埋是一项专业性较强的活动,需要运用一定的技术与技能(即立法技术),还要对立法主体的立法活动有全面的了解;不仅如此,还能够利用自己所掌握的立法技术对法的清理提出初步的审查意见。

专门机构提出的地方立法的清理案应具有规范化的内容:地方立法清理案的名称;清理的地方立法的范围;清理的初步意见以及有关理由的说明(如将被清理的法规范性文件分为"继续有效""需要补充或修改""已经废止或应予废止"等类型,并说明理由);提案人名称等。

2.地方立法清理案的审议

法的清理案同其他立法案一样,其审议也应由立法职权的主体进行。

我国《立法法》规定,一般法案以三审制为原则,两审制、一审制为例外。鉴于法的清理案的提出是由立法主体的专门工作机构完成,其不同于其他一般主体,提交给立法主体的法的清理案无须再交由法律工作机构先行审议,因此,对法的清理案的审议可采用一审制或两审制。立法主体的法制工作机构可直接将法的清理案提交立法机关审议。

立法机关审议法的清理案时,应当听取提案人的说明。对某些内容的审议还可以采取听证会、讨论会、座谈会等形式听取意见。如果采用两审制,则提案人在第一次审议的基础上提出法的清理修正案,然后再交由立法机关审议。

3.地方立法清理案的通过与公布

地方立法的清理案经过立法机关的审议后,以多数票方式表决通过。地方立法的清理案表决通过后,应将清理结果公布。

地方立法清理结果的内容通常包括:"其一,宣告哪些地方立法继续有效并将其列为现行法;其二,宣告哪些地方立法已失效并予以废止,清理之前已自行失效或已被明令废止的一般也应一并宣告废止;其三,宣告哪些需要修改、补充并尽可能确定由谁修改、补充。”①

地方立法清理的性质决定了地方立法的清理结果的公布程序和公布方式与法的公布程序与公布方式相一致。在公布地方立法的清理结果时，应将被宣告有效、无效、废止的地方性法规以及拟修订、补充的地方性法规，列出目录一并公布。

四、地方立法清理的功能

(一)促进法与社会协调发展的功能

法是社会发展的调整器，但法与社会发展又是一个不断磨合的过程。社会发展产生法的需求，立法主体的立法要反映社会发展的需求，就要不断对法进行制定与修正。法规清理通过对法进行“立、改、废”，建立与社会发展相协调的规范制度。

(二)维护法制统一的功能

法制统一是我国宪法确定的基本原则，它不仅要求法本质的统一，还要求法形式的统一，更要求法内容的统一。由于我国采用多层次的立法模式，法律由全国人大及其常委会制定，行政法规由国务院制定，地方性法规由地方人大及其常委会制定，自治条例和单行条例由民族自治地方的人大制定，部门规章和地方政府规章分别由国务院相应部委、地方政府制定等，这些层次的法律规范必然会有矛盾和抵触之处，因此法的清理是维护法制统一的重要机制。

(三)构建科学法体系的功能

法的清理方式有不同种类，包括集中清理、定期清理和专项清理，上述方式根据具体情形结合使用可以达到构建科学法体系的功能。一个国家的法律体系是否科学、是否合理，不仅取决于这个国家的部门法的结构，还取决于不同部门法结构之间的协调。专项清理的功能之一就在于使某一部门法或部门法的某一方面的内容与形式达到协调统一，这一点从我国《行政处罚法》出台后对行政处罚立法清理的结果中可以看出。定期清理使立法主体一定时期内的立法成果得以协调。集中清理通过该立的立、该改的改、该废的废，使更大范围内的法体系得以建立。

(四)促进地方立法规范化、科学化的功能

地方立法的清理不仅推动着地方立法的“立、改、废”活动的开展，更为重要的是，地方立法主体可以通过地方立法的清理总结一些经验教训。清理现存

---

① 郭道晖总主编:《当代中国立法》下册，中国民主法制出版社 1998 年版，第 1411 页。

法，一方面是为以后的立法准备条件。另一方面，“为保障立法得以科学、系统地进行，有必要编制立法规划，而编制立法规划须有科学根据，这种根据就是社会经济、政治、文化等对立法的需求，就是现存法的基本情况”[①]。了解现存法哪些仍然适用，哪些应当修改、补充或废止，哪些需要增加，在此基础上制定的立法规划才可能是科学的、系统的，根据这种规划所立的法才可能是配套、协调的。

（五）创造优良法治环境的功能

“依法治国”是我国的基本方略，建设社会主义法治国家是我国的基本目标。要贯彻这一方略及实现这一目标，就必须努力营造优良的法治环境。就立法而言，不仅要建立体现社会主义核心价值规范的科学的立法体系，还要追求其现实的可操作性。体现社会主义核心价值规范的立法就是良法、善法。建设法治国家须以良好的法律制度为基础和前提。要注重提升法的可操作性，对社会关系进行有效调控，为执法、司法、守法提供明确、可行的规范。通过法的清理，可以总结制定良法的经验，摒弃不符合人民群众利益的不良之法，探究法律难以执行、不被遵守的立法上的原因并寻求有效对策，创造有利于执法、司法和守法的优良法治环境。

① 郭道晖总主编：《当代中国立法》下册，中国民主法制出版社 1998 年版，第 1407 页。

第十章　地方立法监督

第一节　地方立法监督概述

地方立法监督是确保地方立法权正确行使、地方法规与国家法律体系协调一致的重要环节。作为促进法治建设和地方治理能力现代化的关键措施，监督机制对于提升地方立法质量和有效性具有不容忽视的作用。在我国社会主义法治体系中，地方立法监督不仅是对地方立法活动合法性的一种保障，更是推动法治进步的重要动力。

一、地方立法监督的概念与特征

学界在不同概念范畴下使用"立法监督"这一术语。周旺生教授认为，该词通常在三种意义上使用。"一是用以说明对立法活动和立法结果的监督。二是用以说明有关主体运用立法手段对行政、司法等方面的监督。在我国则主要指国家权力机关对'一府两院'的监督。三是用以说明由立法机关或议会对行政、司法和立法本身诸多方面的监督，以及有关方面对立法主体的监督。"①应当说，作为专门的立法制度，在比较严格或纯粹的意义上，即上述第一种意义上使用这一概念较为合理。从广义上说，立法监督是指国家机关、社会团体和公民等一切组织和个人对立法活动和立法结果的监督；从狭义上看，立法监督是指享有监督权的国家机关在其监督权限范围内，依据一定程序，对有关立法主体的立法活动和立法结果进行的审查和监控。本书所指的"立法监督"是狭义上的立法监督。因此，地方立法监督是指享有监督权的主体依据一定的程序，对地

① 周旺生：《立法学》，法律出版社2009年版，第324页。

方立法主体制定地方性法规及规章活动和结果的审查与监控。

地方立法监督是贯穿整个地方立法过程及结果的重要活动，具有以下几个方面的特征。

(一)监督主体具有广泛性

从广义上来说，一切国家机关、社会团体及公民都有权对地方制定地方性法规及规章的过程和结果进行监督。但这种一般意义上的立法监督与本书所指的“立法监督”不同。本书是指狭义的立法监督，即依法设定的专门机构对地方立法过程及结果的监督。现阶段，我国中央立法包括宪法、法律、行政法规、部门规章，地方立法包括地方性法规、自治条例和单行条例、地方政府规章。根据《立法法》及相关法律的规定，能对中央立法进行监督的主体包括全国人大及其常委会、国务院；能对地方立法进行监督的主体除了全国人大及其常委会、国务院之外，还包括省级人民代表大会及其常委会、设区的市的人民代表大会及其常委会、省级人民政府、设区的市的人民政府等。可见，地方立法监督主体是特定的，但与中央立法监督主体相比，地方立法监督主体又具有一定的广泛性。

(二)监督对象具有特定性

地方立法监督，既指对地方立法活动的监督，也指对地方立法结果的监督。对地方立法活动的监督是指对享有地方立法权的地方人大及其常委会制定地方性法规，自治区、自治州、自治县的人大制定自治条例和单行条例，地方政府制定地方政府规章等活动过程的监督。地方立法结果的监督是指对基于上述立法活动所产生的地方性法规、自治条例和单行条例、地方政府规章等规范性法律文件所进行的监督。注重对地方立法活动的监督，可以从根本上杜绝不合法、不适当的法的出现，从源头上避免弊病，而无须等到恶法、劣法实施之后再去予以关注，可以减少立法监督的成本。对地方立法结果的监督是地方立法监督的主要方面，通过对规范性法律文件的审查与监管，保证所立之法不存在种种弊病，也是对地方立法活动监督的确认。

(三)监督内容具有针对性

应当说，根据本行政区域的具体情况和实际需要制定地方性法规，依照当地民族的政治、经济和文化特点制定自治条例和单行条例，是法律确定的地方立法的基本条件。除了对中央立法的执行作出具体规定外，对地方立法来说，体现地方特色十分重要。因此，在地方立法监督中，除了考虑地方立法不与宪法、法律、行政法规相抵触之外，地方立法主体在监督地方性法规及地方政府规章制定活动和结果时，还要充分结合地方实际，具体问题具体分析，针对体现不同地方特色的地方立法采取不同的监督处理方式。

(四)监督后果具有约束性

地方立法监督机关有权对不符合法定权限、违背法定程序的立法活动以及对与上位法相抵触的立法结果予以强制性的否定,这体现了地方立法监督的权威性和约束力。立法监督作为国家权力的运作形式之一,其权威性主要体现在对立法结果的监督上。对于地方立法而言,享有地方立法监督权的主体可以通过批准、审查、备案、裁决等方式对地方性法规和地方政府规章等规范性法律文件予以改变、撤销。

二、地方立法监督的类别

(一)事前监督与事后监督

根据地方立法监督行为实施的时间,可将地方立法监督分为事前监督与事后监督。

地方立法的事前监督,是指有权主体在规范性法律文件生效前对其所进行的监督。如省级人大常委会对自治州、自治县制定的自治条例和单行条例的批准,省级人大常委会对设区的市、自治州制定的地方性法规的批准等,都属于地方立法的事前监督。

地方立法的事后监督,是指有权主体在规范性法律文件生效后、实施过程中,对其所进行的监督。监督主体是有法定监督权的主体,监督对象是已经生效并且正在实施的规范性法律文件,监督内容是地方立法是否存在违反宪法、法律、行政法规或者其他不适当的问题。如地方人民代表大会常务委员会对本级人民政府制定的不适当的规章予以改变或者撤销。

地方立法的事前监督优点在于可从根源上解决地方立法与上位法相抵触或不适当的问题。《立法法》第 80 条规定:“省、自治区、直辖市的人民代表大会及其常务委员会根据本行政区域的具体情况和实际需要,在不同宪法、法律、行政法规相抵触的前提下,可以制定地方性法规。”第 81 条规定:“设区的市的人民代表大会及其常务委员会根据本市的具体情况和实际需要,在不同宪法、法律、行政法规和本省、自治区的地方性法规相抵触的前提下,可以对城乡建设与管理、生态文明建设、历史文化保护、基层治理等方面的事项制定地方性法规,法律对设区的市制定地方性法规的事项另有规定的,从其规定。设区的市的地方性法规须报省、自治区的人民代表大会常务委员会批准后施行。省、自治区的人民代表大会常务委员会对报请批准的地方性法规,应当对其合法性进行审查,认为同宪法、法律、行政法规和本省、自治区的地方性法规不抵触的,应当在四个月内予以批准。省、自治区的人民代表大会常务委员会在对报请批准的设区的市的地方性法规进行审查时，发现其同本省、自治区的人民政府的规章相抵触的，应当作出处理决定。除省、自治区的人民政府所在地的市，经济特区所在地的市和国务院已经批准的较大的市以外，其他设区的市开始制定地方性法规的具体步骤和时间，由省、自治区的人民代表大会常务委员会综合考虑本省、自治区所辖的设区的市的人口数量、地域面积、经济社会发展情况以及立法需求、立法能力等因素确定，并报全国人民代表大会常务委员会和国务院备案。自治州的人民代表大会及其常务委员会可以依照本条第一款规定行使设区的市制定地方性法规的职权。自治州开始制定地方性法规的具体步骤和时间，依照前款规定确定。省、自治区的人民政府所在地的市，经济特区所在地的市和国务院已经批准的较大的市已经制定的地方性法规，涉及本条第一款规定事项范围以外的，继续有效。”省级人大常委会对报请批准的地方性法规的批准期限为 4 个月，可见，地方立法事前监督一般具有时限短、效率高的特点，可以使问题立法防患于未然。也正是由于事前监督具有普遍性，导致在地方立法实施过程中才能显现出的问题很难在事前监督中发现并解决。事后监督一般发生在具体个案当中，相关当事人发现地方立法存在问题并向有权机关提出，有关机关受理后对实施中的地方立法予以审查，并作出相应处理。可见，地方立法的事后监督存在较大的被动性，无法在第一时间发现并解决问题，只能“亡羊补牢”。因此，应当重视地方立法的事前监督和事后监督的结合，两者相互完善才能最大限度地发挥立法监督制度的效用和功能。

（二）活动监督与结果监督

根据地方立法监督的内容，可将地方立法监督分为活动监督与结果监督。

地方立法的活动监督又称“过程监督”，是指有权主体对地方规范性法律文件制定过程的监督。在立法准备阶段，主要包括征集到的立法项目、编制的立法规划和立法计划是否体现了必要性、紧迫性等。在法案审议阶段，主要包括地方立法主体是否具备立法权限，法案的提案、审议、表决、公布等过程是否符合法律规定的程序等。

地方立法的结果监督，是指有权主体对地方规范性法律文件的内容本身的监督。主要包括对地方性法规、地方政府规章是否存在与宪法、法律、行政法规相抵触，与同位阶的法相矛盾或冲突，或者其他规定不适当的问题的监督。

过程监督和结果监督共同构成地方立法监督的主要内容。如果只注重对地方立法活动或过程的监督，忽视对立法结果的监督，则如若所立之法存在弊病，那么对立法活动或过程的监督将徒增成本，无法发挥其实质作用。而要杜绝问题立法的出现，需要从监督立法活动或过程这一源头开始。相反，如果仅将立法监督定位于是对结果的监督，等到问题立法出现后才予以关注，将大大增加立法监督的成本。

三、地方立法监督的意义

地方立法监督是贯穿整个地方立法过程的一项重要活动，也是对地方立法结果即已立之法进行审视甄别从而使其臻于完善的一项重要制度。地方立法监督的意义至少包括以下几方面。

（一）贯彻法治原则，维护国家法制统一

我国《宪法》第5条第1款规定："中华人民共和国实行依法治国，建设社会主义法治国家。"党的十八届四中全会通过的《中共中央关于全面推进依法治国若干重大问题的决定》对建设中国特色社会主义法治体系作出了全面阐述，即在中国共产党领导下，坚持中国特色社会主义制度，贯彻中国特色社会主义法治理论，形成完备的法律规范体系、高效的法治实施体系、严密的法治监督体系、有力的法治保障体系，形成完善的党内法规体系。一方面，立法是法治的前提和基础，其本身也要遵循法治原则。保障立法的法治原则得以有效贯彻实施，是立法监督的一项重要使命和意义所在。通过地方立法监督，抑制违法的地方立法活动或过程，对违法产生的地方立法给予否定性评价并消除其产生的影响，可以使地方立法沿着法治轨道运行。另一方面，坚持社会主义法制统一，是社会主义法制建设的一项根本原则，也是维护国家统一的重要保证。在我国，任何地方立法都不得与作为上位法的宪法、法律、行政法规相抵触。加强地方立法监督，可以消除和避免地方立法与上位法之间的冲突，或与同位法互相矛盾，以维护法律规范体系的协调、完整和严肃。

（二）体现地方立法民主性

民主原则是立法的一项基本原则。实行地方立法监督制度，一方面可以制约地方立法权的行使，使地方立法者在为本行政区域或本民族地区提供行为规范时，不致出现恣意妄为、不负责任、偏离民主轨道甚至损害公民利益的情形。另一方面，也可以制约干扰甚至侵夺地方立法主体实施立法权的行为，使立法权正常行使。从对地方立法活动或过程的监督来看，地方立法主体在开展立法活动时，应有效保障公众的参与权，通过优化地方立法项目征集机制、法案征求意见机制等方式，拓宽民主渠道，吸纳民意民智。从对地方立法结果的监督来看，对相关当事人发现地方规范性法律文件存在问题并向有权主体提出的，有关机关应当依法受理、审查，并作出处理。因此，地方立法既是发扬民主、反映民意的过程，各有权主体通过法定方式实施监督也是地方立法民主化的体现和促进。

(三)推动地方立法科学化

科学立法是指立法活动要遵循客观规律,选择适当的调整方式反映社会生活的实际需要。应当说,我国的地方立法中违背规律、违反科学、不符合地方实际或不体现地方特色的立法依然相当普遍,“景观式立法”大量存在,这不仅无法达到地方立法的目的,也损害了法的严肃性和权威性。从地方立法活动或过程的监督来看,通过立法监督,可以促使立法者以实事求是的态度和作风深入开展调查研究,按照科学的方式探索立法活动的规律,对违反科学原则的地方立法行为予以处理,提高地方立法科学化水平。从地方立法结果的监督来看,通过立法监督,对违反科学原则而产生的地方规范性法律文件予以改变或撤销,可以保障数量众多的地方性法规和地方政府规章与上位法协调配套,保证地方法律规范体系发挥效能。

第二节　我国地方立法监督的主体和内容

在我国地方立法体系中,确立明确的监督主体和内容是实现有效监督的前提。不同的监督主体根据各自的职责和功能,对地方立法活动进行规范和引导,以确保地方法规与国家法律相一致,符合宪法精神和法治原则。监督内容则涵盖了地方立法的合宪性、合法性、合理性等多个方面。

一、我国地方立法监督的主体

地方立法监督的主体,是指根据宪法、法律的规定,对地方立法活动及立法结果进行审查、监控的各类国家机关。根据我国《宪法》《立法法》等有关法律的规定,地方立法监督主体包括以下类别。

(一)地方立法的人大监督主体

地方立法监督和地方立法的权力机关监督或人大监督是两个既有区别又有联系的概念。与地方立法监督相比,地方立法的权力机关监督主体明显更窄,仅限于立法机关;但就监督内容而言,其范围远大于立法监督,因为除了监督立法活动之外,地方立法的权力机关监督也包括对其他国家机关、社会组织和公民个人相关活动的监督。两者的监督方式也因监督内容的不同而有差异。不过,当地方立法监督的主体是立法机关或立法监督的内容是地方立法活动及结果时,二者则是重合的。地方立法的人大监督主体主要包括:

1.全国人民代表大会

全国人民代表大会是我国的最高权力机关,也是最高立法监督机关。根据《立法法》,全国人民代表大会有权改变或者撤销它的常务委员会制定的不适当的法律,有权撤销全国人民代表大会常务委员会批准的违背《宪法》和《立法法》第75条第2款规定的自治条例和单行条例。

2.全国人民代表大会常务委员会

全国人民代表大会常务委员会是全国人民代表大会的常设机关,它承担了更多的立法监督职责。

第一,《立法法》第85条第1款规定:“民族自治地方的人民代表大会有权依照当地民族的政治、经济和文化的特点,制定自治条例和单行条例。自治区的自治条例和单行条例,报全国人民代表大会常务委员会批准后生效。自治州、自治县的自治条例和单行条例,报省、自治区、直辖市的人民代表大会常务委员会批准后生效。”可见,自治区的自治立法须报全国人民代表大会常务委员会批准。

第二,《立法法》第108条第2项规定:“全国人民代表大会常务委员会有权撤销同宪法和法律相抵触的行政法规,有权撤销同宪法、法律和行政法规相抵触的地方性法规,有权撤销省、自治区、直辖市的人民代表大会常务委员会批准的违背宪法和本法第八十五条第二款规定的自治条例和单行条例。”可见,对于与上位法相抵触的行政法规、地方性法规以及经省、自治区、直辖市的人民代表大会常务委员会批准的违背《宪法》和《立法法》规定的自治法规,全国人民代表大会常务委员会有权撤销。

第三,《立法法》第81条第3款规定:“除省、自治区的人民政府所在地的市,经济特区所在地的市和国务院已经批准的较大的市以外,其他设区的市开始制定地方性法规的具体步骤和时间,由省、自治区的人民代表大会常务委员会综合考虑本省、自治区所辖的设区的市的人口数量、地域面积、经济社会发展情况以及立法需求、立法能力等因素确定,并报全国人民代表大会常务委员会和国务院备案。”可见,除省、自治区的人民政府所在地的市,经济特区所在地的市和国务院已经批准的较大的市以外,其他设区的市开始制定地方性法规的具体步骤和时间,应报全国人民代表大会常务委员会和国务院备案。

第四,《立法法》第109条第2项规定:“省、自治区、直辖市的人民代表大会及其常务委员会制定的地方性法规,报全国人民代表大会常务委员会和国务院备案;设区的市、自治州的人民代表大会及其常务委员会制定的地方性法规,由省、自治区的人民代表大会常务委员会报全国人民代表大会常务委员会和国务院备案。”可见，省、自治区、直辖市的人民代表大会及其常务委员会制定的地方性法规，设区的市、自治州的人民代表大会及其常务委员会制定的地方性法规，都须报全国人民代表大会常务委员会和国务院备案。

第五，《立法法》第 109 条第 3 项规定：“自治州、自治县的人民代表大会制定的自治条例和单行条例，由省、自治区、直辖市的人民代表大会常务委员会报全国人民代表大会常务委员会和国务院备案；自治条例、单行条例报送备案时，应当说明对法律、行政法规、地方性法规作出变通的情况。”可见，自治州、自治县的人民代表大会制定的自治条例和单行条例，也须报全国人民代表大会常务委员会和国务院备案。

第六，《立法法》第 106 条第 1 款第 2 项规定：“地方性法规、规章之间不一致时，由有关机关依照下列规定的权限作出裁决：地方性法规与部门规章之间对同一事项的规定不一致，不能确定如何适用时，由国务院提出意见，国务院认为应当适用地方性法规的，应当决定在该地方适用地方性法规的规定；认为应当适用部门规章的，应当提请全国人民代表大会常务委员会裁决。”可见，地方性法规与部门规章对同一事项的规定不一致不能确定如何适用，国务院认为应当适用部门规章时，还须提请全国人民代表大会常务委员会裁决。

第七，《立法法》第 106 条第 2 款规定：“根据授权制定的法规与法律规定不一致，不能确定如何适用时，由全国人民代表大会常务委员会裁决。”可见，授权立法与法律规定不一致不能确定如何适用时，还须由全国人民代表大会常务委员会裁决。

3.省、自治区、直辖市人民代表大会及其常务委员会

根据《宪法》和《立法法》，地方各级人民代表大会在本行政区域内保证宪法、法律、行政法规的遵守和执行，县级以上的地方各级人民代表大会有权改变或者撤销本级人民代表大会常务委员会不适当的决定。

第一，《立法法》第 108 条第 4 项规定：“省、自治区、直辖市的人民代表大会有权改变或者撤销它的常务委员会制定的和批准的不适当的地方性法规。”可见，省级人大有权改变或者撤销它的常委会制定和批准的不适当的地方性法规。

第二，《立法法》第 108 条第 5 项规定：“地方人民代表大会常务委员会有权撤销本级人民政府制定的不适当的规章。”可见，省级人大常委会有权撤销省级人民政府制定的不适当的规章。

第三，《立法法》第 81 条规定：“设区的市的人民代表大会及其常务委员会根据本市的具体情况和实际需要，在不同宪法、法律、行政法规和本省、自治区

的地方性法规相抵触的前提下，可以对城乡建设与管理、生态文明建设、历史文化保护、基层治理等方面的事项制定地方性法规，法律对设区的市制定地方性法规的事项另有规定的，从其规定。设区的市的地方性法规须报省、自治区的人民代表大会常务委员会批准后施行。省、自治区的人民代表大会常务委员会对报请批准的地方性法规，应当对其合法性进行审查，认为同宪法、法律、行政法规和本省、自治区的地方性法规不抵触的，应当在四个月内予以批准。”可见，设区的市的地方性法规须报省、自治区的人民代表大会常务委员会批准。

第四，《立法法》第 85 条第 1 款规定：“民族自治地方的人民代表大会有权依照当地民族的政治、经济和文化的特点，制定自治条例和单行条例。自治区的自治条例和单行条例，报全国人民代表大会常务委员会批准后生效。自治州、自治县的自治条例和单行条例，报省、自治区、直辖市的人民代表大会常务委员会批准后生效。”可见，自治州、自治县的自治条例和单行条例，报省、自治区、直辖市的人民代表大会常务委员会批准后生效。

第五，《立法法》第 109 条第 4 项规定：“部门规章和地方政府规章报国务院备案；地方政府规章应当同时报本级人民代表大会常务委员会备案；设区的市、自治州的人民政府制定的规章应当同时报省、自治区的人民代表大会常务委员会和人民政府备案。”可见，地方政府规章、设区的市和自治州的人民政府制定的规章应当报省、自治区的人民代表大会常务委员会备案。

4.设区的市人民代表大会及其常务委员会

《立法法》第 108 条第 5 项规定，地方人民代表大会常务委员会有权撤销本级人民政府制定的不适当的规章；第 109 条第 4 项规定，地方政府规章应当同时报本级人民代表大会常务委员会备案。

（二）地方立法的政府监督主体

1.国务院

国务院是国家最高行政机关，统一领导国务院各部门、各地方行政机关的工作。

第一，《立法法》第 108 条第 3 项规定：“国务院有权改变或者撤销不适当的部门规章和地方政府规章。”

第二，《立法法》第 106 条规定，“（二）地方性法规与部门规章之间对同一事项的规定不一致，不能确定如何适用时，由国务院提出意见，国务院认为应当适用地方性法规的，应当决定在该地方适用地方性法规的规定；认为应当适用部门规章的，应当提请全国人民代表大会常务委员会裁决”。“（三）部门规章之间、部门规章与地方政府规章之间对同一事项的规定不一致时，由国务院裁决”。可见，对于地方性法规与部门规章之间对同一事项的规定不一致无法确定适用的，由国务院提出意见，并根据不同情形决定是否提请全国人大常委会裁决。部门规章之间、部门规章与地方政府规章之间对同一事项的规定不一致时，由国务院裁决。

第三，《立法法》第 109 条规定，“（二）省、自治区、直辖市的人民代表大会及其常务委员会制定的地方性法规，报全国人民代表大会常务委员会和国务院备案；设区的市、自治州的人民代表大会及其常务委员会制定的地方性法规，由省、自治区的人民代表大会常务委员会报全国人民代表大会常务委员会和国务院备案”。“（三）自治州、自治县的人民代表大会制定的自治条例和单行条例，由省、自治区、直辖市的人民代表大会常务委员会报全国人民代表大会常务委员会和国务院备案；自治条例、单行条例报送备案时，应当说明对法律、行政法规、地方性法规作出变通的情况”。“（四）部门规章和地方政府规章报国务院备案；地方政府规章应当同时报本级人民代表大会常务委员会备案；设区的市、自治州的人民政府制定的规章应当同时报省、自治区的人民代表大会常务委员会和人民政府备案”。可见，省、自治区、直辖市的人民代表大会及其常务委员会制定的地方性法规，设区的市、自治州的人民代表大会及其常务委员会制定的地方性法规，自治州、自治县的人民代表大会制定的自治条例和单行条例，部门规章和地方政府规章，均须报国务院备案。

第四，《立法法》第 81 条第 4 款规定，“除省、自治区的人民政府所在地的市，经济特区所在地的市和国务院已经批准的较大的市以外，其他设区的市开始制定地方性法规的具体步骤和时间，由省、自治区的人民代表大会常务委员会综合考虑本省、自治区所辖的设区的市的人口数量、地域面积、经济社会发展情况以及立法需求、立法能力等因素确定，并报全国人民代表大会常务委员会和国务院备案。”可见，除省、自治区的人民政府所在地的市，经济特区所在地的市和国务院已经批准的较大的市以外，其他设区的市开始制定地方性法规的具体步骤和时间须报全国人民代表大会常务委员会和国务院备案。

2.省级人民政府

省级人民政府对于设区的市制定规章享有立法监督权。

第一，《立法法》第 108 条第 6 项规定：“省、自治区的人民政府有权改变或者撤销下一级人民政府制定的不适当的规章。”

第二，《立法法》第 109 条第 4 项规定：“部门规章和地方政府规章报国务院备案；地方政府规章应当同时报本级人民代表大会常务委员会备案；设区的市、自治州的人民政府制定的规章应当同时报省、自治区的人民代表大会常务委员会和人民政府备案。”可见，设区的市、自治州的人民政府制定的规章应当同时报省、自治区的人民代表大会常务委员会和人民政府备案。

（三）地方立法的司法监督主体

“从立法权限划分的角度看，我国现行的立法体制是中央统一领导和一定程度分权的，多级并存、多类结合的立法权限划分体制。”[①]随着这种“一元两级多层次”立法体制的逐步形成，不同类型的法律规范之间，尤其是地方立法和上位法之间的冲突开始逐渐增多。司法裁判是规范冲突问题产生的场域，也是其解决方式发挥效用的归宿。[②] 审判机关在法律规范适用时，通常最先发现地方立法与其他法律规范的矛盾或冲突。根据《行政诉讼法》第 63 条第 3 款的规定，人民法院审理行政案件，参照规章。这一规定在事实上赋予了人民法院监督地方立法的权力。

法官在面临地方立法与其他法律规范的冲突时，需要注意以下两点：首先，在我国，法官的职责是适用法律，因此不应在判决结果及理由中确认法律冲突存在或确认某一地方立法无效。在我国的政治制度中，普通法官和基层法院在判决中无权对经过严格立法程序制定出的地方性法规或地方政府规章宣告无效，在判决理由中肯定法律冲突的存在也将会使判决依据的合法性产生逻辑上的矛盾。[③] 其次，根据《立法法》第 110 条的规定，国务院、中央军事委员会、国家监察委员会、最高人民法院、最高人民检察院和各省、自治区、直辖市的人民代表大会常务委员会认为行政法规、地方性法规、自治条例和单行条例同宪法或者法律相抵触的，或者存在合宪性、合法性问题的，可以向全国人民代表大会常务委员会书面提出进行审查的要求，由全国人民代表大会有关的专门委员会和常务委员会工作机构进行审查、提出意见。法官的权力是适用法律，通过对相关法律法规的理解和解释，作出选择某个法律法规适用于当前案件的决定。由于确认和解决法律冲突并非法官的权力，因而在案件审判过程中，法官应当尽量回避法律冲突。当地方立法与法律原则、精神和其他重大问题存在严重抵触情形，无法回避时，法官即应裁定案件中止审理，并按照上述《立法法》的规定依照程序送请裁决。此时以牺牲效率来维护法律规范的统一和严肃，是完全必要的。

---

① 周旺生：《立法学》，法律出版社 2009 年版，第 149 页。

② 参见雷磊：《法律规范冲突的含义、类型与思考方式》，《法律方法》2008 年第 1 期。

③ 参见董皞：《论法律冲突》，商务印书馆 2013 年版，第 4～5 页。

二、我国地方立法监督的内容

地方立法监督的内容，即有监督权的主体，在自己的权限范围内监督地方立法活动及立法结果的标准。地方立法监督的内容包括两个方面，一是对地方立法合法性的监督，二是对地方立法适当性的监督。[①]

（一）地方立法的合法性监督

地方立法的合法性监督，是指地方立法的权限、内容、程序符合宪法、法律、行政法规以及作为上位法的其他地方规范性法律文件。实施地方立法的合法性监督是确保法制统一的重要保障。

1.地方立法的权限必须合法

在现代法治国家，任何立法主体都不能超越权限或超越授权范围、违背授权目的从事立法活动。享有地方立法权的主体不能无权立法，也不能超越权限立法。具体包含三个层面的含义。

第一，地方立法主体必须在法律明确规定的事项范围内立法。根据《立法法》第 82 条，地方性法规可以就下列三类事项作出规定：一是为执行法律、行政法规的规定，需要根据本行政区域的实际情况作具体规定的事项；二是属于地方性事务需要制定地方性法规的事项；三是除《立法法》第 11 条规定的事项外，其他事项国家尚未制定法律或者行政法规的，省、自治区、直辖市和设区的市、自治州根据本地方的具体情况和实际需要，可以先制定地方性法规。根据《立法法》第 93 条的规定，地方政府规章可以就下列事项作出规定：一是为执行法律、行政法规、地方性法规的规定需要制定规章的事项；二是属于本行政区域的具体行政管理事项。其中设区的市、自治州的人民政府制定地方政府规章，限于城乡建设与管理、生态文明建设、历史文化保护、基层治理等方面的事项。此外，应当制定地方性法规但条件尚不成熟的，因行政管理迫切需要，可以先制定地方政府规章。规章实施满两年需要继续实施规章所规定的行政措施的，应当提请本级人民代表大会或者其常务委员会制定地方性法规。

第二，地方立法主体必须在法律规定的权限范围内立法。根据《立法法》第 91 条第 2 款的规定，没有法律、行政法规、地方性法规的依据，地方政府规章不得设定减损公民、法人和其他组织权利或者增加其义务的规范。该条款强调减损私权利和增加公权力的立法必须有明确的上位法根据，同时也是对地方政府

---

① 周旺生教授认为，立法监督的内容除了合法性审查和适当性审查，还包括违宪性审查。参见周旺生：《立法学》，法律出版社 2009 年版，第 332～333 页。

规章立法权限的具体限制。

第三,地方立法不能超越立法权限立法。根据《立法法》第 11 条的规定,下列事项只能制定法律:国家主权的事项;各级人民代表大会、人民政府、监察委员会、人民法院和人民检察院的产生、组织和职权;民族区域自治制度、特别行政区制度、基层群众自治制度;犯罪和刑罚;对公民政治权利的剥夺、限制人身自由的强制措施和处罚;税种的设立、税率的确定和税收征收管理等税收基本制度;对非国有财产的征收、征用;民事基本制度;基本经济制度以及财政、海关、金融和外贸的基本制度;诉讼制度和仲裁制度;必须由全国人民代表大会及其常务委员会制定法律的其他事项。因此,在法律保留的事项中排出地方立法的调整空间。对法律保留事项作出规定的地方立法,属于越权立法。

2.地方立法的内容必须合法

地方立法内容是否合法,即地方立法主体的立法活动所产生的规范性法律文件是否合法或是否与上位法相抵触,是地方立法监督的重要内容。根据《立法法》,地方性法规不得同宪法、法律、行政法规以及本省、自治区的地方性法规相抵触;民族自治地方制定的自治条例和单行条例虽然可以依照当地民族的特点对法律和行政法规的规定作出变通规定,但不得违背法律或者行政法规的基本原则,不得对《宪法》和《民族区域自治法》的规定以及其他有关法律、行政法规专门就民族自治地方所作的规定作出变通规定。可见,地方立法的内容与宪法、法律、行政法规及其他上位法"不抵触"是最低要求。

关于何谓"抵触",法律没有作出明确规定,广义的解释认为,地方立法不抵触上位法既包括直接内容的不抵触,也包括间接原则、精神的不抵触。"具体标准是:(1)不得有与宪法、法律、行政法规及其精神、原则、具体规定相反或相违背的规定;(2)不超越法律、行政法规所赋予的有关设定行政处罚、收费、许可行为的权限;(3)不规定有关分割国内市场,搞地方保护主义的内容;(4)不规定国家的基本政治制度、经济制度、司法制度及其基本程序。"[①]

3.地方立法的程序必须合法

《立法法》和《规章制定程序条例》对地方性法规、自治条例和单行条例以及地方政府规章的制定程序作了规定,一些地方也通过地方性法规对这一程序作了细化。应当说,自治条例和单行条例、地方性法规和规章案从提出、审议到表决、公布,地方规范性法律文件从修订、解释到废止,都须严格按照法定程序进行。只有按照有关法律、行政法规和地方性法规确立的程序进行立法活动,才

---

① 郭道晖总主编:《当代中国立法》下册,中国民主法制出版社 1998 年版,第 951～952 页。

能确保地方立法的程序合法。

(二)地方立法的适当性监督

地方立法活动和立法结果不仅要合乎法治原则,而且要合乎科学原则。因此,不仅要监督地方立法活动和立法结果是否合法,也要监督地方立法活动和立法结果是否适当或合理。立法实践表明,立法活动和立法结果的合法性与适当性往往处于矛盾状态,合法的不一定就是适当或合理的。当两者发生矛盾或冲突时,应当首先保证合法性,如果不合法,即使是适当或合理的,也不应当立法;相反,在立法活动的合法性得以保证的前提下,如果适当性或合理性存在问题,则产生的规范性法律文件在实施中由于很难产生好的效果,因此也未必硬要立法。[①] 根据《立法法》第 107 条和《各级人民代表大会常务委员会监督法》第 39 条的规定,规章的规定被认为不适当,应当予以改变或者撤销;对于下一级人民代表大会及其常务委员会作出的决议、决定和本级人民政府发布的决定、命令,经审查,认为有其他不适当的情形,应当予以撤销的,县级以上地方各级人民代表大会常务委员会有权予以撤销。对于何谓"不适当",法律没有明确规定。从广义上看,地方立法的适当性也可以纳入合法性的解释范畴中,从狭义上看,"不适当"就是不合理、不公平。[②] 地方立法的适当性或合理性监督,主要包括以下内容。

1.地方立法应符合常理,尊重地方客观实际

根据《立法法》第 7 条的规定,立法应当从实际出发,适应经济社会发展和全面深化改革的要求,科学合理地规定公民、法人和其他组织的权利与义务、国家机关的权力与责任。一方面,地方立法活动及其结果要合乎规律,不能将行为标准设定过高,否则很难产生好的社会实效。另一方面,要充分反映本地实际情况,突出地方特色,避免重复、照搬上位法的内容,使地方立法合乎国情、地情、民情。

2.地方立法应遵循最小成本原则

应当说,在立法权的法定界限内,地方立法主体进行立法活动的范围仍然较大。因此,立法者在面对大量的地方立法项目时,须根据轻重缓急作出适当或合理的安排。这时,除了考虑某项地方立法活动及其结果是否适当、合理外,还要考虑如果不适当、不合理,那么进行这项地方立法活动或保留这项地方立法结果是利大于弊还是弊大于利。立法要遵循效益原则。效益是指有益效果

---

① 参见周旺生:《立法学》,法律出版社 2009 年版,第 334 页。

② 参见武增主编:《中华人民共和国立法法解读》,中国法制出版社 2015 年版,第 337 页。

的一部分,是有益效果中除去它的投入后剩余部分。立法效益,是指立法收益除去立法成本所得的净收益,也即立法在现实生活作用中合乎目的的有效部分。[①] 立法设定的每一项权利与义务或权力与责任,都会产生一定的法的实施成本,消耗一定的社会资源。因此,要充分考虑立法及所立之法实施的成本,科学合理地配置权利与义务以及权力和责任,力求以最小的社会成本损耗达到最大的法律效益和社会效益。

第三节 我国地方立法监督的方式

监督的方式是立法监督的核心问题之一。地方立法监督的方式是实现监督职能、维护立法秩序、保障立法质量的具体手段。在我国法治体系中,地方立法监督方式的设计和运用不仅关系到监督的实效性,更影响到法治精神的贯彻和法律权威的建立。地方立法监督方式的多样化有助于形成全面、立体的监督体系,使监督功能得到充分发挥。监督方式的选择和优化,是提高监督实效、促进地方立法与国家法律协调一致的关键。从当今各国的情况来看,立法监督的方式包括复议、批准、备案和提请有关主体处理等。我国地方立法监督的方式主要包括批准、备案、审查、改变和撤销、裁决等。

一、批准

地方立法的批准,是指地方立法活动所产生的自治法规和地方性法规须报请有关国家机关批准后方可施行。作为一种事前的地方立法监督方式,批准制度可以有效防止不合法或不适当的地方立法出台,保障和维护国家法制统一。根据《立法法》,我国地方立法中有两种立法须遵循批准制度,一是民族自治地方的自治法规立法,二是设区的市的地方性法规立法。由于批准制度既属于地方立法活动或过程的一个环节,也属于对地方立法活动或过程的监督,因此这两种立法批准制度属于兼有立法程序和立法监督两重性的立法制度。

(一)对设区的市、自治州制定的地方性法规的批准

《立法法》第 81 条规定:"省、自治区的人民代表大会常务委员会在对报请批准的设区的市的地方性法规进行审查时,发现其同本省、自治区的人民政府的规章相抵触的,应当作出处理决定。除省、自治区的人民政府所在地的市,经

① 参见汪全胜:《立法成本效益评估研究》,知识产权出版社 2016 年版,第 10 页。

济特区所在地的市和国务院已经批准的较大的市以外,其他设区的市开始制定地方性法规的具体步骤和时间,由省、自治区的人民代表大会常务委员会综合考虑本省、自治区所辖的设区的市的人口数量、地域面积、经济社会发展情况以及立法需求、立法能力等因素确定,并报全国人民代表大会常务委员会和国务院备案。省、自治区的人民政府所在地的市,经济特区所在地的市和国务院已经批准的较大的市已经制定的地方性法规,涉及本条第一款规定事项范围以外的,继续有效。"同时,第 88 条规定:"设区的市、自治州的人民代表大会及其常务委员会制定的地方性法规报经批准后,由设区的市、自治州的人民代表大会常务委员会发布公告予以公布。"

1982 年《宪法》和 1982 年修改的《地方组织法》没有规定原"较大的市"享有制定地方性法规的权力。1982 年,五届全国人大五次会议修改《地方组织法》时根据实际增加规定,省、自治区政府所在地的市和经国务院批准的较大市的人大常委会可以拟订本市需要的地方性法规草案,提请省、自治区人大常委会审议制定,并报全国人大常委会和国务院备案。这一新的规定,将省、自治区政府所在地的市和经国务院批准的较大市的人大常委会纳入立法主体范围,但立法主体只是人大常委会而没有包括人大本身,立法权只是拟订权而不是制定权。1986 年修改《地方组织法》规定,省、自治区政府所在地的市和经国务院批准的较大市的人大及其常委会都可以根据本市的具体情况和实际需要,在不同宪法、法律、行政法规和本省、自治区的地方性法规相抵触的前提下制定地方性法规,报省、自治区人大常委会批准后施行,并由省、自治区人大常委会报全国人大常委会和国务院备案。2000 年,《立法法》进一步将省、自治区政府所在地的市、经济特区所在地的市和经国务院批准的较大市合称为"设区的市",确认这三种城市都有权制定地方性法规,同时都须经过省或自治区人大常委会批准。2015 年《立法法》修改,全面赋予设区的市地方立法权,设区的市、自治州的人大及其常委会根据本市、自治州的具体情况和实际需要,在不同宪法、法律、行政法规和本省、自治区的地方性法规相抵触的前提下,可以对城乡建设与管理、环境保护、历史文化保护等方面的事项制定地方性法规,报省或自治区人大常委会批准。

从"较大的市"到"设区的市",市一级立法权从无到有,从"拟订和备案"到"制定、批准和备案",这一发展过程反映了我国地方立法的发展轨迹,也体现了地方立法逐步走向成熟。从我国的实际情况来看,设区的市、自治州人大及其常委会制定地方性法规须经批准,原因主要有:第一,我国《宪法》没有规定设区的市、自治州有权制定地方性法规。按照法治的基本原则,只有《宪法》才有资格确立哪个国家机关享有立法权。从上述市一级人大及其常委会获得立法权的历史沿革可以看出，在《宪法》没有赋予市一级人大及其常委会地方性法规制定权的情况下，《地方组织法》《立法法》即规定了设区的市、自治州有权制定地方性法规，这种情况下，完全认可地方立法主体的法规制定权须格外谨慎。从另一个角度说，通过"批准"制度，设区的市、自治州的地方性法规制定权具有合宪性。2018 年我国《宪法》修正，保留了省级人大常委会对设区的市、自治州地方性法规的"批准"制度，并在第 100 条予以确认。这预示着立法批准制度的稳定性得到增强，将在很长一段时间内反复适用。① 第二，维护法制统一是我国立法的一项重要原则。市一级行政区划在我国现代化发展进程中十分重要，也具有很大的立法需求，"批准"制度可以迅速、有效预防地方立法与上位法的抵触，保证立法质量。

（二）对自治条例和单行条例的批准

根据《立法法》和《民族区域自治法》的规定，民族自治地方的人民代表大会有权依照当地民族的政治、经济和文化的特点，制定自治条例和单行条例。自治区的自治条例和单行条例报全国人民代表大会常务委员会批准后生效，自治州、自治县的自治条例和单行条例报省、自治区、直辖市的人民代表大会常务委员会批准后生效。自治条例和单行条例报经批准后，分别由自治区、自治州、自治县的人民代表大会常务委员会发布公告予以公布。上级国家机关的决议、决定、命令和指示，如有不适合民族自治地方实际情况的，自治机关可以报经该上级国家机关批准，变通执行或者停止执行；该上级国家机关应当在收到报告之日起 60 日内给予答复。

1954 年《宪法》即确立了自治条例和单行条例须报经有关国家机关批准制度。它规定，自治区、自治州、自治县的自治机关可以依照当地民族的政治、经济和文化的特点，制定自治条例和单行条例，报请全国人大常委会批准。1975 年《宪法》没有规定民族自治地方有权制定自治条例和单行条例。1978 年《宪法》重新确立了 1954 年《宪法》所确立的制度。1982 年《宪法》则在肯定民族自治地方享有制定自治条例和单行条例的权力的同时，把原来一律报请全国人大常委会批准修改为，自治区的自治条例和单行条例报请全国人大常委会批准，自治州、自治县的自治条例和单行条例报请省、自治区人大常委会批准。

在我国，民族自治地方的自治条例和单行条例须报请国家有关机关批准，

---

① 参见姜孝贤：《论设区的市地方性法规报请批准制度的困境与出路——以〈立法法〉第 72 条为核心》，《北方论丛》2019 年第 3 期。

主要原因在于:第一,民族自治地方的自治权大于一般地方国家机关所享有的权力。从立法的角度来看,自治地方的自治机关有权依照当地民族的特点对法律、行政法规的规定作出变通,这是一般地方立法权所不具备的。自治立法只要不违背法律或行政法规的基本原则,不对《宪法》和《民族区域自治法》的规定以及其他法律、行政法规专门就民族自治地方的规定作出变通,都属合法。因此,在这样大的权力范围内制定自治条例和单行条例,通过立法监督实施有力和有效的制约是十分必要的。第二,所有民族自治地方都有制定自治法规的权力。在我国的民族地区中,除了自治区、自治州,自治县也享有自治立法权。而在一般地方,立法权仅配置到设区的市,县级国家政权机关是不享有制定地方性法规的权力的。据此,为了充分发挥自治地方立法的自主性和特色性,又能有效保障国家法制统一,避免危害国家统一和民族团结的事端发生,对民族区域自治立法实施"批准"制度是完全有必要的。

二、备案

备案,是指地方性法规、自治条例和单行条例、地方政府规章在公布之后,由其制定机关或批准机关将地方规范性法律文件报送上级立法机关或行政机关,以备审查的制度。备案属于地方立法的事后监督,不影响法的生效,故能有效保障地方立法的时效性。

《宪法》《立法法》《法规规章备案条例》系统构建了我国立法备案制度的规范体系。在我国,接受备案的主体范围和应当备案的地方立法的范围都是十分广泛的,全国人大常委会、国务院、省级人大常委会及人民政府等都有权接受备案,地方性法规、自治条例和单行条例、地方政府规章都应当备案。

(一)地方立法的备案主体

全国人大常委会是最主要的接受立法备案的机关。所有的地方性法规、自治州和自治县的自治法规、经济特区法规以及根据全国人大及其常委会的授权而产生的授权法规,都须报全国人大常委会备案。其中,省、自治区、直辖市的人民代表大会及其常务委员会制定的地方性法规报全国人大常委会备案,设区的市、自治州的人民代表大会及其常务委员会制定的地方性法规经省、自治区的人民代表大会常务委员会报全国人大常委会备案;自治州、自治县的人民代表大会制定的自治条例和单行条例由省、自治区、直辖市的人民代表大会常务委员会报全国人大常委会备案,自治条例、单行条例报送备案时应当说明对法律、行政法规、地方性法规作出变通的情况;经济特区法规报送备案时也应当说明对法律、行政法规、地方性法规作出变通的情况。

国务院作为中央政府，是非常重要的接受立法备案的国家机关。所有的地方政府规章、地方性法规以及自治州、自治县的自治条例和单行条例都要报送国务院备案。其中，省、自治区、直辖市的人民代表大会及其常务委员会制定的地方性法规报国务院备案，设区的市、自治州的人民代表大会及其常务委员会制定的地方性法规由省、自治区的人民代表大会常务委员会报国务院备案；自治州、自治县的自治条例和单行条例报送备案时应当说明对法律、行政法规、地方性法规作出变通的情况。

省级人大常委会也是地方立法备案中的重要主体。设区的市、自治州人民代表大会及其常务委员会制定的地方性法规，自治州、自治县的人民代表大会制定的自治条例和单行条例，经所在地的省级人大常委会报送全国人大常委会和国务院备案。省级政府规章报送本省人大常委会备案，设区的市、自治州的地方政府规章也要报送所在地的省级人大常委会备案。

省级人民政府有权接受设区的市、自治州的地方政府规章的备案。

（二）地方立法的备案对象

（1）地方性法规。地方性法规在本行政区域内施行，其效力低于宪法、法律、行政法规。地方性法规包括，省、自治区、直辖市的人民代表大会及其常务委员会制定的地方性法规，设区的市、自治州的人民代表大会及其常务委员会制定的地方性法规，经济特区的人民代表大会及其常务委员会制定的经济特区法规。省、自治区、直辖市的人民代表大会及其常务委员会制定的地方性法规由省级人大常委会报全国人大常委会和国务院备案，设区的市、自治州的人民代表大会及其常务委员会制定的地方性法规由省级人大常委会报全国人大常委会和国务院备案；经济特区法规报送备案时应当说明对法律、行政法规、地方性法规作出变通的情况。

（2）自治条例和单行条例。自治条例是指民族自治地方的人民代表大会依据宪法和法律的基本原则，根据该民族自治地方的政治、经济和文化特点制定的，调整该民族自治地方内经济关系和社会关系，规定该民族自治地方的自治机关的权利和义务的一种地方性的自治法规。单行条例是指民族自治地方的人民代表大会依据宪法和有关法律的基本原则，根据本民族自治地方的实际情况制定的，调整本民族自治地方的特定社会关系的地方性自治法规。[①] 自治条例的内容涉及民族区域自治的基本组织原则、机构设置，自治机关的职权、活动

① 参见郭道晖总主编：《当代中国立法》下册，中国民主法制出版社 1998 年版，第 972、976 页。

原则、工作制度等重要问题,单行条例则是针对某一方面的具体问题而制定的法规。[①] 自治区人民代表大会制定的自治条例和单行条例须经全国人大常委会批准,无须报送全国人大常委会和国务院备案。自治州、自治县的人民代表大会制定的自治条例和单行条例,由省级人大常委会报全国人大常委会和国务院备案。自治条例、单行条例报送备案时,应当说明对法律、行政法规、地方性法规作出变通的情况。

3.地方政府规章。地方政府规章是指省、自治区、直辖市以及设区的市、自治州的人民政府为执行法律、行政法规、地方性法规的规定制定的普遍适用于本地区行政管理工作的规定、办法、规则等规范性法律文件的总称。地方政府规章的效力低于法律、行政法规、地方性法规。省、自治区、直辖市的人民政府制定的地方政府规章由省级政府报送国务院备案,同时报送本级人大常委会备案。设区的市、自治州的人民政府制定的地方政府规章报送国务院备案,同时报送本级人大常委会备案,并报送所在地省级人大常委会和人民政府备案。

三、审查

审查在立法监督制度和实践中都具有重要意义,是地方立法监督的核心。

审查所导致的法律后果包括:被审查的地方规范性法律文件因合法、适当而得以继续实施;被审查的地方规范性法律文件因不合法或不适当而被改变或撤销。通过审查,发现地方所立之法存在的问题,从而予以及时解决,可以避免和减少损失,也可以进一步完善地方立法和法的体系。

审查包括主动审查和被动审查。主动审查,是指享有接受法规和规章备案权的国家机关依法主动对报送备案的法规和规章进行审查;被动审查,是指法定国家机关提出进行审查的要求或建议,再由有关国家机关依法组织审查。

(一)主动审查

应当说,实施立法备案制度的一个重要目的就是使报送备案的地方立法能够接受有关国家机关的审查监督。《立法法》第111条规定:"全国人民代表大会专门委员会、常务委员会工作机构可以对报送备案的行政法规、地方性法规、自治条例和单行条例等进行主动审查。"第114条规定:"其他接受备案的机关对报送备案的地方性法规、自治条例和单行条例、规章的审查程序,按照维护法制统一的原则,由接受备案的机关规定。"

国务院制定的《法规规章备案条例》对报送国务院备案的法规和规章的审

① 参见谢勇主编:《地方立法学》,法律出版社2019年版,第138页。

查事项作了较为集中和系统的规定，主要内容包括：第一，国务院审查报送备案的法规和规章的机关是国务院法制机构，即国务院原法制办公室。2018年机构改革后，将国务院法制办公室职责整合，由新组建的司法部承担。第二，审查的内容包括：是否超越权限；下位法是否违反上位法的规定；地方性法规与部门规章之间或不同规章之间对同一事项的规定不一致，是否应当改变或撤销一方的或双方的规定；规章的规定是否适当；是否违背法定程序等。第三，审查法规和规章时，审查的程序或要求认为需要由地方政府提出意见的，有关机关应当在规定期限内回复；认为需要法规和规章的制定机关说明有关情况的，有关制定机关应当在规定期限内予以说明。第四，审查的结果是，发现问题的将根据情况予以处理。[①]

（二）被动审查

我国现行的立法审查在由全国人大常委会进行的立法审查中包括了被动的立法审查监督制度。根据提议主体的不同，主要包括两个方面的内容。第一，国务院、中央军事委员会、最高人民法院、最高人民检察院和各省、自治区、直辖市的人民代表大会常务委员会认为行政法规、地方性法规、自治条例和单行条例同宪法或者法律相抵触的，可以向全国人民代表大会常务委员会书面提出进行审查的要求，由常务委员会工作机构分送有关的专门委员会进行审查、提出意见。第二，上述规定以外的其他国家机关和社会团体、企业事业组织以及公民认为行政法规、地方性法规、自治条例和单行条例同宪法或者法律相抵触的，可以向全国人民代表大会常务委员会书面提出进行审查的建议，由常务委员会工作机构进行研究，必要时送有关的专门委员会进行审查、提出意见。

《立法法》还对全国人大专门委员会、常务委员会工作机构审查法规的程序作出了框架性的规定，对应到对地方立法的审查监督中，主要内容包括：第一，全国人民代表大会专门委员会、常务委员会工作机构在审查、研究中认为地方性法规、自治条例和单行条例同宪法或者法律相抵触的，可以向制定机关提出书面审查意见、研究意见；也可以由法律委员会与有关的专门委员会、常务委员会工作机构召开联合审查会议，要求制定机关到会说明情况，再向制定机关提出书面审查意见。制定机关应当在两个月内研究提出是否修改的意见，并向全国人民代表大会法律委员会和有关的专门委员会或者常务委员会工作机构反馈。第二，全国人民代表大会法律委员会、有关的专门委员会、常务委员会工作机构根据上述规定，向制定机关提出审查意见、研究意见，制定机关按照所提意

① 参见周旺生：《立法学》，法律出版社2009年版，第346页。

见对地方性法规、自治条例和单行条例进行修改或者废止的，审查终止。全国人民代表大会法律委员会、有关的专门委员会、常务委员会工作机构经审查、研究认为地方性法规、自治条例和单行条例同宪法或者法律相抵触而制定机关不予修改的，应当向委员长会议提出予以撤销的议案、建议，由委员长会议决定提请常务委员会会议审议决定。第三，全国人民代表大会有关的专门委员会和常务委员会工作机构应当按照规定要求，将审查、研究情况向提出审查建议的国家机关、社会团体、企业事业组织以及公民反馈，并可以向社会公开。

四、改变和撤销

改变和撤销与备案、审查制度一样，是地方立法的事后监督方式。根据《宪法》和《立法法》，有权的国家机关可以改变或撤销立法主体所制定的地方规范性法律文件。改变，是指有权的国家机关对已经公布生效的法规、规章进行审查，因其不合法或不适当而予以修改、补充、删除部分条款或内容的制度和活动。撤销，是指有权的国家机关对已经生效的法规、规章进行审查，因其不合法或不适当而废止整个地方规范性法律文件，使其失去法律效力的制度和活动。地方规范性法律文件经改变后，可以施行；经撤销后，完全失去法律效力，不得施行。改变和撤销制度，可以直接对地方立法监督对象施以较为有效的强制，能够有效避免因地方立法不合法、不适当带来的损失，对地方立法的健康发展大有裨益。

我国《宪法》《地方组织法》对有关国家机关改变或撤销地方规范性法律文件的制度作了零星规定，《立法法》则以第 107 条和第 108 条两个条文集中且系统地作了规定，这些规定形成了我国作为地方立法监督方式的改变和撤销的制度框架。

（一）改变和撤销的主体、权限和对象

在我国的立法监督中，享有改变和撤销权的主体是广泛的，这些主体的改变和撤销权限范围是广泛的，其所可以改变和撤销的规范性法律文件的范围也是广泛的。从中央立法来看包括一切法律、行政法规，从地方立法来看包括一切地方性法规、自治条例和单行条例、地方政府规章，这些规范性法律文件都可以因为不合法或不适当而被改变或撤销。

第一，全国人民代表大会有权撤销全国人民代表大会常务委员会批准的违背《宪法》和《立法法》第 85 条第 2 款规定的自治条例和单行条例。第二，全国人民代表大会常务委员会有权撤销同宪法、法律和行政法规相抵触的地方性法规，有权撤销省、自治区、直辖市的人民代表大会常务委员会批准的违背《宪法》

和《立法法》第 85 条第 2 款规定的自治条例和单行条例。第三,国务院有权改变或撤销不适当的地方政府规章。第四,省、自治区、直辖市人民代表大会有权改变或撤销其常务委员会制定和批准的不适当的地方性法规。第五,地方人民代表大会常务委员会有权撤销本级人民政府制定的不适当的规章。第六,省、自治区政府有权改变或撤销下一级政府制定的不适当的规章。第七,授权机关有权撤销被授权机关制定的超越授权范围或违背授权目的的法规,必要时可以撤销授权。

应当指出,改变制度只适用于同一系统的立法主体之间,如上位阶的权力机关可以改变下位阶的权力机关所制定的规范性法律文件,上位阶的行政机关可以改变下位阶的行政机关所制定的规范性法律文件;而不同系统的立法主体之间不适用改变制度,如权力机关不可以改变行政机关制定的规范性法律文件,行政机关更不可以改变权力机关制定的规范性法律文件。撤销制度则既可以适用于同一系统的立法主体之间,亦可以适用于不同系统的立法主体之间。当然,撤销制度可以适用于不同系统的立法主体之间,仅指有关权力机关可以撤销有关行政机关制定的规范性法律文件,而不是指行政机关也可以撤销权力机关制定的规范性法律文件。

(二)改变和撤销的适用情形

我国立法的改变和撤销制度主要用以规制以下情形:超越职权范围的;与上位法相抵触的;与同位阶的法的规定不一致,经裁决应当作出处理的;规章的规定不适当,应当予以改变或撤销的以及违背法定程序的。

根据《立法法》第 107 条的规定,地方性法规、自治条例和单行条例、地方政府规章有下列情形之一的,有关机关依照法定权限予以改变或撤销。第一,超越法定权限的。地方立法应具有合法性,这要求立法主体应当依据法定权限立法,不得越权立法。《立法法》第 80 条、第 81 条、第 82 条、第 83 条、第 84 条、第 93 条规定了各相关地方立法主体的立法权限范围,超越法定权限范围的立法属于无效,应当予以改变或撤销。第二,下位法违反上位法规定的。在我国,宪法、法律、行政法规与地方性法规、地方政府规章之间是不同层级的关系,属于不同的法的位阶。如果下位法违反上位法,则应当予以改变或撤销。第三,规章之间对同一事项的规定不一致,经裁决应当改变或撤销一方规定的。部门规章和地方政府规章之间具有同等效力,在各自效力范围内施行。如果部门规章和地方政府规章之间发生冲突,则由国务院裁决。如果这种冲突是由于其中一方立法不合法或不适当引致的,国务院应当对其予以改变或撤销。第四,规章的规定被认为不适当,应当予以改变或撤销的。立法应当遵循合法原则,也应当遵循科学原则。地方政府规章的制定，不仅要合法，也要适当。所谓适当，即指合理、正当，符合实际生活需要，能反映客观规律。因此，如果所立之法不适当，对相关主体产生了不利影响，也应当予以改变或撤销。第五，违背法定程序的。地方立法的合法性，不仅体现在依照法定权限立法，也体现在依照法定程序立法。只有符合立法程序，其所产生的地方规范性法律文件才是有效的。因此，对于违反法律程序制定的地方性法规、自治条例和单行条例、地方政府规章，有关机关应当予以改变或撤销。

五、裁决

裁决这一立法监督方式，是与法律冲突密切相关，基于立法冲突而产生和运作的。一方面，不同层级、类别的法发生矛盾和冲突是很难避免的；另一方面，尽管无法避免，但对立法冲突予以有效规制仍然是十分必要的，否则如果任由规范性法律文件之间相抵牾，法的严肃性、权威性将遭到破坏，法制统一也将面临威胁。因此，如何应对和抑制立法冲突，是地方立法监督所须认真对待的重要课题。

从我国的立法体制和立法权的配置来看，存在不同层级和类别的立法、不同主体制定的立法以及不同时空和地域条件下的立法，立法冲突既可以表现为不同法的形式之间、法的部门之间的冲突，也可以表现为规范性法律文件内部具体的矛盾和冲突。《立法法》对立法冲突的规制方式，是由一定的立法主体，针对相冲突的法与法之间的不一致、法的具体规定之间的不一致作出裁决。因此，对于地方立法来说，有关立法主体所立的地方规范性法律文件同法律、行政法规之间存在冲突，是立法裁决制度存在的前提。

根据《立法法》，我国现行各种法的形式具有不同的位阶或效力等级。宪法具有最高的法的效力，一切法律、行政法规、地方性法规、自治条例和单行条例、规章都不得同宪法相抵触；法律的效力高于行政法规、地方性法规、规章；行政法规的效力高于地方性法规、规章；地方性法规的效力高于本级和下级地方政府规章；省、自治区政府制定的规章，效力高于本行政区域内的设区的市、自治州的政府制定的规章；部门规章和地方政府规章具有同等效力。

（一）裁决立法冲突的有限优先原则

裁决立法冲突，须首先确立裁决的基本原则。由于我国目前立法冲突的主要原因是基于立法层级、类别、主体、时空条件的多样性和差别化，立法冲突的主要表现形式是规范性法律文件之间的规定不一致，因此《立法法》着重规定了特别法和一般法的冲突、新法和旧法的冲突问题，确立了两个“优先”的原则。

(1)同一机关制定的法,特别法优先于一般法。长期以来,人们习惯将这一原则简称为“特别法优先于一般法”,但事实上,这一原则适用的前提或基础是,同一机关制定的法并不存在一般的或抽象意义上的特别法优先于一般法。因此,《立法法》第103条规定,同一机关制定的法律、行政法规、地方性法规、自治条例和单行条例、规章,特别规定与一般规定不一致的,适用特别规定。对于地方立法来说,同一机关制定的地方性法规、自治条例和单行条例、地方政府规章,特别规定与一般规定不一致的,适用特别规定。

(2)同一机关制定的法,新法优先于旧法。同“特别法优先于一般法”一样,人们习惯将这一原则简称为“新法优先于旧法”,但这一原则的适用同样存在“同一机关制定”这一前提或基础。事实上,也不可能存在一般或抽象的新法优先于旧法。《立法法》第103条的规定,同一机关制定的法律、行政法规、地方性法规、自治条例和单行条例、规章,新的规定与旧的规定不一致的,适用新的规定。对于地方立法来说,同一机关制定的地方性法规、自治条例和单行条例、地方政府规章,新的规定与旧的规定不一致的,适用新的规定。此外,《立法法》还规定了法不溯及既往原则。《立法法》第104条的规定,法律、行政法规、地方性法规、自治条例和单行条例、规章不溯及既往,但为了更好地保护公民、法人和其他组织的权利和利益而作的特别规定除外。需要注意将“同一机关制定的法,新法优先于旧法”这一原则与法不溯及既往原则相区别。前者规定的新的规定优先于旧的规定,是两个地方规范性法律文件的规定有效的情况下应当适用哪个的问题,法律确立了从新的原则;后者是解决新法对它生效以前发生的事件和行为是否适用的问题,一般是从旧的原则。

(二)裁决的权限和程序

根据《立法法》,对地方立法裁决的权限和程序主要包括:第一,同一机关制定的地方性法规,新的一般规定同旧的特别规定不一致时,由制定机关裁决。第二,同一机关制定的规章,新的一般规定同旧的特别规定不一致时,由制定机关裁决。第三,地方性法规与部门规章之间对同一事项的规定不一致,不能确定如何适用时,由国务院提出意见。国务院认为应当适用地方性法规的,应当决定在该地方适用地方性法规的规定;认为应当适用部门规章的,应当提请全国人民代表大会常务委员会裁决。第四,部门规章之间、部门规章与地方政府规章之间对同一事项的规定不一致时,由国务院裁决。第五,根据授权制定的法规与法律规定不一致,不能确定如何适用时,由全国人民代表大会常务委员会裁决。